죽으면 어떻게 될까?

❁ 부처님이 가르쳐준 윤회 이야기 ❁

bhikkhu puññadīpa

해피 스님 지음

한국붇다와다불교 해피법당 근본경전연구회

nikaya.kr & sutta.kr

atta/anatta는 불교 경전어인 pāḷi(빠알리)의 로마 자 표기(romanized)인데, 힌두교 경전어인 sanscrit(산스끄리뜨)로는 atman/anatman입니다.

이 책은 원전(原典)의 제공 필요성에 따라 많은 경우에 로마 자로 표기한 빠알리 원전(6차 결집본)을 병기하고 있는데, 발음은 nikaya.kr을 참고하시기 바랍니다. ⇒ nikaya.kr에서 '빠알리 알파벳 표와 발음' 검색

무아(無我-anatta-아낫따)

'나는 없다'가 아니라 '있는 것은 아(我-atta-앗따)가 아니다' 또는 '아(我-atta)인 것은 없다'

; 제법무아(諸法無我 - 있는 것은 모두 아(我)가 아니다)

'무아인데 어떻게 식(識)이 윤회하느냐?'가 아니라 윤회하는 식(識)이 아(我-atta)가 아니다.

;「연기(緣起)된 식(識)의 윤회(輪廻)」

연기(緣起)된 식(識)의 윤회(輪廻)

❁ ❁ ❁

중생에게는 몸이 있고 마음이 있습니다.

몸과 마음은 서로 조건 되어서 몸 없는 마음도 마음 없는 몸도 존재할 수 없습니다.

물질인 몸은 (인간에게는) 백 년 안팎의 수명을 가지고, 물질 아닌 마음은 깨달아 몸의 조건에서 벗어날 때까지 수명의 제한이 없습니다. -「몸과 마음의 생존 기간의 불균형」

그래서 몸이 기능을 다하고 무너지면, 몸 없이 존재할 수 없는 마음이 무너진 몸을 떠나 새로운 몸으로 옮겨가서 새로운 존재 상태를 구성하여 삶을 이어갑니다.

몸이 무너지는 현상을 죽음이라고 하고, 새로운 몸으로 옮겨 가서 새로운 존재 상태를 구성하는 것을 태어남이라고합니다.

이렇게 죽고 태어나고, 다시 죽고 태어남을 반복하는 현상을 윤회라고 부릅니다.

이때, 옮겨가서 윤회하는 마음은 식(識)으로 대표되는데, 삶의 과정을 누적하며 변화합니다. 이런 현상을 연기(緣起)라고 하고, 이런 식을 '연기된 식'이라고 부릅니다. [그리고 변하는 것은 아(我)가 아닙니다. → 무아(無我)]

윤회! 부처님의 결정적 가르침은 「연기(緣起)된 식(識)의 윤회(輪廻)」입니다.

❁ ❁ ❁

【들어가는 말】

2020년 10월부터 2024년 11월까지 4년 2개월에 걸쳐 「맛지마 니까야 관통 법회」(4부 니까야를 꿰어 맛지마 니까야를 관통하는 공부)를 완성했습니다. 참으로 불교계에서 유래를 찾기 힘든 커다란 공부 불사라 하겠습니다. 그리고 이 공부 불사의 성과를 한국불교 그리고 우리 사회에 회향하기 위한 방법을 모색하여 '윤회에 대한 길잡이가 되는 책'을 출판하기로 하였습니다.

공부로써 불교를 만나지 않는 한국불교의 풍토 때문에 「단(斷)과 상(常)을 극복한 연기(緣起)」로써 설하신 부처님의 가르침 즉 불교 안에서 엉뚱하게도 윤회 없음을 주장하는 단멸론이 목소리를 높이고 있기 때문입니다. 그래서 공부하는 사람들로 구성된 근본경전연구회 해피법당이 공부의 성과로써 이 문제에 대처하기 위해 이 책을 출판하게 되었습니다.

이 책은 다섯 개의 부로 구성됩니다.

제1부 개론은 윤회를 개괄적으로 소개하고, 공부의 방향을 놓치지 않기 위해 윤회에서 벗어남 즉 깨달음의 상태를 설명하는 제1장 '윤회 & 윤회에서 벗어난 상태'와 공부와 결론의 정확도를 증빙하기 위해 원전(原典) 즉 빠알리 니까야에 나타나는 윤회의 용례를 소개하는 제2장 '원전의 윤회'로 구성하였는데, 제2장은 책의 뒤에 별첨하였습니다.

제2부 스승은 스스로 확인할 수 없는 죽음 이후의 상황에 대해 스승의 영역이란 개념 위에서 접근하기 위한 제1장 '죽으면 어떻게 될까?'와 스승의 선택 기준을 설명하는 제2장 '어떤 스승을 선택해야 하는가?' 그리고 가르침의 본질과 가르침을 통해 부처님이 이끄는 삶에 대해 설명하는 제3장 '스승의 가르침'으로 구성하였습니다. 이때, 제1장에서는 종교에 대한 새로운 정의를 시도하였고, 제2장에서는 복음과 믿음에 대해 설명하였으며, 제3장에서는 '하늘을 겨냥한 자'를 소개하면서 공부를 완성해 윤회에서 벗어나기 이전이라면 하늘에 태어나야 하는 당위성을 설명하였습니다.

제3부 윤회는 이 책의 중심입니다. 현재는 윤회하는 중생이고, 미래는 깨달아 윤회에서 벗어나게 될 내 삶의 이야기라는 측면에서 제1장은 '윤회 – 불교의 모든 것'인데, 깨달음의 본질이 생사 문제의 해결 즉 윤회에서 벗어남이라는 것을 여러 관점에서 소개하였습니다. 제2장은 '윤회의 선언'입니다. 가르침의 토대와 원초적 바른 견해로써

윤회에 대한 부처님의 선언을 소개하였는데, 이런 선언에 의해서도 윤회 없음의 주장은 부처님의 가르침이 아니라는 것을 확인할 수 있습니다. 제3장은 '몸으로 간다'인데, 죽고 태어남의 구조적 이해입니다. 몸과 마음이 함께하여 구성된 나에게서 몸이 무너지는 것으로의 죽음과 몸을 떠난 마음이 다시 몸으로 가는 것으로의 태어남의 반복이 윤회입니다. 제4장은 '몸으로 가는 자'인데, 삶에서 가장 궁금하고 어려운 주제입니다마는 부처님은 '연기된 식의 윤회'라고 결정적으로 답합니다. 제5장은 '부처님의 전생 이야기'인데, 깨달아 벗어나기 이전에는 부처님조차 나처럼 오랜 세월 윤회하였으니, 그때까지 윤회는 전혀 남의 이야기가 아니라 내 삶의 이야기라는 확인입니다.

제4부 '윤회에 어떻게 대응해야 하는가?'는 불교 신자가 되어야 하는 당위성과 불교 신자의 전형적인 삶의 제시입니다. 이런 윤회에 어떻게 대응하여 벗어날 것인지의 답은, 부처님 가르침 밖에서는 찾을 수 없는데, 제1장 '공덕'과 제2장 '수행'입니다. 윤회하는 중생으로의 현재에서는 하늘을 겨냥해 더 높이 올라가는 공덕(보시-계-올라가는 수행)의 삶이어야 하고, 깨달아 윤회에서 벗어남으로의 미래는 깨달음을 겨냥한 벗어나는 수행의 실천이어야 합니다. 다만, 벗어나는 수행에 대한 자세한 설명은 다음 책으로 미루고 몇 장의 수행지도(修行地圖)를 소개하는 것으로 대신하였습니다.

제5부 윤회 문답은 이 주제에 대한 다양한 질문에 대한 선제적 답변입니다. '윤회'라 하면 떠오르는 기본적 궁금 주제에 대해 먼저 대답한 제1장은 이어지는 10개의 문답을 정리하였고, 이어서 제2장에서는 nikaya.kr의 '대답 – 해피스님' 메뉴 가운데 이 주제에 속한 문답 30개를 선별하여 소개하였습니다.

이렇게 분명한 목적을 가지고 이 책은 만들어졌습니다. 책의 출판 과정에서, 이 공부 불사의 관통을 함께한 박희애 법우님과 김정애, 박채림, 남건우, 이정옥 법우님들 그리고 근본경전연구회의 중심에서 이 공부를 이끄는 김법영 법우님과 윤원욱, 정송채 법우님들, 서울 모임에서 이 공부의 한 축을 담당하고 있는 효암스님과 윤희조 교수님과 이장미, 김창열, 전종영, 권영찬 법우님들에게 깊은 감사의 말씀을 드립니다. 또한, 인터넷을 통한 공부의 장에서 공부에 함께하고, 후원 보시로써 법회를 유지해 주시는 여러 스님, 법우님들에게도 깊은 감사의 말씀을 드립니다. 모쪼록, 이 책의 분명한 목적으로 함께 오시고, 바른 시각과 실천을 얻어 여러분의 삶이 향상하시기를 바랍니다.

2025년 1월 2일

한국붇다와다불교 해피법당 근본경전연구회 bhikkhu puññadīpa 해피 합장

◐ 그림 및 표 목록 ◑

– 차례 –

제3장 몸으로 간다 = 태어남(生) / 197

Ⅲ. 오계(五戒) / 305

(Ⅲ-1) 개념 / 307

제5부 윤회 문답 – 다양한 관심 / 359

제1장 기본적인 문답 / 361

【별첨】 원전(原典)의 윤회(輪廻-saṃsāra/vaṭṭa) / 429

제1장 saṃsāra(상사-라) / 433

제1부

개론

제1장

윤회 & 윤회에서 벗어난 상태

I. 윤회는 무엇입니까?

태어남-늙음-병-죽음-슬픔-오염이 없는 유가안온인 열반
(MN 26-덫 경)

◐ 나는 누구인가?

①유신(有身-sakkāya) : 몸과 마음

→ ②오취온(五取蘊) : 몸(色)과 마음(識) 그리고 삶의 과정에서 파생된 것(受-想-行들)에 대한 집착으로 자기화 된 존재(有-bhava)

→ ③활성존재(bhūta)[식(識)과 명색(名色)] : 오온 + 활성 요소(觸-作意)

◐ 몸과 마음에 대한 선행 공부

• 몸 : 마음과 짝하여 나를 구성하는 요소

☞ nikaya.kr에서 '주제의 확장 - 몸' 참조

• 마음 : 심(心-citta)-의(意-mano)-식(識-viññāṇa)의 동질성 위에서의 차별성 →「초기불교 백일법문(독송 및 개론) - (2-8) assutavāsuttaṃ (SN 12.61-배우지 못한 자 경)[연기의 정형구문 & 심-의-식] (근본경전연구회 해피스님 230516)」 참조 ⇒ nikaya.kr에서 '230516' 검색

경은 다양한 관점으로 '나'라는 존재 즉 중생에게 적용되는 유위(有爲)(*)의 삶을 설명하는데, '연기(緣起)된 식(識)(**)의 윤회(輪廻)'라고 선언할 수 있습니다. 이때, 윤회는 이렇게 정리됩니다. —

(*) 유위(有爲) – 탐(貪)-진(嗔)-치(癡)가 함께함
무위(無爲) – 탐-진-치의 부서짐(SN 43-무위 상윳따) → 무탐-무진-무치가 함께함

(**) 연기된 식 – 삶의 과정을 누적하며 변화하는 마음(識)

「부처님은 육계(六界-여섯 가지 요소-地水火風空識)의 가르침을 통해 몸에 종속되지 않은 마음[식(識)]을 말합니다(1). 이 식은 '속성이 없고 한계가 없고 모든 관점에서 빛나는 것'이지만(2), 번뇌(漏) 또는 무명(無明)과 애(愛) 때문에 몸을 의지하고 몸에 묶이면 중생이라고 불립니다(3). 그리고 이 의지 관계는 마음과 몸(식과 명색)이 서로 조건 되는 현상으로 나타납니다(4). 그래서 몸이 무너져 죽으면, 몸은 다른 생명의 먹이가 되고, 식은 새로운 의지 관계를 구성하기 위해 (다른) 몸으로 (옮겨) 가는데(5), 태어남이고, 윤회입니다.

이렇게 몸이 죽어도 따라 죽지 않는 마음이 부모에 의해 제공된 명색(名色)[몸]에 육계(식 with 지수화풍공)로서 찾아와 잉태합니다(6). 그런데 이 식(識)은 조건에 의해 생겨나는 것이면서(7), 이 세상과 저세상에 걸쳐 끊어지지 않고 흐릅니다(8). 죽는 순간 태어나는 것입니다. 태어나면, 이 몸과 함께 삶의 과정을 누적하는 변화의 과정(연기된 식)(9)으로 한평생을 살다가 무명과 애를 해소하지 못하고 몸이 무너져 죽으면 다시 몸으로 가서 이런 과정을 반복하게 됩니다(10-1). 그러나 사는 동안 무명과 애가 해소되면 몸으로 가지 않는데(10-2), 태어나지 않게 되는 것입니다. 태어나지 않을 때 비로소 죽지 않음 즉 불사(不死)가 실현됩니다. 이렇게 「불생(不生) → 불사(不死)」가 실현될 때 비로소 윤회에서 벗어나는데, 이것이 깨달음이고, 열반의 실현입니다(11). 그러면 불이 꺼지듯 식(識)은 세상에 흔적을 남기지 않습니다(12). 또한, 어떤 이유로도 다시 태어나지 않습니다(13). 그렇다고 아라한의 사후가 단멸 즉 무(無)가 되는 것은 아닙니다(14). 다만, 헤아려지지 않는 영역이어서 무기(無記)로 소개할 뿐입니다(15).」

(1) 몸에 종속되지 않은 마음 – (MN 140-요소의 분석 경)

• (DN 2.6-사문과경, 아지따 께사깜발리의 말) – '사대(四大-地水火風), 이것이 사람입니다. 죽을 때 땅은 땅의 무리로 들어가고, 되돌아갑니다. 물은 물의 무리로 들어가고, 되돌아갑니다. 불은 불의 무리로 들어가고, 되돌아갑니다. 바람은 바람의 무리로 들어가고, 되돌아갑니다. 기능들은 공간으로 옮겨갑니다.' → 유물론(有物論) – 단견(斷見)/단멸론(斷滅論)

• (MN 140-요소의 분석 경) – '비구여, 육계(六界-여섯 가지 요소), 이것이 사람이다.' 라고 말했다. 이것은 무엇을 연(緣)하여 말했는가? (비구여, 이런 여섯 가지 요소가 있다) — 땅(地)의 요소, 물(水)의 요소, 불(火)의 요소, 바람(風)의 요소, 공간(空)의 요소, 식(識)의 요소. '비구여, 육계(六界), 이것이 사람이다.'라고 말한 것은 이것을 연(緣)하여 말했다.

; 몸에 종속되지 않은 식 → 단견/단멸론의 극복

(2) 속성이 없고 한계가 없고 모든 관점에서 빛나는 식(識)

(DN 11-께왓따 경)과 (MN 49-범천의 초대 경)은 「viññāṇaṃ anidassanaṃ anantaṃ sabbato pabhaṃ 식(識)은 속성이 없고, 한계가 없고, 모든 관점에서 빛난다.」라고 하는데, 무명과 애의 구속 이전의 식(識)의 상태를 알려줍니다. 하지만, 무명에 덮이고 애에 묶이는 때로부터 식(識)은 욕계(慾界)-색계(色界)-무색계(無色界)의 중생 세상에 머물러서 한계가 생기고(AN 3.77-존재 경1→450쪽), 의도와 기대라는 속성이 생기면서(AN 3.78-존재 경2→451쪽), 빛을 잃고 몸으로 가는 현상이 발생합니다.

한편, (SN 12.64-탐 있음 경→59쪽)은 식이 머물고 늘어나는 경우(→ 생-노사 → 슬픔-고뇌-절망과 함께하는 그가 있다)와 머물지 않고 늘어나지 않는 경우(→ 생-노사 없음 → 슬픔-고뇌-절망이 없는 그가 있다)를 말하는데, 후자의 경우의 식에 대한 설명입니다.

(3) 몸을 의지하고 몸에 묶인 마음 – (DN 2.24-사문과경, 위빳사나의 앎)

그가 이렇게 심(心)이 삼매를 닦고, 청정하고, 깨끗하고, 흠이 없고, 오염원이 사라지고, 부드럽고, 준비되고, 안정되고, 흔들림이 없는 상태에 이르렀을 때 지(知)와 견(見)으로 심(心)을 향하게 하고 기울게 합니다. 그는 이렇게 꿰뚫어 압니다. — '나의 이 몸은 물질이어서 사대(四大)로 구성된 것이고, 부모에 속한 것에서 생겨난 것이고, 밥과 응유가 집적된 것이고, 무상하고 쇠퇴하고 부서지고 해체되고 흩어지는 것이다. 그런데 나의 이 식(識)은 여기에 의지하고 여기에 묶여 있다.'라고.

(4) 몸과 마음의 서로 조건 됨 – (DN 15.1-대인연경, 연기)

- 'viññāṇapaccayā nāmarūpan'ti 식(識)을 조건으로 명색(名色)이 있다.
- 'nāmarūpapaccayā viññāṇan'ti 명색(名色)을 조건으로 식(識)이 있다.

"'식을 조건으로 명색이 있다.'라고 말하였다. 아난다여, '식을 조건으로 명색이 있다.'라는 것은 이런 방법에 의해서 알려져야 한다. 아난다여, 식이 모태에 들어오지 않는데도 명색이 모태에서 공고해지겠는가?" "아닙니다, 대덕이시여." "아난다여, 식이 모태에 들어온 뒤에 잘못되었는데도 명색이 금생을 위해 재현되겠는가?" "아닙니다, 대덕이시여." "아난다여, 식이 어린 남녀 아이에게서 끊어졌는데도 명색이 늘어나고 자라고 충만하게 되겠는가?" "아닙니다, 대덕이시여." "그러므로, 아난다여, 명색에게 오직 식이 원인이고, 식이 인연이고, 식이 자라남이고, 식이 조건이다."

"'명색(名色)을 조건으로 식(識)이 있다.'라고 말하였다. 아난다여, '명색을 조건으로 식이 있다.'라는 것은 이런 방법으로 알아야 한다. 아난다여, 식이 명색에 머묾을 얻지 못했는데도 미래에 생(生)과 노사(老死)라는 고(苦)의 자라남을 위한 근본을 선언할 수 있겠는가?" "아닙니다, 대덕이시여." "그러므로, 아난다여, 오직 명색이 식의 원인이고, 명색이 식의 인연이고, 명색이 식의 자라남이고, 명색이 식의 조건이다. 아난다여, 명색의 '식과 함께 서로 조건 됨'이 지속되는 그 범위에서 태어나고, 늙고, 죽고, 옮겨가고, 다시 태어난다. 그 범위에서 이름이 적용되고, 그 범위에서 언어가 적용되고, 그 범위에서 개념이 적용되고, 그 범위가 지혜의 영역이고, 그 범위에서 금생(今生)을 선언함으로써 윤회를 지속한다."

※ (DN 14-대전기경)과 (SN 12.65-도시 경)은 연기에서 십지연기의 형태로 식과 명색의 서로 조건 됨을 갖춘 문장으로 설명합니다.

(5) 몸은 다른 생명의 먹이가 되고, 마음은 다음 생으로 감 – (SN 55.21-마하나마 경1)

두려워하지 말라, 마하나마여. 두려워하지 말라, 마하나마여. 그대의 죽음은 나쁘지 않을 것이다. 나쁘게 죽음을 맞지 않을 것이다. 마하나마여, 누구든지 오랜 세월 온전히 믿음을 닦은 심(心)과 온전히 계를 닦은 심과 온전히 배움을 닦은 심과 온전히 보시를 닦은 심과 온전히 지혜를 닦은 심을 가진 사람의 몸은 물질이어서 사대(四大)로 구성된 것이고, 부모에 속한 것에서 생겨난 것이고, 밥과 응유가 집적된 것이고, 무상하고 쇠퇴하고 부서지고 해체되고 흩어지는 것이다. 그것을 여기서 까마귀들이 쪼아 먹고, 독수리들이 쪼아 먹고, 매들이 쪼아 먹고, 개들이 뜯어먹고, 자칼들이 뜯어 먹고, 많은 살아있는 벌레 떼가 파먹겠지만, 오랜 세월 온전히 믿음을 닦은 심과 온전히 계를 닦은 심과 온전히 배움을 닦은 심과 온전히 보시를 닦은 심과 온전히 지혜를 닦은 이 심은 위로 올라가고 특별한 곳으로 가게 된다.

※ (SN 22.95-거품 덩어리 경)은 '생명력과 체온과 식(識)이 떠날 때, 남(다른 생명)의 음식이고 의도가 없는 몸은 던져져 잠든다.'라고 하여 식이 떠나면 무너진 몸은 다른 생명의 먹이가 된다는 점을 직접 말해 줍니다.

(6-1) 잉태① – (DN 15.1-대인연경, 연기(緣起))/(AN 3.62-근본 교리 등 경)/(MN 38-애(愛) 부서짐의 큰 경)

세 개의 경은 모태에 들어오는 것을 ①식(識), ②육계(六界), ③간답바의 세 가지로 설명합니다.

1) 부모가 제공하는 명색(名色)에 전생에서 찾아오는 것은 식(識)입니다.

2) 그런데 이 식은 중생으로 있는 한 한순간도 물질과 분리되지 않습니다. 서로 조건되기 때문입니다. 다만, 죽고 태어남의 과정에는 어떤 것으로 규정된 물질(四大造色)을 내려놓고 요소 상태(지수화풍-공)와 함께 명색으로 오기 때문에 육계의 붙잡음을

원인으로 모태에 든다고 설명됩니다.

3) 그리고 모태에 들어오는 그것 즉 식(識)을 이름 붙이면 간답바입니다.

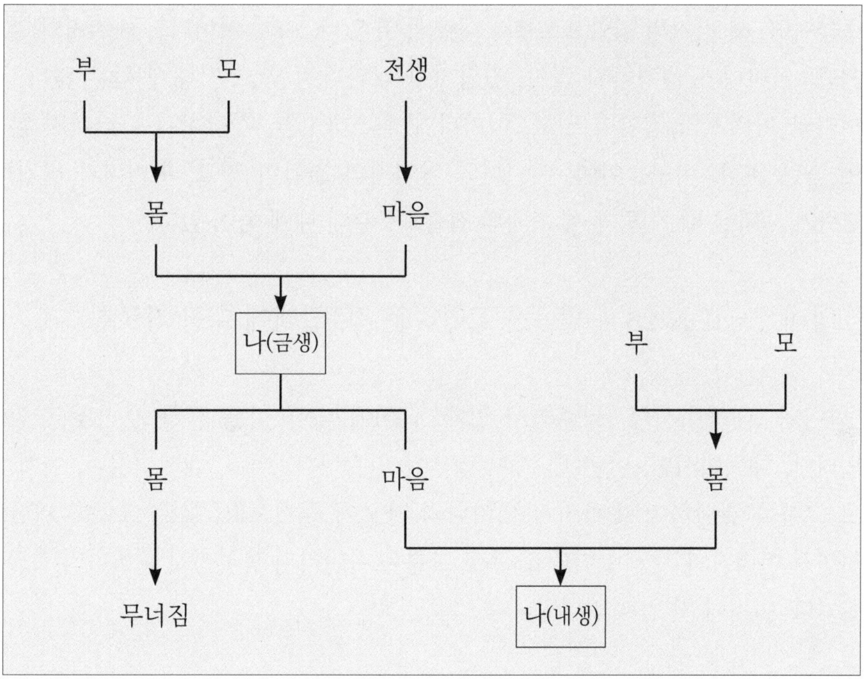

① (DN 15.1-대인연경, 연기)

"'식(識)을 조건으로 명색(名色)이 있다.'라고 말하였다. ~ ⇒ (4) 몸과 마음의 서로 조건됨

② (AN 3.62-근본 교리 등 경)

비구들이여, 육계(六界)의 붙잡음을 원인으로 모태에 듦이 있다. 듦이 있을 때 명색(名色)이 있다. 명색(名色)을 조건으로 육입(六入)이 있고, 육입(六入)을 조건으로 촉(觸)이 있고, 촉(觸)을 조건으로 수(受)가 있다. 비구들이여, 나는 경험하고 있는 자에게 '이것은 고(苦)다.'라고 선언하고, '이것은 고집(苦集)이다.'라고 선언하고, '이것은 고멸(苦滅)이다.'라고 선언하고, '이것은 고멸(苦滅)로 이끄는 실천이다.'라고

선언한다.

③ (MN 38-애(愛)의 부서짐의 큰 경)

비구들이여, 세 가지의 집합으로부터 태에 듦이 있다. 여기 어머니와 아버지의 결합이 있지만, 어머니가 월경하지 않고, 간답바가 나타나지 않으면 태에 듦은 없다. 여기 어머니와 아버지의 결합이 있고, 어머니가 월경하지만, 간답바가 나타나지 않으면 태에 듦은 없다. 비구들이여, 어머니와 아버지의 결합이 있고, 어머니가 월경하고, 간답바가 나타날 때, 이렇게 세 가지의 집합으로부터 태에 듦이 있다.

(6-2) 잉태② − (DN 28.4-믿음을 고양하는 경, 입태에 대한 가르침)

더 나아가, 대덕이시여, 세존께서 입태(入胎)에 대한 법을 설하신 이것은 위없는 것입니다. 대덕이시여, 이런 네 가지 입태가 있습니다. 여기, 대덕이시여, 어떤 자는 옳고 그름을 판단하지 못하면서 어머니의 자궁에 들어오고, 옳고 그름을 판단하지 못하면서 어머니의 자궁에 머물고, 옳고 그름을 판단하지 못하면서 어머니의 자궁에서 나옵니다. 이것이 첫 번째 입태입니다.

다시, 대덕이시여, 여기 어떤 자는 옳고 그름을 판단하면서 어머니의 자궁에 들어오고, 옳고 그름을 판단하지 못하면서 어머니의 자궁에 머물고, 옳고 그름을 판단하지 못하면서 어머니의 자궁에서 나옵니다. 이것이 두 번째 입태입니다.

다시, 대덕이시여, 여기 어떤 자는 옳고 그름을 판단하면서 어머니의 자궁에 들어오고, 옳고 그름을 판단하면서 어머니의 자궁에 머물고, 옳고 그름을 판단하지 못하면서 어머니의 자궁에서 나옵니다. 이것이 세 번째 입태입니다.

다시, 대덕이시여, 여기 어떤 자는 옳고 그름을 판단하면서 어머니의 자궁에 들어오고, 옳고 그름을 판단하면서 어머니의 자궁에 머물고, 옳고 그름을 판단하면서 어머니의 자궁에서 나옵니다. 이것이 네 번째 입태입니다. 대덕이시여, 입태에 대한 이것도 위없는 것입니다.

(7) 조건에 의해 생겨나는 식 − (SN 12.45-냐띠까 경)/(MN 38-애(愛)

부서짐의 큰 경)

• (SN 12.45-냐띠까 경) — cakkhuñca paṭicca rūpe ca uppajjati cakkhu-viññāṇaṃ 안(眼)과 색(色)들을 연(緣)하여 안식(眼識)이 생긴다. … 안-이-비-설-신-의에 반복 …

• (MN 38-애(愛) 부서짐의 큰 경) — yaṃ yadeva, bhikkhave, paccayaṃ paṭicca uppajjati viññāṇaṃ, tena teneva viññāṇaṃtveva saṅkhyaṃ gacchati. cakkhuñca paṭicca rūpe ca uppajjati viññāṇaṃ, cakkhu-viññāṇaṃtveva saṅkhyaṃ gacchati 비구들이여, '식(識)은 조건을 연(緣)하여 생긴다.'라는 그것 때문에 식은 이름을 얻는다. 안(眼)과 색들을 연하여 식이 생긴다. 그러면 단지 안식(眼識)이라는 이름을 얻는다. … 안-이-비-설-신-의에 반복 …

; 이 여섯 가지(六識)가 식(識)의 전부입니다. 다른 개념을 설정하여 다른 이름으로 부르는 식은 부처님에 의해 설명된 삶의 이야기가 아닙니다.

(8) 이 세상과 저세상에 걸쳐 끊어지지 않는 식의 흐름 – (DN 28.6-믿음을 고양하는 경, 견(見)의 증득에 대한 가르침)

purisassa ca viññāṇasotaṃ pajānāti, ubhayato abbocchinnaṃ idha loke patiṭṭhitañca paraloke patiṭṭhitañca. ayaṃ tatiyā dassanasamāpatti.

또한, 이 세상에서도 머물고 저세상에서도 머무는, 양쪽에서 끊어짐이 없는 인간의 식(識)의 흐름을 꿰뚫어 압니다. — 이것이 세 번째 견(見)의 증득입니다.

purisassa ca viññāṇasotaṃ pajānāti, ubhayato abbocchinnaṃ idha loke appatiṭṭhitañca paraloke appatiṭṭhitañca. ayaṃ catutthā dassanasamāpatti

또한, 이 세상에서도 머물지 않고 저세상에서도 머물지 않는, 양쪽에서 끊어짐이 없는 인간의 식(識)의 흐름을 꿰뚫어 압니다. — 이것이 네 번째 견(見)의 증득입니다.

(9) 연기된 식의 윤회 ⇒「제3부 제4장 몸으로 가는 자 2.식의 정체성」 참조(236쪽)

(10) ①몸으로 감 - ②몸으로 가지 않음 – (SN 12.19-우현(愚賢) 경) ⇒「제3부 제3장 Ⅰ. 죽음(몸을 떠난 식(마음)은 어떻게 됩니까?)」에 반복(204쪽)

비구들이여, 무명에 덮이고 애에 묶인 어리석은 자에게 이 몸이 일어난다. 그 어리석은 자에게 무명은 버려지지 않고 애는 부서지지 않는다. 그 원인은 무엇인가? 비구들이여, 어리석은 자는 괴로움의 부서짐을 위해 바르게 범행을 닦지 않는다. 그래서 어리석은 자는 몸이 무너진 뒤 몸으로 간다. 몸으로 간 그는 태어남과 늙음-죽음과 슬픔-비탄-고통-고뇌-절망에서 벗어나지 못하고, 괴로움에서 벗어나지 못한다고 나는 말한다.

비구들이여, 무명에 덮이고 애에 묶인 현명한 자에게 이 몸이 일어난다. 그 현명한 자에게 무명은 버려지고 애는 부서진다. 그 원인은 무엇인가? 비구들이여, 현명한 자는 괴로움의 부서짐을 위해 바르게 범행을 닦는다. 그래서 현명한 자는 몸이 무너진 뒤 몸으로 가지 않는다. 몸으로 가지 않은 그는 태어남과 늙음-죽음과 슬픔-비탄-고통-고뇌-절망에서 벗어나고, 괴로움에서 벗어난다고 나는 말한다. 비구들이여, 범행의 실천, 어리석은 자에 비해 현명한 자에게 이것이 차이이고, 이것이 특별함이고, 이것이 다름이다.

(11)「불생(不生) → 불사(不死)」의 깨달음 = 열반의 실현 ⇒「Ⅱ. 죽음과 죽지 않음」 참조(43쪽)

(12) 세상에 흔적을 남기지 않음 – (MN 72-왓차 불 경)

"만약에 왓차여, 그대에게 '그대 앞에서 타고 있는 이 불은 무엇을 조건으로 타고 있는가?'라고 질문한다면, 왓차여, 이렇게 질문받은 그대는 무엇이라고 설명할 것입니까?" "만약에 고따마 존자여, 저에게 '그대 앞에서 타고 있는 이 불은 무엇을 조건으로 타고 있는가?'라고 질문한다면, 고따마 존자여, 이렇게 질문받은 저는 이렇게 설명할 것입니다. — '제 앞에서 타고 있는 이 불은 풀과 나무토막이라는 연료를 조건으로 타고 있습니다.'라고."

"만약에 왓차여, 그대 앞에서 그 불이 꺼진다면 그대는 '내 앞에서 이 불이 꺼졌다.' 라고 알 수 있습니까?" "고따마 존자여, 만약 제 앞에서 그 불이 꺼진다면 '내 앞에서 이 불이 꺼졌다.'라고 알 수 있습니다."

"만약에 왓차여, 그것을 '그대의 앞에서 꺼진 그 불은 동쪽이나 남쪽이나 서쪽이나 북쪽의 어느 방향으로 갔습니까?'라고 질문한다면, 이렇게 질문받은 그대는 무엇이라고 설명할 것입니까?" "고따마 존자여, 어느 방향으로도 가지 않습니다. 고따마 존자여, 풀과 나무토막이라는 연료를 조건으로 꺼진 그 불은 연료가 다 소비되고 다른 것을 공급받지 못했기 때문에 자량이 없어 꺼진 것이라는 이름을 얻을 뿐입니다."

"이처럼, 왓차여, 묘사하는 자가 어떤 색에 의해 여래를 묘사할 수 있다면, 그런 색은 여래에게 버려지고 뿌리 뽑히고 윗부분이 잘린 야자수처럼 되고 존재하지 않게 되고 미래에 생겨나지 않는 상태가 되었습니다. 왓차여, 색에 의한 헤아림에서 해탈한 여래는, 예를 들면 큰 바다처럼, 깊고 측량할 수 없고 관통하기 어렵습니다. '태어난다'라는 현상으로 가지 않고, '태어나지 않는다'라는 현상으로 가지 않고, '태어나기도 하고 태어나지 않기도 한다'라는 현상으로 가지 않고, '태어나지도 않고 태어나지 않지도 않는다'라는 현상으로 가지 않습니다. … 색(色)-수(受)-상(想)-행(行)들-식(識)에 반복 …

(13) 열반은 완성이고, 의지처가 없음. 그래서 아라한은 다시 태어나지 않음 – (SN 48.42-운나바 바라문 경)

"바라문이여, 다른 대상과 다른 영역을 가지는 다섯 가지 기능은 서로의 영역과 대상을 경험하지 않습니다. 무엇이 다섯입니까? 안근(眼根), 이근(耳根), 비근(鼻根), 설근(舌根), 신근(身根)입니다. 바라문이여, 서로의 영역과 대상을 경험하지 않는, 다른 대상과 다른 영역을 가지는 다섯 가지 기능들에게 의(意)가 의지처이고, 오직 의(意)가 그것들의 영역과 대상을 경험합니다."

"고따마 존자시여, 그러면 의(意)에게는 무엇이 의지처입니까?"

"바라문이여, 의(意)에게는 사띠가 의지처입니다."

"고따마 존자시여, 그러면 사띠에게는 무엇이 의지처입니까?"

"바라문이여, 사띠에게는 해탈이 의지처입니다."

"고따마 존자시여, 그러면 해탈에게는 무엇이 의지처입니까?"

"바라문이여, 해탈에게는 열반이 의지처입니다."

"고따마 존자시여, 그러면 열반에게는 무엇이 의지처입니까?"

"바라문이여, 질문을 넘어섰습니다. 질문의 끝을 잡는 것은 가능하지 않습니다. 열반에 닿는 범행(梵行)은 열반을 구원으로 하고 열반을 완성으로 살아지는 것입니다."

한편, (SN 44.9-대화하는 장소 경)은, 연료가 없으면 불이 꺼지듯이, 애(愛)라는 연료가 없는 아라한은 다시 태어나지 않는다는 것을 알려줍니다.(63쪽)

(14) 아라한의 사후가 단멸 즉 無가 되는 것은 아님 – (SN 22.85-야마까 경)

'나는 세존께서 설하신 법에 대해 '번뇌 다한 비구는 몸이 무너져 죽은 뒤에 단멸하고, 사라진다. 죽은 뒤에 존재하지 않는다.'라고 안다.'라는 악한 견해가 생긴 야마까 존자에게 사리뿟따 존자는 'paṭipucchāvinītā(질의응답으로 설명한 가르침)'을 설하여 견해를 바로잡아 줍니다.

; 주제의 확장 – 「paṭipucchāvinītā(질의응답으로 설명한 가르침)」 참조 ⇒ nikaya.kr에서 '질의응답으로 설명한 가르침' 검색

그리고 문답은 이렇게 이어집니다. – 「"도반 야마까여, 만약 그대에게 '도반 야마까여, 번뇌 다한 비구는 몸이 무너져 죽은 뒤에 어떻게 됩니까?'라고 질문하면 이렇게 질문받은 그대는, 도반 야마까여, 무엇이라고 설명하겠는가?" "도반이여, 만약 저에게 '도반 야마까여, 번뇌 다한 비구는 몸이 무너져 죽은 뒤에 어떻게 됩니까?'라고 질문하면 이렇게 질문받은 저는 '도반이여, 색(色)은 무상(無常)합니다. 무상(無常)한

것은 고(苦)입니다. 고(苦)인 것은 소멸하고 줄어들었습니다. 수(受)는 … 상(想)은 … 행(行)들은 … 식(識)은 무상(無常)합니다. 무상(無常)한 것은 고(苦)입니다. 고(苦)인 것은 소멸하고 줄어들었습니다.'라고 설명할 것입니다. 도반이여, 이렇게 질문받은 저는 이렇게 설명할 것입니다."」

(15) 아라한의 사후 – 헤아려지지 않음 → 무기(無記)의 주제 – (SN 44.1-케마경) 등

그러자 빠세나디 꼬살라 왕은 케마 비구니에게 갔다. 가서는 케마 비구니에게 절한 뒤 한 곁에 앉았다. 한 곁에 앉은 빠세나디 꼬살라 왕은 케마 비구니에게 이렇게 말했다. – "스님, 여래는 죽은 뒤에 존재합니까?" "대왕이여, '여래는 죽은 뒤에 존재한다.'라는 것을 세존께서는 설명하지 않았습니다." "스님, 그러면 여래는 죽은 뒤에 존재하지 않습니까?" "대왕이여, '여래는 죽은 뒤에 존재하지 않는다.'라는 것도 세존께서는 설명하지 않았습니다." "스님, 그러면 여래는 죽은 뒤에 존재하기도 하고 존재하지 않기도 합니까?" "대왕이여, '여래는 죽은 뒤에 존재하기도 하고 존재하지 않기도 한다.'라는 것도 세존께서는 설명하지 않았습니다." "스님, 그러면 여래는 죽은 뒤에 존재하는 것도 아니고 존재하지 않는 것도 아닙니까?" "대왕이여, '여래는 죽은 뒤에 존재하는 것도 아니고 존재하지 않는 것도 아니다.'라는 것도 세존께서는 설명하지 않았습니다."

"'스님, 여래는 죽은 뒤에 존재합니까?'라고 이렇게 질문을 받았을 때, '대왕이여, '여래는 죽은 뒤에 존재한다.'라는 것을 세존께서는 설명하지 않았습니다.'라고 말했습니다. '스님, 여래는 죽은 뒤에 존재하지 않습니까?'라고 이렇게 질문을 받았을 때, '대왕이여, '여래는 죽은 뒤에 존재하지 않는다.'라는 것을 세존께서는 설명하지 않았습니다.'라고 말했습니다. '스님, 여래는 죽은 뒤에 존재하기도 하고 존재하지 않기도 합니까?'라고 이렇게 질문을 받았을 때, '대왕이여, '여래는 죽은 뒤에 존재하기도 하고 존재하지 않기도 한다.'라는 것을 세존께서는 설명하지 않았습니다.'라고 말했습니다. '스님, 여래는 죽은 뒤에 존재하는 것도 아니고 존재하지 않는 것도 아닙니까?'라고 이렇게 질문을 받았을 때, '대왕이여, '여래는 죽은 뒤에 존재하는 것도 아니고 존재하지 않는 것도 아니다.'라는 것을 세존께서는 설명하지 않았습니다.'라고 말했습니다. 스님, 세존께서 이것들을 설명하지 않은 원인은 무엇이고, 조건은 무엇입니까?"

"대왕이여, 그렇다면 여기서 내가 그것을 되물을 것입니다. 좋으시다면, 그대에게 좋아 보이는 대로 그것을 설명하십시오. 대왕이여, 그대는 이것을 어떻게 생각합니까? '이렇게 이만큼의 모래가 있다거나, 이렇게 이만큼의 백배의 모래가 있다거나, 이렇게 이만큼의 천배의 모래가 있다거나, 이렇게 이만큼의 십만 배의 모래가 있다.'라고 강가 강의 모래를 헤아리는 것이 가능한 회계나 경리나 계산하는 자가 누구라도 그대에게 있습니까?" "아닙니다, 스님." "그러면 '이렇게 이만한 용량의 물이 있다거나, 이렇게 이만한 용량의 백배의 물이 있다거나, 이렇게 이만한 용량의 천배의 물이 있다거나, 이렇게 이만한 용량의 십만 배의 물이 있다.'라고 큰 바다에서 물을 헤아리는 것이 가능한 회계나 경리나 계산하는 자가 누구라도 그대에게 있습니까?" "아닙니다, 스님." "그 원인이 무엇입니까?" "스님, 큰 바다는 깊고 측량할 수 없고 관통하기 어렵습니다." "이처럼, 대왕이여, 묘사되고 있는 여래를 색(色)에 의해서 묘사할 수 있는 그런 색(色)은 여래에게 버려졌고 뿌리 뽑혔고 윗부분이 잘린 야자수처럼 되었고 존재하지 않게 되었고 미래에 생겨나지 않는 상태가 되었습니다. 대왕이여, 색(色)에 의한 헤아림으로부터 해탈한 여래는, 예를 들면 큰 바다처럼, 깊고 측량할 수 없고 관통하기 어렵습니다. '여래는 죽은 뒤에 존재한다.'라고도 결정되지 않고, '여래는 죽은 뒤에 존재하지 않는다.'라고도 결정되지 않고, '여래는 죽은 뒤에 존재하기도 하고 존재하지 않기도 한다.'라고도 결정되지 않고, '여래는 죽은 뒤에 존재하는 것도 아니고 존재하지 않는 것도 아니다.'라고도 결정되지 않습니다. … 수(受)-상(想)-행(行)들-식(識)에 반복 …

; 색-수-상-행들-식 = 세상에 있는 세상의 법(SN 22.94-꽃 경) → 세상에서 벗어나 실현되는 열반을 세상의 법으로 묘사할 수 없음 → 무기(無記)

Ⅱ. 죽음과 죽지 않음

[사(死) - 불사(不死)]

◐ 「깨달음의 본질 — 생사 문제의 해결 = 윤회에서 벗어남」을 말하는 경들 참조 ⇒ 「제3부 제1장 Ⅲ. 깨달음의 본질(149쪽)」

• ayamantimā jāti 이것이 태어남의 끝이다. (SN 56.11-전법륜경) 등

나에게 '나의 해탈은 흔들리지 않는다. 이것이 마지막 태어남이다. 이제 다음의 존재[유有)]는 없다.'라는 앎과 봄이 생겼다.

• khīṇā jāti 태어남은 다했다. (SN 22.59-무아상(無我相) 경) 등

'태어남은 다했다. 범행은 완성되었다. 해야 할 일을 했다. 다음에는 현재 상태[유(有)]가 되지 않는다.'라고 분명히 안다.

◐ 죽음(SN 12.2-분석 경)

yā tesaṃ tesaṃ sattānaṃ tamhā tamhā sattanikāyā cuti cavanatā bhedo antaradhānaṃ maccu maraṇaṃ kālakiriyā khandhānaṃ bhedo kaḷevarassa nikkhepo, idaṃ vuccati maraṇaṃ

이런저런 중생에 속하는 그러그러한 중생의 무리로부터 종말, 제거됨, 해체, 사라짐, 사망, 죽음, 서거, 온(蘊)의 해체, 육체를 내려놓음, 이것이 사(死-죽음)이라고 불린다.

◐ 죽음〈표준국어대사전〉

명사 죽는 일. 생물의 생명이 없어지는 현상을 이른다.

무명에 덮이고 애에 묶여서 옮겨가고 윤회하는 중생은 살아있는 동안 무명과 애를 해소하지 못하고 몸이 무너지면 몸으로 가고, 해소한 뒤에 몸이 무너지면 몸으로 가지 않습니다. 그래서 무명과 애는 태어남을 이끌고, 무명과 애의 해소 즉 명과 애멸(또는 해탈)은 태어나지 않음을 이끕니다.

태어나면 반드시 죽습니다. 태어난다는 것은 몸에 구속된다는 것이고, 물질인 몸은 무너지기 마련이어서 죽지 않을 수 없는 것입니다. 그런데 무명과 애의 해소 즉 깨달음은 마음에 속한 것입니다. 깨닫는다고 해도 무너지기 마련인 몸의 문제는 해결되지 않습니다(MN 121-공의 작은 경). 그래서 깨달은 자도 죽습니다. 깨달은 분인 부처님 그리고 부처님의 깨달음을 재현한 아라한인 제자들이 모두 죽은 것을 보면 깨달은 자도 죽는다는 것은 사실입니다(SN 15.20-웨뿔라 산 경).

그러면 어떻게 죽지 않을 수 있습니까? 태어나지 않아야 합니다. 몸으로 가지 않아서 몸에 구속된 삶으로 태어나지 않으면 그때 죽지 않게 됩니다. 즉 죽지 않으려면 태어나지 않아야 합니다. 죽음의 100% 조건인 태어남을 해결할 때 조건의 상실에 의해 죽음은 생겨나지 않습니다. 죽지 않음 즉 불사(不死)가 실현되는 것입니다. 그런데 태어나지 않을 수 있습니까?

부처님의 깨달음은 죽지 않음으로 대표되는 모든 괴로움의 소멸입니다. 그러면 괴로움은 무엇입니까? (DN 22-대념처경)은 괴로움을 설명합니다.

> 그러면 비구들이여, 무엇이 고성제(苦聖諦)인가? 태어남[생(生)]도 괴로움이고, 늙음[노(老)]도 괴로움이고, 죽음[사(死)]도 괴로움이다. 슬픔-비탄-고통-고뇌-절망[수비고우뇌(愁悲苦憂惱)]도 괴로움이다. 재미없는 것들과 함께 엮이는 괴로움[원증회고(怨憎會苦)]이고, 즐거운 것들과 갈라지는 괴로움[애별리고(愛別離苦)]이고, 원하는 것을 얻지 못하는 것도 괴로움[구부득고(求不得苦)]이다. 간략히 말하면, 오취온(五取蘊)이 괴로움이다[오취온고(五取蘊苦)].

여기서 원하는 것을 얻지 못하는 괴로움[구부득고(求不得苦)]은 이렇게 설명됩니다.

> 그러면 비구들이여, 무엇이 원하는 것을 얻지 못하는 괴로움[구부득고(求不得苦)]인가? 비구들이여, 태어나는 존재인 중생들에게 '오 참으로 우리가 태어나는 존재가 아니기

를! 참으로 우리에게 태어남이 오지 않기를!'이라는 원함이 생긴다. 그러나 이것은 원함에 의해 성취되지 않는다. 이것도 원하는 것을 얻지 못하는 괴로움이다. 비구들이여, 늙는 존재인 중생들에게 '오 참으로 우리가 늙는 존재가 아니기를! 참으로 우리에게 늙음이 오지 않기를!'이라는 원함이 생긴다. 그러나 이것은 원함에 의해 성취되지 않는다. 이것도 원하는 것을 얻지 못하는 괴로움이다. 비구들이여, 병드는 존재인 중생들에게 '오 참으로 우리가 병드는 존재가 아니기를! 참으로 우리에게 병이 오지 않기를!'이라는 원함이 생긴다. 그러나 이것은 원함에 의해 성취되지 않는다. 이것도 원하는 것을 얻지 못하는 괴로움이다. 비구들이여, 죽는 존재인 중생들에게 '오 참으로 우리가 죽는 존재가 아니기를! 참으로 우리에게 죽음이 오지 않기를!'이라는 원함이 생긴다. 그러나 이것은 원함에 의해 성취되지 않는다. 이것도 원하는 것을 얻지 못하는 괴로움이다. 비구들이여, 슬픔-비탄-고통-고뇌-절망하는 존재인 중생들에게 '오 참으로 우리가 슬픔-비탄-고통-고뇌-절망하는 존재가 아니기를! 참으로 우리에게 슬픔-비탄-고통-고뇌-절망이 오지 않기를!'이라는 원함이 생긴다. 그러나 이것은 원함에 의해 성취되지 않는다. 이것도 원하는 것을 얻지 못하는 괴로움이다.

죽지 않기 위해서는 태어나지 않아야 하고, 그래서 어떤 중생이 태어나지 않기를 원한다 해도 이것은 원함에 의해 얻어지지 않는다는 것입니다.

(AN 5.43-원함 경)은 원하고 좋아하고 마음에 들지만, 세상에서 얻기 어려운 것으로 수명-용모-행복-명성-천상의 다섯 가지 법을 제시하면서 이런 법들은 기도(āyācana)나 기대(patthanā)에 의해 얻어지지 않고, 다만 그것으로 이끄는 실천에 의해 얻어진다고 말합니다. 원하는 것이 있다면, 기도하거나 기대만 하고 있는(간절히 바라는) 것이 아니라 바른 방법을 배워 알고 실천함으로써 스스로 얻어야 한다는 가르침입니다.

그런데 '태어나지 않기'는 수명-용모-행복-명성-천상의 다섯 가지 법을 얻는 방법보다 훨씬 어렵습니다. 뒤의 것들은 올라가는 삶을 위한 공덕의 행위를 통해 얻을 수 있지만 '태어나지 않기'는 무명(無明)과 애(愛)를 해소하고 벗어나야 하는데, 애는 몸이라는 종기의 뿌리이고, 무명은 다시 애의 뿌리여서 중생 세상의 꼭대기인 비상비비상처(*)까지도 남아있는 끈질긴 숙제입니다.

(*) 세계관 & 범천(梵天)의 세상 참조 ⇒ 제3부 제3장 Ⅰ. 죽음(202쪽)

그래서 '태어나지 않기'는 거기로 이끄는 방법을 배워 알고 실천함으로 얻을 수 있는데, 「사념처로 시작하고 사마타-위빳사나로 완성되는[사념처 → 사마타-위빳사나]」'벗어나는 수행'을 통해 몸의 구속에서 해방되는 방법입니다.

; 제4부 제2장 수행(修行-bhāvanā) 참조(319쪽)

그렇습니다! 이런 방법을 배워 알고 실천할 때 무명과 애에서 비롯되는 몸의 구속에서 벗어나게 되는데, (SN 12.19-우현 경)이 말하는 몸이 무너진 뒤에 몸으로 가지 않는 삶의 실현입니다.

그래서 태어나지 않는것, 그것이 죽지 않음 즉 불사(不死)의 실현입니다.

• 몸에 구속된 마음 → 존재(有-bhava)

; (SN 35.103-웃다까 경) - 몸 = 종기, 종기의 뿌리 = 愛 → 일체의 승리자(육촉처의 자라남-줄어듦-매력-위험-해방을 있는 그대로 안 뒤에 집착없이 해탈함)가 종기의 뿌리를 파내었음

; (MN 106-흔들리지 않는 경지에 적합함 경) - 비상비비상처까지 유신(有身) 즉 몸이 있는 영역 → 종기인 몸의 구속 상태는 애(愛)가 남아있는 비상비비상처까지 유지됨

• 마음은 몸의 구속에서 벗어날 수 있을까? → 존재에서 벗어남(vibhava) → 존재 아님(비존재-abhava)

; 몸이라는 종기의 뿌리인 애(愛)를 파내어야 함

; 애(愛)의 뿌리 = 무명(無明) → 무명이 버려지고 명이 생겨날 때 몸의 구속에서 벗어남

Ⅲ. 윤회에서 벗어난 상태

[번뇌 다한 비구는
몸이 무너져 죽은 뒤에 어떻게 됩니까?]

◐ 공부의 방향 ◑

물리에서 scalar(스칼라)는 방향 개념 없이 하나의 값을 지시하고, vector(벡터)는 크기에 방향이 더해진 값입니다. 빠르기의 측면에서 스칼라는 속력(speed)이고, 벡터는 속도(velocity)입니다.

윤회에서 벗어난 상태를 지시하는 용어는 열반(nibbāna 닙바-나)인데, 무명에 덮이고 애에 묶여서 옮겨가고 윤회하는 중생의 목적점입니다.

고멸(苦滅)의 삶 즉 열반을 실현하기 위한 노력은 노력한만큼의 성과를 얻어야 합니다. 그런데 방향을 알지 못하면 오히려 노력한만큼 거기에서 멀어질 수 있습니다.

부처님은 예전에도 지금도 오직 고(苦)와 고멸(苦滅)을 꿰뚫어 아는 방향으로 우리를 이끕니다. 그래서 불교의 최상위 개념은 고와 고멸 즉 괴로움에서 벗어나 행복을 실현하는 것입니다. 그때, 괴로움 '0', 행복 '100'의 상태로 실현되는 것이 열반이고, 부처님은 이렇게 존재성의 측면이 아니라 느낌(受)의 측면에서 우리를 이끈다는 것을 알 수있습니다.

바로 그 자리! 윤회에서 벗어나 실현되는 열반에 대해 바르게 알아야 합니다. 바르게 알고 거기로 나아가는 노력을 해야 합니다. 그때, 간만큼 거기에 가까와집니다. 그러나 윤회에서 벗어난 상태로의 그 자리를 바르게 알지 못하면, 아무리 노력해도 거기에 가까와지지 않습니다.

단견이나 상견 등 (존재가 무엇인지 따지고 있는) 존재성의 견해가 이끄는 삶의 방향으로는 아무리 노력해도 목적점 즉 존재에서 벗어나 실현되는 고멸의 삶에 닿지 못합니다. 그러나 바르게 연기(緣起)의 견해가 이끄는 삶의 방향은 늦은 속력으로 가더라도 간만큼 목점점으로 접근합니다.

윤회에서 벗어난 상태를 바르게 알아야 하는 이유입니다.

그런데 (MN 72-왓차 불 경)이 말하듯이, 윤회에서 벗어나면 식(識)은 불이 꺼지듯 흔적을 남기지 않습니다. 어떤 존재 상태로도 묘사되지 않는 것입니다. 그러면 이렇게 묘사되지 않는, 윤회에서 벗어난 상태는 어떻게 이해해야 합니까?

그래서 윤회에서 벗어난 상태를 설명하는 방법이 설해진 경들을 정리하였습니다.

1. 번뇌 다한 비구는 몸이 무너져 죽은 뒤에 어떻게 됩니까? — (SN 22.85-야마까 경) → 단멸(斷滅)하고 사라지는 것(존재성의 측면)이 아니라 소멸하고 줄어듦(苦의 측면).

야마까 존자에게 '번뇌 다한 비구는 몸이 무너져 죽은 뒤에 단멸하고, 사라진다. 죽은 뒤에 존재하지 않는다.'라는 악한 견해가 생겼지만, 사리뿟따 존자의 도움으로 극복함

→ "도반이여, 만약 저에게 '도반 야마까여, 번뇌 다한 비구는 몸이 무너져 죽은 뒤에 어떻게 됩니까?'라고 질문하면 이렇게 질문받은 저는 '도반이여, 색(色)은 무상(無常)합니다. 무상한 것은 고(苦)입니다. 고인 것은 소멸하고 줄어들었습니다. 수(受)는 … 상(想)은 … 행(行)들은 … 식(識)은 무상합니다. 무상한 것은 고입니다. 고인 것은 소멸하고 줄어들었습니다.'라고 설명할 것입니다. 도반이여, 이렇게 질문받은 저는 이렇게 설명할 것입니다."

2. 어떻게 소멸하고 줄어드는 것일까? - (SN 22.86-아누라다 경)/(SN 44.2-아누라다 경) → 존재의 관점이 아니라 고(苦)와 고멸(苦滅)의 관점으로 접근

야마까 경의 주제는 아누라다 경에서 부처님에 의해 직접 설명되는데, 삶의 문제를 존재의 관점으로 접근하지 않고, 고(苦)와 고멸(苦滅)의 관점으로 접근합니다.

; 불교의 최상위 개념 = 고(苦)와 고멸(苦滅) - 괴로울 것인가, 행복할 것인가!

이때, 무명과 애의 영향에서 벗어나 몸으로 가지 않게 된 상태는 중생들에게 헤아려지지 않는데, 소멸(滅-nirodha)이고 해탈(解脫-vimutti)입니다.

• 소멸(消滅-nirodha) = 번뇌의 부서짐에 의해 무명(無明)이 버려지고 명(明)이 생겨나는 것 = 탐-진-치가 함께하는 유위(有爲)의 삶에서 벗어나 무탐-무진-무치가

함께하는 무위(無爲)의 삶으로 전환되는 것

; 소멸의 법 = 색(色)-수(受)-상(想)-행(行)들-식(識)(SN 23.22-소멸의 법 경)

• 자라남(samudaya)과 줄어듦(atthaṅgama) – 색-수-상-행들-식을 대상으로 한 고집(苦集)과 고멸(苦滅) – (SN 22.5-삼매 경)

; 자라남(samudaya) – 기뻐하고 드러내고 묶여 머묾으로써 애가 형성되어 괴로움이 생겨나고 자라나는 삶의 방향

; 줄어듦(atthaṅgama) – 기뻐하지 않고 드러내지 않고 묶여 머물지 않음으로써 애가 형성되지 않아(愛滅) 괴로움이 줄어들고 소멸하는 삶의 방향

"모든 색-수-상-행들-식에 대해 '이것은 나의 것이 아니다. 이것은 내가 아니다. 이것은 나의 아(我)가 아니다.'라고 바른 지혜로써 있는 그대로 보아야 한다." → 염오-이탐-해탈-해탈지견

"아누라다여, 그대는 이것을 어떻게 생각하는가? 그대는 색을 여래(如來)라고 관찰하는가?" "아닙니다, 대덕이시여." "수를 여래라고 관찰하는가?" "아닙니다, 대덕이시여." "상을 여래라고 관찰하는가?" "아닙니다, 대덕이시여." "행들을 여래라고 관찰하는가?" "아닙니다, 대덕이시여." "식을 여래라고 관찰하는가?" "아닙니다, 대덕이시여." "아누라다여, 그대는 이것을 어떻게 생각하는가? 색에 여래가 있다고 그대는 관찰하는가?" "아닙니다, 대덕이시여." "색으로부터 다른 곳에 여래가 있다고 관찰하는가?" "아닙니다, 대덕이시여." "수에 … 수로부터 다른 곳에 … 상에 … 상으로부터 다른 곳에 … 행들에 … 행들로부터 다른 곳에 … 식에 여래가 있다고 관찰하는가?" "아닙니다, 대덕이시여." "식으로부터 다른 곳에 여래가 있다고 관찰하는가?" "아닙니다, 대덕이시여."

"아누라다여, 그대는 이것을 어떻게 생각하는가? 색-수-상-행들-식을 여래라고 관찰하는가?" "아닙니다, 대덕이시여." "아누라다여, 그대는 이것을 어떻게 생각하는가? 색을 가지지 않은 것-수를 가지지 않은 것-상을 가지지 않은 것-행들을 가지지 않은 것-식을 가지지 않은 것을 여래라고 관찰하는가?" "아닙니다, 대덕이시여."

“아누라다여, 금생에서 여기에 그대에게 진실로부터 믿음직함으로부터 여래가 보이지 않는데도 불구하고 그대에게 ‘도반이여, 으뜸가는 사람이고 최상의 사람이고 최상의 성취할 바를 성취한 그분 여래는 묘사되고 있는 이런 경우 즉 ‘여래는 죽은 뒤에 존재한다.’라거나, ‘여래는 죽은 뒤에 존재하지 않는다.’라거나, ‘여래는 죽은 뒤에 존재하기도 하고 존재하지 않기도 한다.’라거나, ‘여래는 죽은 뒤에 존재하는 것도 아니고 존재하지 않는 것도 아니다.’라는 네 가지와 다른 경우에 대해 선언한다.’라는 설명이 타당한가?”

“아닙니다, 대덕이시여.” “훌륭하고 훌륭하다, 아누라다여. 아누라다여, 이전에도 지금도 나는 오직 고(苦)와 고멸(苦滅)을 꿰뚫어 알게 한다.”

3. 고(苦)와 고멸(苦滅)을 불이 타고 있는 상태와 불이 꺼진 상태로 설명함 — (SN 35.28-불탐 경)

• 바베큐의 비유 — 석쇠에 올려놓은 고기는 활성화된 일체(一切) 즉 지금 삶의 현장(내입처-외입처-식-촉-수)이고, 장작불은 탐(貪)-진(嗔)-치(癡)이고, 여기서 타오르는 불꽃은 생(生)-노사(老死)-수비고우뇌(愁悲苦憂惱-슬픔-비탄-고통-고뇌-절망)이고, 불꽃은 모든 괴로움 무더기라는 열기를 발산함

비구들이여, 일체는 불탄다. 무엇이 일체가 불타는 것인가? 비구들이여, 안(眼)은 불탄다. 색(色)들은 불탄다. 안식(眼識)은 불탄다. 안촉(眼觸)은 불탄다. 안촉을 조건으로 생기는 락(樂)-고(苦)-불고불락(不苦不樂)의 수(受)도 불탄다. 무엇에 의해 불타는가? ‘탐의 불, 진의 불, 치의 불에 의해서 불탄다. 생과 노와 사 그리고 수비고우뇌로 불탄다.’라고 나는 말한다. … 의(意)는 불탄다. 법(法)들은 불탄다. 의식(意識)은 불탄다. 의촉(意觸)은 불탄다. 의촉(意觸)을 조건으로 생기는 락-고-불고불락의 수도 불탄다. 무엇에 의해 불타는가? ‘‘탐의 불, 진의 불, 치의 불에 의해서 불탄다. 생과 노와 사 그리고 수비고우뇌로 불탄다.’라고 나는 말한다.

비구들이여, 이렇게 보는 잘 배운 성스러운 제자는 안에 대해서도 염오하고, 색들에 대해서도 염오하고, 안식에 대해서도 염오하고, 안촉에 대해서도 염오하고, 안촉을 조건으로 생기는 락-고-불고불락의 수에 대해서도 염오한다. … 의촉을 조건으로 생기는

락-고-불고불락의 수에 대해서도 염오한다. 염오하는 자는 이탐한다. 이탐으로부터 해탈한다. 해탈했을 때 '나는 해탈했다.'라는 앎이 있다. – '태어남은 다했다. 범행은 완성되었다. 해야 할 일을 했다. 다음에는 현재 상태[유(有)]가 되지 않는다.'라고 분명히 안다.

4. '연료를 조건으로 타오르는 불'의 비유 등 – 「(aññassa ca anupahārā) anāhāro nibb~ (다른 것이 주어지지 않으면) 자량이 없는 것은 꺼진다.」

1) 「tiṇakaṭṭhupādānaṃ paṭicca 풀과 나뭇가지라는 연료를 조건으로」

• (MN 72-왓차 불 경) — 이렇게 해탈한 심(心)을 가진 자는 어디에 태어납니까?

"만약에 왓차여, 그것을 '그대의 앞에서 꺼진 그 불은 동쪽이나 남쪽이나 서쪽이나 북쪽의 어느 방향으로 갔습니까?'라고 질문한다면, 이렇게 질문받은 그대는 무엇이라고 설명할 것입니까?" "고따마 존자여, 어느 방향으로도 가지 않습니다. 고따마 존자여, 풀과 나무토막이라는 연료를 조건으로 꺼진 그 불은 연료가 다 소비되고 다른 것을 공급받지 못했기 때문에 자량이 없어 꺼진 것이라는 이름을 얻을 뿐입니다."

2) 「telañca paṭicca vaṭṭiñca paṭicca telappadīpo 기름을 조건으로 심지를 조건으로 기름 등불이」의 용례

• (MN 140-요소의 분석 경) – 몸/생명이 끝나는 느낌①

예를 들면, 비구들이여, 기름을 연(緣)하고 심지를 연하여 기름 등불이 탄다. 기름과 심지가 다 탄 그것에게 다른 기름과 심지가 주어지지 않으면 자량이 없는 기름 등불은 꺼진다. 이처럼, 비구들이여, 몸이 끝나는 느낌을 경험하는 비구는 '나는 몸이 끝나는 느낌을 경험한다.'라고 꿰뚫어 안다. 생명이 끝나는 느낌을 경험하는 그는 '나는 생명이 끝나는 느낌을 경험한다.'라고 꿰뚫어 안다. 그는 '몸이 무너진 뒤 생명이 끝나면, 기뻐하지 않는 모든 느낌은 오직 여기에서 차가워질 것이다.'라고 꿰뚫어 안다. 그러므로 이렇게 갖춘 비구는 이 최상의 지혜를 위한 기반을 갖추었다. 비구여, 참으로 모든 괴로움의 부서짐에 대한 앎이 최상의 성스러운 지혜이다.

• (SN 12.53-족쇄 경)/(SN 12.54-족쇄 경2)

예를 들면, 비구들이여, 기름을 연하고 심지를 연하여 기름 등불이 탈 것이다. 거기에 사람이 때맞춰 기름을 부어주고, 심지를 관리할 것이다. 비구들이여, 이렇게 그 자량과 그 연료가 있는 기름 등불은 오래 긴 시간 동안 탈 것이다. 이처럼, 비구들이여, 족쇄에 묶이는 법들에 대해 매력을 이어보며 머무는 자에게 애(愛)는 늘어난다. 애를 조건으로 취(取)가, 취를 조건으로 유(有)가, 유를 조건으로 생(生)이, 생을 조건으로 노사와 수비고우뇌가 생긴다. 이렇게 이 모든 괴로움 무더기가 자라난다.

예를 들면, 비구들이여, 기름을 연하고 심지를 연하여 기름 등불이 탈 것이다. 거기에 사람이 때맞춰 기름을 부어주지 않고, 심지를 관리하지 않을 것이다. 비구들이여, 이렇게 이전의 연료가 다 타버리고 다른 기름과 심지가 주어지지 않으면 자량이 없는 기름 등불은 꺼질 것이다. 이처럼, 비구들이여, 족쇄에 묶이는 법들에 대해 위험을 이어보며 머무는 자에게 애는 소멸한다. 애가 소멸할 때 취가 소멸하고 … 이렇게 이 모든 괴로움 무더기가 소멸한다.

• (SN 22.88-앗사지 경)/(SN 36.7-병실 경1)/(SN 36.8-병실 경2)/(SN 54.8-등불 비유 경) – 몸/생명이 끝나는 느낌②

그가 만약 즐거운 느낌을 경험하면, 그것은 무상(無常)하다고 꿰뚫어 알고, 묶일 것이 아니라고 꿰뚫어 알고, 기뻐할 것이 아니라고 꿰뚫어 안다. 만약 괴로운 느낌을 경험하면, 그것은 무상하다고 꿰뚫어 알고, 묶일 것이 아니라고 꿰뚫어 알고, 기뻐할 것이 아니라고 꿰뚫어 안다. 만약 괴롭지도 즐겁지도 않은 느낌을 경험하면, 그것은 무상하다고 꿰뚫어 알고, 묶일 것이 아니라고 꿰뚫어 알고, 기뻐할 것이 아니라고 꿰뚫어 안다. 그가 만약 즐거운 느낌을 경험하면 풀려난 자로서 그것을 경험한다. 만약 괴로운 느낌을 경험하면 풀려난 자로서 그것을 경험한다. 만약 괴롭지도 즐겁지도 않은 느낌을 경험하면 풀려난 자로서 그것을 경험한다. 몸이 끝나는 느낌을 경험하는 그는 '나는 몸이 끝나는 느낌을 경험한다.'라고 꿰뚫어 안다. 생명이 끝나는 느낌을 경험하는 그는 '나는 생명이 끝나는 느낌을 경험한다.'라고 꿰뚫어 안다. 그는 '몸이 무너진 뒤 생명이 끝나면, 기뻐하지 않는 모든 느낌은 오직 여기에서 차가워질 것이다.'라고 꿰뚫어 안다.

예를 들면, 비구들이여, 기름을 연하고 심지를 연하여 기름 등불이 탈 것이다. 기름과 심지가 다 탄 그것에게 자량이 없으면 꺼질 것이다. 이처럼, 비구들이여, 몸이 끝나는 느낌을 경험하는 비구는 '나는 몸이 끝나는 느낌을 경험한다.'라고 꿰뚫어 안다. 생명이 끝나는 느낌을 경험하는 그는 '나는 생명이 끝나는 느낌을 경험한다.'라고 꿰뚫어 안다. 그는 '몸이 무너진 뒤 생명이 끝나면, 기뻐하지 않는 모든 느낌은 오직 여기에서 차가워질 것이다.'라고 꿰뚫어 안다.

3) 「thūṇaṃ paṭicca chāyā paññāyati 나무줄기를 연(緣)하여 그늘이 알려진다.」 – (AN 4.195-왑빠 경) – 몸/생명이 끝나는 느낌③

예를 들면, 왑빠여, 나무줄기를 연(緣)하여 그늘이 알려집니다. 그때 사람이 괭이를 가지고 올 것입니다. 그는 그 나무줄기를 뿌리에서 자를 것이고, 뿌리를 자른 뒤에 파헤칠 것이고, 파헤친 뒤에 뿌리들 심지어 잔뿌리마저 뽑아 올릴 것입니다. 그는 그 나무줄기를 조각조각 쪼갤 것이고, 조각조각 쪼갠 뒤에 산산조각낼 것이고, 산산조각낸 뒤에 파편으로 만들 것입니다. 파편으로 만든 뒤에 바람과 열로 건조시킬 것이고, 바람과 열로 건조시킨 뒤에 불로 태울 것이고, 불로 태운 뒤에 고운 재로 만들 것이고, 고운 재로 만든 뒤에 강한 바람에 날리거나 강의 거센 흐름에 흘려보낼 것입니다. 왑빠여, 이렇게 나무줄기를 연(緣)한 그늘은 뿌리 뽑히고 윗부분이 잘린 야자수처럼 되고 존재하지 않게 되고 미래에 생겨나지 않는 상태가 될 것입니다.

이처럼, 왑빠여, 이렇게 심(心)이 바르게 해탈한 비구에게 여섯 가지 지속하는 머묾의 얻음이 있습니다. 그는 안(眼)으로 색(色)을 보면서 기쁘지도 슬프지도 않고 평정과 사띠와 바른앎을 가진 자로 머뭅니다. 이(耳)로 성(聲)을 들으면서 … 비(鼻)로 향(香)을 맡으면서 … 설(舌)로 미(味)를 맛보면서 … 신(身)으로 촉(觸)을 닿으면서 … 의(意)로 법(法)을 인식하면서 기쁘지도 슬프지도 않고 평정과 사띠와 바른앎을 가진 자로 머뭅니다. 몸이 끝나는 느낌을 경험하는 그는 '나는 몸이 끝나는 느낌을 경험한다.'라고 꿰뚫어 압니다. 생명이 끝나는 느낌을 경험하는 그는 '나는 생명이 끝나는 느낌을 경험한다.'라고 꿰뚫어 압니다. 그는 '몸이 무너진 뒤 생명이 끝나면, 기뻐하지 않는 모든 느낌은 오직 여기에서 차가워질 것이다.'라고 꿰뚫어 압니다.

4) 「어떤 사람이 도기공의 가마로부터 뜨거운 도기를 끄집어내서 평평한 땅 위에 내려놓으면 거기서 뜨거운 열기는 식을 것이고 도기들만 남게 될 것이다.」 – (SN 12.51-

완전한 검증 경) – 몸/생명이 끝나는 느낌④

; 무명(無明) → 유위(有爲)의 행위[오온(五蘊)의 행(行)]
→ 식(識)의 머묾[십지연기(十支緣起) : 식(識)~노사(老死)]

그는 몸이 끝나는 느낌을 경험하면서 '나는 몸이 끝나는 느낌을 경험한다.'라고 꿰뚫어 안다. 생명이 끝나는 느낌을 경험하는 그는 '나는 생명이 끝나는 느낌을 경험한다.'라고 꿰뚫어 안다. 그는 '몸이 무너진 뒤 생명이 끝나면, 기뻐하지 않는 모든 느낌은 오직 여기에서 차가워지고, 육체만이 남게 될 것이다.'라고 꿰뚫어 안다.

비구들이여, 예를 들면 어떤 사람이 도기공의 가마로부터 뜨거운 도기를 끄집어내서 평평한 땅 위에 내려놓으면 거기서 뜨거운 열기는 식을 것이고 도기들만 남게 될 것이다. 이처럼, 비구들이여, 비구는 몸이 끝나는 느낌을 경험하면서 '나는 몸이 끝나는 느낌을 경험한다.'라고 꿰뚫어 안다. 생명이 끝나는 느낌을 경험하는 그는 '나는 생명이 끝나는 느낌을 경험한다.'라고 꿰뚫어 안다. 그는 '몸이 무너진 뒤 생명이 끝나면, 기뻐하지 않는 모든 느낌은 오직 여기에서 차가워지고, 육체만이 남게 될 것이다.'라고 꿰뚫어 안다.

5) 「때맞춰 마른 풀을 넣고, 마른 소똥을 넣고, 마른 목재를 넣을 것이다.」 – (SN 12.52-집착 경)

예를 들면, 비구들이여, 열 차 분량의 목재거나 스무 차 분량의 목재거나 서른 차 분량의 목재거나 마흔 차 분량의 목재의 큰 불 무더기가 타고 있을 것이다. 거기에 사람이 때맞춰 마른 풀을 넣고, 마른 소똥을 넣고, 마른 목재를 넣을 것이다. 비구들이여, 이렇게 그 자량과 그 연료가 있는 큰 불 무더기는 오래 긴 시간 동안 탈 것이다. 이처럼, 비구들이여, 집착되는 법들에 대해 매력(魅力)을 이어보며 머무는 자에게 애(愛)는 늘어난다. 애(愛)를 조건으로 취(取)가… 이렇게 이 모든 괴로움 무더기가 자라난다.

예를 들면, 비구들이여, 열 차 분량의 목재거나 스무 차 분량의 목재거나 서른 차 분량의 목재거나 마흔 차 분량의 목재의 큰 불 무더기가 타고 있을 것이다. 거기에 사람이 때맞춰 마른 풀을 넣지 않고, 마른 소똥을 넣지 않고, 마른 목재를 넣지 않을 것이다. 비구들이여, 이렇게 이전의 연료가 다 타버리고 다른 연료를 공급받지 못했기 때문에 자량이 없는 큰 불무더기는 꺼질 것이다. 이처럼, 비구들이여, 집착되는 법들에 대해 위험(危險)을 이어보며 머무는 자에게 애(愛)는 소멸한다. 애(愛)가 소멸할 때 취(取)가 소멸한다 … 이렇게 이 모든 괴로움 무더기가 소멸한다.

5. 식(識)의 머묾(viññāṇaṃ patiṭṭhitaṃ)을 설하는 경전들

- 유위(有爲)의 행위[행(行)]에 의한 식(識)의 머묾 → 유(有)[욕유(慾有-욕계 존재)-색유(色有-색계 존재)-무색유(無色有-무색계 존재)]

※ 식의 윤회가 아닌 업의 윤회를 말하기도 하지만, 업의 주체(無我)인 식이 세상에 머물고, 식으로서 윤회한다고 이해하는 것이 옳습니다. 이것이 식의 머묾에 주목해야 하는 의미입니다.

- 자량에 대한 탐-소망-애가 있으면 식이 머물고 늘어남 → 식이 머물지 않는 삶

- 해탈한 비구의 식(識)을 찾아 나선 마라

- 해탈한 비구의 식(識)은 유위(有爲)의 영역에서 헤아려지지 않음

1) 식의 머묾에 의한 존재의 태어남 – (AN 3.77-존재 경1)

한 곁에 앉은 아난다 존자는 세존에게 이렇게 말했다. — "대덕이시여, 존재, 존재라고 불립니다. 참으로, 대덕이시여, 얼마만큼의 존재가 있습니까?"

"아난다여, 욕계(慾界)의 보(報)를 초래하는 업(業)이 없다면 그래도 욕유(慾有)가 나타나겠는가?" "아닙니다, 대덕이시여." "아난다여, 이렇게 업은 밭이고 식은 씨앗이고 애(愛)는 양분이다. 무명에 덮이고 애에 묶인 중생들의 식은 낮은 계에 머문다. 이렇게 미래에 다시 존재로 태어난다."

… 색계(色界)-무색계(無色界)에 반복 …

아난다여, 이렇게 존재가 있다."

※ (AN 3.78-존재 경2) – 식의 머묾을 '의도와 기대'의 머묾으로 대체 → (머문) 식 – 몸통=기억, 속성=의도-기대

2) 식이 머물고 늘어남과 명색의 참여 – (SN 12.64-탐 있음 경) → 식이 머물지 않는 삶

자량에 대한 탐이 있고 소망이 있고 애가 있으면 거기서 식이 머물고 늘어난다. 식이 머물고 늘어날 때 명색이 참여한다. 명색이 참여할 때 행들이 성장한다. 행들이 성장할 때 미래에 다시 존재가 되어 태어남이 있다. 미래에 다시 존재가 되어 태어남이 있을 때 미래의 생과 노사가 있다. 미래의 생과 노사가 있을 때, 비구들이여, 슬픔과 함께하고 고뇌와 함께하고 절망과 함께하는 그가 있다고 나는 말한다.

자량에 대한 탐이 없고 소망이 없고 애가 없으면 거기서 식이 머물지 않고 늘어나지 않는다. 식이 머물지 않고 늘어나지 않을 때 명색이 참여하지 않는다. 명색이 참여하지 않을 때 행들이 성장하지 않는다. 행들이 성장하지 않을 때 미래에 다시 존재가 되어 태어남이 없다. 미래에 다시 존재가 되어 태어남이 없을 때 미래의 생과 노사가 없다. 미래의 생과 노사가 없을 때, 비구들이여, 슬픔이 없고 고뇌가 없고 절망이 없는 그가 있다고 나는 말한다

예를 들면, 비구들이여, 북쪽이나 남쪽이나 동쪽으로 창이 있는 뾰족지붕 건물 또는 뾰족지붕 강당이 있다. 태양이 떠오를 때 창으로 빛이 들어오면 어디에 머물 것인가?" "서쪽 벽에 머물 것입니다(慾界), 대덕이시여." "비구들이여, 만약 서쪽 벽이 없다면 어디에 머물 것인가?" "땅에 머물 것입니다(色界), 대덕이시여." "비구들이여, 만약 땅이 없다면 어디에 머물 것인가?" "물에 머물 것입니다(無色界), 대덕이시여." "비구들이여, 만약 물이 없다면 어디에 머물 것인가?" "머물지 못할 것입니다(解脫), 대덕이시여." "이처럼, 비구들이여, 만약 자량에 대한 탐이 없고 소망이 없고 애가 없으면 … "

3) 해탈한 비구의 식을 찾아 나선 마라① – (SN 4.23-고디까 경)

그리고 세존은 "오라, 비구들이여, 이시길리 산비탈의 검은 바위로 갈 것이다. 거기서 좋은 가문의 아들 고디까가 칼을 썼다."라고 비구들에게 말했다. "알겠습니다,

대덕이시여."라고 그 비구들은 세존에게 대답했다.

세존은 많은 비구와 함께 이시길리 산비탈의 검은 바위로 갔다. 세존은 멀리서 작은 침대에서 잠자듯 몸이 뒤틀린 고디까 존자를 보았다. 그런데 그때 어두운 연기 같은 것이 동쪽과 서쪽과 북쪽과 남쪽으로 움직이고, 위로 아래로 중간 방위로 움직였다.

그때 세존은 "비구들이여, 그대들은 이 어두운 연기 같은 것이 동쪽과 서쪽과 북쪽과 남쪽으로 움직이고, 위로 아래로 중간 방위로 움직이는 것을 보는가?"라고 비구들에게 말했다. "그렇습니다, 대덕이시여." "비구들이여, 이것은 '고디까의 식은 어디에 머물렀는가?'라고 좋은 가문의 아들 고디까의 식을 찾고 있는 마라 빠삐만뜨이다. 그러나 비구들이여, 식이 머물지 않은 좋은 가문의 아들 고디까는 완전히 꺼졌다." 그때 마라 빠삐만뜨가 벨루와빤두 류트를 들고서 세존에게 왔다. 와서는 세존에게 게송으로 말했다. —

"위로 아래로 옆으로 중간 방위로 나는 그를
찾지 못했다. 고디까는 어디로 갔는가?"

"견해를 갖추고 언제나 선(禪)을 닦고 선(禪)을 기뻐하는 지혜로운 자
생명을 갈망하지 않고 밤낮으로 실천했다.

죽음의 군대를 정복했기 때문에 다시 존재로 오지 않고
갈애를 뿌리로부터 파냈기 때문에 고디까는 완전히 꺼졌다."라고.

4) 해탈한 비구의 식을 찾아 나선 마라② – (SN 22.87-왁깔리 경)

그리고 세존은 "오라, 비구들이여, 이시길리 산비탈의 검은 바위로 갈 것이다. 거기서 좋은 가문의 아들 왁칼리가 칼을 썼다."라고 비구들에게 말했다. "알겠습니다, 대덕이시여."라고 그 비구들은 세존에게 대답했다.

세존은 많은 비구와 함께 이시길리 산비탈의 검은 바위로 갔다. 세존은 멀리서 작은 침대에서 잠자듯 몸이 뒤틀린 왁칼리 존자를 보았다. 그런데 그때 어두운 연기 같은 것이 동쪽과 서쪽과 북쪽과 남쪽으로 움직이고, 위로 아래로 중간 방위로 움직였다.

그때 세존은 "비구들이여, 그대들은 이 어두운 연기 같은 것이 동쪽과 서쪽과 북쪽과 남쪽으로 움직이고, 위로 아래로 중간 방위로 움직이는 것을 보는가?"라고 비구들에게 말했다. "그렇습니다, 대덕이시여." "비구들이여, 이것은 '왁칼리의 식은 어디에 머물렀는가?'라고 좋은 가문의 아들 왁칼리의 식을 찾고 있는 마라 빠삐만뜨이다. 그러나 비구들이여, 식이 머물지 않은 좋은 가문의 아들 왁칼리는 완전히 꺼졌다."

6. 죽고 태어남이 없을 때 이 세상도 없고 저세상도 없고 둘의 중간도 없음(cutūpapāte asati nevidha na huraṃ na ubhayamantarena)

1) (MN 144-찬나 가르침 경)/(SN 35.70-찬나 경)

이렇게 말했을 때, 마하쭌다 존자가 찬나 존자에게 이렇게 말했다. — "그러므로, 도반 찬나여, 이것도 그분 세존의 가르침이라고 늘 작의(作意) 해야 합니다. — '의지하는 자에게 떨림이 있고, 의지하지 않는 자에게 떨림이 없다. 떨림이 없을 때 진정이 있고, 진정이 있을 때 성향이 없다. 성향이 없을 때 오고 감이 없고, 오고 감이 없을 때 죽고 태어남이 없다. 죽고 태어남이 없을 때 이 세상도 없고 저세상도 없고 둘의 중간도 없다. 이것이 괴로움이 끝이다.'"라고. 사리뿟따 존자와 마하쭌다 존자는 찬나 존자에게 이런 도움말을 주고서 자리에서 일어나 돌아갔다.

사리뿟따 존자와 마하쭌다 존자가 돌아가고 오래지 않아서 찬나 존자는 칼을 썼다. 그러자 사리뿟따 존자는 세존에게 왔다. 와서는 세존에게 절한 뒤 한 곁에 앉았다. 한 곁에 앉은 사리뿟따 존자는 세존에게 이렇게 말했다. — "대덕이시여, 찬나 존자가 칼을 썼습니다. 그가 간 곳은 어디입니까? 어디에 태어났습니까?"라고. "사리뿟따여, 찬나 비구가 그대의 앞에서 결점 없음을 말하지 않았는가?" "대덕이시여, 뿝바지라라는 왓지족 마을이 있습니다. 거기에 찬나 존자와 친하고 우호적이지만 비난받는 가문이 있습니다." "사리뿟따여, 찬나 존자와 친하고 우호적이지만 비난받는 가문이 있다. 사리뿟따여, 나는 그것으로 '결점이 있다.'라고 말하지 않는다. 사리뿟따여, 이 몸을 내려놓고 다른 몸을 붙잡는 사람을 나는 '결점이 있다.'라도 말한다. 그것이 찬나 비구에게는 없다. '결점 없는 찬나 비구가 칼을 썼다.'라고, 사리뿟따여, 이렇게 받아들이라."

2) (SN 35.95-말루꺄뿟따 경)

"여기서, 말루꺄뿟따여, 그대에게 보이고 들리고 닿아 알고 인식되어야 하는 법들에서 보일 때는 단지 보임만이 있을 것이고, 들릴 때는 단지 들림만이 있을 것이고, 닿아 알 때는 단지 닿아 앎만이 있을 것이고, 인식될 때는 단지 인식됨만이 있을 것이다. 말루꺄뿟따여, 그대에게 보이고 들리고 닿아 알고 인식되어야 하는 법들에서 보일 때는 단지 보임만이 있고, 들릴 때는 단지 들림만이 있고, 닿아 알 때는 단지 닿아 앎만이 있고, 인식될 때는 단지 인식됨만이 있을 때, 말루꺄뿟따여, 그대에게 '그것에 의해'가 없을 것이다. 말루꺄뿟따여, 그대에게 '그것에 의해'가 없을 때, 말루꺄뿟따여, 그대에게 '거기에'가 없다. 말루꺄뿟따여, 그대에게 '거기에'가 없을 때, 말루꺄뿟따여, 그대에게 이 세상도 없고 저세상도 없고 둘의 중간도 없다. 이것이 바로 괴로움의 끝이다."

※ 이 세상과 저세상의 중간이란 표현은 주목해야 합니다. 설일체유부 (說一切有部) 등에서 중유(中有)[중음신(中陰身)]의 근거로 삼는 경설이기 때문입니다. 그러나 중유 있음은 죽고 태어남의 중간 과정이 있다는 의미인데, 죽고 바로 태어남의 교리와 정면으로 배치됩니다. 그래서 이 경설이 죽고 태어남의 중간 과정을 의미하지 않는다는 것이 설명되어야 합니다. 주목해야 할 점은 이 문구가 죽고 태어남이 있는 중생의 영역에서는 나타나지 않는다는 것입니다(*). 다만, 죽고 태어남이 없는 경지 즉 해탈된 경우의 설명에서만 나타나는 것이어서 중생들의 삶에 대한 해석을 위해 적용하는 것은 적절하지 않습니다.

(*) (SN 12.40-의도 경3) – 「cutūpapāte sati āyatiṃ jātijarāmaraṇaṃ sokaparidevadukkhadomanassupāyāsā sambhavanti. 죽고 태어남이 있을 때 미래에 생(生)-노사(老死)-수비고우뇌(愁悲苦憂惱)가 생긴다.」

→ 미래의 태어남의 자리를 저세상이라고 부름.

해탈하면 다시 태어나지 않습니다. 즉 해탈하여 윤회에서 벗어난 아라한에게 저세상은 없는 것입니다. 그러면 아라한의 사후는 어떻게 됩니까? 그 마음[식(識)]은 중생들이 죽고 다시 태어나는 저세상이 아닌 다른 곳으로 가게 됩니까? 열반이라 불리는 제3의 자리가 있어서 그곳으로 가는 것입니까? 즉 이 세상도 저세상도 아닌 아라한의 식이 찾아가서 모이는 중간의 어떤 자리가 있는 것입니까?

그러나 열반은 어디 어디에 가면 실제하는 어떤 세상이 아닙니다. 소유의 삶(慾界)에도 존재의 삶(色界-無色界)에도 속하지 않는, 중생의 삶의 영역을 의미하는 세상의 개념에서 벗어난 해탈된 영역입니다. 그래서 이 세상도 아니고 저세상도 아닌 그사이에 존재하는 제3의 세상이 아닙니다. 오직 팔정도에 의해 각자에게서 실현되는 이 세상에도 속하지 않고 저세상에도 속하지 않는 해탈된 상태를 의미하는 하나의 법(法)인 것입니다(涅槃 = 樂-無我).

비유하자면, 극락(極樂) 세계는 저세상입니까? 아니면 저세상과는 다른 그러나 죽은 뒤에 가는, 이 세상도 저세상도 아닌 제3의 세상입니까?

만일 저세상이라면 욕계-색계-무색계의 삼계에 속할 것입니다. 중생의 세상은 삼계(三界)이기 때문입니다. 그러나 만일 저세상이 아닌 제3의 세상이라면 이러한 세상을 어떻게 표현할 수 있겠습니까? 이 세상도 아니고 저세상도 아닌 중간에 있는 어떤 세상이라고 해야 할 것입니다. 경은 바로 그런 제3의 세상은 없다고 말하는 것입니다. 아직 중생의 영역에 속해서 죽은 뒤 다시 태어나야 한다면 그 세상은 삼계에 속하는 저세상이고, 중생의 영역을 벗어나 해탈했다면 다시 태어나지 않는 것이지 중간의 제3의 세상으로 가는 것이 아니라는 것입니다. 앞의 경들이 말하는 대로, 연료가 공급되지 않는 불이 다만 꺼지듯 중생의 세상에 다시 태어나게 하는 자량인 무명과 애가 버려지면 불타는 영역으로의 중생 세상에서 단지 꺼질 뿐입니다. 이것이 열반의 실현이고, 윤회에서 벗어나 불사(不死)를 실현하는 것입니다. 그래서 만약 제3의 세상을 설정하여 죽은 뒤 저세상에 가지 않고 그곳으로 간다고 말하면 그것은 사실이 아닙니다. 거짓입니다. 부처님은 이 경들을 통해 이 점을 분명하게 알려주는 것입니다. 그러므로 이 경들을 근거로 중유(中有)의 존재를 설정하는 것은 부처님의 의도와 다릅니다. 가르침을 잘못 이해한 것입니다. 따라서 중유(中有)는 그 존립 근거를 가지지 못합니다. 즉 중유(中有)는 없습니다.

7. 애(愛)가 연료 — (SN 44.9-대화하는 장소 경)

이 경은 「중생이 이 몸을 내려놓고 아직 다른 몸을 받지 않았을 때는 애(愛)가 연료」라고 말합니다. 육계(지-수-화-풍-공-식)의 붙잡음으로 모태에 들 때 붙잡음의 동력이 애라는 것입니다. 그런데 이 경은 죽고 태어남의 과정을 순서적으로 설명합니다. 죽고 태어남의 사이에 틈 즉 중간의 과정이 있다고 이해할 수 있는 대목입니다. 그러나 법은 시간을 넘어선 것입니다. 동 시간의 사건에 대해서도 순서를 말하고, 그 가운데 벌어지는 현상을 설명할 수 있습니다. 법의 이런 특성, 시간을 넘어섬에 대한 이해 위에서 이해해야 하는 가르침입니다. 또한, 이 경이 이렇게 말하는 이유는 연료가 없으면 불이 꺼지듯이 아라한은 애(愛)와 취(取)라는 연료가 없으므로 다른 몸을 받지 않게 되어 다시 태어나지 않는다는 것을 말해주기 위함입니다.

그때 왓차곳따 유행승이 세존에게 갔다. 가서는 세존과 함께 인사를 나누었다. 유쾌하고 기억할만한 이야기를 주고받은 뒤 한 곁에 앉았다. 한 곁에 앉은 왓차곳따 유행승은 세존에게 이렇게 말했다. —

"고따마 존자여, 최근 지난 며칠간 대화하는 장소에 많은 외도의 사문-바라문들과 유행승들이 함께 모여 앉았을 때 그들 간에 이런 이야기가 있었습니다. — '이 뿌라나 깟사빠도 … 이 막칼리 고살라도 … 이 니간타 나따뿟따도 … 이 산짜야 벨랏타뿟따도 … 이 빠꾸다 깟짜나도 … 이 아지따 께사깜발라도 상가를 가졌고, 신봉자가 있고, 많은 신봉자의 스승이며, 잘 알려졌고, 유명하고, 교단의 창시자이며, 많은 사람의 높은 존경을 받는 분입니다. 그는 또한 지나간 자, 죽은 자인 제자를 다시 태어남에 대해 설명합니다. — '이러이러한 자는 이러이러한 곳에 태어났고, 이러이러한 자는 이러이러한 곳에 태어났다.'라고. 그는 또한 으뜸가는 사람이고 최상의 사람이고 최상의 성취할 바를 성취한 사람인 지나간 자, 죽은 자인 제자를 다시 태어남에 대해 설명합니다. — '이러이러한 자는 이러이러한 곳에 태어났고, 이러이러한 자는 이러이러한 곳에 태어났다.'라고.

사문 고따마도 상가를 가졌고, 신봉자가 있고, 많은 신봉자의 스승이며, 잘 알려졌고, 유명하고, 교단의 창시자이며, 많은 사람의 높은 존경을 받는 분입니다. 그는 또한 지나간 자, 죽은 자인 제자를 다시 태어남에 대해 설명합니다. — '이러이러한 자는 이러이러한 곳에 태어났고, 이러이러한 자는 이러이러한 곳에 태어났다.'라고. 그러나 그는 으뜸가는 사람이고 최상의 사람이고 최상의 성취할 바를 성취한 사람인 지나간 자, 죽은 자인 제자를 다시 태어남에 대해 설명하지 않습니다. — '이러이러한 자는 이러이러한 곳에 태어났고, 이러이러한 자는 이러이러한 곳에 태어났다.'라고. 오히려 그는 이렇게 설명합니다. — '애(愛)를 끊고, 족쇄를 풀고, 바르게 자기화를 관통했기 때문에 괴로움을 끝냈다.'라고. 고따마 존자여, 그런 나에게 불확실함이 있고 의심이 있습니다. — '사문 고따마의 법을 어떻게 실답게 알아야 하는 것인가?' 라고.

"왓차여, 그대에게 불확실한 것은 그럴 만합니다. 의심하는 것은 그럴 만합니다. 불확실해져야 하는 경우에 대해 그대에게 의심이 일어난 것입니다. 왓차여, 집착이 있는 자에게 나는 다시 태어남을 선언합니다. 집착이 없는 자에게는 아닙니다. 예를 들면, 왓차여, 연료가 있는 불은 타오릅니다. 연료가 없는 불은 아닙니다. 이처럼, 왓차여, 집착이 있는 자에게 나는 다시 태어남을 선언합니다. 집착이 없는 자에게는 아닙니다.

"고따마 존자여, 불꽃이 바람에 의해 날려져 멀리 갈 때, 고따마 존자는 이것에게 어떤 연료를 말할 수 있습니까?" "왓차여, 바람에 의해 불꽃이 날려져 멀리 갈 때는 바람의 연료를 나는 말합니다. 왓차여, 그때는 참으로 바람이 연료입니다." "그러면 고따마 존자여, 중생이 이 몸을 내려놓고 다른 몸을 만나지 않았을 때 고따마 존자는 이것에게 어떤 연료를 말할 수 있습니까?" "왓차여, 중생이 이 몸을 내려놓고 다른 몸을 만나지 않았을 때는 애(愛)의 연료를 나는 말합니다. 왓차여, 그때는 참으로 애(愛)가 연료입니다."

; 몸이 유지되는 동안 : 집착(取)이 있는 존재(有) → 생(生)
; 몸이 무너졌을 때 : 집착(取)의 조건인 애(愛)가 연료 → 생(生)

※ 바람이 있으면 가고, 바람이 없으면 안 갑니다. 가기 위해 바람을 준비하는 경우는 여기에 적용되지 않습니다. 마찬가지로 애(愛)가 있으면 몸으로 가고, 애(愛)가 없으면 몸으로 가지 않습니다. 가기 위해 애(愛)를 준비하는 경우는 여기에 적용되지 않습니다. 왜냐하면, 중생에게 애(愛)는 언제나 준비된 상태이기 때문입니다.

제2장

원전(原典)의 윤회 (saṃsāra/vaṭṭa)

※ 근본경전연구회의 공부 기준

1) 율장 – 마하 위방가(비구 227계), 비구니 위방가(비구니 311계)
2) 경장

①dīgha nikāya(디가 니까야)
②majjhima nikāya(맛지마 니까야)
③saṃyutta nikāya(상윳따 니까야)
④aṅguttara nikāya(앙굿따라 니까야)
⑤khuddaka nikāya(쿳다까 니까야)의 법구경(KN 2)/숫따니빠따(KN 5)

;「원주 새출발법회(교리)(7) – 니까야는 무엇-경전구성-공부기준-수행경전안내(해피스님 200225)」 참조 ⇒ 'nikaya.kr'에서 (200225)로 검색.

※ 이 기준이 부처님 살아서 직접 설한 가르침이라는 입장을 다음 장에 소개하였습니다.

윤회를 부정하는 사람 가운데는 초기경전에는 윤회라는 용어가 나타나지 않는다거나, 인도의 윤회 이야기가 인도에서 생겨난 불교에 들어와 있을뿐 부처님의 법은 아니라고 말하기도 합니다. 그러나 공부의 힘은 모든 거짓을 이깁니다. 니까야에는 윤회라는 용어가 많이 나타납니다.

윤회(輪廻)로 번역되는 빠알리 단어는 두 가지인데, ①saṃsāra(상사-라)와 ②vaṭṭa(왓따)입니다. vaṭṭa는 특정한 용례를 위주로 나타나지만, saṃsāra는 윤회를 지시하는 일반적 용어입니다. 여기서는 근본경전연구회의 공부기준 안에서 saṃsāra와 관련한 모든 용례 그리고 vaṭṭa의 특정한 용례를 정리하였는데, 책의 뒤에 별첨하였습니다.

특히, 이 용례의 중심은 '무명에 덮이고 애에 묶여서 옮겨가고 윤회하는 중생'인데, '윤회하는 중생'에서 단견(斷見)을 극복하고, '무명에 덮이고 애에 묶여서'에 의해 인도의 윤회 즉 상견(常見 - 我의 윤회)도 극복한, 완전한 깨달음에 의해 부처님이 가르치는 윤회를 드러내줍니다.

「근본경전연구회의 공부 기준이 '부처님 살아서 직접 설한 가르침'이라는 입장」

해피 스님의 책

『초기불교 경전 백선 독송집 별책 수행경전』에서 원용

1. 부처님 살아서 직접 설한 가르침인가?

한국붇다와다불교 해피법당 근본경전연구회는 부처님 살아서 직접 설한 가르침의 범주로 ①율장(律藏-vinaya piṭaka)의 마하 위방가와 비구니 위방가 그리고 ②경장(經藏-sutta piṭaka)의 4부(디가-맛지마-상윳따-앙굿따라) 니까야와 쿳다까 니까야에 속한 법구경과 숫따니빠따를 지정하고 있습니다.

하지만 세상에서 만나는 사람들은 니까야 심지어 이런 범주의 가르침조차도 부처님의 원음이 아니라고 말합니다. 단지, 원음에 가장 가까울 뿐이라고 말합니다.

원음에 가장 가까운 가르침은 있어도 원음은 아니다! 그러면 불교는 어디에 있습니까?

아닙니다. 가장 가까운 그것이 원음입니다. 그것보다 더 가까운 것이 없다면, 그리고 2600년 전으로 찾아가 부처님의 설법 장면을 동영상으로 촬영해 올 수 없다면, 그것이 원음에 수렴하는 것이고, 그대로 원음인 것입니다.

다만, 증명해야 합니다. 이것이 원음이고, 원음에서 부처님은 이렇게 삶을 설명하고[고(苦)-연기(緣起)], 이런 방법으로 삶의 문제의 해소를 이끈다고[고멸(苦滅)-팔정도(八正道)] 교리적 체계를 제시해야 하고, 그것이 가르침에 대한 다른 주장이 접근하지 못하는 부처님의 깨달음을 잘 드러내고 있다고 세상에서 인정받아야 합니다. 그러면 그것이 다만 가장 가까운 가르침이 아니라 부처님의 원음 즉 부처님 살아서 직접 설한 가르침이라는 증명이 되는 것입니다.

한국붇다와다불교 해피법당 근본경전연구회는 삶에 대한 부처님의 설명으로 「삶의 메커니즘」을, 삶의 문제의 해소를 이끄는 부처님의 방법으로 「수행지도(修行地圖)」를 교리적 체계로 제시하고 있습니다. 전통보다는 진정이라는 관점에서 니까야를 꿰어서 만든 공부의 성과입니다.

⇒ 삶의 메커니즘과 수행지도(修行地圖) 참조 ☞ (106쪽)과 (343쪽)

누구든, 「삶의 메커니즘」과 「수행지도(修行地圖)」가 설명하는 깨달음의 길과 다른 방법으로 부처님의 깨달음을 설명할 수 있으면 그 성과를 제시해 주기 바랍니다. 그래서 어떤 성과가 더 타당하게 부처님을 대변할 수 있는지 토론해 보면, 이 가르침이 단지 가장 가까운 가르침인지 아니면 그대로 부처님의 원음인지를 판단하게 될 것입니다.

누구든, 공부의 성과를 제시하지 못하면서 그저 아니라고 부정만 하지는 말기를 바랍니다. 공부를 통한 성과를 대안으로 드러내면서 타당성을 가지고 부정할 때, 그 부정이 의미를 가지고 불교를 더 부처님에게로 이끌 수 있을 것입니다.

이런 점에서 공부를 대하는 이 기준은 그대로 부처님 살아서 직접 설한 가르침입니다.

2. 제자들이 설한 가르침 — (AN 8.8-웃따라 실패 경)

그런데 부처님 살아서 직접 설한 가르침을 공부하다 보면 부처님이 직접 설하지 않은 가르침들이 종종 눈에 띕니다. 제자들이 설하는 가르침입니다. 그러면 제자들이 설한 가르침을 부처님이 직접 설한 가르침이라고 인정할 수 있을까요?

이런 점에서 「부처님 살아서 직접 설한 가르침」으로의 공부 기준 안에 신(神) 또는 제자들이 설한 경도 많으니 부처님이 직접 설했다는 주장은 옳지 않다는 지적이 있는 것은 당연하다고 하겠습니다. 이때, (AN 8.8-웃따라 실패 경)은 바로 이런 지적을 위해 준비된 답인 듯 이렇게 묻고 답합니다.

질문 — "대덕이시여, 이 말씀은 웃따라 존자 스스로의 이해입니까, 아니면 그분 세존-아라한-정등각의 말씀입니까?"

대답 — "예를 들면, 신들의 왕이여, 마을이나 번화가의 멀지 않은 곳에 큰 곡물 무더기가 있습니다. 그것으로부터 많은 사람이 들통이거나 바구니거나 감는 천이거나 두 손을 모아서 곡물을 가져갈 것입니다. 신들의 왕이여, 어떤 사람이 그 많은 사람에게 가서 이렇게 물을 것입니다. — '그대들은 어디에서 이 곡물을 가져갑니까?'라고. 신들의 왕이여, 어떻게 말하는 것이 그 많은 사람이 바르게 말하는 자로서 말하는 것입니까?"

"대덕이시여, '우리는 이러저러한 곡물 무더기로부터 가져갑니다.'라는 것이 그 많은 사람이 바르게 말하는 자로서 말하는 것입니다."

"이처럼, 신들의 왕이여, 잘 말해진 모든 것은 어떤 것이든지 그분 세존-아라한-정등각의 말씀입니다. 그것으로부터 거듭 취하여 우리도, 다른 사람들도 말합니다."

잘 말해진 모든 것 즉 부처님이 설한 가르침을 옮겨 말하는 것은 신(神)이나 제자들이 해야 하는 역할입니다. 그러니 신이나 제자들이 말한 일화로서 니까야에 포함된 경들은 그들의 가르침이 아니라 부처님이 설한 가르침입니다. 다만, 잘 말해진 부처님 가르침의 무더기[무아(無我)] 안에서 거듭 옮겨 말해진 것만이 그 일화 자체로서 니까야에 포함되어 있다고 이해해야 합니다. 그렇다고 후대의 제자들이 그 무더기 안에서라는 전제를 달고 새로운 경을 만드는 것에 대해서도 타당성을 부여하자는 의미는 아닙니다. 오직 전승된 범주 안에 있는 옮겨 말해진 경들에 대한 이해의 측면일 뿐입니다.

; 그렇다면 우리도 그들처럼 부처님이 설한 가르침을 옮겨 말해야 합니다. 다만, 다른 무더기[아(我)] 안에서 옮겨 말하면 그것은 바르게 말하는 것이 아니고 외도(外道)의 가르침을 전달하는 것이 되니 신중하게 옮겨 말해야 합니다.

이런 의미에서 붇다와다 불교의 공부 기준은 「부처님 살아서 직접 설한 가르침」입니다. 잘 말해진 부처님 가르침의 무더기[무아(無我)] 안에서 거듭 옮겨 말해진 신(神)이나 제자들의 대화를 포함하여 1차 결집에서 결집된 공부입니다. 그래서 이 기준 안에서는 교리적 충돌이 발생하지 않습니다. 그리고 어떤 주제에 대해서든 부처님의 의도에 따르는 확정적 결론을 도출할 수 있습니다. 또한, 아직 잘 이해되지 않는 것은 공부가 성숙하여 이해하게 될 때까지 미뤄 놓으면 됩니다. 섣불리 자기의 몰이해를 근거로 부처님의 가르침을 부정하지 않아야 합니다.

제2부

스승

제1장

죽으면 어떻게 될까?

I. 죽으면 어떻게 될까?

① 스승이 필요합니다!

있는 그대로 알고(知) 보는(見) 과정에 의해 직접
확인된 사실을 알려주는 스승을 만나야 합니다.

글쎄요, 이 질문에 자신 있게 답할 수 있는 사람은 없을 겁니다. 죽으면 죽음 이후의 형편을 가지고 다시 돌아올 수 없다는 한계(*) 때문입니다. 그래서 정답이 없는 질문이라고 할 수 있을 겁니다.

(*) (DN 23-빠야시 경) 참조

아마도 이 질문에 대한 대답은 두 가지가 될 것입니다. 확인할 수 없음 즉 답이 없는 문제이니 답을 구하지 말고 그냥 살자는 것과 그럼에도 불구하고 답이 필요하니 어떤 방법을 찾아보자는 것입니다.

답을 구하지 않고 그냥 사는 것도 방법이 됩니다. 다만, 확인할 수 없어서 모르는 것일 뿐 죽음 이후의 상황이, 끝이든 아니면 새로운 시작이든, 없는 것은 아니기 때문에 죽음 이후 닥쳐올 현실에 대비하지 못하는 문제가 있습니다.

답을 얻기 위해 방법을 찾아보자는 것도 방법이 됩니다. 그러나 눈으로 직접 확인 할 수 있는 방법이 없다는 현실은 신뢰할 수 있는 답의 선택을 방해합니다.

그래서 이 질문은 답하기 어렵습니다.

그렇다면 죽음 이후 닥쳐올 현실에 대한 대응 능력을 전혀 준비하지 않고 죽음을 맞이하는 경우와 완전한 신뢰가 담보되지 않는 가운데라도 최선의 선택을 하고, 그 선택 위에서 대응 능력을 갖추고 죽음을 맞이하는 경우 가운데 어떤 경우를 선택해야 할까요? 어떤 경우가 나 자신에게 더 이익되는 선택일까요?

아무래도 그렇겠지요. 아무런 대응 능력 없이 죽음을 맞기보다야 완전한 신뢰가 담보되지는 않더라도 어떤 선택을 하고, 그 선택이 최선이라고 믿으며 노력하는 것이 더 나을 것입니다. 그래서 여기에서 질문은, 현명한 사람이라면 어떤 선택을 해야 하는 지로 넘어가야 합니다.

하지만, 그 이전에 죽음이 무엇인지부터 생각해 보아야 합니다. 죽는다는 것은 무엇인가요? 사전은 「(명사) 죽는 일. 생물의 생명이 없어지는 현상을 이른다. 〈표준국어대사전〉」라고 정의합니다.

그런데 누가 죽지요? 그렇습니다. 논리가 필요치 않은 이 질문의 대답은 '나'입니다. 내가 죽습니다. 내가 바로 죽음의 당사자입니다. 태어나 살아가고 있다면 누구나 죽어야 하고, 그 가운데서 나도 죽어야 한다는 현실 때문에 사람들도 나도 죽음에 대해 관심을 가지게 되고, 그래서 죽으면 어떻게 되는지 질문하는 것입니다.

그러면 나는 무엇입니까? 나에 대한 다양한 시각을 말하지 않더라도 나는 내 몸과 내 마음이 함께하여 세상을 만나는 삶의 주인공입니다. 마음 없이 몸 혼자 나라고 말할 수 없고, 몸 없이 마음 혼자 나를 주장할 수 없습니다. 몸과 마음 외에 나를 구성하는 다른 요소들은 훨씬 더 철학적 종교적 영역이니 여기에서 굳이 언급하지 않아도 좋겠습니다. 다만, 그림 「나는 누구인가? — '나'의 개념의 확장」을 소개하는 것으로 대신합니다.

; 이 주제에 대해서는 「초기불교 백일법문(독송 및 개론) - (4-1)khajjanīyasuttaṃ (SN 22.79-삼켜버림 경)[부처님의 용어 정의 - 오온1)](근본경전연구회 해피스님 230612)」를 참조하시기 바랍니다. ⇒ 'nikaya.kr'에서 '230612'로 검색.

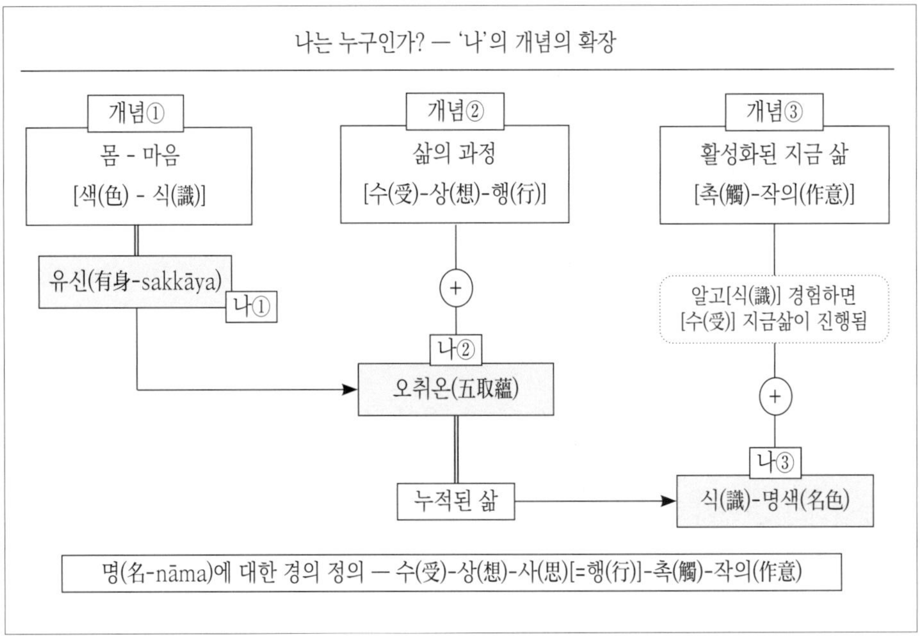

이렇게 나를 말할 때, 죽음 즉 생명이 없어지는 현상은 몸과 마음이 함께한 나에게서 몸이 기능을 잃는 것입니다. 물질로 구성된 이 몸뚱아리가 더 이상 나의 몸으로 기능하지

않게 되면 죽었다고 말하는데, 죽으면 어떻게 될까의 질문은 이 시점에 적용되는 문제 제기입니다.

이렇게 접근하면 답은 의외로 간단합니다.

몸이 기능하지 않아 죽으면 ①마음도 함께 소멸하여 삶이 완전히 끝나거나 아니면 ②마음은 소멸하지 않고 새로운 몸과 함께 새로운 삶을 시작하거나 둘 중의 하나이기 때문입니다. 말하자면, 나의 삶이 죽음으로 끝나거나 아니면 죽는다고 해도 마음이 새로운 몸과 함께 새로운 내가 되어 나의 삶을 이어가거나 하는 것입니다.

그러나 이렇게 이것 아니면 저것이라고 죽은 다음에 대해 이야기 하는 것은 무책임한 접근이라고 해야 합니다. 누구도 피해갈 수 없는 죽음이고, 죽음 이후에 어떤 현실이 닥쳐오든 나 자신이 감당해야 한다는 사실 때문에 이런 무책임한 접근을 허용할 수는 없습니다.

이렇게 ①확인되지 않으면서 ②확인하지 않으면 무책임하다는 비난에 처하는 이 곤란한 문제가 바로 '죽으면 어떻게 될까?'의 문제입니다.

그러면 내 눈으로 직접 확인하지 않으면서도 확인할 수 있는 방법이 있습니까? 그래서 삶에 대해 무책임하다는 비난을 모면할 수 있게 되는 방법은 있는 것입니까?

그렇습니다. 방법이 있습니다. 바로 스승입니다. 내가 보지 못하는 죽음 이후에 대해 바르게 보아 알려주는 스승이 있다면, 직접 확인하지 않아도 사실을 알 수 있고, 그 사실에 맞게 살아가면 삶에 무책임하지 않을 수 있습니다.

물론, 있는 그대로 알고(知) 보는(見) 과정에 의해 직접 확인된 사실을 알려주는 스승을 만나야 한다는 점은 놓치지 않아야 합니다.

> 참 다행히도 세상에는 이 세상과 저세상을 스스로 실답게 안 뒤에 실현하여 선언하는, 바른길에 들어서서 바르게 실천하는 사문-바라문들이 있습니다. 〈십선업(十善業)의 정견(正見)〉

Ⅱ. 죽으면 어떻게 될까?

②스승의 영역에 속하는 것!

세 가지 삶의 방식 :「소유의 삶 → 존재의 삶 ⇒ 해탈된 삶」

이 질문은 인류의 역사만큼 오래된 질문이라고 하겠는데, 이 질문에 답을 주는 사람들을 세상에서는 스승 또는 어떤 종교의 교주라고 불렀습니다.

그래서 죽으면 끝이라는 답에 접근하는 사람은 그런 답을 주는 이를 스승으로 선택하였다고 말할 수 있고, 죽음이 곧 새로운 시작이라는 답에 접근하는 사람은 그런 답을 주는 이를 스승으로 선택하였다고 말할 수 있습니다.

이렇게 직접 확인할 수 없는 질문은 그래서 스승의 영역에 속하는 것이라고 말해야 하고, 스승은 ①죽으면 끝이라는 답을 주는 스승, ②죽음이 곧 새로운 시작이라는 답을 주는 스승의 두 부류를 말할 수 있습니다.

그런데 몸과 마음으로 구성되고, 몸이 기능하지 않음으로써 죽음을 맞게 되는 이것을 존재(有-bhava)라고 부릅니다. '나'는 '나'라는 존재인 것이지요. 그래서 ①은 마음이 몸과 함께하는 동안만 존재 상태를 유지하고, ②는 죽음 이후에도 마음이 새로운 몸과 함께 존재의 상태를 이어가게 됩니다. 이렇게 죽음은 마음이 기준이 되는 존재의 개념으로 연결됩니다.

이때, 죽음 이후에도 새로운 몸과 함께 존재 상태를 이어가는 경우의 마음은 주의해야 하는데, 이 마음에 대한 두 가지 관점이 있기 때문입니다. 한 가지는 마음이 참된 것(我 - 본질/완전/불변/불생불멸)이라는 관점입니다. 참된 것이다 보니 이것이 존재의 중심이고, 몸은 여기에 따라오는 부수적 요소가 됩니다. 부수적인 것으로의 몸과 함께 존재 상태로 있다가 몸의 기능이 다하여 죽으면 참된 것인 마음은, 옷이 낡으면 갈아입듯이, 새로운 몸을 만나 존재를 유지한다는 관점입니다.

다른 한 가지는 마음이 참된 것이 아니라는 관점(無我 - 본질 아님/결점(불완전)/변화/생멸)입니다. 참된 것이 아니다 보니 참된 것이 아닌 몸과 대등하게 함께함 즉 몸에 구속되어 비로소 존재 상태를 형성하는 것입니다. 몸의 기능이 다하여 죽으면 참되지 않은 마음은 다시 대등한 구성요소인 몸을 만나고 구속되어서 존재 상태를 다시 형성하게 됩니다.

; 몸에 구속된 마음 & 마음은 몸의 구속에서 벗어날 수 있을까? ⇒ 「제1부 제1장 Ⅱ. 죽음과 죽지 않음」 참조(43쪽)

그래서 마음에 대한 관점은 세 가지로 분류됩니다.

① 이 몸과 함께하는 동안만 존재 상태를 유지하는 마음

② 부수적인 몸과 함께 하고, 존재의 중심인 참된 마음(我 - 본질/완전/불변/불생불멸)

③ 대등한 몸과 함께하여 존재를 구성하는 참되지 않은 마음(無我 - 본질 아님/결점(불완전)/변화/생멸)

이때, ①은 몸이 무너져 죽으면 마음도 소멸하여 존재가 끝난다는 의미로 단견(斷見) 또는 단멸론(斷滅論)이라 불리는데, 자연 과학을 근거로 삶을 보는 유물론(唯物論)으로 대표됩니다.

• 존재에서 벗어남(vibhava)의 주장①[거짓] – 죽음에 의해 소멸함으로써 몸의 구속에서 벗어남

②는 어떤 몸과 함께하든 본질로서의 마음은 변화가 없이 유지되는데, 상견(常見) 또는 상주론(常住論)이라 불리고, 창조주 하나님 브라흐마(梵)의 창조와 그의 분신인 아(我 - attan/atman(*))로써 삶을 설명하는 힌두교(브라만교)가 포괄적입니다.

• 존재에서 벗어남(vibhava)의 주장②[거짓] – 수행을 통해 범아일여(梵我一如)를 실현함으로써 몸의 구속에서 벗어남

③은 몸과 대등하게 함께하여 존재를 구성한 뒤 삶의 과정을 누적하며 변화하는데, 무아(無我)와 연기(緣起)로써 삶을 설명하는 불교(*)입니다.

• 존재에서 벗어남(vibhava)의 주장③[참] – (사념처로 시작하고 사마타-위빳사나로 완성되는) 수행을 통해 무명과 애를 버림으로써 몸으로 가지 않게 되어 몸의 구속에서 벗어남

(*) (SN 12.61-배우지 못한 자 경)은 차리리 몸을 아(我)의 관점에서 접근할지언정 마음

은 아(我)의 관점에서 접근하지 않아야 한다고 말합니다.

삶에 대한 시각은 결국 마음에 대한 이 세 가지 중 어떤 관점을 선택하느냐의 문제라고 해야 합니다. ①의 마음을 선택하면 유물론자가 되고, ②의 마음을 선택하면 아(我)의 윤회를 말하는 일반적인 종교 신자가 됩니다. 그리고 ③의 마음을 선택하면 무아(無我)의 윤회를 말하는 불교 신자가 됩니다.

※ 중(中)에 의해 설해진 법(法)을 주제로 하는 (SN 12.15-깟짜나곳따 경)은 연기(緣起)를 바른 지혜로 보면 ①의 마음을 극복하고, 연멸(緣滅)을 바른 지혜로 보면 ②의 마음을 극복한다고 알려줍니다. → 바른 견해의 확립

물론, 선택이 곧 확인은 아닙니다. 선택은 선택일 뿐입니다. 그러나 그 선택에 의해서 그의 삶은 달라집니다. 선택을 함으로써 그 관점을 선언한 사람을 스승으로 맞이하게 되고, 그 스승이 중심인 종교가 있다면 그 스승을 교주로 하는 종교의 신자가 되는 것입니다. – 「삶의 방향성」

이렇게 확인되지 않는 주제는 스승의 선택을 통해 결정됩니다. 그래서 이런 주제는 '스승의 영역에 속한 것!'이라고 불러야 합니다. 그리고 이 책은 ③무아(無我)의 윤회를 선언한 오직 한 분(*), 정등각인 부처님을 스승으로 하여 결정된 이야기를 정리한 책입니다. 부처님을 스승으로 선택한 사람(**) 즉 불교 신자를 위한 바른 신앙을 안내하기 위함입니다.

(*) 무아(無我)에 접근하는 두 가지 관점

① 아(我)의 산을 오르는 사람과 무아(無我)의 산을 오르는 사람 – 「아산(我山)과 무아산(無我山)」 ☞ nikaya.kr 에서 (241130) 검색

② 세 가지 삶의 방식(소유의 삶-존재의 삶-해탈된 삶) → 소유의 삶-존재의 삶은 아산(我山), 해탈된 삶은 무아산(無我山) ☞ nikaya.kr 에서 (240511) 검색

(**) 「그렇게 법을 보고, 법을 얻고, 법을 알고, 법을 관통하고, 의심을 건너고, 불확실에서 벗어나고, 자기 확신을 얻고, 스승의 가르침에서 다른 스승을 의지하지 않게 됨」(MN 56-우빨리 경) 등

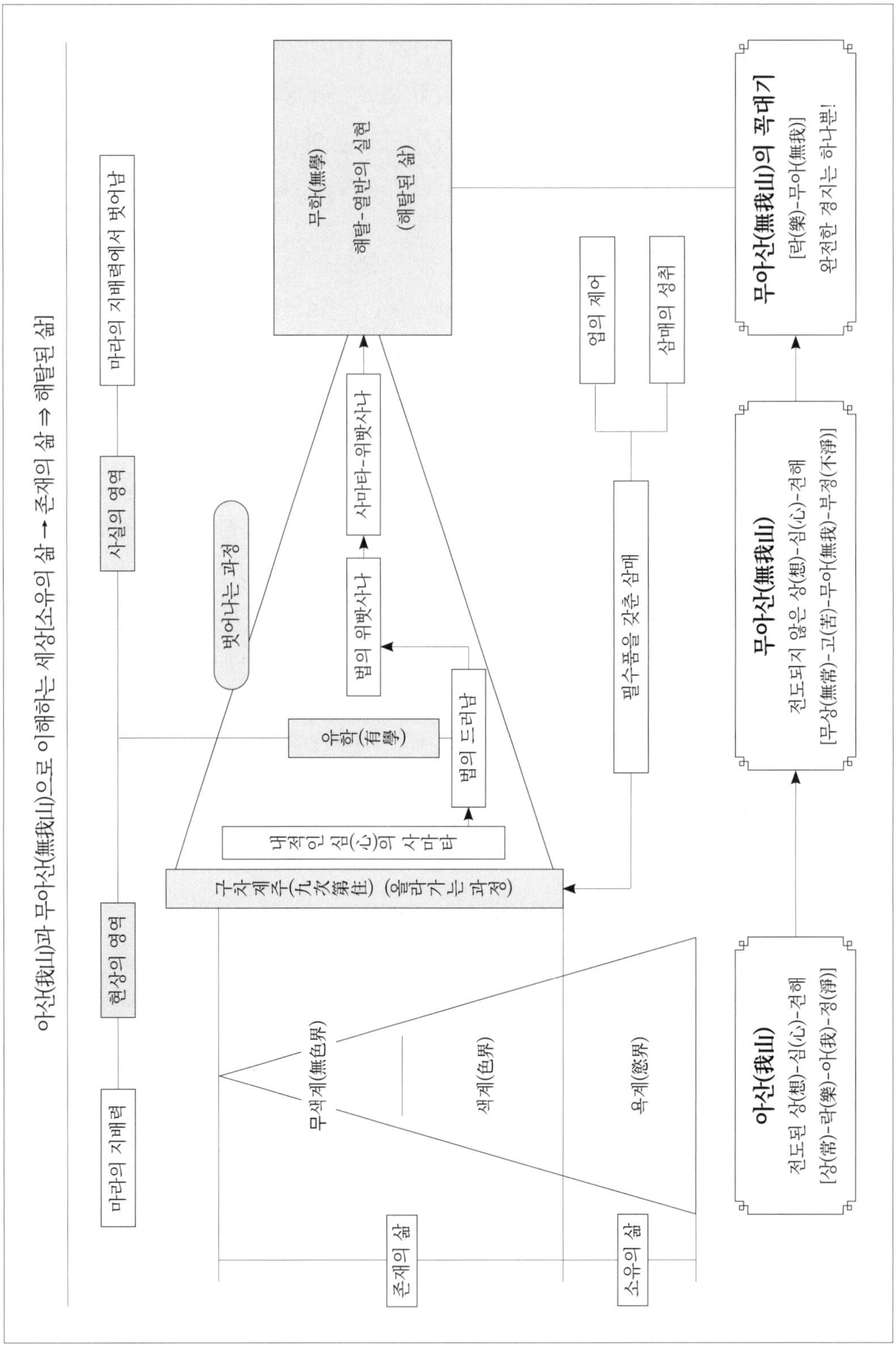
아산(我山)과 무아산(無我山)으로 이해하는 세상[소유의 삶 → 존재의 삶 ⇒ 해탈된 삶]
마라의 지배력
현상의 영역
사실의 영역
마라의 지배력에서 벗어남
무색계(無色界)
색계(色界)
욕계(慾界)
존재의 삶
소유의 삶
구차제주(九次第住) (올라가는 과정)
내적인 심(心)의 사마타
유학(有學)
법의 드러남
법의 위빳사나
사마타-위빳사나
벗어나는 과정
무학(無學)
해탈-열반의 실현
(해탈된 삶)
필수품을 갖춘 삼매
업의 제어
삼매의 성취
아산(我山)
전도된 상(想)-심(心)-견해
[상(常)-락(樂)-아(我)-정(淨)]
무아산(無我山)
전도되지 않은 상(想)-심(心)-견해
[무상(無常)-고(苦)-무아(無我)-부정(不淨)]
무아산(無我山)의 꼭대기
[락(樂)-무아(無我)]
완전한 경지는 하나뿐!

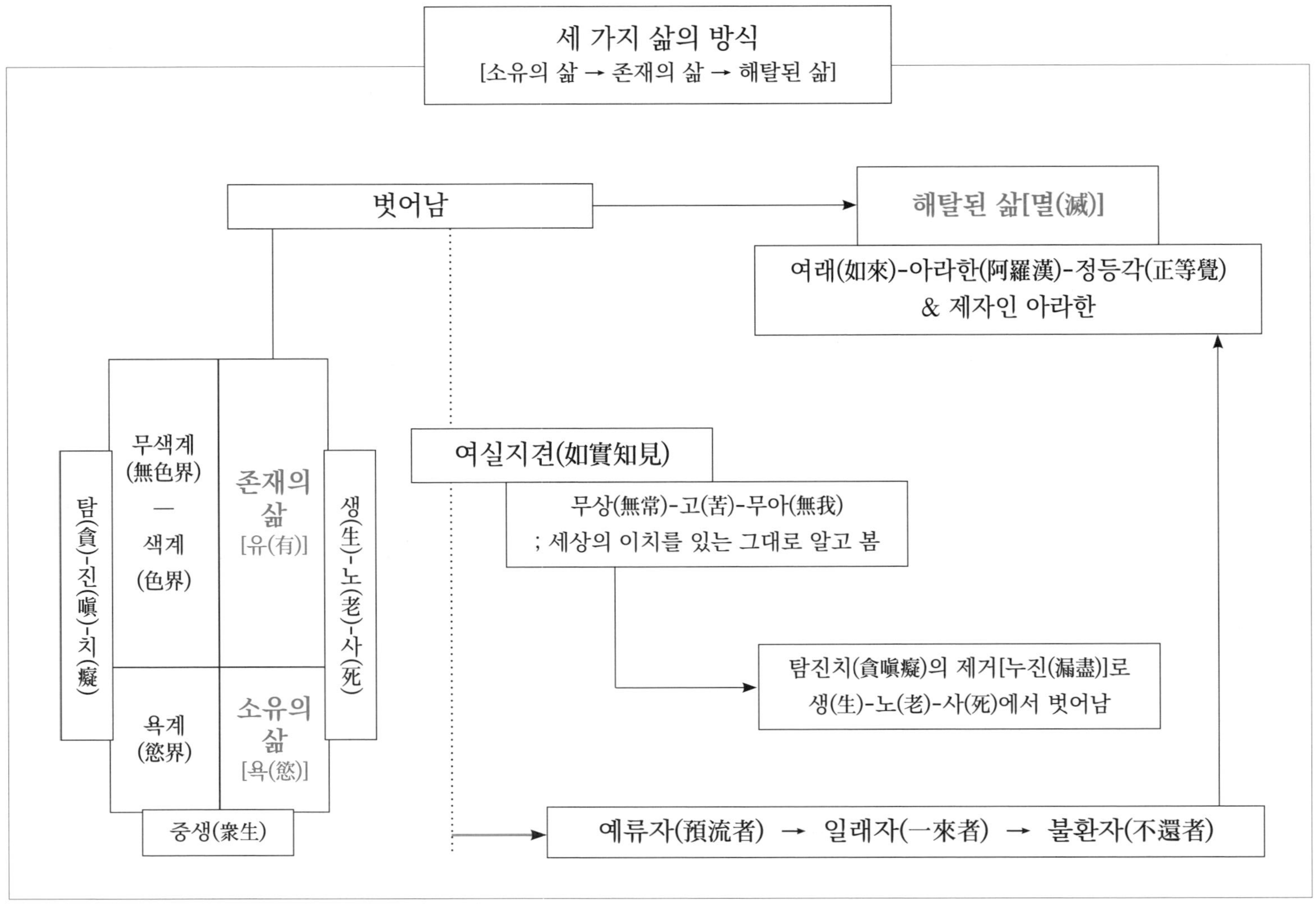
세 가지 삶의 방식
[소유의 삶 → 존재의 삶 → 해탈된 삶]
벗어남
해탈된 삶[멸(滅)]
여래(如來)-아라한(阿羅漢)-정등각(正等覺)
& 제자인 아라한
무색계(無色界)
—
색계(色界)
존재의 삶
[유(有)]
욕계(慾界)
소유의 삶
[욕(慾)]
탐(貪)-진(嗔)-치(癡)
생(生)-노(老)-사(死)
중생(衆生)
여실지견(如實知見)
무상(無常)-고(苦)-무아(無我)
; 세상의 이치를 있는 그대로 알고 봄
탐진치(貪嗔癡)의 제거[누진(漏盡)]로
생(生)-노(老)-사(死)에서 벗어남
예류자(預流者) → 일래자(一來者) → 불환자(不還者)

【참고】 종교

▶ 해피 스님의 글 「종교는 무엇입니까?」에서 일부 발췌

예를 들면, 기독교는 왜 종교인 걸까요? 이렇게 말할 수 있지 않을까요? 예수님이라는 기독교의 교주가 당신 나름으로 나라는 존재를 해석하고, 그의 삶의 방법 그리고 삶의 토대인 세상을 이해하였겠지요. 그래서 당신대로 '아, 존재는 이러한 것이구나. 창조주 하나님에 의해 창조된 것이구나.'라고 보았을 테고, '이러한 존재가 어떻게 살아야 행복할 것인가?'에 대해서 고민한 결과 '하나님 뜻대로 살아야 한다.'라고 보았을 테지요. 그리고 이런 삶의 토대가 되는 세상이란 하나님에 의해서 창조된 세상이라고 보았겠지요.

즉, 예수님이라는 한 분의 스승이 당신대로의 공부를 통해 '존재란 무엇일까? 존재들의 삶은 무엇일까? 이러한 삶의 토대인 세상은 무엇일까?'라는 심오하고 궁극적인 문제에 대해 해석해낸 것입니다. 심지어 그런 해석 위에서 하나님의 뜻에 맞는 삶을 완성하기까지 한 것이지요. 그러고 나서 '여보시오. 내가 존재를, 삶을, 세상을 이렇게 해석하였습니다. 그리고 하나님의 뜻에 맞는 삶을 완성하였습니다.'라고 사람들 앞에서 선언하는 것입니다. 또한, 이런 선언을 통해 그는 자신을 하나님의 독생자(獨生子)라고 소개합니다.

그러면 예수님이라는 스승이 해석해서 선언한 이 내용을 많은 사람이 듣게 됩니다. 그중에 어떤 사람은 '그것은 사실이 아닌 것 같아요.'라고 거부했을 것입니다. 그러나 어떤 사람은 '아, 정말로 그렇다! 참으로, 저분의 말씀대로 창조주 하나님이 창조하셔서 내가 있게 된 것이고, 그러므로 하나님의 뜻대로 내가 살아가야 하고, 하나님이 만들어주신 삶의 토대인 이 세상에서 하나님의 뜻에 맞게 살아가는 것이 옳겠다.'라고 공감하고 동의하였을 것입니다.

더 나아가 예수님의 말씀에 공감하고 동의하는 사람 중에는 예수님에 대해 신뢰하는 마음을 일으켜서 '참으로 내가 저분을 스승으로 삼아 뒤따라가야겠다. 그래서 나의 삶도 저분을 닮아야겠다.'라고 생각하는 사람들도 있었을 겁니다.

어떻습니까? 예수님께서 해석해서 선언한 '존재, 삶, 세상'이라는 내용에 대해, 누군가가

공감하고 동의하고 신뢰하는 마음을 일으켜서 '참으로 내가 저분을 스승으로 삼아 뒤따라야겠다. 그래서 나의 삶도 저분을 닮아야겠다.'라고 한다면, 이런 사람을 예수님의 신자라고 부르는 것이 적절한 설명이 되지 않을까요?

사실은 이런 분들이 기독교 또는 천주교 신자입니다. 그리고 이러한 사람들이 모여 있는 집단을 기독교 또는 천주교라고 부른다고 하면 기독교 또는 천주교라는 종교에 대한 적절한 정의라고 할 수 있을 것입니다.

불교도 마찬가지일 겁니다. 2600년 전에 고따마 싣달타라는 한 사람이 당신대로, '무슨 이유로 우리는 태어나야 하고 늙어야 하고 죽어야 할까? 또한, 그 삶의 과정에서 다양한 괴로움을 겪어야 할까?'라고 고민하고, 답을 찾기 위해 아주 힘들게 공부를 하고, 그 끝에 깨달음이라는 성과를 거두었습니다. 깨달음이라는 특별한 측면에서, '존재란 무엇일까? 존재들의 삶은 무엇일까? 이러한 삶의 토대인 세상은 무엇일까?'에 대해 해석해낸 것입니다. 심지어 그런 해석 위에서 존재에 따르는 모든 괴로움을 해소하고 완전한 행복의 경지를 실현하기까지 한 것이지요. 그러고 나서 '여보시오. 내가 존재를, 삶을, 세상을 이렇게 해석하였습니다. 그리고 완전한 행복을 실현하였습니다.'라고 사람들 앞에서 선언하는 것입니다. 또한, 이런 선언을 통해 그는 자신을 부처라고 소개합니다.

그러면 부처님이라는 스승이 해석해서 선언한 이 내용을 많은 사람이 듣게 됩니다. 그중에 어떤 사람은 '그것은 사실이 아닌 것 같아요.'라고 거부했을 것입니다. 그러나 어떤 사람은 '아, 정말로 그렇다! 참으로, 저분의 말씀대로 나는 생겨나는 것이다. 생겨나는 과정의 조건들에 의해 상태가 결정되는 것이고, 생겨나는 그대로 나의 삶이다. 생겨나는 과정이 잘 제어되지 않으면 불만족 즉 괴로움의 상태를 만들 것이고, 잘 제어되면 만족 즉 행복의 상태를 만들 것이다. 그러니 생겨나는 것인 이 세상에서 부처님의 안내를 받아 살아가는 것이 옳겠다.'라고 공감하고 동의하였을 것입니다.

더 나아가 부처님의 말씀에 공감하고 동의하는 사람 중에는 부처님에 대해 신뢰하는 마음을 일으켜서 '참으로 내가 저분을 스승으로 삼아 뒤따라가야겠다. 그래서 나의 삶도 저분을 닮아야겠다.'라고 생각하는 사람들도 있었을 겁니다.

• 경전 읽고 가겠습니다. (AN 3.61-상가라와 경)에 나타나는 중생구제(衆生救濟)에 관한 부처님의 입장입니다.

한 곁에 앉은 상가라와 바라문은 세존에게 이렇게 말했다. —"고따마 존자여, 우리 바라문들은 제사를 지내기도 하고 지내게 하기도 합니다. 고따마 존자여, 거기서 지내는 것과 지내게 하는 것은 모두 많은 사람에 대한 공덕을 실천하는 것이니 곧 제사(祭祀)로 인한 것입니다. 고따마 존자여, 그러나 어떤 또는 그 가문의 집에서 집 없는 곳으로 출가한 자는 자기 하나만을 길들이고, 자기 하나만을 가라앉히고, 자기 하나만을 완전히 꺼지게 합니다. 이렇게 이것은 한 사람에 대한 공덕을 실천하는 것이니 곧 출가로 인한 것입니다."라고.

"바라문이여, 그것 때문에 여기서 나는 그것을 되물을 것입니다. 그대에게 좋아 보이는 대로 그것을 설명하십시오. 바라문이여, 이것을 어떻게 생각합니까? 여기 아라한-정등각-명행족-선서-세간해-무상조어장부-천인사-불-세존인 여래가 세상에 출현합니다. 그는 이렇게 말합니다. — '그대들은 오라! 이런 길이 있고 이런 실천이 있다. 이런 방법으로 실천한 나는 위없는 범행에 속한 것을 스스로 실다운 지혜로 알고, 실현하여 선언한다. 오라! 그대들도 그와 같이 실천하라. 그와 같은 방법으로 실천한 그대들도 위없는 범행에 속한 것을 스스로 실다운 지혜로 알고, 실현하고, 성취하여 머물 것이다.'라고. 이렇게 이 스승은 법을 설하고 다른 사람들은 진실을 얻기 위해 실천한다. 그리고 그들은 수백, 수천, 수십만 명이다.

"이렇게, 고따마 존자여, 이것이 이러할 때, 출가로 인한 이것은 많은 사람을 위한 공덕의 실천입니다."

어떻습니까? 부처님께서 해석해서 선언한 '존재, 삶, 세상'이라는 내용에 대해, 누군가가 공감하고 동의하고 신뢰하는 마음을 일으켜서 '참으로 내가 저분을 스승으로 삼아 뒤따라야겠다. 그래서 나의 삶도 저분을 닮아야겠다.'라고 한다면, 이런 사람을 부처님의 신자라고 부르는 것이 적절한 설명이 되지 않을까요?

사실은 이런 분들이 불교 신자입니다. 그리고 이러한 사람들이 모여 있는 집단을 불교라고 부른다고 하면 불교라는 종교에 대한 적절한 정의라고 할 수 있을 것입니다.

자, 이제 구체적으로 질문해 보겠습니다. 종교란 무엇일까요?

그렇습니다. 각각의 스승들이 당신들대로 '존재와 삶과 세상'을 해석하여 선언하고, 공감과 동의와 신뢰로써 그를 뒤따르는 사람들이 많아서 하나의 집단을 구성하고, 거기에 천년, 이천 년, 삼천 년을 유지되어 내려오면, 이것을 종교라고 정의할 수 있을 것입니다.

종교는 이렇게 정의되어야 합니다. 그때, 더 이상 불교 신자인 우리가 '신(창조주)에 대한 의존'이란 개념을 배제한다는 이유로 종교를 상실하는 어처구니없음에서 벗어날 것입니다. 삶의 심오한 영역을 '신에 대한 의존'으로 접근하는 기독교와 '생겨남의 제어'로 접근하는 불교로 대표되는 두 부류를 모두 아우르는 확장된 종교의 개념이 정립되는 것입니다.

• (생겨남의 제어) 부처님의 깨달음의 소회 •

한때, 바야흐로 깨달음을 성취한 세존은 우루웰라에서 네란자라 강변 아자빨라니그로다 나무 밑에 머물렀다. 그때 외딴곳에 홀로 머무는 세존에게 이런 심(心)의 온전한 생각이 떠올랐다. — '내가 성취한 이 법은 심오하고, 보기 어렵고, 깨닫기 어렵고, 평화롭고, 숭고하고, **takka[애(愛)의 형성 과정]의 영역을 넘어섰고**, 독창적이고, 현자에게만 경험될 수 있다. 그러나 존재들은 잡기를 즐기고 잡기를 좋아하고 잡기를 기뻐한다. 잡기를 즐기고 잡기를 좋아하고 잡기를 기뻐하는 사람들은 이런 토대 즉 여기에서의 조건성인 연기(緣起)를 보기 어렵다. 또한, 이런 토대 즉 모든 행(行)을 그침이고, 모든 재생의 조건을 놓음이고, 애(愛)의 부서짐이고, 바램이고, 소멸인 열반(涅槃)을 보기 어렵다. 그러니 내가 이 법을 설한다 해도 저들이 알지 못한다면 그것은 나를 피곤하게 하고 나를 짜증 나게 할 것이다.'라고.(SN 6.1-범천의 요청 경) 등

; 부처님이 성취한 법의 중심은 takka[애(愛)의 형성 과정]의 영역을 넘어섬이고 다른 말들은 이 중심에 대한 서술입니다. 그렇다면 takka(딱까)에서 애가 형성되는 과정을 제어함으로써 애멸의 삶을 실현하는 것이 깨달음이라는 것을 알 수 있는데, 바로 '생겨남의 제어'로 접근하는 방법입니다.

이제부터는 불교(佛敎) 이야기입니다.

제2장

어떤 스승을 선택해야 하는가?

I. 스승의 선택

가장 뛰어나고 확실한 선택은 부처님입니다!

불교에서 스승의 선택 기준은 두 가지 측면으로 제시됩니다.

1. 사실-진리의 측면

(AN 3.66-깨사무띠 경)/(AN 3.67-살하 경)/(AN 4.193-밧디야 경)은 다양하게 만나지는 스승들 가운데 누가 진실을 말하고 누가 거짓을 말하는지 판단하는 방법을 묻는 사람들에게 어떤 경로로 그를 만났던지 비판 없이 받아들이지 않아야 한다고 하면서, 그 스승의 주장(法)에 대해

1) '이 법들은 불선(不善)이고, 결점이 있는 것이고, 현명한 자에 의해 질책받는 것이고, 온전히 받아 지니면 손해와 괴로움으로 이끈다.'라고 알게 되면 버려야 하고,

2) '이 법들은 선(善)이고, 결점이 없는 것이고, 현명한 자에 의해 찬양되는 것이고, 온전히 받아 지니면 이익과 즐거움으로 이끈다.'라고 알게 되면 성취하여 머물러야 한다

라고 말합니다.

• 완전한 경지는 하나뿐 – (MN 11-사자후의 작은 경) •

비구들이여, 이렇게 말하는 외도 유행승들에게 이렇게 말해야 한다. — '도반들이여, 완전한 경지는 하나입니까? 아니면, 완전한 경지는 제각각입니까?'라고. 비구들이여, 바르게 설명하는 외도 유행승이라면 이렇게 말할 것이다. – '도반이여, 완전한 경지는 하나입니다. 완전한 경지는 제각각이지 않습니다.'라고.

⇒ '도반이여, 완전한 경지는 탐-진-치-애-취가 없는 자에게 있습니다. 완전한 경지는 탐-진-치-애-취가 있는 자에게 있지 않습니다. 도반이여, 완전한 경지는 현명한 자-순응하지 않고 저항하지 않는 자-희론 않음을 기뻐하고 희론 않음을 좋아하는 자에게 있습니다. 완전한 경지는 현명하지 못한 자-순응하고 저항하는 자-희론을 기뻐하고 희론을 좋아하는 자에게 있지 않습니다.'라고.

이때, 손해와 괴로움으로 이끄는 것은 망(望)-진(嗔)-치(癡)의 법이고, 이익과 즐거움으로 이끄는 것은 무망(無望)-무진(無嗔)-무치(無癡)의 법입니다.

그래서 망-진-치의 법을 설하는 스승을 만나면 물리치고, 무망-무진-무치의 법을 설하는 스승을 만나면 따라 배워야 하는데, 완전한 깨달음에 의해 온전하게 무망-무진-무치의 법을 설하는 스승은 정등각인 그분, 부처님입니다.

※ 망(望)-진(嗔)-치(癡)라고 하면 좀 낯설죠? 탐(貪)-진(嗔)-치(癡)라고 번역된 단어의 원어(불교 경전어인 빠알리어)가 두 가지란 사실은 잘 모르셨죠? 탐-진-치에서 진은 dosa(도-사)의 번역이고, 치는 moha(모-하)의 번역인데, 탐은 rāga(라-가)의 번역이기도 하고 lobha(로-바)의 번역이기도 합니다. 서로 다른 두 개의 단어를 중국에서 탐(貪)이라는 같은 단어로 번역한 것인데, 이때부터 탐은 원전으로 환원되지 못하게 된 것입니다. 영역(英譯)에서는 rāga는 excitement/passion 등으로, lobha는 covetousness/greed 등으로 다르게 번역하고 있습니다.

근본경전연구회는 십이연기의 해석을 통한 「삶의 메커니즘」(106쪽 그림 참조)의 구명 과정에서 rāga와 lobha의 의미를 해석하였는데, virāga(離貪) 등 오랜 세월 굳어진 연관 용어를 감안하여 rāga는 탐(貪)을 그대로, lobha는 망(望)으로 새로운 번역어를 부여하였습니다.

이 주제에 대해서는 「해피스님의 십이연기 특강 – 탐진치 맛보기(근본경전연구회 190306)」를 참고하시기 바랍니다. ⇒ 'nikaya.kr'에서 '190306'으로 검색.

2. 현상의 측면

(MN 60-흠 없음 경)에서 부처님은 믿음을 얻을만한 이유가 있는 마음에 드는 스승이 없는 사람들에게 스승의 선택 기준(흠 없는 법)을 알려주는데, '저세상은 없다-결실은 없다-중생들의 오염을 위한 원인도 없고 조건도 없다'라고 주장하는 스승은 물리치고, '저세상은 있다-결실은 있다-중생들의 오염을 위한 원인도 있고 조건도 있다'라고 주장하는 스승을 따라 배우라는 것입니다.

• 흠 없는 법 — 「저세상-결실-오염과 청정의 원인과 조건-무색계의 존재-존재의 소멸은 있다는 견해 위에서 무익한 경우를 배제하고, 금생과 내생의 양쪽 부분을 채우고 서 있는 삶」

• 저세상-결실-오염과 청정의 원인과 조건-무색계의 존재-존재의 소멸의 유무를 따져서, 백분 양보해서 없다고 쳐도 있다는 견해를 가지고 사는 것이 옳은데, 사실은 있기 때문에 있다는 견해를 가지고 살아야 하는 당위성

이때, 완전한 깨달음에 의해 '저세상은 있다-결실은 있다-중생들의 오염을 위한 원인도 있고 조건도 있다'라고 온전하게 주장하는 스승은 정등각(■)인 그분, 부처님입니다.

3. (MN100-상가라와 경)은 '지금여기에서 실다운 지혜로 성취의 끝에 닿아서 범행의 근본을 공언하는 어떤 사문-바라문들'이란 말로 스승을 나타내는데, 3가지 스승을 소개합니다.

"바라드와자여, 지금여기에서 실다운 지혜로 성취의 끝에 닿아서 범행의 근본을 공언하는 사문-바라문들에게도 차이가 있다고 나는 말한다.
바라드와자여, ①전승을 잇는 어떤 사문-바라문들이 있다. 그들은 전승에 의해 지금여기에서 실다운 지혜로 성취의 끝에 닿아서 범행의 근본을 공언하는데, 예를 들면, 삼명(三明) 바라문이다.

그리고 바라드와자여, ②온전하게 오직 믿음에 의해 지금여기에서 실다운 지혜로 성취의 끝에 닿아서 범행의 근본을 공언하는 어떤 사문-바라문들이 있는데, 예를 들면, 딱끼-위망시이다.

바라드와자여, ③이전에 들어보지 못한 법들에서 스스로 법을 실답게 안 뒤에, 지금여기에서 실다운 지혜로 성취의 끝에 닿아서 범행의 근본을 공언하는 어떤 사문-바라문들이 있다.

거기서, 바라드와자여, 나는 이전에 들어보지 못한 법들에서 스스로 법을 실답게 안 뒤에, 지금어기에서 실다운 지혜로 성취의 끝에 닿아서 범행의 근본을 공언하는 사문-바라문들 가운데 한 사람이다."

4. 이렇게 사실-진리의 측면과 현상의 측면 모두에서 부처님은 이전에 들어보지 못한 법들에서 스스로 법을 실답게 안 뒤에, 지금여기에서 실다운 지혜로 성취의 끝에 닿아서 범행의 근본을 공언하는 분, 완전한 깨달음에 의해 온전하게 우리의 삶을 향상으로 이끄는 스승입니다.

그래서 확인되지 않으면서 확인하지 않으면 무책임하다는 비난에 처하게 되는 문제들 즉 '스승의 영역에 속한 것!'에 대해 답할 수 있는 스승에 대해서도 가장 뛰어나고 확실한 선택은 부처님입니다.

❖ ❖ ❖

▣ 더할 바도 없고, 뺄 바도 없는 완전함 = 정등각(正等覺)에 의해 선언된 법(法)과 율(律) → 정등각인 스승 = 부처님

; 「'passaṃ na passatī(빳상 나 빳사띠-)'ti 보면서 보지 못한다.」(DN 29.7-정신(淨信) 경, 범행이 완성되지 않음 등의 이야기)

; (부처님의 가르침에서) 완전함은 보면서, 불완전함은 보지 못함

쭌다여, 웃다까 라마뿟따는 '보면서 보지 못한다.'라고 지시(指示)적으로 말한다. '보면서 보지 못한다.'라는 것은 무엇인가? 잘 벼려진 날카로운 칼날을 보면서 그 경계를 보지 못한다. 이것이 '보면서 보지 못한다.'라고 불린다. 그러나 이것은 참으로 저열하고 세간적이고 범속하고 성스럽지 못하고 이익을 주지 못하는, 칼에 관한 말일 뿐이다.

쭌다여, '보면서 보지 못한다.'라고 바르게 말하는 자는 바로 이것을 '보면서 보지 못한다.'라고 말해야 한다. 그러면 '보면서 보지 못한다.'라는 것은 무엇인가? '이렇게 모든 조건을 구족하고, 모든 조건을 완성하고, 모자라지도 않고 넘치지도 않고, 잘 설해지고, 오로지 완성된 범행(梵行)을 잘 드러내었다.'라고 이것을 본다. 여기, '이것을 제거해야 이렇게 그것이 더 청정해질 것이다.'라고 이것을 보지 못한다. 여기, '이것을 더해야 그것이 완성될 것이다.'라고 이것을 보지 못한다. 쭌다여, 이것이 '보면서 보지 못한다.'라고 불린다. 쭌다여, 참으로 바르게 말하는 자가 '모든 조건을 구족하고, 모든 조건을 완성하고, 모자라지도 않고 넘치지도 않고, 잘 설해지고, 오로지 완성된 범행(梵行)을 잘 드러내었다.'라고 말한다면, 바로 이것을 '모든 조건을 구족하고, 모든 조건을 완성하고, 모자라지도 않고 넘치지도 않고, 잘 설해지고, 오로지 완성된 범행(梵行)을 잘 드러내었다.'라고 말해야 한다.

❖ ❖ ❖

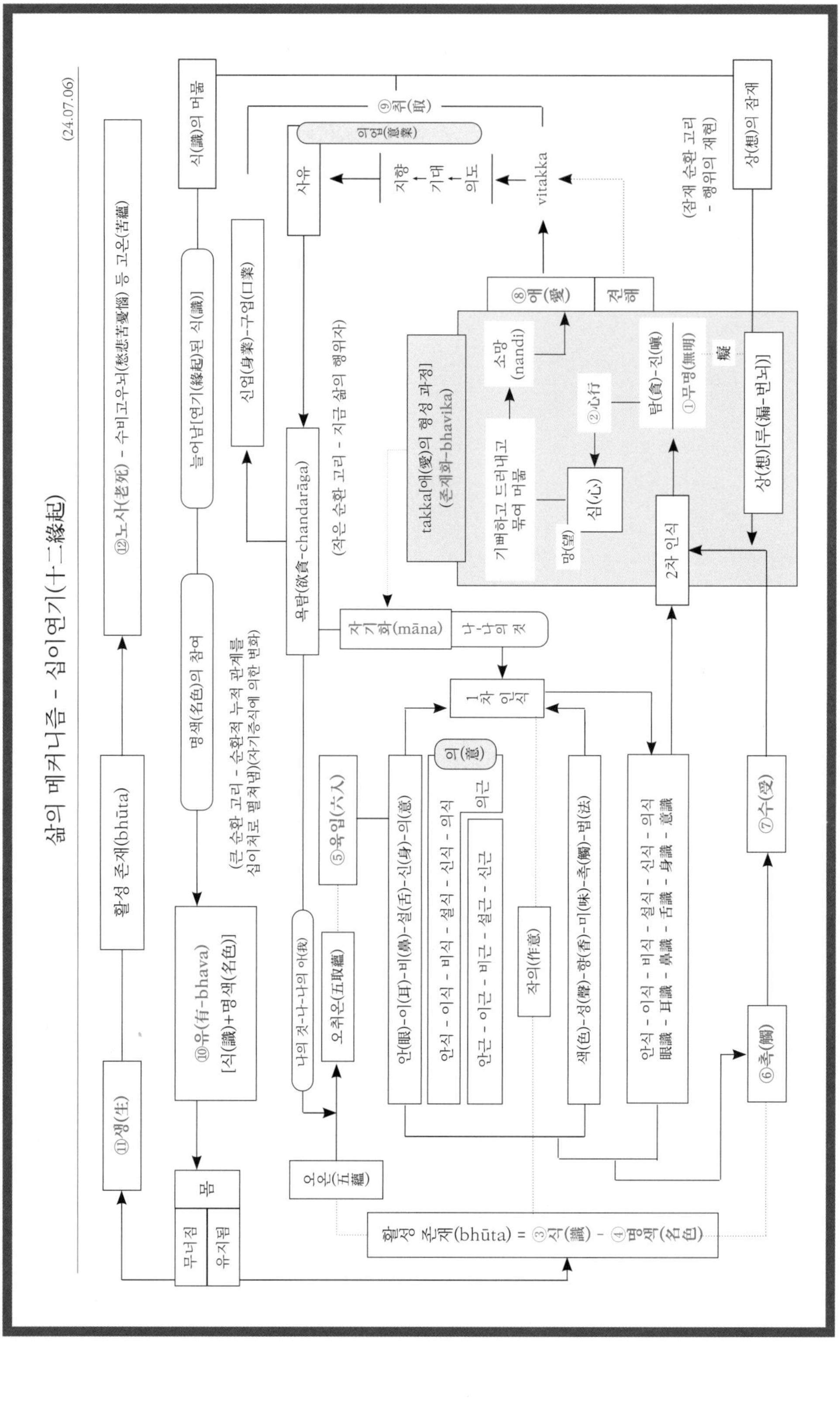
삶의 메커니즘 - 십이연기(十二緣起)
(24.07.06)
⑪생(生)
활성 존재(bhūta)
⑫노사(老死) - 수비고우뇌(愁悲苦憂惱) 등 고온(苦蘊)
무너짐
유지됨
몸
⑩유(有-bhava)
[식(識)+명색(名色)]
명색(名色)의 참여
(큰 순환 고리 - 순환적 누적 관계를 십이처로 펼쳐 냄(자기증식에 의한 변화)
늘어남[연기(緣起)된 식(識)]
식(識)의 머묾
신업(身業)-구업(口業)
오온(五蘊)
나의 것-나-나의 아(我)
오취온(五取蘊)
⑤육입(六入)
욕탐(欲貪-chandarāga)
(작은 순환 고리 - 지금 삶의 행위자)
사유
의업(意業)
⑨취(取)
지향
기대
의도
vitakka
자기화(māna)
나-나의 것
1차 인식
안(眼)-이(耳)-비(鼻)-설(舌)-신(身)-의(意)
안식 - 이식 - 비식 - 설식 - 신식 - 의식
안근 - 이근 - 비근 - 설근 - 신근
의근
의(意)
작의(作意)
색(色)-성(聲)-향(香)-미(味)-촉(觸)-법(法)
안식 - 이식 - 비식 - 설식 - 신식 - 의식
眼識 - 耳識 - 鼻識 - 舌識 - 身識 - 意識
takka[애(愛)의 형성 과정]
(존재화-bhavika)
기뻐하고 드러내고 묶여 머묾
망(望)
심(心)
②心行
소망(nandi)
⑧애(愛)
견해
탐(貪)-진(嗔)
①무명(無明)
擬
2차 인식
상(想)[무(漏-번뇌)]
상(想)의 잠재
(잠재 순환 고리 - 행위의 재현)
⑥촉(觸)
⑦수(受)
활성 존재(bhūta) = ③식(識) - ④명색(名色)

Ⅱ. 복음과 믿음

불교가 설명하는 행위 복음 & 기독교가 설명하는 은혜 복음

(AN 8.54-디가자누 경)은 다복하고 풍요로운 삶을 살고도 죽은 뒤에는 하늘에 태어나는 방법을 설명하는데, 부처님은 살아서의 행복을 위한 네 가지와 죽은 뒤 하늘에 태어남을 이끄는 네 가지를 설명합니다.

• 살아서의 행복을 위한 네 가지 – 근면을 갖춤, 보호를 갖춤, 좋은 친구를 사귐, 균형잡힌 생계

• 죽은 뒤 하늘에 태어남을 이끄는 네 가지 – 믿음-계-보시-지혜를 갖춤

이웃 종교에서는 부자로 살고도 하늘에 태어나기는 낙타가 바늘구멍을 통과하기 보다도 어렵다고 말합니다. 그러나 디가자누 경이 알려주는 이런 방법은 시도하기만 하면 낙타가 바늘구멍을 통과하기 보다 훨씬 쉽습니다. 그러니 부자로 살고도 하늘에 태어나기를 원한다면, 불교 신자가 되는 것이 효과적입니다.

1. 복음

다복하고 풍요로운 삶 그리고 하늘에 태어남을 이끄는 말씀이 있습니다. 갈수록 괴로움은 줄어들고 행복은 늘어나는 삶을 살아서도 죽어서도 맞을 수 있는 이런 말씀을 복음(福音-복된 말씀)이라고 합니다.

그렇다면 효과적으로 삶을 이끄는 불교야말로 복음입니다. 배워 알고 실천하면 그대로 복된 삶을 이끄는 진정한 복음이 불교라는 사실을 잊지 않아야 합니다.

참고로, 복음은 두 가지 관점에서 접근할 수 있는데, 은혜 복음과 행위 복음입니다.

사랑침례교회의 정동수 목사는 이렇게 말합니다. –「성경적으로 이야기하면, '행위 구원'을 전하는 것은 거짓 복음이고, 하나님이 미워하시는 다른 복음입니다. 사도 바울이 전해준 '은혜'의 복음 이외에 사람의 어떤 '행위'를 가지고 '구원에 무언가 일조할 수 있다.'라고 가르치는 것은 심지어 '하늘에서 온 천사라 할지라도' 저주받는다(갈 1:8)고 사도 바울이 강력하게 선포했습니다.」

불교는, 「제3부 제2장 Ⅰ. 가르침의 토대(175쪽)」에서 알 수 있듯이, 자신의 행위를 통한

구원을 말합니다. 말하자면, 행위 복음입니다. 반면에, 기독교는 행위 복음과는 반대 방향에서 은혜 복음을 말하는 것을 알 수 있습니다.

이렇게 복음은 불교가 설명하는 행위 복음과 기독교가 설명하는 은혜 복음의 두 가지가 있고, 전혀 다른 관점, 전혀 다른 방향성을 가지고 삶을 이끕니다. 그리고 어떤 복음이 사실이어서 삶을 바르게 향상으로 이끄는지는 실천에 의해서 확인되어야 합니다.

2. 믿음

그런데 이런 복음을 배워 알고 실천하여 복된 삶을 이루기 위해서는 이 말씀이 복된 말씀이라는 자기 확인이 있어야 합니다. 믿음이라고 하는 것입니다.

삶의 향상을 위해 갖추어야 하는 것을 말하자면, 삶이 질서로워야 한다는 것과 삶을 보는 바른 시각을 말 할 수 있습니다. 이 두 가지는 어느 하나를 배제할 수 없이 서로 조건되는 것이어서, 삶이 질서로운 사람이 삶에 대한 바른 시각을 갖출 수 있고, 삶에 대한 바른 시각을 가진 사람이라야 질서로운 삶을 살아낼 수 있습니다. 이때, 삶의 질서를 계(戒)라고 부르고, 삶에 대한 바른 시각을 이끄는 능력을 혜(慧-지혜)라고 부릅니다.(DN 4-소나단다 경)

이렇게 계와 지혜는 삶의 향상을 위해 필수불가결한 두 가지입니다. 그런데 이 두 가지는 누가 제정한 질서이고, 누가 선언한 시각인지를 따져봐야 합니다. 제정하고 선언한 사람에 따라 삶을 이끄는 방향이 달라지기 때문입니다. 그리고 이렇게 앞서서 방향을 이끄는 사람이 스승입니다.

이제 필요한 것은 선택입니다. 어떤 스승이 이끄는 방향으로 살아갈 것인지를 결정하는 것인데, 스승에 대한 공감과 동의와 신뢰 위에서 뒤따라 갈 수 있기 때문입니다. 그리고 이런 공감-동의-신뢰에 의해 그를 스승으로 선택하는 것을 믿음이라고 부릅니다. (AN 3.139-갖춤 경)

3. 불교의 믿음

불교는 이런 믿음에 대해 여래(如來)의 깨달음을 믿는 것이라고 정의하는데, 여래 즉 부처님이 갖춘 아홉 가지 덕성[여래구덕(如來九德)]으로 여래의 깨달음을 설명합니다.

• 성스러운 제자는 믿음을 가졌다. '이렇게 그분 세존(世尊)께서는 ①모든 번뇌 떠나신 분, ②스스로 완전한 깨달음을 이루신 분, ③밝음과 실천을 갖추신 분, ④진리의 길 보이신 분, ⑤세상일을 모두 훤히 아시는 분, ⑥어리석은 이도 잘 이끄시는 위없는 분, ⑦신과 인간의 스승, ⑧깨달으신 분, ⑨존귀하신 분이시다.'라고 여래(如來)의 깨달음을 믿는다.(SN 48.9-분석 경1) 등

; 여래구덕(如來九德) ⇒ 다음 쪽 참조

불교에서 믿음을 이렇게 정의하는 것은 주목해야 합니다. 특히, 부처님은 ②스스로 완전한 깨달음을 이루신 분[정등각(正等覺)]이어서 그의 가르침은 삶을 향상으로 이끄는 완전한 가르침입니다.

그래서 가르친 그대로 배워 알고 실천하기만 하면 부처님이 이끄는 그런 삶이 나에게서 실현되는데, 이것이 불교 신자가 되어야 하는 당위성이라고 말해야 합니다.

(MN 75-마간디야 경)은 '태어날 때부터 눈먼 사람의 비유'를 통해 정등각 아닌 스승에 의해 설해진 완전하지 않은 가르침을 뒤따르는 선택의 문제를 지적합니다. 특히, '오랫동안 나는 이 심(心)에 의해 속고 기만당하고 부추겨졌다.'라는 자각 가운데 이 자리에서 눈 떠 일어나게 하는 것으로 부처님의 법을 설명합니다.

또한, (MN 95-짱끼 경)은 '머리를 꼰 장님의 비유'를 통해 앞 사람(스승/교주)도 보지 못하고 중간 사람도 보지 못하고 맨 뒤 사람(나)도 보지 못하는 현상을 설명하는데, 완전한 깨달음에 의한 근거를 갖추지 못한 스승에 대한 무비판적 공감-동의-신뢰로써 선택한 믿음이기 때문입니다.

buddhānussati(붇다-눗사띠) — 불수념(佛隨念)

[부처님을 계속해서 기억하기 : 여래구덕(如來九德)]

itipi so bhagavā arahaṁ 이띠삐 소- 바가와- 아라항

세상에서 존귀한 분! 번뇌 다하고, 탐(貪)-진(嗔)-치(癡)를 완전히 부순 ①아라한(阿羅漢-모든 번뇌 떠나신 분)이기에 '아라항'입니다.

sammāsambuddho 삼마-삼붇도-

스스로 완전한 깨달음을 성취한 ②정등각(正等覺-스스로 완전한 깨달음을 이루신 분)이기에 '삼마-삼붇도-'입니다.

vijjācaraṇasampanno 윗자-짜라나삼빤노-

바른 삼매의 실천(行)으로 무명(無明)이 버려지고 명(明)이 생겨난, 어둠이 부서지고 빛이 생긴 ③명행족(明行足-밝음과 실천을 갖추신 분)이기에 '윗자-짜라나삼빤노-'입니다.

sugato 수가또-

열반으로 잘 가고, 뒤따르는 자에게 진리의 길 보여주는 ④선서(善逝-진리의 길 보이신 분)이기에 '수가또-'입니다.

lokavidū 로-까위두-

세상의 근본을 알아서 세상살이를 안내하는 ⑤세간해(世間解-세상일을 모두 훤히 아시는 분)이기에 '로-까위두-'입니다

anuttaro purisadammasārathi 아눗따로- 뿌리사담마사-라티

길들어야 하는 사람을 이끄는데 으뜸인 ⑥무상조어장부(無上調御丈夫-어리석은 이도 잘 이끄시는 위없는 분) 이기에 '아눗따로- 뿌리사담마사-라티'입니다.

satthā devamanussānaṁ 삿타- 데-와마눗사-낭

신(神)과 인간(人間)의 스승인 ⑦천인사(天人師-신과 인간의 스승)이기에 '삿타- 데-와마눗 사-낭'입니다.

buddho 붇도-

알고, 닦고, 버림으로써 깨닫고, 그 법을 사람들에게 가르쳐준 ⑧불(佛-깨달으신 분)이기에 '붇도-'입니다.

bhagavā 바가와-

공덕을 원만히 갖추어 세상에 이익을 주고 세상에서 존중받는, 세상에서 존귀한 ⑨세존(世尊-존귀하신 분)이기에 '바가와-'입니다.

제3장

스승의 가르침

무명(無明)과 애(愛) 때문에 생겨나는 현상들과 무명과 애를 해소함으로써 얻어지는 결실들

I. 스승의 가르침

「taṃ tathāgato abhisambujjhati abhisameti 여래는 이것을 깨닫고 실현하였다」

- 여래들의 출현이나 출현하지 않음을 원인으로 움직이지 않는 안정되고 확실한 원리(사실) — 삼법인(三法印)과 연기(緣起)

- 세상에 있는 세상의 법 — 오온(五蘊)[색(色)-수(受)-상(想)-행(行)들-식(識)]

부처님이 깨닫고 실현한 법을 대표하는 것은 삼법인(三法印)과 연기(緣起)인데, 삼법인은 있는 것들의 일반적 조건성이고, 연기는 여기 즉 중생 세상에서 살아가는 존재에게만 적용되는 특수한 조건성입니다. 삼법인은 중생 세상을 벗어나 실현되는 것인 열반에도 적용되고, 연기는 열반에는 적용되지 않는다는 의미입니다.

경은 ①있는 것은 법(法-dhamma), ②유위(有爲)에서 형성된 것은 행(行-saṅkhāra), ③행들의 범주에서 벗어나 실현되는 무위(無爲)인 것은 열반(涅槃-nibbāna)이라고 부릅니다.

이때, 삼법인은

- 유위에서 형성된 것들은 모두 무상(無常)하다[제행무상(諸行無常)].
- 유위에서 형성된 것들은 모두 고(苦)다[제행개고(諸行皆苦)].
- 있는 것들은 모두 무아(無我)다[제법무아(諸法無我)].

라고 정의되는데, 법 즉 있는 것이면서 행들에 포함되지 않는 열반은 (무상의 가라앉음에 의한) 고(苦)의 멸(滅) 즉 락(樂)입니다. 그래서 열반은 락(樂)-무아(無我)입니다.

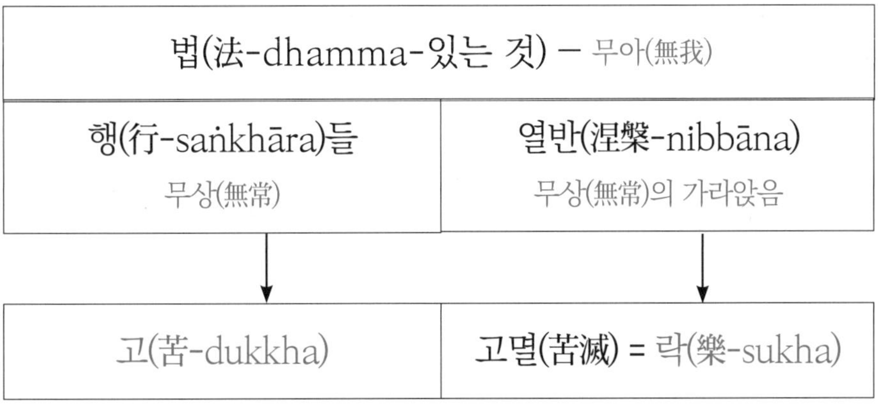

그런데 삼법인의 이런 깨달음 위에서 불교는 고(苦)와 고멸(苦滅)의 조건 관계로 확장됩니다. 무엇을 조건으로 고가 생겨나서 자라나고(苦集), 무엇을 조건으로 고멸이 실현되는지(苦滅道)에 대한 설명입니다.

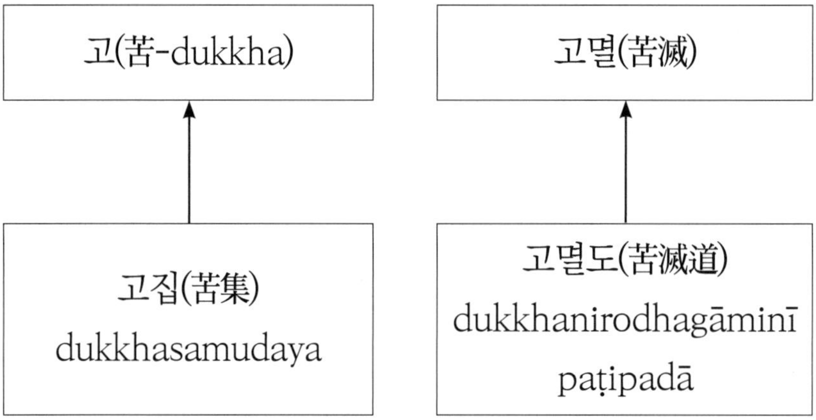

이렇게 확장된 구조 즉 고-고집-고멸-고멸도는 사성제(四聖諦)라고 부르는데, 불교에서 진리라고 불리는 유일한 가르침입니다. (MN 28-코끼리 발자국 비유의 큰 경)은 「선법(善法)이라면 어떤 것이든 모두 네 가지 성스러운 진리[사성제(四聖諦)]에 따르게 된다.」라고 하여 사성제의 포괄적 진리성을 분명히 해줍니다.

이때, 고집과 고멸에 대해

- (SN 56.11-전법륜경) 등은 '고집(苦集) = 애(愛)'와 '고멸(苦滅) = 애멸(愛滅)'로 정의하고,

- (AN 3.62-근본 교리 등 경)은 연기(緣起) 즉 「무명(無明) → … → 애(愛) → … → 생(生) → 노사(老死)」의 조건 관계와 연멸(緣滅) 즉 「무명(無明)의 소멸 → … → 애(愛)의 소멸 → … → 생(生)의 소멸 → 노사(老死)의 소멸」의 조건 관계

로 정의합니다.

그래서 고집은 직접적으로는 애(愛)이지만, 포괄적으로는 무명(無明)에서 시작하고 애(愛)를 전후한 고의 발생 과정이라는 것을 알 수 있습니다. 마찬가지로 고멸은 직접적으로는 애멸(愛滅)이지만, 포괄적으로는 무명(無明)의 소멸에서 시작하고 애멸(愛滅)을 전후한 고의 소멸 과정의 결과라는 것을 알 수 있습니다.

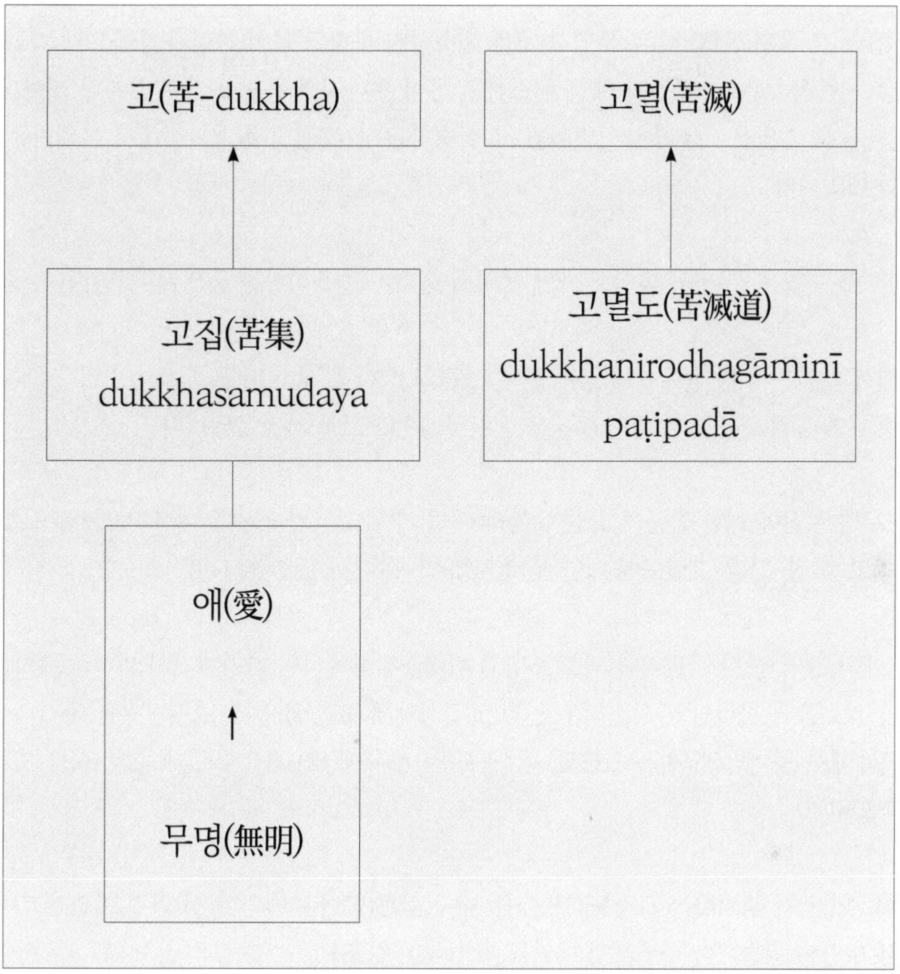

결국 무명에서 비롯되는 애를 조건으로 고가 생겨나고, 무명과 애를 소멸함으로써 고를 소멸하는 것이 사성제가 알려주는 진리라고 하겠습니다.

여기서 고(苦)는 생(生)-노사(老死)-수비고우뇌(愁悲苦憂惱) 등 일체의 괴로움 무더기라고 설명되는데, 태어남과 늙음-죽음이라는 윤회하는 중생의 근본 괴로움과 삶의 과정에 수반되는 슬픔-비탄-고통-고뇌-절망이라는 구체적 아픔 등을 망라한 괴로움 무더기입니다.

그래서 고멸은 삶의 과정에 수반되는 구체적 아픔의 해소와 함께 태어나고 늙고 죽어야 하는 근본 괴로움 즉 윤회하는 중생의 삶에서 벗어나는 것으로 완성됩니다.

(SN 12.19-우현(愚賢) 경)은 무명과 애를 해소하지 못하고 몸이 무너지면 몸으로 가고(태어남 → 죽음 : 윤회), 무명과 애를 해소하고 몸이 무너지면 몸으로 가지 않는다(태어나지 않음 → 죽지 않음 : 윤회에서 벗어남)고 설명하는데, 고집성제의 관점에서 이해하는 무명과 애입니다.

또한, 많은 경은 「무명에 덮이고 애에 묶여서 옮겨가고 윤회하는 중생」을 말합니다.

그래서 윤회는 무명과 애를 중심에 둔 중생들의 생사 문제이고, 윤회에서 벗어나는 것은 무명과 애의 해소를 통해 생사 문제를 해결하는 것으로의 깨달음입니다.

- 무명은 삶에 대한 접근의 방향에 따라 여러 가지로 정의되는데, 대표적으로는 사성제 즉 고-고집-고멸-고멸도에 대한 무지(無知)입니다.(SN 12.2-분석 경)

- 애의 정의 - 「다시 존재화 되고 소망과 탐(貪)이 함께하며 여기저기서 기뻐하는 애(愛)가 괴로움의 자라남의 성스러운 진리[고집성제(苦集聖諦)]인데, 소유의 애, 존재의 애, 존재에서 벗어남의 애[욕애(慾愛)-유애(有愛)-무유애(無有愛)]가 있다.」(SN 56.11-전법륜(轉法輪) 경)

한편, 애(愛)가 생겨나는 과정도 설명되는데, takka(딱까 - 애의 형성 과정)이고, 그 과정 안에 무명이 있습니다. → 「삶의 메커니즘(106쪽)」 참조

(SN 6.1-범천의 요청 경) 등에서 부처님은 깨달음의 소회를 통해 당신이 성취한 법을 '딱까의 영역을 넘어선 것(atakkāvacaro)'이라고 밝히는데, 애를 형성하는 과정의 제어(무명 → 명)를 통해 애가 형성되지 않는 삶 즉 애멸의 삶을 실현했다는 선언입니다. - 「부처님의 깨달음 = 애멸의 삶」

윤회의 중심에는 무명(無明)과 애(愛)가 있습니다. 그리고 무명과 애는 이렇게 스승의 가르침의 중심입니다.

불교는 단순히 부처님의 말씀이 아닙니다. 부처님의 말씀(가르침)은 깨달음에 의해 부처님이 직접 알고(知) 보는(見) 사실의 전달이기 때문에 그 알고 봄을 바르게 이해하기 위한 공부가 필요합니다.

이 주제는 이어서 출판될 『불교입문(II-사실) 여래는 이것을 깨닫고 실현했다』의 중심 주제입니다. 여기서는 윤회의 주제를 위해 무명과 애가 필수적이라는 점을 소개해야 하는 필요 때문에 간략히 소개하였습니다.

이 책의 출판 전(미완성) 내용은 nikaya.kr에 pdf 화일로 제공되어 있습니다.
☞ nikaya.kr 에서 '불교입문(2-사실-출판 전)' 검색

Ⅱ. 스승이 이끄는 삶

스승의 선택에 따르는 성취의 차이
[같은 노력 다른 성취]

깨달음을 겨냥한 자와 하늘을 겨냥한 자

(불교신자의 대부분은 하늘을 겨냥한 자
→ 윤회의 가르침이 중요한 이유)

1. 사무량심(四無量心)을 따르는 제자들과 팔정도(八正道)를 따르는 제자들의 성취의 차이

(DN 19-마하고윈다 경)은 부처님이 전생 즉 부처를 이루기 전에는 사무량심을 닦아 많은 사람을 범천의 세상으로 이끌었지만 깨달아 부처를 이룬 지금은 열반으로 직접 이끄는 가르침을 설한다고 하는데, 팔정도입니다.

이때, 사무량심을 따르는 제자들의 성취는 ①완전히 성취할 때 범천의 세상에 태어나고, ②완전히 성취하지 못할 때 욕계의 여섯 하늘에 태어나는 것입니다. 그러나 팔정도를 따르는 제자들의 성취는 ①완전히 성취할 때 아라한이 되어 윤회에서 벗어나고, ②완전히 성취하지 못할 때 예류자-일래자-불환자의 성자가 되는 것입니다.

이렇게 부처님은 소유의 삶과 존재의 삶에서 벗어나 해탈된 삶을 실천하도록 제자들을 이끕니다.

「"존자들이여, 마하고윈다 바라문은 자(慈)가 함께한 심(心)으로 … 비(悲)가 함께한 심으로 … 희(喜)가 함께한 심으로 … 사(捨)가 함께한 심으로 … 두루 미치면서 머물렀습니다. 그리고 제자들에게 범천의 세상의 동료가 되기 위한 길을 설했습니다.

존자들이여, 그때 가르침을 모두 완전히 안 마하고윈다 바라문의 제자들은 몸이 무너져 죽은 뒤에 좋은 곳, 범천의 세상에 태어났습니다. 가르침을 모두 완전히 알지 못한 제자들은 몸이 무너져 죽은 뒤에 또한 어떤 자들은 타화자재천의 신들의 동료로 태어났고, 또한 어떤 자들은 화락천의 신들의 동료로 태어났고, 또한 어떤 자들은 도솔천의 신들의 동료로 태어났고, 또한 어떤 자들은 야마천의 신들의 동료로 태어났고, 또한 어떤 자들은 삼십삼천의 신들의 동료로 태어났고, 또한 어떤 자들은 사대왕천의 신들의 동료로 태어났습니다. 가장 낮은 몸을 성취한 자들도 간답바의 몸을 성취하였습니다. 존자들이여, 이렇게 그 모든 좋은 집안의 아들들의 출가는 쓸모없지 않았고, 생산적이었고, 결실이 있었고, 수확이 있었습니다.

세존께서는 그것을 기억하십니까?" "빤짜시카여, 나는 기억한다. 나는 그때 마하고윈다 바라문이었다. 나는 그 제자들에게 범천의 세상의 동료가 되기 위한 길을 설했다. 그러나 빤짜시카여, 그것은 나의 범행(梵行)을 염오로 이끌지 못하고, 이탐으로 이끌지 못하고, 소멸로 이끌지 못하고, 가라앉음으로 이끌지 못하고, 실다운 지혜로 이끌지 못하고, 깨달음으로 이끌지 못하고, 열반으로 이끌지 못했다. 범천(梵天)의 세상에 태어남까지만 이끌었을 뿐이다.

그러나 빤짜시카여, 이것은 나의 범행을 온전히 염오로, 이탐으로, 소멸로, 가라앉음으로, 실다운 지혜로, 깨달음으로, 열반으로 이끈다. 빤짜시카여, 범행을 온전히 염오로, 이탐으로, 소멸로, 가라앉음으로, 실다운 지혜로, 깨달음으로, 열반으로 이끄는 그것은 무엇인가? 오직 이것, 여덟 요소로 구성된 길이니 즉 정견(正見), 정사유(正思惟), 정어(正語), 정업(正業), 정명(正命), 정정진(正精進), 정념(正念), 정정(正定)이다. 이것이, 빤짜시카여, 범행을 온전히 염오로, 이탐으로, 소멸로, 가라앉음으로, 실다운 지혜로, 깨달음으로, 열반으로 이끄는 그것이다.

빤짜시카여, 가르침을 모두 완전히 아는 나의 제자들은 번뇌들이 부서졌기 때문에 번뇌가 없는 심해탈과 혜해탈을 지금여기에서 스스로 실답게 안 뒤에 실현하고 성취하여 머문다(아라한). 가르침을 모두 완전히 알지 못하는 자들은 오하분결(五下分結-다섯 가지 낮은 단계의 족쇄)이 완전히 부서졌기 때문에 화생하고, 거기서 완전히 열반하니, 그 세상으로부터 돌아오지 않는 존재(불환자)이다. 또한, 가르침을 모두 완전히 알지 못하는 어떤 자들은 세 가지 족쇄가 완전히 부서지고 탐진치가 엷어졌기 때문에 한번만 더 돌아올 자(일래자)이니, 한번만 더 이 세상에 온 뒤에 괴로움을 끝낼 것이다. 또한, 가르침을 모두 완전히 알지 못하는 어떤 자들은 세 가지 족쇄가 완전히 부서졌기 때문에 흐름에 든 자(예류자)여서 떨어지지 않는 자, 확실한 자, 깨달음을 겨냥한 자이다. 이렇게, 빤짜시카여, 이 모든 좋은 집안의 아들들의 출가는 쓸모없지 않고, 생산적이고, 결실이 있고, 수확이 있다."」

특히, 사무량심을 따라 배우는 제자의 성취 수준(*)과 팔정도를 따라 배우는 제자의 성취 수준이 차이가 있다는 점은 분명히 알아야 합니다.

(*) (AN 7.66-일곱 개의 태양 경)에도 나타남

2. (MN 22-뱀의 비유 경)은 이런 부처님의 가르침에 대해 분명하고 열려있고 설명되었고 구속을 자른 것이라고 말합니다. 그리고 이렇게 잘 설해진 법에서

• 번뇌가 다했고 삶을 완성했으며 해야 할 바를 했고 짐을 내려놓았으며 최고의 선(善)을 성취했고 존재의 족쇄를 완전히 부수었으며 바른 무위의 앎으로 해탈한 아라한 비구들에게 윤회는 선언되지 않는다.

• 오하분결이 버려진 비구들은 모두 화생하고, 거기서 완전히 열반하니, 그 세상으로부터 돌아오지 않는 존재(불환자)이다.

• 세 가지 족쇄가 버려지고 탐진치가 엷어진 비구들은 모두 일래자여서 한 번만 더 이 세상에 온 뒤에 괴로움을 끝낼 것이다.

• 세 가지 족쇄가 버려진 비구들은 모두 예류자여서 떨어지지 않는 자, 확실한 자, 깨달음을 겨냥한 자다.

• 법을 따르는 자와 믿음을 따르는 자인 그 비구들은 모두 깨달음을 겨냥한 자다.

• 나를 믿고 나를 사랑하는 그들은 모두 하늘을 겨냥한 자다.

라고 설명합니다.

여기서 아라한-불환자-일래자-예류자-법을 따르는자-믿음을 따르는 자는 번뇌가 다했거나 번뇌의 일부가 다한 해탈된 삶의 영역에 속하는 성자들입니다(MN 70-끼따기리 경). 그들은 모두 깨달음을 겨냥한 삶 그리고 더 나아가 성취의 정도에 따라 깨달음을 실현하였습니다. 그런데 부처님을 믿고 부처님을 사랑하는 제자들은 아직 깨달음을 겨냥하지 못한 범부인데, 이들에 대해 부처님은 하늘을 겨냥한 자라고 말합니다.

어떤 사람들은 불교가 '지금여기에서 끝내는 가르침'이어서 윤회라는 개념은 의미를 가지지 못한다고 말합니다. 그러나 지금여기에서 끝내는 일은 쉽지 않습니다. 바른 가르침에 의지한 최선의 노력으로 접근하여도 지금여기에서 끝내기 위해서는 「법을 따르는자-믿음을 따르는 자 → 예류자 → 일래자 → 불환자 → 아라한」의 과정을 거쳐야 하는데, 이번 생에 바로 아라한을 성취하여 끝낼 수도 있지만 그렇지 않은 경우도 많습니다. 심지어 이런 성자의 경지에 들어서지 못한 범부인 제자들에 대해서 부처님은 '하늘을 겨냥한 자'라고 말하는데, 벗어남의 과정으로 해탈된 삶을 실현하지 못하는 경우에는 우선 하늘에 태어나야 한다는 점을 알려줍니다. 많은 경에서 부처님은 하늘에 태어날 것을 말하는데, 성자의 경지에 들어서지 못할 경우에는 하늘에 태어나는 것이 부처님 제자들의 당연함이라는 것을 알 수 있습니다.

그렇다면 '지금여기에서 끝내는 가르침'이어서 윤회라는 개념은 의미를 가지지 못한다고 불교를 설명하는 사람들의 주장은 타당하지 않습니다. 마치 유치원생에게 대학 교재를 주면서 이것만 공부하면 된다고 말하는 것과 같다고 하겠습니다. 깨달아 윤회에서 벗어나기 전, 중생의 삶은 윤회하는 삶입니다. 그래서 아라한을 성취하는 소수의 사람을 제외하면, 윤회하는 삶의 과정에서 행복하고, 삶을 향상하는 과정을 설명하는 것은 중요합니다. 대부분의 불교 신자에게 매우 큰 비중으로 함께하는 것입니다.

;「책을 마치고」 참조(496쪽)

※ 순서대로의 가르침[차제설법(次第說法)] – (DN 3-암밧타 경) 등

「그러자 세존은 ~에게 순서대로의 가르침을 설했다. 보시(布施)의 가르침, 계(戒)의 가르침, 천상(天上)의 가르침, 소유의 삶의 위험과 저열함과 오염, 출리(出離)에 대한 이익을 설명했다. 세존은 ~의 심(心)이 준비되고, 부드러워지고, 장애에서 벗어나고, 높아지고, 고와진 것을 아셨을 때, 부처님들의 찬탄 받는 설법인 고(苦)-집(集)-멸(滅)-도(道)를 설명했다. 예를 들면, 얼룩이 없는 깨끗한 천은 색깔을 잘 받을 것이다. 이처럼 그 자리에서 ~에게 '무엇이든지 자라나는 것은 모두 소멸하는 것이다.'라는 티끌이 없고 때가 없는 법의 눈[법안(法眼)]이 생겼다.」

; 주제의 확장 — 「순서대로의 가르침[차제설법(次第說法-anupubbikathā)]」 참조 ☞ nikaya.kr 에서 '51 ~ 59쪽'으로 검색

3. (AN 6.25-계속해서 기억함의 토대 경) 등은 계속해서 기억해야 하는 것들을 소개하는데, 불-법-승-계-보시-천상의 6가지입니다.

특히, 천상을 계속해서 기억함은

다시, 비구들이여, 성스러운 제자는 천신을 계속해서 기억한다. — '사대왕천의 신(神)

들이 있고, 삼십삼천의 신들이 있고, 야마천의 신들이 있고, 도솔천의 신들이 있고, 화락천의 신들이 있고, 타화자재천의 신들이 있고, 범신천의 신들이 있고, 그보다 높은 천(天)의 신들이 있다. 이런 신들은 믿음을 갖추어 여기서 죽은 뒤 그곳에 태어났다. 나에게도 그런 믿음이 있다. 이런 신들은 계를 갖추어 여기서 죽은 뒤 그곳에 태어났다. 나에게도 그런 계가 있다. 이런 신들은 배움을 갖추어 여기서 죽은 뒤 그곳에 태어났다. 나에게도 그런 배움이 있다. 이런 신들은 보시를 갖추어 여기서 죽은 뒤 그곳에 태어났다. 나에게도 그런 보시가 있다. 이런 신들은 지혜를 갖추어 여기서 죽은 뒤 그곳에 태어났다. 나에게도 그런 지혜가 있다.'라고.

인데, 신들이 믿음-계-배움-보시-지혜를 갖추어 하늘에 태어났듯이 나에게도 이 5가지 법이 있어서 하늘에 태어날 것이라 계속해서 기억함으로써 하늘에 태어날 것을 이끕니다.

많은 경은 여러 가지 형태로 부처님의 제자들이 하늘에 태어나야 하는 당위성을 말합니다. 만약, '지금여기에서 끝내는 가르침'이어서 윤회라는 개념이 의미를 가지지 못한다고 하면 하늘을 권장하는 부처님 가르침들은 모두 거짓으로 이끄는 것이 됩니다. 그러나 불교는 깨달음을 겨냥한 사람들만으로 구성되지 않습니다. 하늘을 겨냥한 자로서 부처님을 믿고 부처님을 사랑하는 많은 사람들도 불교를 구성하는 구성원입니다. 가족과 함께 그리고 경제 활동을 영위하면서 세간을 살아가는 그들을 위해 부처님은, 깨달음이 겨냥되지 않은 윤회하는 삶의 과정에서라면, 이렇게 하늘에 태어나야 하는 당위성으로 이끄는 것입니다.

4. 한편, 깨닫기 위해서는 인간 세상에 태어나야 한다는 주장도 있습니다. 그러면 하늘에 태어나야 하는 당위성은 깨달음을 배제한 당위성입니까?

(AN 4.123-다름 경1), (AN 4.124-다름 경2), (AN 4.125-자애 경1), (AN 4.126-자애 경2), (AN 3.117-흔들리지 않는 경지 경) 등은 수행을 통해 죽은 뒤 색계 하늘에 태어나거나 공무변처-식무변처-무소유처의 무색계 3처에 태어난 신들에 대해 설명합니다. ―「거기서 범부는 수명의 기준만큼 머문 뒤에, 그 신들의 수명의 기준이 모두 지나면 지옥으로도 가고 축생의 모태로도 가고 아귀계로도 간다. 그러나 세존의 제자는 거기서 수명의 기준만큼 머문 뒤에, 그 신들의 수명의 기준이 모두 지나면 그 존재에서 오직 완전히 꺼진다[반열반(般涅槃) 한다].」

즉 수행(삼매)의 힘으로 색계-무색계 하늘(존재의 삶)에 태어났다 해도 거기서 해탈된 삶으로 이끄는 수행을 이어가는 자는 해탈-열반을 실현하게 되고, 그렇지 못한 자는 공덕이 다하면 다시 낮은 세상으로 되돌아오게 된다는 것인데, 부처님의 가르침에 의해 삼계(三界) 즉 중생들의 삶의 영역인 세상에서 벗어나는 방법을 아는 성스러운 제자들은 하늘에서도 수행을 이어가고, 벗어나게 되지 낮은 세상으로 다시 윤회하지 않는다고 알려줍니다.

이것은 주목해야 하는 가르침입니다. 부처님은 생천(生天) 즉 하늘에 태어남을 강조하고 권장합니다. 깨닫기 위해서는 인간으로 태어나야 한다는 주장이 옳다면, 부처님이 권장하는 하늘에 태어남[생천(生天)]의 결과가 깨달음을 위한 공부의 측면에서 인간으로 태어나는 것보다 불리하다는 것이고, 부처님은 많은 경우에 제자들을 깨달음으로 이끌지 않는다고 이해하게 됩니다. 그렇다면 이것은 교리의 체계에서 심각한 충돌을 야기하는데, 불교 안에서 하늘에 태어남을 이끄는 가르침을 외도(外道)의 가르침이라고 폄훼하는 현상을 만드는 이유가 됩니다.

그래서 결론은, 해탈하기 이전이라면, 하늘에 태어나야 합니다.

; 주제의 확장(AN-18) - 「생천(生天)에 대한 오해」 참조 ☞ nikaya.kr 에서 'AN-18'로 검색

제3부

윤회

제1장

윤회 - 불교의 모든 것

I. 윤회(輪廻) - ①saṃsāra와 ②vaṭṭa

• 중생 – 옮겨가고 윤회하는 자

• 깨달음 – 세상에서 윤회의 장막을 벗기는 것

윤회는 예외 없이 적용되는 불교의 토대입니다. 윤회를 배제하면 불교에 남는 것은 아무것도 없습니다. 부처님의 깨달음이 태어남과 늙음과 죽음의 문제를 극복한 것이기 때문입니다.

많은 경에서 부처님은 태어남과 늙음과 죽음이라는 이 문제의 해결을 위한 출발을 말하고, 이 문제를 극복하는 과정에 의해 이 문제를 극복한 것으로 깨달음을 선언합니다.

그래서 윤회는 불교의 모든 것입니다. 부처님은 어떻게 윤회하는 중생으로의 이 삶에서 벗어날 수 있는지를 깨달아 가르쳤고, 우리는 그 깨달음을 배워 알고 실천함으로써 이 삶에서 벗어나는 과정을 밟아가고 있는 것입니다.

그렇습니다!

이것이 불교입니다. 윤회를 부정하는 것은 부처님을 부정하는 것입니다. 불교 안에서 불교 신자로서는 할 수 없는 주장입니다.

• 윤회(輪廻) 〈표준국어대사전〉

(불교) 수레바퀴가 끊임없이 구르는 것과 같이, 중생이 번뇌와 업에 의하여 삼계 육도(三界六道)의 생사 세계를 그치지 아니하고 돌고 도는 일.

앞에 소개하였듯이, 윤회로 번역되는 빠알리 단어는 두 가지가 있는데, ①saṃsāra(상사-라)와 ②vaṭṭa(왓따)입니다.

1. saṃsāra

saṃsāra는 많은 경우에 sandhāvati와 함께 '옮겨가고 윤회하는'이라는 형태를 취하는데, 부처님의 오도송(悟道頌)]을 소개하는 (KN 2.11-법구경, 늙음 품)이 대표적입니다.

anekajātisaṃsāraṃ, sandhāvissaṃ anibbisaṃ.
gahakāraṃ gavesanto, dukkhā jāti punappunaṃ.

옮겨가고 윤회하는 다양한 태어남의 과정에서 찾지 못한
집을 짓는 자를 찾는 자가 있다. 거듭되는 태어남은 괴로움이다.

(MN 38-애(愛)의 부서짐의 큰 경)은 옮겨가고 윤회하는(sandhāvati saṃsarati) 것에 관한 토론을 주제로 하는데, 어부의 아들 사띠 비구(sāti bhikkhu)는 아(我)인 식(識)이 옮겨가고 윤회한다고 주장하지만, 부처님은 그 식조차 연기된 것(연기된 식-paṭiccasamuppannaṃ viññāṇaṃ)이라고 바로잡아줍니다.

; 연기된 식이 옮겨가고 윤회함 =「연기(緣起)된 식(識)의 윤회(輪迴)」

이렇게 '옮겨가고 윤회한다(sandhāvati saṃsarati)'는 말은 좀 더 구체적으로는 중생에게 적용되어 나타나는데, (SN 15.9-막대기 경)/(SN 56.33-막대기 경)은 'avijjānīvaraṇā sattā taṇhāsaṃyojanā sandhāvantā saṃsarantā 무명에 덮이고 애에 묶여서 옮겨가고 윤회하는 중생'이라고 서술합니다.

• 중생(satta) — 관심(chanda)/탐(rāga)/소망(nandī)/애(愛-taṇhā)가 있어서 색(色)-수(受)-상(想)-행(行)들-식(識)의 오온(五蘊)을 ('이것은 나의 것이다. 이것이 나다. 이것은 나의 아(我)다.'라고) 붙잡는 존재 →「오취온(五取蘊) = 나」

; sattasuttaṃ (SN 23.2-중생 경) — "대덕이시여, '중생, 중생'이라고 불립니다.

대덕이시여, 왜 중생이라고 불립니까?" "라다여, 관심, 탐, 소망, 애가 있는 사람은 색에 대해 거기서 붙잡고, 거기서 강하게 붙잡는다. 그래서 중생이라고 불린다. … 수에서 … 상에서 … 행들에서 … 관심, 탐, 소망, 애가 있는 사람은 식에 대해 거기서 붙잡고, 거기서 강하게 붙잡는다. 그래서 중생이라고 불린다."

이 서술은 (SN 15-시작이 알려지지 않는 것 상윳따)를 중심으로 대개의 경우 「anamataggoyaṃ saṃsāro. pubbā koṭi na paññāyati avijjānīvaraṇānaṃ sattānaṃ taṇhāsaṃyojanānaṃ sandhāvataṃ saṃsarataṃ 윤회는 시작이 알려지지 않는 것이다. 무명에 덮이고 애에 묶여서 옮겨가고 윤회하는 중생들에게 처음 시작점은 알려지지 않는다.」라는 형태로 나타납니다.

2. vaṭṭa

vaṭṭa는 'vivaṭṭacchado(vi-vaṭṭa-c-chado) 윤회의 장막을 벗긴 자'로 많이 나타나는데, 대개 'arahaṃ hoti sammāsambuddho loke vivaṭṭacchado 세상에서 윤회의 장막을 벗긴 아라한-정등각이 된다.'라는 구문입니다. 즉 아라한이고 정등각인 부처님을 '윤회의 장막을 벗긴 자'라고 말함으로써 깨달음의 본질이 윤회하는 중생의 삶에서 벗어나 해탈된 삶을 실현하는 것이라고 알려줍니다.

; (DN 30-삼십이상 경) sace kho pana agārasmā anagāriyaṃ pabbajati, arahaṃ hoti sammāsambuddho loke vivaṭṭacchado. buddho samāno kiṃ labhati?

만약 집에서 집 없는 곳으로 출가하면 세상에서 윤회의 장막을 벗긴 아라한-정등각이 된다. 부처[불(佛)]가 되면 무엇을 얻는가?

3. 윤회는 불교의 모든 것

이렇게 중생은 옮겨가고 윤회하는 자이고, 깨달음은 세상에서 윤회의 장막을 벗기는 것입니다. 그러니 윤회는 불교의 모든 것입니다. 현재의 삶은 윤회하는 중생이고, 미래는 깨달아 윤회에서 벗어남 즉 윤회의 장막을 벗긴 아라한이 될 것이기 때문입니다. 여기에 윤회 없음의 주장은 설 자리가 없습니다. 그러니 윤회를 부정하는 것은 부처님을 부정하는 것입니다. 불교 안에서, 불교 신자로서는 할 수 없는 주장입니다.

한편, (MN 76-산다까 경)은 범행 아닌 삶 4가지와 안락을 주지 못하는 범행 4가지를 소개하는데, 윤회 없음을 주장하는 단견(斷見)/단멸론(斷滅論)을 범행 아닌 삶을 이끄는 첫 번째 것으로 제시합니다. 윤회하는 중생의 삶에서 벗어나는 것으로의 부처님 깨달음을 전면적으로 거부하는 사실 아닌 주장이기 때문이라고 하겠습니다.

Ⅱ. 여래의 출현 이유

- 세 가지 법 (AN 10.76-세 가지 법 경)

참 뜻밖이지요? 부처님이 출현하신 이유가 태어남과 늙음과 죽음 때문이라니요!

태어나야 하고 늙어야 하고 죽어야 합니다. 그러면 또 다시 태어나 늙고 죽음을 반복하게 됩니다. 윤회하는 것입니다.

참 뜻밖입니다. 부처님은 당신의 출현 이유를 이렇게 늙고 죽어야 하고, 그러면 다시 태어남을 거부할 수 없는 삶의 문제 때문이라고 선언합니다.

이렇게도 **윤회는 불교의 모든 것**이라는 것을 알 수 있습니다.

불교는 형이상학이 아닙니다. 불교는 사는 이야기입니다. 마음이 몸과 함께 세상을 만나는 이야기의 어디 어디에 어떤 어떤 문제가 있어서 괴로움이 생겨나는지, 어떻게 어떻게 대응하면 문제가 해소되고 괴로움이 소멸하는지에 대한 대답입니다.

존재 위에 덧씌워진 소유의 문제는 보통의 스승들도 대답을 줍니다. 그리고 존재의 문제를 줄여나가 좀 더 높은 존재로 살아가는 방법도 웬만한 스승들이 대답을 줄 수 있습니다. 그러나 존재가 가진 근본의 문제를 해소하고 존재로부터 벗어나는 방법은 세상에 오직 한 분, 아라한이고 정등각이신 부처님 외에는 대답을 주지 못합니다.

그러면 존재가 가진 근본의 문제는 무엇입니까? 태어나야 하고, 늙어야 하고, 죽어야 하는 것 즉 윤회(輪廻)입니다. 삶의 가장 깊은 곳에서 작용하는 탐(貪)-진(嗔)-치(癡)가 남아 있는 한 벗어날 수 없는 문제입니다. 그래서 삶의 심오함의 끝에 닿아 거기의 문제를 해소하신 분으로의 아라한-정등각이신 부처님 말고는 누구도 대답을 주고 그 건넘을 이끌 수 없습니다.

▶ 해피스님의 『나는 불교를 믿는다』에서 원용

비구들이여, 이런 세 가지 법들이 없었다면 여래(如來)-아라한(阿羅漢)-정등각(正等覺)은 세상에 출현하지 않았을 것이고, 여래에 의해 선언된 법(法)과 율(律)도 세상에 유통되지 않았을 것이다. 어떤 셋인가? 생(生)과 노(老)와 사(死) — 비구들이여, 이런 세 가지 법들이 없었다면 여래-아라한-정등각은 세상에 출현하지 않았을 것이고, 여래에 의해 선언된 법과 율도 세상에 유통되지 않았을 것이다. 비구들이여, 이런 세 가지 법들이 세상에 있기 때문에 여래-아라한-정등각이 세상에 출현하고, 여래에 의해 선언된 법과 율이 세상에서 유통된다.

비구들이여, 이런 세 가지 법들을 버리지 못하면 생(生)을 버리는 것, 노(老)를 버리는 것, 사(死)를 버리는 것이 불가능하다. 어떤 셋인가? 탐(貪)을 버리지 못하고, 진(嗔)을 버리지 못하고, 치(癡)를 버리지 못하면 — 비구들이여, 이런 세 가지 법들을 버리지 못하면 생을 버리는 것, 노를 버리는 것, 사를 버리는 것이 불가능하다.

← 유신견(有身見), 의심, 계금취(戒禁取) ← 비여리작의(非如理作意), 잘못된 길의 실천, 심(心)의 태만 ← 사띠를 잊음, 옳고 그름을 판단하지 못함, 심(心)의 산만 ← 성자들을

만나기를 바라지 않음, 성스러운 법을 듣기를 바라지 않음, 비난하는 심(心)을 가짐 ← 들뜸, 단속하지 않음, 계(戒)를 경시함 ← 불신, 관대하지 않음, 게으름 ← 존경하지 않음, 모난 성품, 악한 친구 ← 자책(自責)의 두려움 없음, 타책(他責)의 두려움 없음, 방일(放逸)

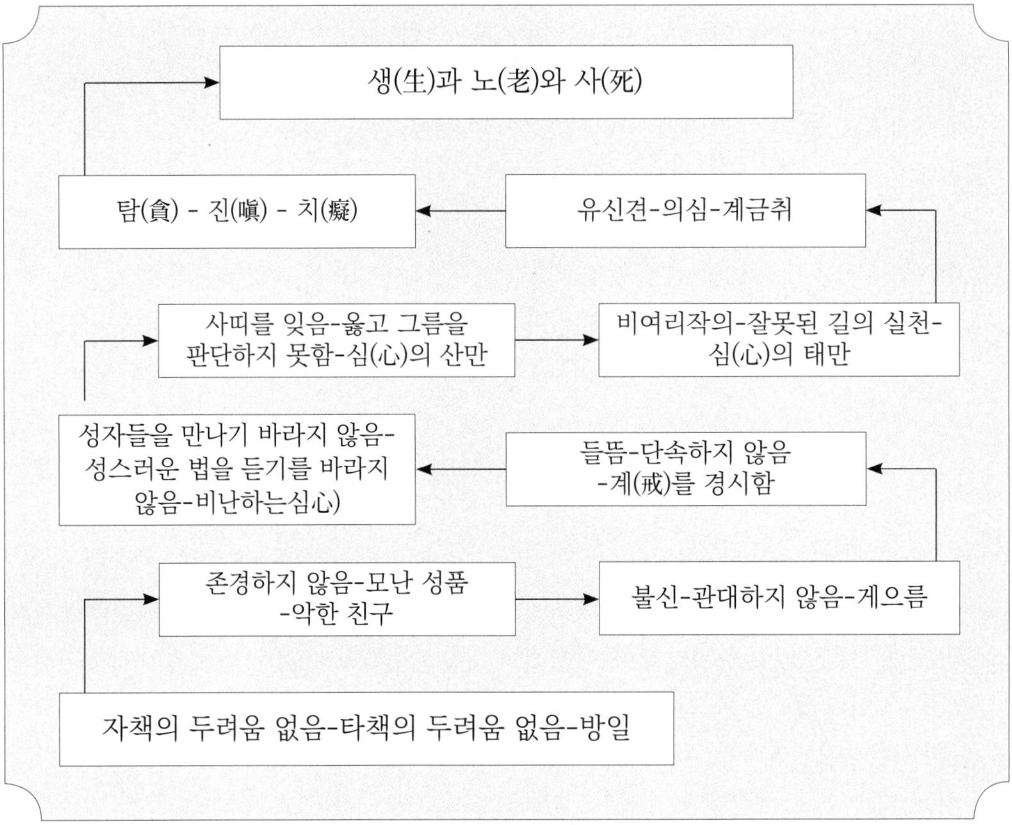

Ⅲ. 깨달음의 본질

= 생사 문제의 해결 → 윤회에서 벗어남

[1] (SN 12.10-고따마 경)

12번 상윳따(SN 12)의 이어지는 7개 경은 위빳시 부처님으로부터 고따마 부처님에 이르는 일곱 부처님의 깨달음을 동일한 서술을 통해 알려줍니다. 그래서 과거의 일곱 부처님들이 동일한 깨달음에 의한 계보를 형성하고 있다는 것을 알 수 있습니다.

(SN 12.4-위빳시 경) → (SN 12.5-시키 경) → (SN 12.6-웻사부 경) → (SN 12.7-까꾸산다 경) → (SN 12.8-꼬나가마나 경) → (SN 12.9-깟사빠 경) → (SN 12.10-고따마 경)

경들은

「pubbeva me, bhikkhave, sambodhā anabhisambuddhassa bodhisattasseva sato etadahosi — 'kicchaṃ vatāyaṃ loko āpanno jāyati ca jīyati ca mīyati ca cavati ca upapajjati ca. atha ca panimassa dukkhassa nissaraṇaṃ nappajānāti jarāmaraṇassa. kudāssu nāma imassa dukkhassa nissaraṇaṃ paññāyissati jarāmaraṇassā'"ti?

비구들이여, 나에게 깨달음 이전, 깨닫지 못한 보살이었을 때 이런 생각이 떠올랐다. — '참으로 세상에서 고통을 겪는 이 존재는 태어나고, 늙고, 죽고, 옮겨가고, 다시 태어난다. 그러나 늙고 죽는 이 괴로움의 해방을 꿰뚫어 알지 못한다. 언제나 늙고 죽는 이 괴로움의 해방이 꿰뚫어 알려질 것인가?'」

라는 말로 시작하여 무명까지의 조건 관계와 그 해소를 말하는데, 부처님 깨달음의 본질이 생사(生死) 문제의 해결이라는 것을 알 수 있습니다.

부처님들은 여리작의(如理作意-사실에 들어맞는 마음 작용)를 통한 지혜의 관통 과정으로 연기(緣起) 즉 십이연기(十二 緣起)를 설명합니다.

;「노사(老死) ← 생(生) ← 유(有) ← 취(取) ← 애(愛) ← 수(受) ← 촉(觸) ← 육입(六入) ← 명색(名色) ← 식(識) ← 행行)들 ← 무명(無明)」

;「노사의 소멸 ← 생의 소멸 ← 유의 소멸 ← 취의 소멸 ← 애의 소멸 ← 수의 소멸 ← 촉의 소멸 ← 육입의 소멸 ← 명색의 소멸 ← 식의 소멸 ← 행들의 소멸 ← 무명의 소멸」

이외에도 이 내용은 (DN 14-대전기경)과 (SN 12.65-도시 경)에서 반복됩니다. 그런데 이 두 개의 경은 앞의 경들과 차이를 보여 주는데, 식 ~ 노사의 10개 지분에 적용되어 십지연기(十支緣起)의 형태를 취하는 것입니다.

무명과 행들의 2가지 지분을 포함하지 않는 대신에 식과 명색이 서로 조건되는 현상을 소개하는데, ①'이 식은 되돌아간다. 명색으로부터 더 나아가지 못한다. 그 안에서 태어나거나, 늙거나, 죽거나, 옮겨가거나, 다시 태어난다'와 ②'나에게 깨달음을 위한 이 길이 얻어졌다. 즉 명색이 소멸할 때 식이 소멸하고, 식이 소멸할 때 명색이 소멸하고, 명색이 소멸할 때 육입이 소멸하고, … '입니다.

연기에서 ⑧애는 ⑦수를 조건으로 합니다. 이때, 삶의 메커니즘은 수를 조건으로 애가 생기는 과정을 설명하는데, takka(애의 형성 과정)입니다. 그리고 takka 안에 ①무명과 ②행들이 있습니다. 그래서 애는 두 갈래의 조건 과정이 작용하는 입체적 조건 관계를 가집니다.

이때, 무명과 행들에 의해 애가 전제된 삶의 과정은 (DN 14-대전기경)과 (SN 12.65-도시 경)의 십지연기로, 무명과 행들에 의한 애의 형성까지를 포함한 포괄적 삶의 과정은 (SN 12.4-위빳시 경) ~ (SN 12.10-고따마 경)의 십이연기로 설명되는 것을 알 수 있습니다.

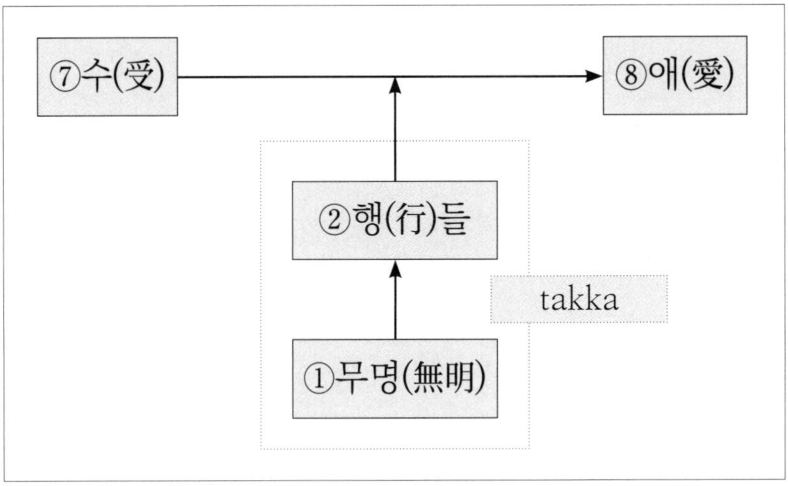

한편, (DN 14-대전기경)과 (SN 12.65-도시 경)이 소개하는 두 현상에서 ①은 태어나거나, 늙거나, 죽거나, 옮겨가거나, 다시 태어나는 것이 식이라고 설명하고 있어서 윤회하는 자가 식(識)이라는 것을 알려주고, ②는 식과 명색의 서로 조건 됨의 해소로써 깨달음을 위한 길을 소개하는데, 식이 명색의 조건으로부터 풀려나는 것이 깨달음이라는 것을 알 수 있습니다. 그런데 명(名)은 색(色)과 식(識)에 의한 삶의 과정에서 파생되어서 색에 묶인 것이기 때문에 식이 명색의 조건에서 풀려난다는 것은 결국 색 즉 몸의 구속에서 풀려나는 것을 의미합니다.

이렇게 부처님의 깨달음은 식이 몸과 서로 조건 됨에 의해 중생인 존재(有)가 되어 윤회하고, 서로 조건 됨의 해소 즉 몸의 구속에서 풀려남으로써 윤회에서 벗어나는 것입니다. 그래서 깨달음의 본질은 생사 문제의 해결 즉 윤회에서 벗어나는 것입니다.

이렇게도 '윤회는 불교의 모든 것'이라는 것을 알 수 있습니다.

[2] (SN 56.11-전법륜경) - 「ayamantimā jāti 이것이 태어남의 끝이다.」

바야흐로 깨달음을 성취한 부처님은 고행 수행 시절 함께했던 다섯 비구를 찾아 바라나시의 녹야원으로 갑니다. 거기서 다섯 비구에게 법을 설하여 당신의 깨달음이 다른 사람에 의해 재현되도록 이끄는데, (SN 56.11-전법륜경)으로 법안(法眼)을 생기게한 뒤 (SN 22.59-무아상 경)으로 깨달음의 재현 즉 깨달아 윤회에서 벗어난 경지인 아라한을 이끕니다.

이때, (SN 56.11-전법륜경)에서는 부처님이 성취한 깨달음을 설명하는데,

> ñāṇañca pana me dassanaṃ udapādi — 'akuppā me vimutti, ayamantimā jāti, natthi dāni punabbhavo'ti.

> 나에게 '나의 해탈은 흔들리지 않는다. 이것이 마지막 태어남이고, 이제 다음의 존재[유(有)]는 없다.'라는 앎과 봄이 생겼다.

라는 서술입니다. 부처님 당신의 깨달음을 ①흔들리지 않는 해탈에 의한 ②다시 태어나지 않음, 그래서 ③윤회하는 불완전한 존재(有-bhava)에서 벗어남으로 설명하는 것입니다. 이렇게 깨달음은 부처님에게도 태어나지 않음으로써 불완전한 존재의 삶에 수반되는 모든 괴로움을 겪지 않게 되는 것으로 규정되는 것입니다.

이렇게도 깨달음은 그 본질이 생사 문제의 해결이어서 불사(不死)의 실현, 윤회에서 벗어남이라는 것을 확인할 수있습니다. 특히, (DN 14.2-대전기경, 보살의 법다움)과 (MN 123-놀랍고 신기한 것 경)은 위빳시 부처님과 우리 부처님의 탄생게를 소개하는데,

> aggohamasmi lokassa, jeṭṭhohamasmi lokassa, seṭṭhohamasmi lokassa. ayamantimā jāti, natthi dāni punabbhavo'ti

> 나는 세상에서 최상이고, 첫째이고, 으뜸인 자이다. 이것이 마지막 태어남이고, 이제 다음의 존재[유(有)]는 없다.

여서 생사 문제의 해결로서의 깨달음을 분명히 보여줍니다.

【ayamantimā jāti (이것이 태어남의 끝이다)의 용례】

이 문장은「ayamantimā jāti, natthi dāni punabbhavo 이것이 마지막 태어남이고, 이제 다음의 존재[유(有)]는 없다.」의 형태로 나타납니다.

삼매를 닦아서 생기는 앎과 봄이어서(MN 128-오염원 경) 그대로 깨달음에서 생긴 앎인데(DN 29.13-정신 경, 설명의 기준), 부처님의 탄생게(誕生偈)를 구성하면서(DN 14.2-대전기경, 보살의 법다움)/(MN 123-놀랍고 신기한 것 경) 동시에 생-노-병-사-슬픔-오염이 없는 위없는 유가안온인 열반의 성취입니다(MN 26-덫 경).

또한, '위없는 바른 깨달음을 깨달았다'라는 선언을 중심으로 여러 용례가 발견되는데, ①매력-위험-해방의 관점에서 발견되는 여러 용례와 기타 용례 4가지가 있습니다.

이외에 jāti 대신 brahmupapatti 즉 범천으로의 태어남의 끝을 말하는 (SN 6.4-바까 범천 경) 그리고 jāti가 단순히 생략되어 '이것이 마지막이고, 이제 다음의 존재[유(有)]는 없다.'의 형태로 나타나는 (KN 5.31-마가 경)도 있습니다.

1. (DN 14.2-대전기경, 보살의 법다움)/(MN 123-놀랍고 신기한 것 경) — 탄생게

aggohamasmi lokassa, jeṭṭhohamasmi lokassa, seṭṭhohamasmi lokassa. ayamantimā jāti, natthi dāni punabbhavo'ti

'나는 세상에서 최상이고, 첫째이고, 으뜸인 자이다. 이것이 마지막 태어남이고, 이제 다음의 존재[유(有)]는 없다.

2. (DN 29.13-정신 경, 설명의 기준) — 깨달음에서 생긴 앎

atītaṃ kho, cunda, addhānaṃ ārabbha tathāgatassa satānusāri ñāṇaṃ hoti; so yāvatakaṃ ākaṅkhati tāvatakaṃ anussarati. anāgatañca kho addhānaṃ ārabbha tathāgatassa bodhijaṃ ñāṇaṃ uppajjati — 'ayamantimā jāti, natthidāni punabbhavo'ti

쭌다여, 참으로 과거에 대하여 여래에게는 사띠를 가진 자를 따르는 앎이 있다. 그는 원하는 만큼을 기억한다. 미래에 대하여 여래에게는 깨달음에서 생긴 앎이 일어난다. — '이것이 마지막 태어남이고, 이제 다음의 존재[유(有)]는 없다.'라고.

3. (MN 26-덫 경) — 생-노-병-사-슬픔-오염이 없는 위없는 유가안온인 열반의 성취(부처님과 다섯 비구의 경우로 반복)

"so kho ahaṃ, bhikkhave, attanā jātidhammo samāno jātidhamme ādīnavaṃ viditvā ajātaṃ anuttaraṃ yogakkhemaṃ nibbānaṃ pariyesamāno ajātaṃ anuttaraṃ yogakkhemaṃ nibbānaṃ ajjhagamaṃ, … attanā saṃkilesadhammo samāno saṃkilesadhamme ādīnavaṃ viditvā asaṃkiliṭṭhaṃ anuttaraṃ yogakkhemaṃ nibbānaṃ pariyesamāno asaṃkiliṭṭhaṃ anuttaraṃ yogakkhemaṃ nibbānaṃ ajjhagamaṃ. ñāṇañca pana me dassanaṃ udapādi — 'akuppā me vimutti, ayamantimā jāti, natthi dāni punabbhavo'ti.

그런 나는, 비구들이여, 자신이 태어나는 존재이면서 태어나는 것에서 위험을 본 뒤에 태어남이 없는 위없는 유가안온인 열반을 구하여 태어남이 없는 위없는 유가안온인 열반을 성취했다. … 자신이 오염되는 존재이면서 오염되는 것에서 위험을 본 뒤에 오염이 없는 위없는 유가안온인 열반을 구하여 오염이 없는 위없는 유가안온인 열반을 성취했다. 나에게 '나의 해탈은 흔들리지 않는다. 이것이 마지막 태어남이고, 이제 다음의 존재[유(有)]는 없다.'라는 앎과 봄이 생겼다.

4. (MN 128-오염원 경) — 삼매를 닦아서 생기는 앎과 봄

"tassa mayhaṃ, anuruddhā, etadahosi — 'ye kho me cittassa upakkilesā te me pahīnā. handa, dānāhaṃ tividhena samādhiṃ bhāvemī'ti. so kho ahaṃ, anuruddhā, savitakkampi savicāraṃ samādhiṃ bhāvesiṃ, avitakkampi vicāramattaṃ samādhiṃ bhāvesiṃ, avitakkampi avicāraṃ samādhiṃ bhāvesiṃ, sappītikampi samādhiṃ bhāvesiṃ, nippītikampi samādhiṃ bhāvesiṃ, sātasahagatampi samādhiṃ bhāvesiṃ, upekkhāsahagatampi samādhiṃ bhāvesiṃ. yato kho me, anuruddhā, savitakkopi savicāro samādhi bhāvito ahosi, avitakkopi vicāramatto samādhi bhāvito ahosi, avitakkopi avicāro samādhi bhāvito ahosi, sappītikopi samādhi bhāvito ahosi, nippītikopi samādhi bhāvito ahosi, sātasahagatopi samādhi bhāvito ahosi, upekkhāsahagatopi samādhi bhāvito ahosi. ñāṇañca pana me dassanaṃ udapādi, akuppā me cetovimutti. ayamantimā jāti, natthi dāni punabbhavo"ti.

그런 나에게, 아누룻다들이여, 이런 생각이 떠올랐다. — '나에게 심의 오염원들은 버려졌다. 참으로 이제 나는 세 겹의 삼매를 닦을 것이다.'라고. 그런 나는, 아누룻다들이여, 유심유사(有尋有伺)의 삼매를 닦았고, 무심유사(無尋有伺)의 삼매를 닦았고, 무심무사(無尋無伺)의 삼매를 닦았고, 기쁨이 있는 삼매를 닦았고, 기쁨이 없는 삼매를 닦았고, 편안함이 함께하는 삼매를 닦았고, 평정이 함께하는 삼매를 닦았다. 아누룻다여, 내가 유심유사의 삼매를 닦고, 무심유사의 삼매를 닦고, 무심무사의 삼매를 닦고, 기쁨이 있는 삼매를 닦고, 기쁨이 없는 삼매를 닦고, 편안함이 함께하는 삼매를 닦고, 평정이 함께하는 삼매를 닦았을 때, 나에게 앎과 봄이 생겼다. 나에게 심해탈은 흔들리지 않는다[부동(不動)의 심해탈(心解脫)]. 이것이 마지막 태어남이고, 이제 다음의 존재[유(有)]는 없다."라고.

5. '위없는 바른 깨달음을 깨달았다'라는 선언

1) 다양한 관점에서 매력-위험-해방을 말하는 경들 — 「… 의 매력을 매력으로부터, 위험을 위험으로부터, 해방을 해방으로부터 있는 그대로 실답게 알지 못한 때까지는, 비구들이여, 나는 신과 마라와 범천을 포함하는 세상에서, 사문-바라문과 신과 사람을 포함하는 존재를 위해 '위없는 바른 깨달음을 깨달았다.'라고 선언하지 않았다. 그러나 비구들이여, 나는 이렇게 … 의 매력을 매력으로부터, 위험을 위험으로부터, 해방을 해방으로부터 있는 그대로 실답게 알았기 때문에, 비구들이여, 나는 신과 마라와 범천을 포함하는 세상에서, 사문-바라문과 신과 사람을 포함하는 존재를 위해 '위없는 바른 깨달음을 깨달았다.'라고 선언했다. 그리고 나에게 앎과 봄이 생겼다. — ' 나의 해탈은 흔들리지 않는다. 이것이 마지막 태어남이고, 이제 다음의 존재[유(有)]는 없다.'라고.」

— (SN 14.31-깨달음 이전 경)/(SN 14.32-유행 경)/(SN 22.26-매력(魅力) 경)/(SN 22.27-매력 경2)/(SN 35.13-깨달음 이전 경1)/(SN 35.14-깨달음 이전 경2)/(SN 35.15-매력을 살핌 경1)/(SN 35.16-매력을 살핌 경2)/(SN 48.21-다음의 존재 경)/(SN 48.28-깨달음 경)/(AN 3.104-깨달음 이전 경)/(AN 3.105-매력 경1)

2) 기타 — 깨달음에 대한 다양한 접근 : (SN 56.11-전법륜 경)/(AN 7.50-음행 경)/(AN 8.64-가야시사 경)/(AN 9.41-따뿟사 경)

- (SN 56.11-전법륜 경) — 다섯 비구에게 설한 최초의 설법에서 사성제의 삼전십이행(三轉十二行)에 의한 깨달음의 선언

- (AN 7.50-음행 경) — 일곱 가지 음행의 족쇄가 모두 버려짐에 의한 깨달음의 선언

- (AN 8.64-가야시사 경) — 신들에 대한 지(知)와 견(見)의 청정에 의한 깨달음의 선언

- (AN 9.41-따뿟사 경) — 구차제주(九次第住)의 증득을 통한 누진(漏盡)에 의한 깨달음의 선언

6. (SN 6.4-바까 범천 경)

dvāsattati gotama puññakammā, vasavattino jātijaraṃ atītā. ayamantimā vedagū brahmupapatti, asmābhijappanti janā anekā"ti.ayamantimā

고따마여, 과거의 공덕의 업(業) 때문에 태어남과 늙음을 지배한 72명이 있습니다. 높은 앎을 얻은 우리에게 이것이 범천에 태어남의 끝입니다. 많은 사람이 우리에게 기도합니다.

7. (KN 5.31-마가 경)

"ye hettha jānanti yathā tathā idaṃ, ayamantimā natthi punabbhavoti. kālena tesu habyaṃ pavecche, yo brāhmaṇo puññapekkho yajetha.

공덕을 바라는 바라문이 제사를 지내려 한다면, 적절한 때에 여기서 이것이 마지막이고 다시 존재가 되지 않는다고 그렇게 그대로 아는 사람들에 대해 제물을 주어야 합니다.

[3] (SN 22.59-무아상(無我相) 경) – khīṇā jāti 태어남은 다했다.

(SN 56.11-전법륜경)에서 법안이 열린 다섯 비구는 (SN 22.59-무아상 경)에서 깨달음을 성취합니다.

> nibbindaṃ virajjati; virāgā vimuccati. vimuttasmiṃ vimuttamiti ñāṇaṃ hoti. 'khīṇā jāti, vusitaṃ brahmacariyaṃ, kataṃ karaṇīyaṃ, nāparaṃ itthattāyā'ti pajānātī"ti.
>
> 염오하는 자는 이탐한다. 이탐으로부터 해탈한다. 해탈했을 때 '나는 해탈했다.'라는 앎이 있다. '태어남은 다했다. 범행은 완성되었다. 해야 할 일을 했다. 다음에는 현재 상태[유(有)]가 되지 않는다.'라고 분명히 안다."

삶의 향상을 이끌어 깨달음에 닿는 과정은 다섯 가지 법의 무더기(五法蘊)로 제시되는데, 「계(戒) → 정(定) → 혜(慧) → 해탈(解脫) → 해탈지견(解脫知見)」입니다. 이 경은 다섯 비구의 깨달음을 「계 → 정 → 혜 → 해탈」의 과정의 성과인 해탈지견으로 서술하는데, 이 서술도 '태어남은 다했다(khīṇā jāti)'에 의한 현재 상태(有-bhava)가 되지 않음입니다.

그런데 「'khīṇā jāti, vusitaṃ brahmacariyaṃ, kataṃ karaṇīyaṃ, nāparaṃ itthattāyā'ti pajānātī"ti '태어남은 다했다. 범행은 완성되었다. 해야 할 일을 했다. 다음에는 현재 상태[유(有)]가 되지 않는다.'라고 분명히 안다.」라는 이 문장은 앞의 문징과 함께 깨달음을 대표하는 서술이어서 다양한 경우에 적용되어 나타납니다.

이렇게 태어남이 다했다는 것으로 깨달음을 정의하는것을 볼 때도 깨달음의 본질이 생사 문제의 해결이고 윤회에서 벗어남이란 것을 알 수 있습니다.

【khīṇā jāti(태어남은 다했다)의 용례】

[부처님의 경우는 7번의 용례 경전을 모두 표시하였고, 다른 용례는 대표 경전의 이름만 표시하였음]

1) [율장 서문] verañjakaṇḍaṃ[웨란자 이야기] 1)/(MN 4-두려움과 무시무시함 경)/(MN 19-두 부분의 생각 떠오름 경)/(MN 36-삿짜까 큰 경)/(MN 85-보디 왕자 경)/(MN100-상가라와 경)/(AN 8.11-웨란자 경)

tassa me evaṃ jānato evaṃ passato kāmāsavāpi cittaṃ vimuccittha bhavāsavāpi cittaṃ vimuccittha avijjāsavāpi cittaṃ vimuccittha. vimuttasmiṃ vimuttamiti ñāṇaṃ ahosi(*). 'khīṇā jāti, vusitaṃ brahmacariyaṃ, kataṃ karaṇīyaṃ, nāparaṃ itthattāyā'ti abbhaññāsiṃ

(*) ahosi — aor. was; existed; became

내가 이렇게 알고 이렇게 볼 때 소유의 번뇌[욕루(慾漏)]들로부터도 심(心)이 해탈했고, 존재의 번뇌[유루(有漏)]들로부터도 심이 해탈했고, 무명의 번뇌[무명루(無明漏)]들로부터도 심이 해탈했습니다. '해탈했을 때 나는 해탈했다'라는 앎이 있었습니다. '태어남은 다했다. 범행은 완성되었다. 해야 할 일을 했다. 다음에는 현재 상태[유(有)]가 되지 않는다.'라고 실답게 알았습니다.

2) (DN 2.31-사문과경, 번뇌의 부서짐의 앎)

tassa evaṃ jānato evaṃ passato kāmāsavāpi cittaṃ vimuccati, bhavāsavāpi cittaṃ vimuccati, avijjāsavāpi cittaṃ vimuccati, 'vimuttasmiṃ vimuttami'ti ñāṇaṃ hoti(*), 'khīṇā jāti, vusitaṃ brahmacariyaṃ, kataṃ karaṇīyaṃ, nāparaṃ itthattāyā'ti pajānāti

(*) hoti — pr. (+nom) is; becomes, exists (for), stays; remains

그가 이렇게 알고 이렇게 볼 때 소유의 번뇌에서도 심이 해탈하고, 존재의 번뇌에서도 심이 해탈하고, 무명의 번뇌에서도 심이 해탈합니다. 해탈했을 때 '나는 해탈했다'라는 앎이 있습니다. '태어남은 다했다. 범행은 완성되었다. 해야 할 일을 했다. 다음에는 현재 상태[유(有)]가 되지 않는다.'라고 분명히 압니다.

3) (DN 16.35-대반열반경, 수밧다 유행승 이야기)

tadanuttaraṃ brahmacariyapariyosānaṃ diṭṭheva dhamme sayaṃ abhiññā sacchikatvā upasampajja vihāsi. 'khīṇā jāti, vusitaṃ brahmacariyaṃ, kataṃ karaṇīyaṃ, nāparaṃ itthattāyā'ti — abbhaññāsi. aññataro kho panāyasmā ~ arahataṃ ahosi.

위없는 범행의 완성을 지금여기에서 스스로 실답게 안 뒤에 실현하고 성취하여 머물렀다. "태어남은 다했다. 범행은 완성되었다. 해야 할 일을 했다. 다음에는 현재 상태[유(有)]가 되지 않는다."라고 실답게 알았다. ~ 존자는 아라한들 중의 한 분이 되었다.

4) (DN 15.4-대인연경, 아(我)의 관찰)

na ca kiñci loke upādiyati, anupādiyaṃ na paritassati, aparitassaṃ paccattaññeva parinibbāyati, 'khīṇā jāti, vusitaṃ brahmacariyaṃ, kataṃ karaṇīyaṃ, nāparaṃ itthattāyā'ti pajānāti

그는 세상에서 아무것도 집착하지 않는다. 집착하지 않으면 동요하지 않고, 동요하지 않으면 개별적으로 완전히 꺼진다. — "태어남은 다했다. 범행은 완성되었다. 해야 할 일을 했다. 다음에는 현재 상태[유(有)]가 되지 않는다.'라고 분명히 안다.

• (MN 11-사자후의 작은 경)

"yato ca kho, bhikkhave, bhikkhuno avijjā pahīnā hoti vijjā uppannā, so avijjāvirāgā vijjuppādā neva kāmupādānaṃ upādiyati, na diṭṭhupādānaṃ upādiyati, na sīlabbatupādānaṃ upādiyati, na attavādupādānaṃ upādiyati. anupādiyaṃ na paritassati, aparitassaṃ paccattaññeva parinibbāyati. 'khīṇā jāti, vusitaṃ brahmacariyaṃ, kataṃ karaṇīyaṃ, nāparaṃ itthattāyā'ti pajānātī"ti.

비구들이여, 비구에게 무명(無明)이 버려지고 명(明)이 생길 때, 그는 무명이 바래고 명이 생겼기 때문에 욕취를 집착하지 않고, 견취를 집착하지 않고, 계금취를 집착하지 않고, 아어취를 집착하지 않는다. 집착하지 않으면 동요하지 않고, 동요하지 않으면 개별적으로 완전히 꺼진다. '태어남은 다했다. 범행은 완성되었다. 해야 할 일을 했다. 다음에는 현재 상태[유(有)]가 되지 않는다.'라고 분명히 안다."

5) (MN 22-뱀의 비유 경)

virāgā vimuccati, vimuttasmiṃ vimuttamiti ñāṇaṃ hoti. 'khīṇā jāti, vusitaṃ brahmacariyaṃ, kataṃ karaṇīyaṃ, nāparaṃ itthattāyā'ti pajānāti

이탐으로부터 해탈한다. 해탈했을 때 '나는 해탈했다.'라는 앎이 있다. '태어남은 다했다. 범행은 완성되었다. 해야 할 일을 했다. 다음에는 현재 상태[유(有)]가 되지 않는다.' 라고 분명히 안다.

6) (MN 80-웨카나사 경)

ye kho te, kaccāna, samaṇabrāhmaṇā ajānantā pubbantaṃ, apassantā aparantaṃ, 'khīṇā jāti, vusitaṃ brahmacariyaṃ, kataṃ karaṇīyaṃ, nāparaṃ itthattāyāti — pajānāmā'ti — paṭijānanti; tesaṃ soyeva sahadhammiko niggaho hoti. api ca, kaccāna, tiṭṭhatu pubbanto, tiṭṭhatu aparanto. etu viññū puriso asaṭho amāyāvī ujujātiko, ahamanusāsāmi ahaṃ dhammaṃ desemi. yathānusiṭṭhaṃ tathā paṭipajjamāno nacirasseva sāmaññeva ñassati sāmaṃ dakkhiti — evaṃ kira sammā bandhanā vippamokkho hoti, yadidaṃ avijjā bandhanā

깟짜나여, 과거의 끝을 모르고 미래의 끝을 보지 못하면서 다른 한편으로 ''태어남은 다했다. 범행은 완성되었다. 해야 할 일을 했다. 다음에는 현재 상태[유(有)]가 되지 않는다.'라고 분명히 안다.'라고 공언하는 사문-바라문들에게 그런 비판을 하는 같은 종교를 가진 사람(유행승)이 있습니다. 그러나 깟짜나여, 과거의 끝은 그만두고, 미래의 끝도 그만둡시다. '정직하고 속이지 않고 올곧음을 갖춘 지혜로운 사람은 오라!' 나는 가르치고, 나는 법을 설합니다. 가르친 대로 실천하는 자는 오래지 않아 스스로 사문 됨에 대해 알고 볼 것입니다. — 참으로 이렇게 무명의 속박에서 바르게 풀려날 것입니다.

7) (MN 105-수낙캇따 경)

tena kho pana samayena sambahulehi bhikkhūhi bhagavato santike aññā byākatā hoti — "'khīṇā jāti, vusitaṃ brahmacariyaṃ, kataṃ karaṇīyaṃ, nāparaṃ itthattāyā'ti pajānāmā"ti

그때 많은 비구가 세존의 곁에서 "우리는 '태어남은 다했다. 범행은 완성되었다. 해야 할 일을 했다. 다음에는 현재 상태[유(有)]가 되지 않는다.'라고 분명히 압니다."라고 무위(無爲)의 앎을 선언했다.

• (SN 12.32-깔라라 경)

aññā byākatā — 'khīṇā jāti, vusitaṃ brahmacariyaṃ, kataṃ karaṇīyaṃ, nāparaṃ itthattāyā'ti pajānāmī"ti.

"나는 '태어남은 다했다. 범행은 완성되었다. 해야 할 일을 했다. 다음에는 현재 상태[유(有)]가 되지 않는다.'라고 분명히 압니다."라고 무위의 앎을 선언했다.

• (SN 48.45-동쪽 사원 경1)

aññaṃ byākaroti — 'khīṇā jāti, vusitaṃ brahmacariyaṃ, kataṃ karaṇīyaṃ, nāparaṃ itthattāyā'ti pajānāmīti

'태어남은 다했다. 범행은 완성되었다. 해야 할 일을 했다. 다음에는 현재 상태[유(有)]가 되지 않는다.'라고 분명히 안다고 무위의 앎을 설명한다.

8) (MN 112-여섯 가지 청정 경)

idha, bhikkhave, bhikkhu aññaṃ byākaroti — 'khīṇā jāti, vusitaṃ brahmacariyaṃ, kataṃ karaṇīyaṃ, nāparaṃ itthattāyāti pajānāmī'ti. tassa, bhikkhave, bhikkhuno bhāsitaṃ neva abhinanditabbaṃ nappaṭikkositabbaṃ. anabhinanditvā appaṭikkositvā pañho pucchitabbo

여기, 비구들이여, 비구가 '태어남은 다했다. 범행은 완성되었다. 해야 할 일을 했다. 다음에는 현재 상태[유(有)]가 되지 않는다고 분명히 안다.'라고 무위의 앎을 선언한다. 비구들이여, 그 비구의 말을 기뻐하지도 질책하지도 않아야 한다. 기뻐하지도 질책하지도 않으면서 질문을 해야 한다.

9) (SN 22.45-무상(無常) 경)

rūpadhātuyā ce, bhikkhave, bhikkhuno cittaṃ virattaṃ vimuttaṃ hoti anupādāya āsavehi, vedanādhātuyā … pe … saññādhātuyā… saṅkhāradhātuyā… viññāṇadhātuyā ce, bhikkhave, bhikkhuno cittaṃ virattaṃ vimuttaṃ hoti anupādāya āsavehi. vimuttattā ṭhitaṃ. ṭhitattā santusitaṃ. santusitattā na paritassati. aparitassaṃ paccattaññeva parinibbāyati. 'khīṇā jāti, vusitaṃ brahmacariyaṃ, kataṃ karaṇīyaṃ, nāparaṃ itthattāyā'ti pajānātī"ti

비구들이여, 만약 색(色)의 요소로부터 비구의 심(心)이 이탐하고, 집착이 없어져서 번뇌들로부터 해탈하면, 수(受)의 요소로부터 … 상(想)의 요소로부터 … 행(行)의 요소로부터 … 식(識)의 요소로부터 비구의 심이 이탐하고, 집착이 없어져서 번뇌들로부터 해탈하면, 해탈의 상태가 안정된다. 안정된 상태는 행복하다. 행복한 상태는 동요하지 않는다. 동요하지 않는 자는 개별적으로 완전히 꺼진다. '태어남은 다했다. 범행은 완성되었다. 해야 할 일을 했다. 다음에는 현재 상태[유(有)]가 되지 않는다.'라고 분명히 안다."

10) (SN 35.153-방법이 있는가 경)

"atthi, bhikkhave, pariyāyo yaṃ pariyāyaṃ āgamma bhikkhu aññatreva saddhāya, aññatra ruciyā, aññatra anussavā, aññatra ākāraparivitakkā, aññatra diṭṭhinijjhānakkhantiyā aññaṃ byākareyya — 'khīṇā jāti, vusitaṃ brahmacariyaṃ, kataṃ karaṇīyaṃ, nāparaṃ itthattāyā'ti pajānāmī"ti.

비구들이여, 믿음과 다른 방법, 경향과 다른 방법, 전승과 다른 방법, 온전한 떠오름의 출현과 다른 방법, 견해와 통찰의 지속과 다른 방법으로 비구가 '나는 '태어남은 다했다. 범행은 완성되었다. 해야 할 일을 했다. 다음에는 현재 상태[유(有)]가 되지 않는다.'라고 분명히 안다.'라고 무위의 앎을 선언하는 방법이 있다.

11) (SN 46.30-우다이 경)

yo me bhāvito bahulīkato tathā tathā viharantaṃ tathattāya upanessati yathāhaṃ — 'khīṇā jāti, vusitaṃ brahmacariyaṃ, kataṃ karaṇīyaṃ, nāparaṃ itthattāyā'ti pajānissāmi

제가 '태어남은 다했다. 범행은 완성되었다. 해야 할 일을 했다. 다음에는 현재 상태[유(有)]가 되지 않는다.'라고 꿰뚫어 알 것인 그런 머묾은 그런 상태로 이끌 것입니다.

12) (AN 9.25-지혜 경)

"yato kho, bhikkhave, bhikkhuno paññāya cittaṃ suparicitaṃ hoti, tassetaṃ, bhikkhave, bhikkhuno kallaṃ vacanāya — 'khīṇā jāti, vusitaṃ brahmacariyaṃ, kataṃ karaṇīyaṃ, nāparaṃ itthattāyāti pajānāmī'"ti

비구들이여, 비구가 지혜에 의해 심(心)을 잘 실천하였을 때, 비구들이여, 그 비구가 ''태어남은 다했다. 범행은 완성되었다. 해야 할 일을 했다. 다음에는 현재 상태[유(有)]가 되지 않는다.'라고 나는 분명히 안다.'라고 말하는 것은 적절하다.

13) (AN 9.26-돌기둥 경)

evaṃ vutte āyasmā sāriputto āyasmantaṃ candikāputtaṃ etadavoca — "na kho, āvuso candikāputta, devadatto bhikkhūnaṃ evaṃ dhammaṃ deseti — 'yato kho, āvuso, bhikkhuno cetasā citaṃ hoti, tassetaṃ bhikkhuno kallaṃ veyyākaraṇāya — khīṇā jāti, vusitaṃ brahmacariyaṃ, kataṃ karaṇīyaṃ, nāparaṃ itthattāyāti pajānāmī'ti. evañca kho, āvuso, candikāputta, devadatto bhikkhūnaṃ dhammaṃ deseti — 'yato kho, āvuso, bhikkhuno cetasā cittaṃ suparicitaṃ hoti, tassetaṃ bhikkhuno kallaṃ veyyākaraṇāya — khīṇā jāti, vusitaṃ brahmacariyaṃ, kataṃ karaṇīyaṃ, nāparaṃ itthattāyāti pajānāmī'"ti.

이렇게 말했을 때, 사리뿟따 존자가 짠디까뿟따 존자에게 이렇게 말했다. — "도반 짠디까뿟따여, 데와닷따는 비구들에게 이렇게 법을 설하지 않습니다. — '도반들이여, 데와닷따는 비구들에게 '도반들이여, 비구에게 심(心)에 의해 쌓인 것이 있을 때 그 비구가 ''태어남은 다했다. 범행은 완성되었다. 해야 할 일을 했다. 다음에는 현재 상태[유(有)]가 되지 않는다.'라고 나는 분명히 안다.''라고 확정적으로 설명하는 것은 적절하다.'라고. 도반 짠디까뿟따여, 데와닷따는 비구들에게 이렇게 법을 설합니다. — '도반들이여, 비구가 심에 의해 심을 잘 실천하였을 때 그 비구가 ''태어남은 다했다. 범행은 완성되었다. 해야 할 일을 했다. 다음에는 현재 상태[유(有)]가 되지 않는다.'라고 나는 분명히 안다.'라고 확정적으로 설명하는 것은 적절하다.'"라고.

14) (AN 6.49-케마 경)

"na ussesu na omesu, samatte nopanīyare. khīṇā jāti vusitaṃ brahmacariyaṃ, caranti saṃyojanavippamuttā"ti.

"더 낫지도 않고, 더 못하지도 않고, 대등함을 드러내지도 않는다. 태어남이 다하고 족쇄에서 풀려난 사람은 완성된 범행으로 살아간다."

[4] 삼명(三明-tevijja)을 갖춘 부처님 – 숙주명(宿住明)-천안명(天眼明)-누진명(漏盡明)

(MN 71-왓차 삼명 경)에서 「사문 고따마는 모든 것을 알고[전지자(全知者)] 모든 것을 본다. '나에게는 걸을 때도 서 있을 때도 잠잘 때도 깨어있을 때도 항상 계속해서 앎과 봄이 나타난다.'라고 남김 없는 앎과 봄을 인정한다.」라고 들은 것이 사실이냐고 묻는 왓차곳따 유행승에게 부처님은 사실이 아니라고 말하면서, '사문 고따마는 삼명을 갖추었다.' 라고 말하는 것이 가르침에 일치하게 설명하는 것 즉 사실이라고 답합니다.

여기서 삼명은 숙주명-천안명-누진명인데, (DN 29.13-정신 경, 설명의 기준)에 의하면, 숙주명은 과거의 끝(전생), 누진명은 미래의 끝(마지막 태어남) 즉 중생으로의 삶의 끝(번뇌의 부서짐에 의한 해탈)에 대한 앎입니다.

• (MN 79-사꿀루다이 짧은 경) – 「저로부터 과거의 끝에 대한 질문을 받는 그는 다른 것에 의해 다른 것을 대처하고, 주제 밖의 이야기에 의해 이야기를 떨쳐버리고, 성급함과 진(嗔)과 의혹을 드러냈습니다.」

; 니간타 나타뿟따는 과거의 끝 즉 전생 이야기(숙주명)를 질문받으면 바르게 대답하지 못함

• (MN 80-웨카나사 경) – 「깟짜나여, 과거의 끝을 모르고 미래의 끝을 보지 못하면서 다른 한편으로 ''태어남은 다했다. 범행은 완성되었다. 해야 할 일을 했다. 다음에는 현재 상태[유(有)]가 되지 않는다.'라고 분명히 안다.'라고 공언하는 사문-바라문들에게 그런 비판을 하는 같은 종교를 가진 사람(유행승)이 있습니다. 그러나 깟짜나여, 과거의 끝은 그만두고, 미래의 끝도 그만둡시다. '정직하고 속이지 않고 올곧음을 갖춘 지혜로운 사람은 오라!' 나는 가르치고, 나는 법을 설합니다. 가르친 대로 실천하는 자는 오래지 않아 스스로 사문 됨에 대해 알고 볼 것입니다. — 참으로 이렇게 무명의 속박에서 바르게 풀려날 것입니다.」

; 웨카나사 유행승은 삼명을 갖춘 아라한에 대해서는 알지만, 숙주명과 천안명을 얻지 않고 번뇌를 부수는 수행(누진)으로 직행하여 번뇌의 부서짐에 의해 심해탈-혜해탈한 혜해탈자에 대해 이해하지 못하였음. 그러나 불교 안에서 제자들에 의해 재현되는 깨

달음의 보편적 과정은 혜해탈자임.

부처님의 깨달음은 두 과정으로 대표되는데, (DN 2-사문과경)이 소개하는 제4선 이후의 8가지 앎의 방향과 맛지마 니까야의 경들을 중심으로 소개되는 제4선 이후의 삼명입니다. '과정 1'은 포괄적 수행 과정이고, '과정 2'는 과거의 끝과 미래의 끝 즉 중생으로의 삶의 양 방향의 끝에 대한 앎의 과정을 대표하는 것이라고 이해해야 합니다.

• 과정 1 = 제4선 이후 8가지 앎의 방향 : (DN 2-사문과경) 등 －「그가 이렇게 심(心)이 삼매를 닦고, 청정하고, 깨끗하고, 흠이 없고, 오염원이 사라지고, 부드럽고, 준비되고, 안정되고, 흔들림이 없는 상태에 이르렀을 때 ①지(知)와 견(見)/②의성신(意成身)/③~⑧ 육신통(六神通)으로 심(心)을 향하게 하고 기울게 합니다.」

• 과정 2 = 사선(四禪)-삼명(三明) : (MN 4-두려움과 무시무시함 경) 등 －「바라문이여, 나는 게으르지 않고 열심히 노력했습니다. 사띠는 확립되어 잊히지 않았고, 몸은 진정되어 흔들리지 않았고, 심(心)은 집중되어 삼매에 들었습니다. 바라문이여, 그런 나는

(초선) 소유의 삶에서 벗어나고, 불선법들에서 벗어나서, 위딱까가 있고 위짜라가 있고 떨침에서 생긴 기쁨과 즐거움의 초선을 성취하여 머물렀습니다.

(제2선) 위딱까와 위짜라의 가라앉음으로 인해, 안으로 평온함과 마음의 집중된 상태가 되어, 위딱까도 없고 위짜라도 없이, 삼매에서 생긴 기쁨과 즐거움의 제2선을 성취하여 머물렀습니다.

(제3선) 기쁨의 바램으로부터 평정하게 머물고, 사띠와 바른 앎을 가지고 몸으로 즐거움을 경험하면서, 성인들이 '평정을 가진 자, 사띠를 가진 자, 즐거움에 머무는 자[사념락주(捨念樂住)].'라고 말하는 제3선을 성취하여 머물렀습니다.

(제4선) 즐거움의 버림과 괴로움의 버림으로부터, 이미 만족과 불만들의 줄어듦으로부터, 괴로움도 즐거움도 없고 평정과 청정한 사띠[사념청정(捨念淸淨)]의 제4선을 성취하여 머물렀습니다.

나는 이렇게 심(心)이 삼매를 닦고, 청정하고 아주 깨끗하고 침착하고 오염원이 없고 유

연하고 준비되고 안정되고 흔들림 없음에 도달했을 때,

(숙주명) 이전의 존재 상태에 대한 기억의 앎[전생의 기억의 앎]으로 심(心)을 기울게 했습니다. 나는 여러 이전의 존재상태[전생]을 기억했습니다. 즉 — 한 번의 생, 두 번의 생, 세 번의 생, 네 번의 생, 다섯 번의 생, 열 번의 생, 스무 번의 생, 서른 번의 생, 마흔 번의 생, 쉰 번의 생, 백 번의 생, 천 번의 생, 십만 번의 생, 세계가 자라나는[퇴보] 여러 겁, 세계가 줄어드는[진화] 여러 겁, 세계가 자라나고 줄어드는 여러 겁을 기억했습니다. — '이러이러한 곳에서 나는 이런 이름이었고, 이런 종족이었고, 이런 용모였고, 이런 음식을 먹었고, 행복과 괴로움을 이렇게 경험했고, 수명의 한계는 이러했다. 나는 거기에서 죽어 이러이러한 곳에 태어났다. 그곳에서 나는 이런 이름이었고, 이런 종족이었고, 이런 용모였고, 이런 음식을 먹었고, 행복과 괴로움을 이렇게 경험했고, 수명의 한계는 이러했다. 나는 거기에서 죽어 여기에 태어났다.'라고. 이처럼 상태와 함께, 상세한 설명과 함께 여러 이전의 존재 상태[전생]을 기억했습니다. 바라문이여, 이것이 밤의 초삼분(初三分)에 나에게 얻어진 첫 번째 명(明)입니다. 방일하지 않고 노력하고 굳세게 머무는 자에게 무명(無明)이 부서지고 명(明)이 생긴 것입니다. 어둠이 부서지고 빛이 생긴 것입니다.

나는 이렇게 심이 삼매를 닦고, 청정하고 아주 깨끗하고 침착하고 오염원이 없고 유연하고 준비되고 안정되고 흔들림 없음에 도달했을 때,

(천안명) 죽고 다시 태어남의 앎으로 심을 기울게 했습니다. 나는 청정하고 인간을 넘어선 신성한 눈[천안(天眼)]으로 중생들이 죽고 태어나고, 저열하고 뛰어나고, 잘생기고 못생기고, 좋은 곳에 가고 나쁜 곳에 가는 것을 보았습니다. 업에 따라서 가는 중생들을 분명히 알았습니다. — '이들은 몸으로 나쁜 삶을 살고 말로 나쁜 삶을 살고 의(意)로 나쁜 삶을 살고, 성자들을 비방하고, 삿된 견해를 가졌고, 사견업(邪見業)을 지었다. 이들은 몸이 무너져 죽은 뒤에 상실과 비탄의 상태, 비참한 존재, 벌 받는 상태, 지옥에 태어났다. 그러나 이들은 몸으로 좋은 삶을 살고 말로 좋은 삶을 살고 의(意)로 좋은 삶을 살고, 성자들을 비방하지 않고, 바른 견해를 지니고, 정견업(正見業)을 지었다. 이들은 몸이 무너져 죽은 뒤에 좋은 곳, 하늘 세상에 태어났다.'라고. 이렇게 나는 청정하고 인간을 넘어선 신성한 눈으로 중생들이 죽고 태어나는 것을 보았습니다. 저열하고 뛰어나고, 잘생기고 못생기고, 좋은 곳에 가고 나쁜 곳에 가는 등 업에 따라서 가는 중생들을 분명히 알았습니다. 바라문이여, 이것이 밤의 중삼분(中三分)에 나에게 얻어진 두 번

째 명입니다. 방일하지 않고 노력하고 굳세게 머무는 자에게 무명이 부서지고 명이 생긴 것입니다. 어둠이 부서지고 빛이 생긴 것입니다.

나는 이렇게 심이 삼매를 닦고, 청정하고 아주 깨끗하고 침착하고 오염원이 없고 유연하고 준비되고 안정되고 흔들림 없음에 도달했을 때,

(누진명) 번뇌들의 부서짐의 앎으로 심을 기울게 했습니다. 나는 '이것이 고(苦)다.'라고 있는 그대로 실답게 알았습니다. '이것이 고집(苦集)이다.'라고 있는 그대로 실답게 알았습니다. '이것이 고멸(苦滅)이다.'라고 있는 그대로 실답게 알았습니다. '이것이 고멸(苦滅)로 이끄는 실천이다.'라고 있는 그대로 실답게 알았습니다. '이것들이 번뇌[루(漏)]들이다.'라고 있는 그대로 실답게 알았습니다. '이것이 번뇌의 집(集)이다.'라고 있는 그대로 실답게 알았습니다. '이것이 번뇌의 멸(滅)이다.'라고 있는 그대로 실답게 알았습니다. '이것이 번뇌의 멸(滅)로 이끄는 실천이다.'라고 있는 그대로 실답게 알았습니다. 내가 이렇게 알고 이렇게 볼 때 나에게 소유의 번뇌로부터도 심이 해탈하였고, 존재의 번뇌로부터도 심이 해탈하였고, 무명의 번뇌로부터도 심이 해탈하였습니다. '해탈했을 때 나는 해탈했다'라는 앎이 있었습니다. '태어남은 다했다. 범행은 완성되었다. 해야 할 일을 했다. 다음에는 현재 상태[유(有)]가 되지 않는다.'라고 실답게 알았습니다. 바라문이여, 이것이 밤의 후삼분(後三分)에 나에게 얻어진 세 번째 명입니다. 방일하지 않고 노력하고 굳세게 머무는 자에게 무명이 부서지고 명이 생긴 것입니다. 어둠이 부서지고 빛이 생긴 것입니다.」

• 과거의 끝을 모르고 미래의 끝을 모르는 사람들이 주장하는 '윤회 없음'은 이렇게 과거의 끝과 미래의 끝에 대한 완전한 앎 위에서 선언된 불교 안에서는 설 자리가 없습니다. 윤회 없음을 인정하는 것은 부처님의 깨달음을 부정하고 부처님을 거부하는 것입니다.

[5] (MN 26-덫 경)의 열반

(MN 26-덫경)에서 부처님은 자신이 깨달음을 통해 실현한 열반을 태어남-늙음-병-죽음-슬픔-오염이 없는 위없는 유가안온인 열반이라고 표현합니다. 더 나아가 최초로 깨달음을 재현하는 '함께하는 다섯 비구'에게도 이런 열반의 실현을 이끕니다. 이렇게도 깨달음은 부처님에게서도 제자들에게서도 생사 문제를 해결하고 윤회에서 벗어나는 것입니다. 이것이 불교에서 깨달음의 본질입니다.

그런 나는, 비구들이여, 자신이 태어나는 존재이면서 태어나는 것에서 위험을 본 뒤에 태어남이 없는 위없는 유가안온인 열반을 구하여 태어남이 없는 위없는 유가안온인 열반을 성취했다. 자신이 늙는 존재이면서 늙는 것에서 위험을 본 뒤에 늙음이 없는 위없는 유가안온인 열반을 구하여 늙음이 없는 위없는 유가안온인 열반을 성취했다. 자신이 병드는 존재이면서 병드는 것에서 위험을 본 뒤에 병이 없는 위없는 유가안온인 열반을 구하여 병이 없는 위없는 유가안온인 열반을 성취했다. 자신이 죽는 존재이면서 죽는 것에서 위험을 본 뒤에 죽음이 없는 위없는 유가안온인 열반을 구하여 죽음이 없는 위없는 유가안온인 열반을 성취했다. 자신이 슬픈 존재이면서 슬픈 것에서 위험을 본 뒤에 슬픔이 없는 위없는 유가안온인 열반을 구하여 슬픔이 없는 위없는 유가안온인 열반을 성취했다. 자신이 오염되는 존재이면서 오염되는 것에서 위험을 본 뒤에 오염이 없는 위없는 유가안온인 열반을 구하여 오염이 없는 위없는 유가안온인 열반을 성취했다. 나에게 '나의 해탈은 흔들리지 않는다. 이것이 마지막 태어남이고, 이제 다음의 존재[유(有)]는 없다.'라는 앎과 봄이 생겼다.

제2장

윤회의 선언

I. 가르침의 토대

○ 업(業)을 잇는 자 ○

kammassakā sattā kammadāyādā kammayonī kamma-bandhū kammapaṭisaraṇā

중생들은 자신의 업이고, 업을 잇고, 업이 근원이고, 업을 다루고, 업의 도움을 받는다.」 (MN 135-업 분석의 짧은 경)/(AN 5.57-반복 숙고해야 하는 경우 경)/(AN 10.216-기어감의 경)

해피 스님의 책 『불교입문(Ⅰ-소유하고자 하는 자를 위한 가르침)』 '제2부 행위[업(業)]의 개괄에서 Ⅲ. 가르침의 토대' 원용

1. 부처님은 「업(業)을 말하는 자(kammavādī 깜마와-디-)이고, 결실을 말하는 자 (kiriyavādī 끼리야와-디-)」라고 불립니다.

「사문 고따마는 업(業-kamma-깜마)을 말하고, 결실(kiriya-끼리야)을 말하고, 바라문들에게 아무런 해악을 도모하지 않습니다. (DN 4-소나단다 경)/(DN 5-꾸따단따 경)/(MN 95-짱끼 경)」

- kiriya: action(행위); deed(실행); performance(성과). (nt.)

우호적인 바라문들이 부처님[사문 고따마]을 설명하는 말입니다. 부처님은 태생 즉 결정된 삶을 말하는 스승이 아니라 행위 즉 업(業)으로써 만들어 가는 삶을 말하는 스승이고, 농사를 지으면 풍작이든 흉작이든 결실이 있는 것처럼, 업(業)에는 결실[과(果)-보(報)]이 따른다고 가르치는 스승이라는 의미로 이해할 수 있는데, 이런 법(法)을 설하는 부처님을 찾아 만나고 가르침을 청하는 것은 도움 된다는 대화에서입니다.

이럴 때 업과 결실이라는 두 가지는 부처님을 대표하는 개념이면서 삶에 대한 바른 이해입니다. 그래서 업을 부정하고 결실 없음을 주장하는 것은 부처님을 거부하는 것이고 삶에 대한 삿된 시각을 가지는 것입니다.

2. 가르침의 토대 – ①업(業), ②결실, ③노력

(AN 3.138-머리카락으로 만든 담요 경)에 의하면, 과거-미래-현재의 모든 부처님은 공통되게 ①업을 말하고, ②결실을 말하고, ③노력을 말합니다. 업에는 결실이 있으니 좋은 결실을 얻기 위해서는 노력이 필요하다는 것입니다, 비유하자면, 농사를 짓는 행위에는 풍작이든 흉작이든 결실이 있고, 풍작을 거두기 위해서는 적절한 노력이 필요하다는 의미인데, 부처님을 대표하는 두 가지 개념 위에서 노력을 통해 행복한 삶을 실현하는 것이 모든 부처님의 가르침 즉 불교(佛教)라는 것을 알 수 있습니다.

「예를 들면, 비구들이여, 어떤 것이든 짜서 덮는 천 가운데 머리카락으로 만든 담요가 조악하다고 알려져 있다. 비구들이여, 머리카락으로 만든 담요는 추울 때 차갑고, 더울 때 뜨겁고, 색깔이 나쁘고, 나쁜 냄새가 나고, 감촉이 나쁘다. 이처럼, 비구들이여,

어떤 것이든 사문-바라문들의 각각의 주장 가운데 막칼리의 주장이 열등하다고 알려져 있다. 비구들이여, 쓸모없는 자 막칼리는 '업도 없고, 결실도 없고, 노력도 없다.'라는 이런 주장, 이런 견해를 가졌다.

비구들이여, 과거에 출현했던 아라한-정등각인 그분 세존들도 업을 말하고 결실을 말하고 노력을 말했다. 그분들에게도, 비구들이여, 쓸모없는 자 막칼리는 '업도 없고, 결실도 없고, 노력도 없다.'라고 거부한다. 미래에 출현할 아라한-정등각인 그분 세존들도 업을 말하고 결실을 말하고 노력을 말할 것이다. 그분들에게도, 비구들이여, 쓸모없는 자 막칼리는 '업도 없고, 결실도 없고, 노력도 없다.'라고 거부한다. 비구들이여, 현재의 아라한-정등각인 나도 업을 말하고 결실을 말하고 노력을 말한다. 나에게도, 비구들이여, 쓸모없는 자 막칼리는 '업도 없고, 결실도 없고, 노력도 없다.'라고 거부한다.

예를 들면, 비구들이여, 강 입구에 많은 물고기의 손해와 괴로움과 불행과 고통을 위해 그물을 칠 것이다. 생각건대, 비구들이여, 이처럼 쓸모없는 자 막칼리는 많은 중생의 손해와 괴로움과 불행과 고통을 위해 사람의 그물로 세상에 태어났다.」(AN 3.138-머리카락으로 만든 담요 경)

그런데 막칼리라는 사람은 이 세 가지를 부정하는 교설을 세우고, 마치 강 입구의 그물처럼 많은 사람을 괴로움으로 이끈다는 것입니다. 그리고 이런 교설을 결실 없음(akiriya 아끼리야)이라고 합니다.

이 교설은 (AN 3.62-근본 교리 등 경)에 의하면, 즐거움이나 괴로움이나 괴롭지도 즐겁지도 않음을 경험하게 하는 것으로의 행위에 대한 세 가지 잘못된 주장으로 확산되는데, ①전생의 행위가 원인, ②신(神)의 창조가 원인, ③원인도 없고 조건도 없음[무인무연(無因無緣)]입니다. -「현자들과 함께 교차하여 질문하고, 이유를 묻고, 함께 대화하고, 더 나아가면 결실 없음으로 정착된다.」

그러니 ①전생의 행위가 원인, ②신의 창조가 원인, ③원인도 없고 조건도 없음이라는 삶에 대한 잘못된 해석 세 가지는 모두 막칼리의 주장인 결실 없음의 아류여서 삶을 향상으로 이끌지 못한다는 것입니다.

이런 이해에 의하면 ①업과 ②결실 있음과 ③노력의 세 가지는 막칼리 또는 세상에 있는 다양한 주장의 반대편에 서 있는 부처님 가르침의 토대가 됩니다.

3. 막칼리 고살라

그러면 막칼리 고살라는 누구입니까? 그간의 연구에서 막칼리는 무인무연(無因無緣)을 주장하는 자라고 잘못 알려져 있습니다. (DN 2-사문과경)은 마가다의 왕 아자따삿투가 부처님을 찾아와서 사문 됨의 결실에 대해 함께 대화하는 경인데, 경의 전반부에서 아자따삿투 왕이 여섯 명의 외도 스승[육사외도(六師外道)]을 만나 대화한 이야기를 소개합니다. 이때, 아자따삿투 왕은 무인무연(無因無緣-ahetū apaccayā)/윤회를 통한 청정(saṃsārasuddhi)을 주장하는 뿌라나 깟사빠와 결실 없음(akiriya)을 주장하는 막칼리 고살라를 혼동하여 잘못 소개합니다. (DN 2-사문과경)이 워낙 비중 있는 경이다 보니 학자들은 이 경에 근거해 막칼리 고살라의 교설을 무인무연으로 설명하지만, (AN 3.138-머리카락으로 만든 담요 경)에 의하면, 막칼리 고살라의 교설은 결실 없음입니다. 이런 이해는 뿌라나 깟사빠의 교설이 무인무연이라고 설명하는 다른 경들에 의해 확인되는데, (SN 22.60-마할리 경)과 (SN 46.56-아바야 경)입니다.

이렇게 결실 없음(akiriya)을 주장하는 막칼리 고살라의 일파를 ājīvaka(아-지-와까)라고 하는데, 사명외도(邪命外道)로 한역되었습니다. 막칼리 고살라의 일파가 사명외도인 것은 (MN 71-왓차 삼명 경)을 통해 확인됩니다.

(MN 71-왓차 삼명 경)은 「"고따마 존자시여, 그러면 사명외도(邪命外道-ājīvaka)로서 누구라도 몸이 무너진 뒤에 천상에 태어난 자가 있습니까?" "왓차여, 지금부터 91겁(*)을 내가 기억해보더라도, 단 한 사람을 제외하면, 천상에 태어난 어떤 사명외도를 알지 못합니다. 그는 업을 말하고 결실을 말하는 자였습니다.」라는 대화를 소개합니다. 한 사람을 제외하면, 사명외도로 살다가 죽은 뒤에 하늘에 태어난 사람이 없다는 것인데, 그 한 사람은 업과 결실의 교설에 동조하는 사람이었다는 것입니다. 그렇다면 사명외도는 업과 결실을 부정하는 교설을 가졌는데, 이런 교설로는 하늘로 이끄는 업을 지을 수 없으므로 하늘에 태어나지 못한다는 의미라고 하겠습니다. 다만, 한 사람은 그 교단에 소속되어 있으면서도 그 교설에 동조하지 않았기 때문에 하늘에 태어날 수 있었다는 것입니다.

(*) 불교 역사에 최초의 부처님인 위빳시 부처님이 출현한 시기가 91겁 전입니다.

이렇게 막칼리 고살라는 결실 없음을 주장하고, 그의 일파는 ājīvaka(사명외도)라는 것을 알 수 있습니다. 그런데 이 일파의 주장은 과거-미래-현재의 부처님들의 교설인 업-결실-노력을 부정하는 것이기 때문에 사문-바라문들의 주장 가운데 막칼리의 주장이 가장 열등하다는 것이 부처님의 설명입니다.

이때, 결실 없음의 주장은 이렇습니다. ―「행하는 자와 행하게 하는 자, 자르는 자와 자르게 하는 자, 고문하는 자와 고문하게 하는 자, 슬퍼지는 자와 슬퍼하게 하는 자, 지친 자와 지치게 하는 자, 전율하는 자와 전율하게 하는 자, 생명을 해침당하게 하는 자, 주지 않은 것을 가지는 자, 집을 부수는 자, 약탈하는 자, 도둑질하는 자, 노상 강도질을 하는 자, 남의 아내를 범하는 자, 거짓을 말하는 자 등 행하는 자에게 악은 지어지지 않습니다. 만약 면도날 같은 끝을 가진 바퀴로 이 땅의 생명을 하나의 고깃덩어리로 으깨고 하나의 살점으로 만들지라도 그것 때문에 악이 없고, 악의 결과가 없습니다. 만약 강가 강의 남쪽 기슭에 가서 죽이는 자, 살육하는 자, 자르는 자와 자르게 하는 자, 고문하는 자와 고문하게 하는 자에게 그것 때문에 악이 없고, 악의 결과가 없습니다. 강가 강의 북쪽 기슭에 가서 보시하는 자, 보시하게 하는 자, 자선을 베푸는 자, 자선을 베풀게 하는 자에게 그것 때문에 공덕이 없고, 공덕의 결과가 없습니다. 보시와 길들임과 자신의 제어와 사실을 말함에 의한 공덕이 없고, 공덕의 결과가 없습니다.」(DN 2-사문과경) 등

4. 불교의 대척점에 있는 것

세상에는 다양한 종교, 다양한 주장들이 있지만, 그중에 불교와 정 반대편에 있는 주장은 막칼리의 결실 없음입니다. 불교 밖의 다른 주장은 세 가지 근본 교리 즉 ①전생의 행위가 원인, ②신(神)의 창조가 원인, ③원인도 없고 조건도 없음으로 대표되고, 이 세 가지는 다시 결실 없음에 정착되기 때문입니다.[결실 없음 ⊃ 삼종외도]

그렇다면 전생의 행위를 말하는 숙명론(宿命論)보다도, 유일신(唯一神) 창조주 하나님을 말하는 많은 이웃 종교들보다도, 무인무연으로의 윤회를 통한 청정 또는 유물론(唯物論)보다도 근본의 자리에서 불교의 대척점에 있는 것은 결실 없음 즉 「업(業)에는 과(果)와 보(報)가 따른다.」를 부정하는 주장이라고 할 것입니다.

전생의 행위를 생각해도 다음 생을 위해 선업(善業)을 지어야 할 것이고, 신의 창조를 생각해도 신의 뜻에 맞게 선업을 지어야 할 것이고, 무인무연을 생각해도 살아있는 동안의 행복을 위해 선업을 지어야 할 것이지만, 결실 없음의 주장으로는 어떤 경우에도 선업을 지어야 하는 타당성을 확보하지 못합니다.

그래서 불교와 정 반대편에 있는 주장은 막칼리의 결실 없음인데, 경은 이런 이해를 가능하게 해줍니다.

(AN 1.308-321-세 번째 품)에 의하면, 바른 견해를 가져서 올바로 보는 자인 부처님은 많은 사람의 이익과 행복을 위해, 많은 사람의 행운을 위해, 신과 인간의 이익과 행복을 위해 세상에 태어난 한 사람입니다. 반면에 삿된 견해를 가져서 거꾸로 보는 자인 막칼리는 많은 사람의 손해와 괴로움을 위해, 많은 사람의 불행을 위해, 신과 인간의 손해와 괴로움을 위해 세상에 태어난 한 사람입니다.

업과 결실과 노력을 말하는 부처님은 바른 견해를 가지고 올바로 보는 자여서 신과 인간들을 행복으로 이끌고, 업도 없고 결실도 없고 노력도 없다고 말하는 막칼리는 삿된 견해를 가지고 거꾸로 보는 자여서 신과 인간들을 괴로움으로 이끈다는 것입니다.

경은 이런 이해 위에서 더 구체적인 비교를 제시합니다. 부처님의 법은 잘 설해졌기 때문에 이 잘 선언된 법과 율에서는 ①부추기는 자도 부추기는 것을 사실대로 실천하는 부추겨진 사람도 그들 모두는 많은 복(福)을 쌓는다, ②받는 사람에 의해서 양이 알려져야 한다. 주는 사람에 의해서가 아니다, ③게으른 자는 괴롭게 머문다, ④노력을 시작한 자는 행복하게 머문다고 합니다. →「업과 결실과 노력을 말하는 부처님 가르침의 성과」

그러나 막칼리의 법은 잘못 설해졌기 때문에 ①부추기는 자도 부추기는 것을 사실대로 실천하는 부추겨진 사람도 그들 모두는 많은 비복(非福)을 쌓는다, ②주는 사람에 의해서 양이 알려져야 한다. 받는 사람에 의해서가 아니다, ③노력을 시작한 자는 괴롭게 머문다, ④게으른 자는 행복하게 머문다고 합니다. →「업과 결실과 노력을 부정하는 막칼리의 가르침의 성과」

이렇게 이런 경들에 의해서도 부처님과 직접 대비하여 대척점에 있는 자는 막칼리

고살라라는 것을 알 수 있습니다.

▣ 수저론에 대한 소고

어쩌다 보니 한국 사회에서 수저론이 대세를 이루고 있다는 생각이 듭니다.

삶을 만들어 가는 다양한 조건들 가운데 수저의 등급도 하나의 조건으로 참여한다는 것은 부정할 수 없는 사실입니다. 그러나 그것은 하나의 조건에 불과합니다. 그것이 삶을 결정한다거나, 그것이 삶에서 가장 큰 비중을 가지는 조건이어서 벗어날 수 없는 것처럼 부추기는 사회 분위기는 옳지 않습니다. 마치 대한민국이 결실 없음을 주장하는 막칼리 고살라를 신봉하는 사회인 듯 착각하게 합니다.

부처님은 태생 즉 결정된 삶을 말하지 않습니다. 행위 즉 업(業)으로써 만들어 가는 삶을 말하는 스승입니다. 그런 점에서 막칼리 고살라는 불교와 대척점에 있는 외도(外道)입니다.

불교 신자에게 수저론은 가르침을 거스르는 잘못된 견해[사견(邪見)] 입니다. 세상이 그럴수록 더욱더 '수저의 조건보다 행위의 조건이 중요하고, 행위의 비중이 높아져야 한다.'라고 우리 사회에 큰 목소리를 내야 합니다. 그래서 세상이 삶의 결실을 수저보다는 행위 때문이라고 인정할 수 있도록 계도 해야 합니다. 그래서 좀 더 많은 사람이 우리 사회에서 진정 행복할 수 있도록 이 사회를 가르치고 이끌어야 합니다.

이것이 현재 우리 사회가 필요로 하는 불교의 역할이라고 할 것입니다. -「행위 복음인 불교」

【결실(kiriya)의 이해 -「업(業) 그리고 과(果)와 보(報)」】

결실(kiriya)이라고 말합니다. 업의 결과가 나의 삶에 미치는 영향력 정도로 말할 수 있는데, 여기에는 업(業-kamma)과 과(果-phala) 그리고 보(報-vipāka)(*)라는 3개의 연결된 개념이 동원됩니다. 이때, 업(業)은 행위 자체 또는 식(識)과 상(想)의 형태로 남아서 작용하는 행위의 영향력이고(식의 머묾과 상의 잠재), 과(果)는 고(苦)-락(樂)의 형태로 생겨난 행위의 결과 즉 나의 존재 상태 또는 다른 존재들의 반응이며, 보(報)는 과(果)를 삶의 과정에서 고(苦)-락(樂)의 형태로 직접 경험하는 것이라고 말할 수 있는데, 어떤 몸으로 가서 태어날 것인지도 보(報)를 설명하는 중요한 관점입니다. 아마도 자기 존재 상태의 변화 측면에서 보(報)는 태어남을 이끌고, 다른 존재들의 반응 측면에서 보(報)는 태어나 살아가는 동안에 미치는 영향으로의 업보(業報)라고 하겠는데, 더 연구가 필요한 주제입니다.

(*) vi √pac (cook, mature, ripen)

(AN 3.101-소금 종지 경)은「비구들이여, 어떤 사람이 이렇게 말할 것이다. — '이 사람이 업을 거듭 지은 만큼 거듭 그것을 경험한다.'라고. 비구들이여, 이런 존재에게는 범행(梵行)의 삶이 없고, 바르게 괴로움을 끝내기 위한 기회가 알려지지 않는다. 비구들이여, 다시 어떤 사람이 이렇게 말할 것이다. — '이 사람이 경험되어야 하는 업을 거듭 지은 만큼 보(報)를 경험한다.'라고. 비구들이여, 이런 존재에게는 범행(梵行)의 삶이 있고, 바르게 괴로움을 끝내기 위한 기회가 알려진다.」라고 말합니다.

여기서 '업을 지은 만큼 경험한다.'라는 것은 업에서 생기는 과를 직접 경험한다는 것이고, '경험되어야 하는 업을 지은 만큼 보를 경험한다.'라는 것은 업에서 생긴 과가 경험되는 시점의 다른 조건들과 함께 엮이고 익어서 (엮여 익은 값으로) 경험된다는 의미입니다. 그런데 '업을 지은 만큼 경험한다.'라는 것은 사실이 아니어서 이런 사람에게는 범행의 삶이 없고, 바르게 괴로움을 끝내기 위한 기회가 알려지지 않는 것입니다. 그리고 '경험되어야 하는 업을 지은 만큼 보를 경험한다.'라는 것은 사실이기 때문에 이런 사람에게는 범행의 삶이 있고, 바르게 괴로움을 끝내기 위한 기회가 알려지는 것입니다. 특히, 이런 사실에 입각할 때, 과는 다른 조건들의 영향으로 더 크게 경험될 수도 있고, 더 작게 경험될 수도 있다는 것을 알 수 있습니다[경험하는 고(苦)와 락(樂)의 크기 변화].

이렇게 과와 보는 다른 것입니다. 그리고 업-과-보는 불교를 포괄하는 주제이기 때문에 여기서는 보(報)의 개념만 소개하였습니다. 업(業)에 대한 조금 더 자세한 설명은 해피스님의 책 『나는 불교를 믿는다』 제2부 V. 업장소멸(業障消滅)을 참고하시기 바랍니다.

1. 과(果-phala)와 보(報-vipāka)는 다른 것 – (DN 17.12-마하수닷사나 경, 선(禪)의 증득)

그때, 아난다여, 마하수닷사나 왕에게 이런 생각이 떠올랐다. — '나에게 어떤 업(業)의 과(果-결실)와 어떤 업의 보(報-구체적 경험)가 있어서 그것 때문에 지금 이런 큰 신통과 이런 큰 위엄이 있는 것일까?'라고.

2. 업(業)의 꿰뚫음 – (AN 6.63-꿰뚫음 경)

• 비구들이여, 의도가 업이라고 나는 말한다. 의도한 뒤에(의도하면서) 몸에 의해, 말에 의해, 의(意)에 의해 업을 짓는다.

• 비구들이여, 무엇이 업들의 차별인가? 비구들이여, 지옥이 경험될 업이 있고. 축생의 모태가 경험될 업이 있고, 아귀의 영역이 경험될 업이 있고, 인간 세상이 경험될 업이 있고, 하늘 세상이 경험될 업이 있다. 비구들이여, 이것이 업들의 차별이라고 불린다.

• 비구들이여, 무엇이 업들의 보(報)인가? 비구들이여, 지금여기[금생(今生)]거나 걸어서 닿는 곳[내생(來生)]이거나 그 후에 오는 생(生)의 세 겹의 업들의 보(報)를 나는 말한다. 비구들이여, 이것이 업들의 보(報)라고 불린다.

3. 의도에 속한 업(業) = 유위(有爲)의 업(業) – (AN 10.217-의도에 속함 경1)/(AN 10.218-의도에 속함 경1)/(AN 10.219-업(業)에서 생긴 몸 경)

비구들이여, 의도에 속한 업들을 짓고 쌓을 때, 경험하지 않음에 의한 소멸을 나는 말하지 않는다. 그리고 그것은 지금여기거나 걸어서 닿는 곳이거나 그 후에 오는 생에서이다. 그러나 비구들이여, 나는 의도에 속한 업들을 짓고 쌓을 때, 경험하지 않음에 의한 괴로움의 끝을 말하지 않는다.

4. 업(業)이 익는 곳에서 보(報)를 경험 — (AN 3.34-인연 경)

비구들이여, 망(望)으로 지었고 망에서 생겼고 망이 인연이고 망에서 자라난 업은 자기 존재가 생겨나는 곳에서 익는다. 그 업이 익는 곳에서 그 업의 보를 경험한다. 지금여기거나 걸어서 닿는 곳이거나 그 후에 오는 생에서. … 진(嗔)과 치(癡)에 반복 …

5. 업(業)의 보(報)에 의해서 태어남

1) 이런 업(業)의 보(報)에 의해 여기에서 죽어서 거기에 태어났다 — (AN 8.64-가야시사 경)

비구들이여, 나중에 방일하지 않고 노력하고 확고한 의지를 가지고 머문 나는 ①빛을 상(想)하고, ②색(色)들을 보고, ③그 신들과 함께 지내고, 대화하고, 토론하고, ④그 신들을 '이 신들은 이런저런 신들의 무리에 속한다.'라고 알고, ⑤그 신들을 '이 신들은 이런 업(業)의 보(報)에 의해 여기에서 죽어서 거기에 태어났다.'라고 알고, ⑥그 신들을 '이 신들은 이런 업(業)의 보(報)에 의해 이런 음식을 먹고, 이런 즐거움과 괴로움을 경험한다.'라고 알고, ⑦그 신들을 '이 신들은 이런 긴 수명을 가지고, 이렇게 오래 머문다.'라고 알고, ⑧그 신들을 '내가 이 신들과 예전에 함께 살았었는지, 예전에 함께 살지 않았었는지'라고 알았다.

2) 업(業)의 보(報) 때문에 지옥에서 겪음 — (SN 19.1-해골 경)

비구들이여, 이 중생은 라자가하에서 소 잡는 사람이었다. 그는 그 업의 보 때문에 수년, 수백 년, 수천 년, 수십만 년 동안 지옥에서 겪은 뒤 그 업의 남아 있는 보 때문에 이런 자기 존재를 얻었다.

3) 업(業)과 보(報)의 경우와 경우 아님

앙굿따라 니까야 하나의 모음 (15. aṭṭhānapāḷi-경우 아님의 범위)는 업과 보와 태어남의 관계에서 경우와 경우 아님을 설명합니다. 보의 측면에서 업의 선-악이 규정되는 것을 알 수 있는데, 이런 규정에 의해 업-과-보의 법칙성이 성립한다고 하겠습니다.

6. 업(業)-과(果)-보(報)의 법칙성 – 과도 보도 고인 업과 과도 보도 락인 업

1) 과(果)도 보(報)도 고(苦)인 업(業) = 불선업(不善業)-악업(惡業)

• 십사도(十邪道) : (AN 10.143-괴로움을 낳음 경)/(AN 10.144-괴로움의 보(報) 경) – 삿된 견해-삿된 사유-삿된 말-삿된 행위-삿된 생활-삿된 노력-삿된 사띠-삿된 삼매-삿된 앎-삿된 해탈

• 십악업(十惡業) : (AN 10.187-괴로움을 낳음 경)/(AN 10.188-괴로움의 보(報) 경) – 살생-투도-사음-망어-양설-악구-기어-간탐-진에-사견

• (AN 2.191-200-불선(不善)의 반복) — ①화(kodha)-원한(upanāha), ②위선(makkha)-악의(paḷāsa), ③질투(issā)-인색(macchariya), ④위선(māyā)-악의(sāṭheyya), ⑤자책(自責)의 두려움 없음(ahirika)-타책(他責)의 두려움 없음(anottappa)

2) 과(果)도 보(報)도 락(樂)인 업(業) = 선업(善業)

• 십정도(十正道) : (AN 10.143-괴로움을 낳음 경)/(AN 10.144-괴로움의 보(報) 경) – 바른 견해-바른 사유-바른 말-바른 행위-바른 생활-바른 노력-바른 사띠-바른 삼매-바른 앎-바른 해탈

• 십선업(十善業) : (AN 10.187-괴로움을 낳음 경)/(AN 10.188-괴로움의 보(報) 경) – 불살생-불투도-불사음-불망어-불양설-불악구-불기어-불간탐-부진에-정견

• (AN 2.191-200-불선(不善)의 반복) — ①화 없음(akodha)-원한 없음(anupanāha), ②위선 없음(amakkha)-악의 없음(apaḷāsa), ③질투 없음(anissā)-인색 없음(amacchariya), ④위선 없음(amāyā)-악의 없음(asāṭheyya), ⑤자책(自責)의 두려움(hiri)-타책(他責)의 두려움(ottappa)

Ⅱ. 원초적 바른 견해

- (DN 23-빠야시 경) -

○ 십선업(十善業)의 정견(正見) ○ (MN 41-살라의 주민들 경)

“sammādiṭṭhiko kho pana hoti aviparītadassano — ‘atthi dinnaṃ atthi yiṭṭhaṃ atthi hutaṃ, atthi sukatadukkaṭānaṃ kammānaṃ phalaṃ vipāko, atthi ayaṃ loko atthi paro loko, atthi mātā atthi pitā, atthi sattā opapātikā, atthi loke samaṇabrāhmaṇā sammaggatā sammāpaṭipannā ye imañca lokaṃ parañca lokaṃ sayaṃ abhiññā sacchikatvā pavedentī’ti.

다시 그는 바른 견해를 가진 자입니다. — ‘①보시도 있고 제사도 있고 봉헌도 있다. ②선행과 악행의 업들에게 과도 있고 보도 있다. ③이 세상도 있고 저세상도 있다. ④어머니도 있고 아버지도 있다. ⑤화생(化生) 하는 중생은 있다. ⑥세상에는 이 세상과 저세상을 스스로 실답게 안 뒤에 실현하여 선언하는, 바른길에 들어서서 바르게 실천하는 사문-바라문들이 있다.’라고 바르게 보는 자입니다.

해피 스님의 책 『불교입문(Ⅰ-소유하고자 하는 자를 위한 가르침)』
‘제2부 행위[업(業)]의 개괄에서 Ⅳ. 원초적 바른 견해’ 원용

불교신자에게는 이런 토대 위에서의 삶이 바른 신행(信行)입니다. 토대를 벗어나 잘못 설해진 법 위에서 살아가면 그것은 바르지 못한 신행입니다. 그리고 이것이 괴로울 것인지 행복할 것인지를 결정하는 근본 사유가 되는 것입니다[고(苦)와 고멸(苦滅)].

그러면 이런 토대 위에서의 삶 즉 바른 신행은 어떻게 시작됩니까?

나와 세상을 보는 시각 즉 견해의 구축입니다. 나라는 존재에 대한 그리고 내 삶의 터전인 세상에 대한 바른 앎을 바른 견해[정견(正見)]라고 하는데, 향상으로 이끌리는 삶의 첫 번째 조건입니다.

경들은 다양한 관점에서 바른 견해를 정의하고 있습니다. 그중 원초적 형태의 바른 견해를 설명하는 경으로는 (DN 23-빠야시 경)을 말할 수 있는데, 「①저세상은 있다, ②화생(化生)하는 중생은 있다, ③업(業)에는 과(果)와 보(報)가 따른다.」라는 세 가지입니다.

—「itipi atthi paro loko, atthi sattā opapātikā, atthi sukatadukkaṭānaṃ kammānaṃ phalaṃ vipāko 이렇게도 저세상은 있다. 화생하는 중생은 있다. 선악(善惡)으로 지어진 업(業)들의 과(果)와 보(報)는 있다.」

1. 저세상은 있다(atthi paro loko) → 윤회(輪廻)

나는 몸과 마음이 함께하여 구성됩니다. 그런데 몸은 100년 안팎을 삽니다. 그러면 몸의 무너짐 즉 죽으면 마음은 어떻게 됩니까? 몸과 함께 버려지고 마는 것입니까, 아니면 새로운 몸을 만나 새로운 삶을 살아가는 것입니까?

몸으로의 삶은 보아서 알 수 있습니다. 그래서 태어나고 늙고 병들고 죽는 사건들의 전개 즉 이 세상 있음은 의심할 바 없이 직접 압니다. 그러나 마음은 눈에 보이지 않습니다. 어쨌든 생겨나는 것[무상(無常)-무아(無我)]이고 몸과 함께 유지되는 것일 텐데, 몸이 죽은 뒤에는 어떻게 되는지 직접 보아 알지 못합니다. 그렇지만 삶에서 마음은 몸보다 훨씬 더 중심된 역할을 합니다. 그래서 삶에 대해 바르게 알고 적절히 대응하기 위해서는 죽음 이후에 마음은 어떻게 되는지 알아야 합니다. 그리고 이 문제에 온전한 답을 줄 수 있는 스승이 필요합니다.

완전한 깨달음을 성취했기 때문에 삶에 대해 바르게 아는 스승인 부처님은 이 질문에 답을 줍니다. – '저세상은 있다.'라고.

마음은 몸이 무너진 뒤, 몸 따라 버려지지 않고 새로운 몸을 만나 새로운 삶을 살아가기 때문에 새로운 몸과 함께 새로운 내가 되어 살아가는 세상 즉 저세상은 있다고 단언적인 답을 주는 것입니다.

그런데 이 질문에는 세 가지 경우의 답이 있습니다.

첫째, 마음은 몸에 종속된 것이어서, 몸이 무너지면 마음도 몸과 함께 버려진다는 답인데, 단견(斷見) 또는 단멸론(斷滅論)입니다.

둘째, 마음은 독립된 것이어서, 몸이 무너져도 함께 버려지지 않을 뿐만 아니라 자기 상태를 유지하는 참된 것 즉 아(我-attan/atman)라는 답인데, 상견(常見) 또는 상주론(常住論)입니다.

셋째, 마음은 몸에 종속된 것이 아니라서 몸이 죽어도 버려지지 않으며, 자기 상태를 유지하는 참된 것도 아니어서 삶의 과정을 누적하며 매 순간 변화하는 것이고, 또한, 몸과 서로 조건 되는 것이어서 새로운 몸을 만나야 한다는 답인데, 연기(緣起)입니다.
→「연기(緣起)된 식(識)」

이 질문에 대한 '저세상은 있다.'라는 부처님의 단언적인 답변은 세 번째 경우 즉 연기(緣起)에 해당합니다. 그리고 어떻게 마음이 몸과 함께 삶의 과정을 누적하고, 매 순간 변화하며 괴로운 삶을 살게 되는지의 설명이 십이연기(十二緣起)인데, 부처님 깨달음의 중심입니다.

2. 화생(化生)하는 중생은 있다(atthi sattā opapātikā) → 오도윤회 (五道輪廻)

저세상이 있다는 것은 몸의 죽음 이후에 마음은, 삶의 과정을 누적하는 변화의 연장선 위에서, 새로운 몸과 함께 다시 태어난다는 것을 의미합니다.

그런데 다시 태어나는 곳은 어떤 세상입니까? 사람 몸을 가지고 인간 세상에 다시 태어나는 것입니까, 아니면 다른 세상도 있는 것입니까?

(MN 12-사자후 큰 경)에서 부처님은 중생들이 윤회하는 세상을 다섯 갈래로 설명하는데 지옥(地獄), 축생(畜生), 아귀(餓鬼), 인간(人間), 천상(天上)입니다. 이렇게 세상은 다섯 갈래로 구분되기 때문에 죽은 뒤 다시 태어나는 자리도 이 다섯 갈래 가운데 한 곳입니다.

또한, 같은 경은 네 가지 태어남 즉 존재의 영역을 설명하는데 난생(卵生), 태생(胎生), 습생(濕生), 화생(化生)입니다. 이때, 생명체가 그 껍질을 깨고 태어나면 난생이고, 생명체가 태의 막을 벗고 태어나면 태생, 생명체가 썩은 물고기, 부패한 시체, 부패한 굳은 우유에서나 물웅덩이나 연못에서 태어나면 습생, 천인(天人)들이나 지옥에 태어난 자들이나 어떤 인간들이나 죽은 뒤에 벌을 받아야 하는 어떤 존재들이 화생이라고 정의됩니다.

그런데 난생, 태생, 습생은 일반적으로 눈에 보이는 존재의 영역이어서 세상의 다섯 갈래 중 인간과 축생에 해당됩니다. 반면에 화생은 일반적으로는 보이지 않는 존재의 영역입니다. 세상의 다섯 갈래 가운데 지옥과 아귀와 천상에 해당하는 것으로 이해할 수 있습니다.

사람들은 보이는 것은 잘 압니다. 그러나 보이지 않는 것에 대해서는 잘 알지 못합니다. 그래서 보이는 것만 믿으라고 권장되기도 합니다.

하지만, 보이지 않는 것에도 관심을 가져야 합니다. 특히, 태어남 즉 존재의 영역은 지금 내 삶의 터전이고 죽음 이후에 다시 태어나 살아가야 하는 그 자리이기 때문에 정말 없는 것인지 아니면 보는 능력의 부족 때문에 보지 못하지만, 사실은 있는 것인지 알아야 합니다.

부처님은 이 질문에도 답을 줍니다. – '화생하는 중생은 있다.'라고.

인간들의 눈에는 보이지 않지만 깨달음 즉 완성된 지혜의 눈에는 보이는 존재의 영역이 있다는 것입니다.

그런데 이 주제는 중요합니다. 비록 인간으로 태어나 살고 있지만 죽음 이후를 담보할 수 없는 현실 위에서 지금 보이지 않는다는 이유만으로 없다고 결정하기에는 너무 무거운 주제이기 때문입니다. 그래서 부처님에게서 완성된 지혜의 눈을 빌려 분명히 알아야 할 것인데, 부처님은 화생하는 중생의 존재를 이렇게 단언하는 것입니다.

그러므로 이렇게 알아야 합니다. – '내가 죽은 뒤 다시 태어나는 자리는 눈에 보이는 존재 영역인 난생-태생-습생의 인간과 축생 그리고 보이지 않는 존재 영역인 화생의 지옥-아귀-천상의 다섯 갈래가 있다. 나는 이 몸으로의 삶을 마친 뒤에는 다섯 갈래 중 어느 한 자리에 태어날 것이다.'라고.

3. 업(業)에는 과(果)와 보(報)가 따른다(atthi sukatadukkaṭānaṃ kammānaṃ phalaṃ vipāko) → 태어남의 선택

이렇게 저세상이 있어서 윤회하고, 다시 태어나는 자리는 지옥-축생-아귀-인간-천상의 다섯 갈래가 있습니다. 그렇다면 이제 나는 죽은 뒤 어디에 태어나야 할 것입니까?

당연히 지옥-축생-아귀의 세상에는 태어나면 안 됩니다. 되도록 하늘에 태어나야 하고, 부족하더라도 인간으로는 태어나야 합니다. 스스로 괴로운 삶을 선택하는 것은 어리석음입니다.

그래서 이 주제는 어떻게 하면 윤회의 과정에서 하늘에 태어나 오래도록 행복하게 살 것인지로 귀결됩니다.

그리고 부처님은 이 질문에도 답을 줍니다. – '업에는 과와 보가 따른다.'라고.

업(業) 즉 행위는 과(果) 즉 결과와 보(報) 즉 실제적 경험을 초래한다는 사실의 선언입니다. 이런 행위에는 이런 과와 보가 따라오고, 저런 행위에는 저런 과와 보가 따라온다는 법칙의 제시입니다. → 「행위가 가지는 과와 보의 법칙성」 → 「업인과보 삼세윤회(業因果報三世輪廻)」

경은 많은 곳에서 고의 과-보를 초래하는 업과 락의 과-를 초래하는 업을 설명하는데,

살아서의 행복과 죽은 뒤에 더 좋은 삶을 이어지게 하는 방법의 제시입니다.

다시 말하면, 살아서 행복하기 위해서는 락의 과-보를 초래하는 업을 지으면 되고, 죽어서 더 좋은 삶을 이어지게 하기 위해서도 락의 과-보를 초래하는 업을 지으면 된다는 것입니다. 업이 고의 과-보를 초래하는 것인지 락의 과-보를 초래하는 것인지는, 부처님에 의하면, 예외를 인정하지 않는 법칙성이기 때문입니다.

이렇게 「①저세상은 있다, ②화생하는 중생은 있다, ③업에는 과와 보가 따른다.」라는 세 가지는 우리 삶의 현실 위에서 ①윤회와 ②윤회하는 세상의 구성과 ③금생과 내생에 걸친 행복의 방법에 대한 시각을 제시해 줍니다. 즉 바른 견해입니다.

(MN 12-사자후 큰 경)이 설명하는 오도윤회는 저세상의 존재 위에서 화생하는 중생을 포함한 업의 과와 보를 상세히 알려줍니다.

4. 불교(佛教)와 육사외도(六師外道)의 비교

앞에서 설명한 가르침의 토대와 여기의 바른 견해는 불교의 단면을 보여주면서 육사외도(六師外道)와 비교되는데, 그림으로 나타내었습니다.

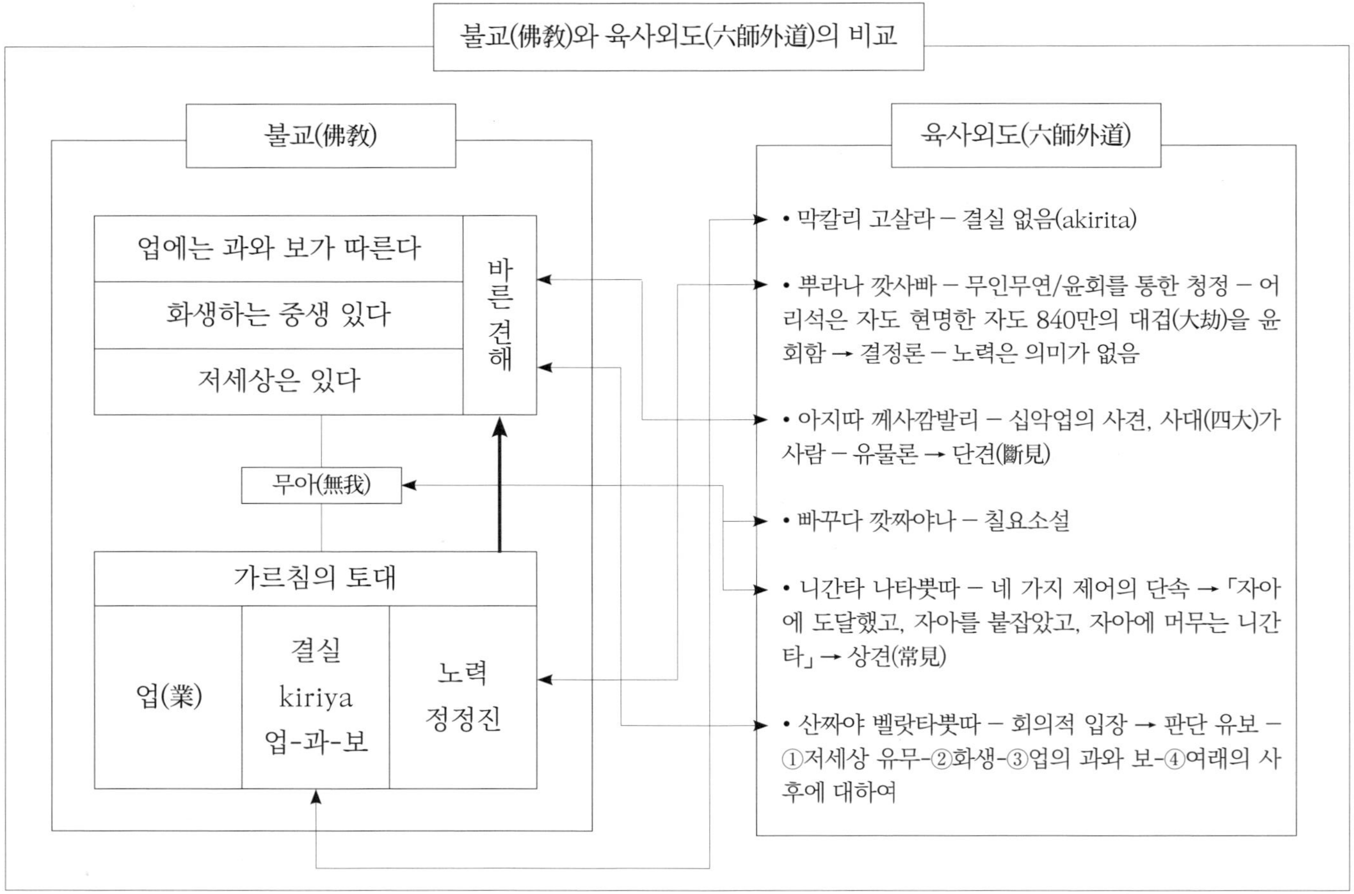
불교(佛敎)와 육사외도(六師外道)의 비교
불교(佛敎)
업에는 과와 보가 따른다
화생하는 중생 있다
저세상은 있다
바른 견해
무아(無我)
가르침의 토대
업(業)
결실
kiriya
업-과-보
노력
정정진
육사외도(六師外道)
• 막칼리 고살라 – 결실 없음(akirita)
• 뿌라나 깟사빠 – 무인무연/윤회를 통한 청정 – 어리석은 자도 현명한 자도 840만의 대겁(大劫)을 윤회함 → 결정론 – 노력은 의미가 없음
• 아지따 께사깜발리 – 십악업의 사견, 사대(四大)가 사람 – 유물론 → 단견(斷見)
• 빠꾸다 깟짜야나 – 칠요소설
• 니간타 나타뿟따 – 네 가지 제어의 단속 → 「자아에 도달했고, 자아를 붙잡았고, 자아에 머무는 니간타」 → 상견(常見)
• 산짜야 벨랏타뿟따 – 회의적 입장 → 판단 유보 – ①저세상 유무-②화생-③업의 과와 보-④여래의 사후에 대하여

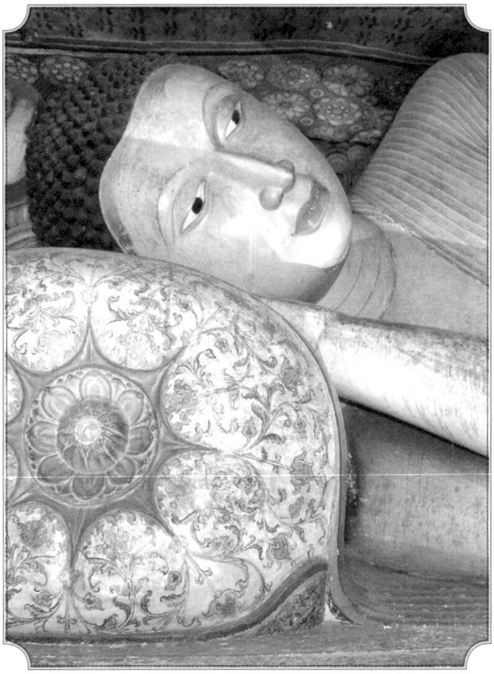

제3장

몸으로 간다
=태어남(生)

무명(無明)과 애(愛) 그리고 몸으로 가는 식(識), 이것이 윤회의 본질입니다!

그리고 몸이 생명력과 체열을 잃어 더 이상 식을 붙잡아둘 수 없게 되는 것을 경은 '**몸이 무너진다**'라고 표현합니다.

그래서 무명과 애를 해소하지 못한 채 몸이 무너지면, 식이 몸을 떠나서 다시 다른 몸으로 가게 되는 것, 이것이 **윤회**입니다.

I. 죽 음

지금 이 삶의 자리에서 변화 가운데 이어지는 새로운 삶이 저세상입니다.

이렇게 저세상은 있고, 화생을 포함한 다섯 갈래의 태어남이 있으며, 업의 보에 따라 태어나는 자리가 결정됩니다. 그렇다면 저세상은 이 세상과 어떻게 다르고, 태어나는 다섯 자리는 어디에 있는 것일까요?

하지만 이 질문은 타당하지 않습니다. 세상은 그저 세상으로 있을 뿐, 이 세상과 저세상의 차이가 없고, 다섯 갈래의 세상도 지금 우리가 살아가는 세상 그대로이기 때문입니다.

그러면 저세상이 있다는 것은 무슨 뜻입니까?

세상은 중생들의 삶의 영역입니다. 번뇌 그리고 무명과 애의 강도에 따른 삶의 질의 측면에서 욕계(慾界)-색계(色界)-무색계(無色界)의 삼계(三界)로 구분합니다. 그리고 욕계는 지옥-축생-아귀-인간-천상으로 구성되고, 색계와 무색계는 모두 천상에 속합니다.

이런 세상에서 윤회하며 살아가는 존재에게 세상은 그대로 있습니다. 다만, 세상을 살아가는 존재에게 상태의 변화가 있을 뿐입니다. 마음이 현재의 몸과 함께 존재를 구성하여 살아가는 지금의 존재 상태를 이 세상이라고 하고, 죽음 이후에 마음이 미래의 몸과 함께 존재를 구성하여 살아가는 존재 상태를 저세상이라고 부릅니다.

그래서 저세상이 있다는 것은 죽음 이후에 존재가 끊어져 없어지는 것이 아니라 새로운 몸과 함께 새로운 존재 상태가 되어(태어남) 삶을 이어간다는 것인데, 이것이 윤회한다는 의미입니다.

마찬가지로 다섯 갈래의 세상도 죽음 이후에만 나타나는 세상의 구성이 아닙니다. 지금도 세상은 다섯 갈래로 구성되어 있고, 나는 인간의 영역에 태어나 살아가고 있는 것입니다. 지금도 나의 주변에는 지옥-축생-아귀-천상에 태어나 살아가는 존재들이 함께 있는데, 태-란-습의 생(生)에 속한 인간과 축생의 존재들은 눈에 보이므로 함께 있는 줄 아는 것이고, 화생(化生)에 속한 지옥-아귀-천상은 눈에 보이지 않으므로 함께 있는 줄 모르는 것입니다. 더구나 이런 구성은 공간적 높낮이가 아니라 삶의 질적 차이이기 때문에 공간적으로 겹치지 않는다고 보아야 합니다. 그래서 시각적 접근이 아니라 번뇌 그리고 무명과 애의 강도의 측면으로 접근해야 합니다.

이렇게 그냥 그대로 있는, 다섯 갈래로 구성된 세상에서 살아가는 존재에게 제각각 무명과 애의 강도에 따라 죽음 이후 태어나는 자리가 결정되고, 그 자리에서 변화 가운데 이어지는 새로운 삶이 저세상인 것입니다.

세계관 & 범천(梵天)의 세상

무색계(無色界)			범천(梵天)의 세상 (brahmaloka)	비상비비상처	
	사심해탈			무소유처	
	희심해탈			식무변처	
	비심해탈			공무변처	
색계(色界)	제사선(第四禪)	사(捨) & 자심해탈		정거천(淨居天)	색구경천
					선견천
					선현천
					무열천
					무번천
				무상유정천	
				광과천	
	제삼선(第三禪)	희(喜)		변정천	
				무량정천	
				소정천	
	제이선(第二禪)	비(悲)		광음천	
				무량광천	
				소광천	
	초선(初禪)	자(慈)		대범천	
				범보천	
				범신천/범중천	
욕계(慾界)	욕계육천(慾界六天)			타화자재천	
				화락천	
				도솔천	
				야마천	
				삼십삼천	
				사대왕천	
	인간				
	아귀				
	축생				
	지옥				

1. 죽음은 무엇인가?

죽음은 사전적 의미로는 생물에게서 생명이 없어지는 현상입니다〈표준국어대사전〉. 그리고 불교적으로는 「이런저런 중생에 속하는 그러그러한 중생의 무리로부터 종말, 제거됨, 해체, 사라짐, 사망, 죽음, 서거, 온(蘊)의 해체, 육체를 내려놓음, 이것이 사(死-죽음-maraṇa)이라고 불린다.(SN 12.2-분석 경)」라고 정의됩니다.

구체적으로는 온(蘊)의 해체와 육체를 내려놓음에 주목해야 하는데, (MN 43-교리문답의 큰 경)은 생명력과 체열의 서로 조건 됨에 의한 몸[안근(眼根)~신근(身根)의 다섯 가지 기능]의 유지로써 오온의 결합 또는 육체와 함께한 존재 상태를 설명합니다.

또한, "도반이여, 생명력과 체열과 식(識)의 세 개의 법이 이 몸을 떠날 때 이 몸은 의도가 없는 나무토막처럼 던져지고 팽개쳐져 누워있습니다."라고 하여, 몸이 더 이상 나를 구성하는 몸이 아니라 시체가 되어 버려진 상황도 설명합니다. 다섯 가지 기능으로의 몸은 생명력과 체열로 유지되고, 몸이 유지될 때 몸(생명력+체열)과 식(識-마음)이 함께한 상태로의 나는 살아 있지만, 몸이 생명력과 체열을 잃게 되면 식은 더 이상 몸과 함께할 수 없게 되어 몸을 떠나게 되는 상황을 설명하는 것인데, 이것이 죽음의 의미입니다.

※ 생명력과 체열과 식이 몸을 떠나는 상황은 (DN 23.12-빠야시 경, 고둥 부는 사람 비유)과 (SN 22.95-거품 덩어리 경)에도 나타납니다. 특히, (SN 22.95-거품 덩어리 경)은 '생명력과 체온과 식(識)이 떠날 때, 남(다른 생명)의 음식이고 의도가 없는 몸은 던져져 잠든다.'라고 하여 식이 떠나면 무너진 몸은 다른 생명의 먹이가 된다는 점을 직접 말해주는데, 육식(肉食)에 대한 불교의 입장의 토대가 됩니다.

몸과 식(마음)이 함께하면 '나'라는 존재가 되고, 몸의 형편 때문에 식(마음)이 몸을 떠나면 '나'라는 존재 상태를 잃음 즉 죽는 것입니다.

2. 죽으면 어떤 일이 생길까?

죽음은 이렇게 식(마음)이 몸을 떠나는 것입니다. 그러면 몸은 더 이상 나의 몸이 아니라 시체라는 이름으로 버려집니다. 이것이 죽으면 생겨나는 첫 번째 현상입니다.

그러면 몸을 떠난 식(마음)은 어떻게 됩니까?

(SN 12.19-우현 경)은 「“비구들이여, 무명(無明)에 덮이고 애(愛)에 묶인 어리석은 자에게 이 몸이 일어난다. 그 어리석은 자에게 무명은 버려지지 않고 애는 부서지지 않는다. 그 원인은 무엇인가? 비구들이여, 어리석은 자는 괴로움의 부서짐을 위해 바르게 범행을 닦지 않는다. 그래서 어리석은 자는 몸이 무너진 뒤 몸으로 간다. 몸으로 간 그는 태어남과 늙음-죽음과 슬픔-비탄-고통-고뇌-절망에서 벗어나지 못하고, 괴로움에서 벗어나지 못한다고 나는 말한다.

비구들이여, 무명에 덮이고 애에 묶인 현명한 자에게 이 몸이 일어난다. 그 현명한 자에게 무명은 버려지고 애는 부서진다. 그 원인은 무엇인가? 비구들이여, 현명한 자는 괴로움의 부서짐을 위해 바르게 범행을 닦는다. 그래서 현명한 자는 몸이 무너진 뒤 몸으로 가지 않는다. 몸으로 가지 않은 그는 태어남과 늙음-죽음과 슬픔-비탄-고통-고뇌-절망에서 벗어나고, 괴로움에서 벗어난다고 나는 말한다.」라고 몸을 떠난 식(마음)의 상태를 알려줍니다.

어리석은 자이든 현명한 자이든 전생에서 죽을 때의 무명과 애 때문에 태어나 금생을 살고 있는데, 어리석는 자는 바르게 범행을 닦지 않아서 무명과 애를 해소하지 못하고, 현명한 자는 바르게 범행을 닦아서 무명과 애를 해소합니다. 그러면 무명과 애가 해소되지 않은 어리석은 자는 금생에서의 죽음 이후에 몸으로 가고, 무명과 애가 해소된 현명한 자는 금생에서의 죽음 이후에 몸으로 가지 않는다는 것입니다.

몸으로 간다!

죽음, 몸이 생명력과 체열을 잃어서 더 이상 몸과 함께할 수 없게 된 식이 몸을 떠나면, 이렇게 무명과 애를 해소하지 못한 어리석은 자의 식은 다시 몸으로 가고, 무명과 애를 해소한 현명한 자의 식은 몸으로 가지 않습니다.

어리석은 자의 식은 이렇게 다시 몸에 구속된 중생으로의 삶을 반복하는데, 태어남에 의해 죽음이 뒤따르는 윤회이고, 현명한 자의 식은 이렇게 몸에 구속된 중생으로의 삶을 반복하지 않는데, 태어나지 않음에 의해 불사(不死)가 실현되는 것 즉 윤회에서 벗어나는 것입니다.

Ⅱ. 죽음 이후 태어남을 직접 언급하는 표현들

이렇게 다양한 방법으로 부처님은 죽음 이후 이어지는 삶을 설명합니다.
부처님의 깨달음에 의하면, 윤회는 당연한 삶의 모습입니다.

죽음 이후에 태어남이 뒤따른다는 것은 부처님이 보는 중생의 삶에는 당연한 현상입니다. 삼명(三明-tevijja) 즉 숙주명(宿住明)/천안명(天眼明)/누진명(漏盡明)을 갖춘 깨달음에 의하면, 전생들에 대한 앎만큼이나 죽음 이후의 현상들(죽으면 어떻게 될까?)도 알려지기 때문입니다.

많은 경에서 죽음 이후 태어남을 직접 언급하는 표현들이 발견되는데,

1) 'kāyassa bhedā paraṃ maraṇā 몸이 무너져 죽은 뒤'

2) 'kā gati ko abhisamparāyo 갈 곳은 어디이고, 내세의 태어남은 어디입니까?'

3) 'yathābhataṃ nikkhitto evaṃ niraye 운반되듯 지옥에 놓인다. yathābhataṃ nikkhitto evaṃ sagge 운반되듯 천상에 놓인다.'

의 3가지가 대표적입니다.

[1] 죽음 이후를 직접 언급하는 표현들 - 1)「kāyassa bhedā paraṃ maraṇā 몸이 무너져 죽은 뒤」

이 구문은

- kāya: a heap; a collection; the body. (m.)
- bheda: breach; disunion; dissension. (m.)
- paraṃ: after; beyond; further; on the other side of. (adv.)
- maraṇa: death. (nt.)

여서 '몸의 무너짐과 이후의 죽음'을 말하는데, 몸이 무너지는 사건이 곧 죽음이라는 것을 알려줍니다. 이 구문은 공부 기준(*)에 모두 529번 나타납니다. 몸이 무너져 죽은 뒤 다시 태어남의 상황에 대해 이렇게 많은 경우를 통해 설명함으로써 윤회하는 삶에 대한 큰 관심을 드러내고 있습니다. 즉 저세상이 있다는 것을 태어남의 예시를 통해 알려주고 있는 것입니다.

(*) 「제1부 제2장 원전의 윤회」 참조(68쪽)

1. 이 구문은 많은 경우에

- 「kāyassa bhedā paraṃ maraṇā sugatiṃ saggaṃ lokaṃ upapajjati 몸이 무너져 죽은 뒤에 좋은 곳 하늘 세상에 태어난다.(220번)」와

- 「kāyassa bhedā paraṃ maraṇā apāyaṃ duggatiṃ vinipātaṃ nirayaṃ upapajjati 몸이 무너져 죽은 뒤에 상실과 비탄의 상태, 비참한 존재, 벌 받는 상태, 지옥에 태어난다.(171번)」

의 쌍으로 나타납니다.

(예) (DN 27.15-처음에 대한 앎 경, 나쁜 행위 등의 이야기)

몸으로 나쁜 행위를 하고, 말로 나쁜 행위를 하고, 의(意)로 나쁜 행위를 한 뒤에 삿된 견해를 가지고, 삿된 견해에 의한 업을 행하고, 삿된 견해로 행한 업을 원인으로 몸이 무너져 죽은 뒤에 상실과 비탄의 상태, 비참한 존재, 벌 받는 상태, 지옥에 태어난다.

몸으로 좋은 행위를 하고, 말로 좋은 행위를 하고, 의(意)로 좋은 행위를 한 뒤에 바른 견해를 가지고, 바른 견해에 의한 업을 행하고, 바른 견해로 행한 업을 원인으로 몸이 무너져 죽은 뒤에 좋은 곳, 하늘 세상에 태어난다.

2. 네 개의 경은 「kāyassa bhedā paraṃ maraṇā sugati pāṭikaṅkhā 몸이 무너져 죽은 뒤에 좋은 곳이 예상된다.」와 「kāyassa bhedā paraṃ maraṇā duggati pāṭikaṅkhā 몸이 무너져 죽은 뒤에 비참한 존재가 예상된다.」의 쌍으로 나타나는데, ①지금여기의 상태와 ②몸이 무너져 죽은 뒤의 예상을 함께 설명하고 있습니다. – (AN 6.75-괴로움 경)/(SN 14.12-원인과 함께함 경)/(SN 22.2-데와다하 경)/(AN 5.3-괴로움 경)

; 지금여기에서 걱정과 절망과 열기가 함께하여 괴롭게 머물고, 몸이 무너져 죽은 뒤에 비참한 존재가 예상된다.

; 지금여기에서 걱정과 절망과 열기가 없이 행복하게 머물고, 몸이 무너져 죽은 뒤에 좋은 곳이 예상된다.

※ (AN 3.70-불선(不善)의 뿌리 경)은 다른 형태를 보여주는데, 망-진-치와 무망-무진-무치의 대응입니다. –「망-진-치의 해소에 의한 깨달음 = 윤회에서 벗어남」

망-진-치에서 생긴 악한 불선법들에 의해 사로잡히고, 소진된 심(心)을 가진 사람은 지금여기에서 걱정과 절망과 열기가 함께하여 괴롭게 머물고, 몸이 무너져 죽은 뒤에 비참한 존재가 예상된다. ~ 망-진-치에서 생긴 악한 불선법들은 버려졌고 뿌리 뽑혔고 윗부분이 잘린 야자수처럼 되었고 존재하지 않게 되었고 미래에 생겨나지 않는 상태가 되었다. 지금여기에서 걱정과 절망과 열기가 없이 행복하게 머물고, 지금여기에서 완전히 꺼진다.

3. 몸이 무너져 죽은 뒤의 다섯 군데 갈 곳[오도윤회(五道輪廻)]에 대한 설명 –

(MN 12-사자후(獅子吼) 큰 경)

사리뿟따여, 이런 다섯 가지의 갈 곳이 있다. 무엇이 다섯인가? 지옥, 축생, 아귀, 인간, 천상이다. 사리뿟따여, 나는 지옥과 지옥으로 이끄는 길, 지옥으로 이끄는 실천을 꿰뚫어 알며, 그 실천을 따라 몸이 무너져 죽은 뒤에 상실과 비탄의 상태, 비참한 존재, 벌 받는 상태, 지옥에 태어난다는 것을 꿰뚫어 안다. 또한, 사리뿟따여, 나는 축생과 축생으로 이끄는 길, 축생으로 이끄는 실천을 꿰뚫어 알며, 그 실천을 따라 몸이 무너져 죽은 뒤에 짐승으로 태어난다는 것을 꿰뚫어 안다. 또한, 사리뿟따여, 나는 아귀와 아귀로 이끄는 길, 아귀로 이끄는 실천을 알며, 그 실천을 따라 몸이 무너져 죽은 뒤에 아귀로 태어난다는 것을 꿰뚫어 안다. 또한, 사리뿟따여, 나는 인간과 인간으로 이끄는 길, 인간으로 이끄는 실천을 꿰뚫어 알며, 그 실천을 따라 몸이 무너져 죽은 뒤에 인간으로 태어난다는 것을 꿰뚫어 안다. 또한, 사리뿟따여, 나는 천상과 천상으로 이끄는 길, 천상으로 이끄는 실천을 꿰뚫어 알며, 그 실천을 따라 몸이 무너져 죽은 뒤에 천상에 태어난다는 것을 꿰뚫어 안다. 그리고 사리뿟따여, 나는 열반과 열반으로 이끄는 길, 열반으로 이끄는 실천을 꿰뚫어 알며, 그 실천을 따라 번뇌들이 부서졌기 때문에 번뇌가 없는 심해탈(心解脫)과 혜해탈(慧解脫)을 지금여기에서 스스로 실답게 안 뒤에 실현하고 성취하여 머문다는 것을 꿰뚫어 안다.

4. 몸이 무너져 죽은 뒤에 고결하지 않은 사람들이 태어날 곳에 태어나는 삶과 고결한 사람들이 태어날 곳에 태어나는 삶 – (MN 110-보름밤의 짧은 경)

5. [다른 사람들의 갈 곳에 대한 앎] 몸이 무너져 죽은 뒤 퇴보로 나아가는 자와 성취로 나아가는 자 – (AN 6.44-미가살라 경)/(AN 10.75-미가살라 경)

6. 보시를 행한 사람에게는 어떤 경우[죽어서 어디에 태어나든지]에도 결실이 있음 – (AN 10.177-자눗소니 경) → [십악업(十惡業)을 행한 자가 사문이나 바라문에게 보시한 경우] 코끼리/말/소/개로 태어나도 먹을 것과 마실 것과 화환과 다른 장신구를 얻음 → [십선업(十善業)을 행한 자가 사문이나 바라문에게 보시한 경우] 인간/신으로 태어나 다섯 가지 소유의 사유에 묶인 것들을 얻음

7. 몸이 무너져 죽은 뒤 좋은 곳에 태어나는 경우만을 설명하는 유사한 구문들도 있습니다.

1) (AN 5.32-쭌디 경)은 삼보(三寶)에 귀의하고 오계(五戒)를 지키는 사람은 「kāyassa bhedā paraṃ maraṇā sugatiṃyeva upapajjati 몸이 무너져 죽은 뒤에 오직 좋은 곳에 태어난다.」라고 합니다.

2) (DN 19.15- 마하고윈다 경, 마하고윈다의 출가)/(SN 48.57-사함빠띠 범천 경)/(AN 5.192-도나 바라문 경)/(AN 7.66-일곱 개의 태양 경)은 「kāyassa bhedā paraṃ maraṇā sugatiṃ brahmalokaṃ upapajjati 몸이 무너져 죽은 뒤에 좋은 곳, 범천의 세상에 태어난다.」라는 경우를 설명합니다.

이외에 유사한 형태를 가지는 용례들도 있습니다

- (DN 13.6-삼명(三明) 경, 아찌라와띠 강의 비유) – 「와셋타여, '바라문이 행해야 하는 법을 버리고 바라문이 행하지 않아야 하는 법을 수용하는 그 삼명(三明) 바라문들이 다섯 가지 장애에 의해 덮여 있고, 장애 받고 있고, 장막에 가려져 있고, 복개되어 있기 때문에 몸이 무너져 죽은 뒤에 범천의 동료로 태어날 것이다.'라는 그런 경우는 없다.」

- (DN 13.8-삼명(三明) 경, 범천(梵天)의 세상에 이르는 길의 가르침) – 「'지배하는 자인 그 비구가 몸이 무너져 죽은 뒤에 소유욕이 없는 범천의 동료로 태어날 것이다.'라는 경우는 있습니다.」

- (DN 17.15-마하 수닷사나 경, 범천의 세상에 태어남)/(MN 83-마가데와 경) – 「그는 사범주(四梵住)를 닦아서 몸이 무너져 죽은 뒤 범천의 세상에 태어났다.」

3) 정거천(淨居天)의 신(神)으로 태어나는 사람들[불환자(不還者) - 범부(凡夫)들과 공통되지 않음] – ①(AN 4.124-다른 점 경)[사선(四禪) 위에서의 관찰], ②(AN 4.126-자애 경2)[사무량심(四無量心) 위에서의 관찰]

4) 보시로 인한 태어남 - (AN 7.52-큰 결실이 있는 보시 경) – 보시하는 마음의 단계적 지향을 통해 사대왕천으로부터 범신천에 이르는 일곱 가지 태어남을 설명함.

5) (AN 8.36-공덕의 결실을 있게 하는 토대 경) – 보시로 만들어진 공덕의 결실을 있게

하는 토대, 계로 만들어진 공덕의 결실을 있게 하는 토대, 수행으로 만들어진 공덕의 결실을 있게 하는 토대 → 수행으로 만들어진 공덕의 결실을 있게 하는 토대가 없을 때 욕계(慾界)의 여섯 하늘에 태어나는 것이 한계임.

6) 여덟 요소를 갖춘 포살(布薩)을 주제로 하는 경들 – (AN 3.71-포살 경)/(AN 8.41-간략한 포살 경)/(AN 8.42-상세한 포살 경)/(AN 8.43-위사카 경)/(AN 8.44-와셋타 경)/(AN 8.45-봇자 경)은 팔계(八戒)를 갖춘 포살의 준수에 따르는 결실과 이익을 말하는데, 「여덟 요소를 갖춘 포살을 준수한 뒤에 몸이 무너져 죽은 뒤 사대왕천~타화자재천의 신들의 일원으로 태어날 것이라는 경우는 있다.」라고 설명합니다.

그리고 (AN 9.18-아홉 요소의 포살 경)은 팔계의 준수 외에 사무량심 수행을 더해 아홉 요소를 갖춘 포살을 설명합니다.

7) 몸이 무너져 죽은 뒤에 마음에 드는 몸을 가진 신들의 동료로 태어나는 여덟 가지 법 – (AN 8.46-아누룻다 경)/(AN 8.47-위사카 경2)/(AN 8.48-나꿀라마따 경)

- (AN 5.33-욱가하 경) – 마음에 드는 몸을 가진 신들의 동료로 태어나는 다섯 가지 법

8. 반면에, (MN 54-뽀딸리야 경)은 몸이 무너져 죽은 뒤에 비참한 존재가 예상되는 조건을 설명하는데, 「'생명을 해치지 않음에 의지하여 생명을 해침을 버려야 한다.'라고 말한 것은 무엇을 연(緣)하여 말했습니까? 여기, 장자여, 성스러운 제자는 이렇게 숙고합니다. – '어떤 족쇄들을 원인으로 나는 생명을 해치는 자가 될 것이다. 나는 그 족쇄들을 버린 뒤에 물러남을 위해 실천한다. 내가 만약 생명을 해치는 자라면 생명을 해침을 조건으로 나 자신도 나를 비난할 것이고, 생명을 해침을 조건으로 나를 알고 있는 현명한 자들도 나를 비난할 것이다. 생명을 해침을 조건으로 몸이 무너져 죽은 뒤에 비참한 존재가 예상된다. 생명을 해침은 족쇄이고 장애이다. 그러나 이렇게 번뇌와 걱정과 열기를 생기게 하는 조건인 생명을 해침을 피한 자에게는 번뇌와 걱정과 열기가 없다.'라고. '생명을 해치지 않음에 의지하여 생명을 해침을 버려야 한다.'라고 말한 것은 이것을 연(緣)하여 말했습니다.」의 형태로 「①생명을 해치지 않음에 의지하여 생명을 해침을 버려야 한다. ②주어진 것을 가짐에 의지하여 주지 않는 것을 가짐을 버려야 한다. ③진실을 말함에 의지하여 거짓을 말함을 버려야 한다. ④험담하지 않음에 의지하여 험담하는 행위를 버려야 한다. ⑤애착과 망(望) 없음에 의지하여 애착과 망을

버려야 한다. ⑥비난과 다툼 없음에 의지하여 비난과 다툼을 버려야 한다. ⑦화와 절망 없음에 의지하여 화와 절망을 버려야 한다. ⑧오만하지 않음에 의지하여 오만을 버려야 한다.」의 여덟 가지입니다.

9. 한편, 아라한의 죽음에 대해서는「'몸이 무너진 뒤 생명이 끝나면, 기뻐하지 않는 모든 느낌은 오직 여기에서 차가워질 것이다.'라고 꿰뚫어 안다.(MN 140-요소의 분석 경)/(SN 12.51)/(SN 22.88)/(SN 36.7)/(SN 36.8)/(SN 54.8)/(AN 4.195)」라는 차별된 형태를 보여줍니다.

그리고 (SN 22.85-야마까 경)은 번뇌 다한 아라한인 비구는 몸이 무너져 죽은 뒤에 무엇이 되는지의 질문에 이렇게 답합니다. –「도반이여, 색은 무상합니다. 무상한 것은 고이고, 고인 것은 소멸하고 줄어들었습니다. 수 … 상 … 행들 … 식은 무상합니다. 무상한 것은 고이고, 고인 것은 소멸하고 줄어들었습니다.」

;「제1부 제1장 Ⅲ. 윤회에서 벗어난 상태」 참조(51쪽)

10. 기타 용례

1) (AN 2.33-42-평정한 심(心) 품(品)) 37. 안팎의 족쇄에 묶인 사람 –「그는 몸이 무너져 죽은 뒤 어떤 신들의 무리에 태어납니다.」

2) (MN 57-개의 습성 경) –「"뿐나여, 나는 '되었습니다, 뿐나여, 그것을 멈추십시오. 나에게 그것을 묻지 마십시오.'라고 하였지만, 그대는 받아들이지 않습니다. 그러니 나는 그것을 설명하겠습니다. 여기, 뿐나여, 어떤 사람이 완전하게 중단 없이 개의 습성을 닦고, 완전하게 중단 없이 개의 계행(戒行)을 닦고, 완전하게 중단 없이 개의 심(心)을 닦고, 완전하게 중단 없이 개의 처신을 닦습니다. 그는 완전하게 중단 없이 개의 습성을 닦고, 완전하게 중단 없이 개의 계행을 닦고, 완전하게 중단 없이 개의 심을 닦고, 완전하게 중단 없이 개의 처신을 닦았기 때문에 몸이 무너져 죽은 뒤 개들의 일원으로 태어납니다. 만약 그가 '나는 이런 계나 관행이나 고행이나 범행으로 신(神)이나 어떤 신이 될 것이다.'라는 견해를 가지면, 그것은 삿된 견해입니다. 뿐나여, 삿된 견해를 가진 자에게 지옥이나 축생의 두 군데 갈 곳 가운데 어떤 갈 곳을 나는 말합니다. 이렇게, 뿐나여, 개의 습성이 성취되면 개들의 일원으로 이끌리고, 성취되지 않으면 지옥으로

이끌립니다.”

; 처신의 문제보다는 견해의 문제

3) (AN 6.45-빚 경) – 「가난한 자, 가진 것이 없는 자, 한 웅큼의 쌀조차 갖지 못한 자가 몸으로 잘못된 행위를 하고 말로 잘못된 행위를 하고 의(意)로 잘못된 행위를 한 뒤에 몸이 무너져 죽은 뒤 지옥의 속박에 묶이고 축생의 모태의 속박에 묶인다.」

4) (SN 42.2-딸라뿌따 경) – 「만약 ‘무대에서 또는 연기장에서 사실과 거짓에 의해 사람을 웃게 하고 기쁨을 주는 연기자는 몸이 무너져 죽은 뒤 환희하는 신들의 동료로 태어난다.’라는 견해를 가진다면 그것은 삿된 견해라오. 단장이여, 삿된 견해를 가진 사람에게 지옥이나 축생의 두 가지 갈 곳 가운데 한 곳을 나는 말하오.」

; 연기의 문제보다는 견해의 문제

5) (SN 42.3-요다지와 경)/(SN 42.4-핫타로하 경)/(SN 42.5-앗사로하 경) – 「만약 ‘전장에서 노력하고 힘써 싸우는 기마대를 노력하고 힘써 싸우는 다른 기마대들이 죽이고 끝내면, 그는 몸이 무너져 죽은 뒤 패전의 신들의 동료로 태어난다.’라는 이런 견해를 가지면 그것은 삿된 견해요. 대장이여, 삿된 견해를 가진 사람에게 지옥이나 축생의 두 가지 갈 곳 가운데 한 곳을 나는 말하오.」

; 전투의 문제보다는 견해의 문제

6) (MN 127-아누룻다 경) – 「몸이 무너져 죽은 뒤 오염된 광명의 하늘의 신(神)들의 동료로 태어납니다.」

7) (MN 60-흠 없음 경) – [무인무연(無因無緣)의 견해를 가진 자] 「‘만약 원인이 없다면 이 사람은 몸이 무너진 뒤 안전한 자신을 만들 것이다. 만약 원인이 있다면 이 사람은 몸이 무너져 죽은 뒤에 상실과 비탄의 상태, 비참한 존재, 벌 받는 상태, 지옥에 태어날 것이다.」

[1-1] 몸이 무너져 죽은 뒤에 원하는 곳에 태어나기를 바람 또는 그 방법 – 「aho vatāhaṃ kāyassa bhedā paraṃ maraṇā 아! 나는 몸이 무너져 죽은 뒤에 ~」의 용례

몸이 무너져 죽은 뒤에 원하는 곳에 태어나기를 바라는 표현인데, 보시에 의한 태어남, 십선업에 의한 태어남, 믿음-계-배움-보시-지혜를 갖춤에 의한 태어남 등이 있습니다.

1. 여덟 가지 보시에 의한 태어남(aṭṭha dānūpapattiyo) — (DN 33.11-합송경, 여덟 가지로 구성된 법들)/(AN 8.35-보시에 의한 태어남 경)

사문이나 바라문에게 먹을 것과 마실 것과 입을 것과 탈 것과 꽃과 향과 바를 것 그리고 침상과 거처와 밝힐 것을 보시한 사람의 보시한 것에 대한 기대

— '아! 나는 몸이 무너져 죽은 뒤에 ①큰 부자인 끄샤뜨리야들이거나 큰 부자인 바라문들이거나 큰 부자인 장자들의 일원으로 태어나야겠다!'

— '아! 나는 몸이 무너져 죽은 뒤에 ②사대왕천-③삼십삼천-④야마천-⑤도솔천-⑥화락천-⑦타화자재천-⑧범신천의 신들의 일원으로 태어나야겠다!'

2. 십선업에 의한 태어남 — (MN 41-살라의 주민들 경)/(MN 42-웨란자의 바라문들 경)

; 만일 법을 행하는 자, 안정되게 행하는 자가 어떤 곳에 태어나기를 원한다면, 그가 법을 행하고 안정되게 행하는 자 즉 십선업을 실천하는 자이기 때문에 그것은 가능합니다.

만일 법을 행하는 자, 안정되게 행하는 자가 '아! 나는 몸이 무너져 죽은 뒤에 큰 부자인 끄샤뜨리야/바라문/장자들의 일원으로 태어나기를!'이라고 원한다면, 이런 경우는 있습니다.

… 사대왕천/삼십삼천/야마천/도솔천/화락천/타화자재천/범신천/광천/소광천/무량광천/광음천/정천(淨天)(PTS에는 있음-subhānaṃ devānaṃ)/소정천/무량정천/

변정천/광과천/무번천/무열천/선현천/선견천/색구경천의 신들의 일원

… 공무변처/식무변처/무소유처/비상비비상처(非想非非想處)에 도달한 신들의 일원

… 만일 법을 행하는 자, 안정되게 행하는 자가 '참으로 내가 번뇌들이 부서졌기 때문에 번뇌가 없는 심해탈(心解脫)과 혜해탈(慧解脫)을 지금여기에서 스스로 실답게 안 뒤에 실현하고 성취하여 머물기를!'이라고 원한다면, 이런 경우는 있습니다. 그가 번뇌들이 부서졌기 때문에 번뇌가 없는 심해탈과 혜해탈을 지금여기에서 스스로 실답게 안 뒤에 실현하고 성취하여 머문다는 것의 원인은 무엇입니까? 참으로 그가 법을 행하는 자, 안정되게 행하는 자이기 때문입니다.

3. 행(行)에 의한 태어남 ― (MN 120-행(行)에 의한 태어남 경)

; 믿음-계-배움-보시-지혜의 다섯 가지 법을 갖춘 사람의 태어남에 대한 희망

여기, 비구들이여, 믿음을 갖추고, 계를 갖추고, 배움을 갖추고, 보시를 갖추고, 지혜를 갖춘 비구가 있다. 그는 '아! 나는 몸이 무너져 죽은 뒤에 큰 부자인 끄샤뜨리야/바라문/장자들의 일원으로 태어나야겠다!'라고 생각한다. 그는 그 심(心)을 북돋우고, 그 심을 확고히 하고, 그 심을 닦는다. 그에게 이렇게 닦고 이렇게 많이 행한 그 행들과 머묾들은 거기에 태어남을 이끈다. 비구들이여, 이런 길, 이런 실천이 거기에 태어남을 이끈다.

… 사대왕천/삼십삼천/야마천/도솔천/화락천/타화자재천/천의 범천/2천의 범천/3천의 범천/4천의 범천/5천의 범천/만의 범천/10만의 범천/광천/소광천/무량광천/광음천/소정천/무량정천/변정천/광과천/무번천/무열천/선현천/선견천/색구경천의 신들의 일원

… 공무변처/식무변처/무소유처/비상비비상처(非想非非想處)에 도달한 신들의 일원

… 다시 비구들이여, 믿음을 갖추고, 계를 갖추고, 배움을 갖추고, 보시를 갖추고, 지혜를 갖춘 비구가 있다. 그에게 이런 생각이 든다. ― '아! 나는 번뇌들이 부서졌기 때문에 번뇌가 없는 심해탈(心解脫)과 혜해탈(慧解脫)을 지금여기에서 스스로 실답게

안 뒤에 실현하고 성취하여 머물러야겠다!'라고. 그는 번뇌들이 부서졌기 때문에 번뇌가 없는 심해탈과 혜해탈을 지금여기에서 스스로 실답게 안 뒤에 실현하고 성취하여 머문다. 비구들이여, 이 비구는 어디에도 태어나지 않는다.

4. 기타

(SN 29-용 상윳따)/(SN 30-금시조 상윳따)/(SN 31-간답바 상윳따)/(SN 32-구름의 신 상윳따)의 여러 경은 '아! 나는 몸이 무너져 죽은 뒤에 용/금시조/간답바/구름의 신들의 동료로 태어나기를!' 하는 바람에 의한 태어남을 말합니다.

이때, 용과 금시조로의 태어남은 선(善)-악(惡)이 함께한 업을 짓는 자의 바람이고, 간답바와 구름의 신들은 선업(善業)을 짓는 자의 바람으로 설명됩니다.

• 용 — 네 가지 용의 모태 — 난(卵)-태(胎)-습(濕)-화(化)

• 금시조 — 네 가지 금시조의 모태 — 난(卵)-태(胎)-습(濕)-화(化)

• 간답바 무리의 신들 — 향기로운 뿌리/향기로운 심재/향기로운 겉재목/향기로운 껍질/향기로운 새싹/향기로운 잎사귀/ 향기로운 꽃/향기로운 열매/향기로운 수액/향기로운 냄새에 사는 신들 = 간답바 무리의 신들

• 구름의 신들 — 차가운 구름/더운 구름/폭풍을 동반하는 구름/바람을 동반하는 구름/비를 동반하는 구름의 신들 = 구름에 사는 신들

[2] 죽음 이후를 직접 언급하는 표현들 – 2)「kā gati ko abhisamparāyo 갈 곳은 어디이고, 내세의 태어남은 어디입니까?」

1. 나의 사후에 대한 질문

1) (SN 55.21-마하나마 경1)

“대덕이시여, 지금 까삘라왓투는 부유하고, 번영하고, 많은 사람이 모여 있고, 사람들로 산만하고, 사람이 많아서 불편합니다. 대덕이시여, 저는 세존과 마음 닦는 비구들을 찾아뵌 뒤 저녁에 까삘라왓투로 들어갑니다. 그러면 저는 배회하는 코끼리와 만나고 배회하는 말과 만나고 배회하는 마차와 만나고 배회하는 수레와 만나고 배회하는 사람과 만납니다. 대덕이시여, 그런 저는 그때 세존에 대한 사띠를 잊고, 법에 대한 사띠를 잊고, 승가에 대한 사띠를 잊습니다. 대덕이시여, 그런 저에게 이런 생각이 듭니다. ―‘내가 만약 지금 죽는다면 나의 갈 곳은 어디일까? 어디에 태어날까?’라고.”

“두려워하지 말라, 마하나마여. 두려워하지 말라, 마하나마여. 그대의 죽음은 나쁘지 않을 것이다. 나쁘게 죽음을 맞지 않을 것이다. 마하나마여, 누구든지 오랜 세월 온전히 믿음을 닦은 심(心)과 온전히 계를 닦은 심과 온전히 배움을 닦은 심과 온전히 보시를 닦은 심과 온전히 지혜를 닦은 심을 가진 사람에게 몸은 물질이어서 사대(四大)로 구성된 것이고, 부모에 속한 것에서 생겨난 것이고, 밥과 응유가 집적된 것이고, 무상하고 쇠퇴하고 부서지고 해체되고 흩어지는 것이다. 그것을 여기서 까마귀들이 쪼아 먹고, 독수리들이 쪼아 먹고, 매들이 쪼아 먹고, 개들이 뜯어먹고, 자칼들이 뜯어 먹고, 많은 살아있는 벌레 떼가 파먹겠지만, 오랜 세월 온전히 믿음을 닦은 심과 온전히 계를 닦은 심과 온전히 배움을 닦은 심과 온전히 보시를 닦은 심과 온전히 지혜를 닦은 이 심은 위로 올라가고 특별한 곳으로 가게 된다.

2) (SN 55.22-마하나마 경2)

“대덕이시여, 지금 까삘라왓투는 부유하고, 번영하고, 많은 사람이 모여 있고, 사람들로 산만하고, 사람이 많아서 불편합니다. 대덕이시여, 저는 세존과 마음

닦는 비구들을 찾아뵌 뒤 저녁에 까삘라왓투로 들어갑니다. 그러면 저는 배회하는 코끼리와 만나고 배회하는 말과 만나고 배회하는 마차와 만나고 배회하는 수레와 만나고 배회하는 사람과 만납니다. 대덕이시여, 그런 저는 그때 세존에 대한 사띠를 잊고, 법에 대한 사띠를 잊고, 승가에 대한 사띠를 잊습니다. 대덕이시여, 그런 저에게 이런 생각이 듭니다. —'내가 만약 지금 죽는다면 나의 갈 곳은 어디일까? 어디에 태어날까?'라고."

"두려워하지 말라, 마하나마여. 두려워하지 말라, 마하나마여. 그대의 죽음은 나쁘지 않을 것이다. 나쁘게 죽음을 맞지 않을 것이다. 마하나마여, 네 가지 법을 갖춘 성스러운 제자는 열반으로 굽고, 열반으로 경사지고, 열반으로 이끌린다. 어떤 네 가지인가? 여기, 마하나마여, 성스러운 제자는 붓다[불(佛)]에 대해 확실한 믿음을 갖춘다. — '이렇게 그분 세존께서는 모든 번뇌 떠나신 분, 스스로 완전한 깨달음을 이루신 분, 밝음과 실천을 갖추신 분, 진리의 길 보이신 분, 세상일을 모두 훤히 아시는 분, 어리석은 이도 잘 이끄시는 위없는 분, 모든 천상과 인간의 스승, 깨달으신 분, 존귀하신 분이시다.'라고.

담마[법(法)]에 대해 확실한 믿음을 갖춘다. — '세존에 의해 잘 설해진 법은 스스로 보이는 것이고, 시간을 넘어선 것이고, 와서 보라는 것이고, 향상으로 이끌고, 지혜로운 이에게 개별적으로 알려지는 것이다.'라고.

성자들[승(僧)]에 대해 확실한 믿음을 갖춘다. — '세존의 제자 상가는 잘 실천하고, 세존의 제자 상가는 올곧게 실천하고, 세존의 제자 상가는 방법에 맞게 실천하고, 세존의 제자 상가는 가르침에 일치하게 실천한다. 쌍으로는 넷이고, 홑으로는 여덟인 이들이 세존의 제자 상가이니, 공양받을만하고, 환영받을만하고, 보시받을만하고 합장받을만하며, 세상의 위없는 복전(福田)이다.'라고.

'깨지지 않고, 끊어지지 않고, 결점이 없고, 얼룩지지 않고, 구속되지 않고, 지자들이 칭찬하고, 움켜쥐지 않고, 삼매로 이끄는' 성자들이 지니는 계들을 갖춘다.

예를 들면, 마하나마여, 동쪽으로 굽고, 동쪽으로 경사지고, 동쪽으로 이끌린 나무가 있다. 그 나무를 뿌리에서 자르면 어디로 쓰러지겠는가?" "굽은 쪽으로, 경사진 쪽으로, 이끌린 쪽으로 쓰러질 것입니다, 대덕이시여." "이처럼, 마하나마여, 이런

네 가지 법을 갖춘 성스러운 제자는 열반으로 굽고, 열반으로 경사지고, 열반으로 이끌린다.“

2. 삿된 견해를 가진 자의 질문

1) (MN 57-개의 습성 경)

“대덕이시여, 개의 습성을 가진 나체수행자 세니야는 행하기 어려운 일을 행하는 자여서 땅에 던져진 음식을 먹습니다. 그는 오랫동안 개의 습성을 온전하게 실천하였습니다. 그의 갈 곳은 어디이고, 내세의 태어남은 어디입니까?”라고.

⇒「[1] 10. 기타 용례」 참조(213쪽)

3. 성자(聖者)의 경우

1) (MN 91-브라흐마유 경)

한 곁에 앉은 그 비구들은 세존에게 이렇게 말했다. – “대덕이시여, 브라흐마유 바라문이 죽었습니다. 그가 간 곳은 어디입니까? 어디에 태어났습니까?”라고. “비구들이여, 브라흐마유 바라문은 현자여서 가르침에 일치하는 법을 실천했다. 법으로 말미암아 나를 불편케 하지 않았다. 비구들이여, 브라흐마유 바라문은 오하분결(五下分結)이 완전히 부서졌기 때문에 화생(化生)하고, 거기서 완전히 열반하니, 그 세상으로부터 돌아오지 않는 존재[불환자(不還者)]이다.

2) (MN 140-요소의 분석 경)

그러자 뿍꾸사띠 존자는 세존의 말을 동의하고 감사한 뒤에 자리에서 일어나 세존에게 절한 뒤 오른쪽으로 돈 뒤에 발우와 가사를 구하기 위해 떠났다. 발우와 가사를 구하기 위해 돌아다니는 뿍꾸사띠 존자를 떠돌던 소가 생명을 빼앗았다. 그때 많은 비구들이 세존에게 왔다. 와서는 세존에게 절한 뒤 한 곁에 앉았다. 한 곁에 앉은 그 비구들은 세존에게 이렇게 말했다. – “대덕이시여, 세존으로부터 간략한 가르침을 받은 뿍꾸사띠라는 좋은 가문의 아들이 죽었습니다. 그가 간 곳은 어디입니까?

어디에 태어났습니까?"라고. "비구들이여, 좋은 가문의 아들 뿍꾸사띠는 삶의 자량의 반대편에 선 현자이다. 열반으로 이끄는 법으로 말미암아 나를 불편케 하지 않았다. 비구들이여, 좋은 가문의 아들 뿍꾸사띠는 오하분결(五下分結)이 완전히 부서졌기 때문에 화생(化生)하고, 거기서 완전히 열반하니, 그 세상으로부터 돌아오지 않는 존재[불환자(不還者)]이다.

3) (SN 55.3-디가부 남신자 경)

그리고 세존은 디가부 남신자에게 이런 가르침을 설한 뒤에 자리에서 일어나 돌아갔다. 그리고 디가부 남신자는 세존이 돌아간 뒤 오래지 않아서 죽었다. 그때 많은 비구들이 세존에게 왔다. 와서는 세존에게 절한 뒤 한 곁에 앉았다. 한 곁에 앉은 그 비구들은 세존에게 이렇게 말했다. - "대덕이시여, 세존의 간략한 가르침을 받은 디가부란 이름의 그 남신자가 죽었습니다. 그의 갈 곳은 어디이고, 내세의 태어남은 어디입니까?"라고. "비구들이여, 디가부 남신자는 현자(賢者)다. 삶의 자량의 반대편에 선 현자이다. 열반으로 이끄는 법으로 말미암아 나를 불편케 하지 않았다. 비구들이여, 디가부 남신자는 오하분결(五下分結)이 완전히 부서졌기 때문에 화생(化生)하고, 거기서 완전히 열반하니, 그 세상으로부터 돌아오지 않는 존재[불환자(不還者)]이다."

4. 아라한의 죽음 이후에 대한 질문

1) (MN 144-찬나의 가르침 경)/(SN 35.70-찬나 경)

사리뿟따 존자와 마하쭌다 존자가 돌아가고 오래지 않아서 찬나 존자는 칼을 썼다. 그러자 사리뿟따 존자는 세존에게 왔다. 와서는 세존에게 절한 뒤 한 곁에 앉았다. 한 곁에 앉은 사리뿟따 존자는 세존에게 이렇게 말했다. — "대덕이시여, 찬나 존자가 칼을 썼습니다. 그가 간 곳은 어디입니까? 어디에 태어났습니까?"라고. "사리뿟따여, 찬나 비구가 그대의 앞에서 결점 없음을 말하지 않았는가?" "대덕이시여, 뿝바지라라는 왓지족 마을이 있습니다. 거기에 찬나 존자와 친하고 우호적이지만 비난받는 가문이 있습니다." "사리뿟따여, 찬나 존자와 친하고 우호적이지만 비난받는 가문이 있다. 사리뿟따여, 나는 그것으로 '결점이 있다.'라고 말하지 않는다. 사리뿟따여, 이 몸을 내려놓고 다른 몸을 붙잡는 사람을 나는 '결점이 있다.'라도 말한다(*). 그것이 찬나 비구에게는 없다. '결점 없는 찬나 비구가 칼을 썼다.'라고, 사리뿟따여, 이렇게 받아들이라."

(*) 결점(saupavajja) = 이 몸을 내려놓고 다른 몸을 붙잡음(윤회)

2) (MN 145-뿐나의 가르침 경)/(SN 35.71-뿐나 경)

그러자 뿐나 존자는 세존의 말을 동의하고 감사한 뒤에 자리에서 일어나 세존에게 절하고 오른쪽으로 돈 뒤에 거처를 정리하고 발우와 가사를 지니고 수나빠란따 지역으로 유행을 떠났다. 점차적으로 유행하면서 수나빠란따 지역에 도착했다. 뿐나 존자는 수나빠란따 지역에 머물렀다. 그리고 뿐나 존자는 우안거를 통해 오백 명 정도의 남신자를 가르치고, 우안거를 통해 오백 명 정도의 여신자를 가르치고, 우안거를 통해 삼명(三明)을 실현했다. 또한, 뿐나 존자는 나중에 완전히 열반했다.

그러자 많은 비구들이 세존에게 왔다. 와서는 … 한 곁에 앉은 그 비구들은 세존에게 이렇게 말했다. – "대덕이시여, 세존으로부터 간략한 가르침을 받은 뿐나라는 좋은 가문의 아들이 죽었습니다. 그가 간 곳은 어디입니까? 어디에 태어났습니까?"라고.

"비구들이여, 좋은 가문의 아들 뿐나는 삶의 자량의 반대편에 선 현자이다. 열반으로 이끄는 법으로 말미암아 나를 불편케 하지 않았다. 비구들이여, 좋은 가문의 아들 뿐나는 완전히 열반했다."

5. 법의 거울[법경(法鏡)]의 법문

이 질문은 (DN 16.10-대반열반경, 돌아오지 않는 법과 깨달음을 겨냥함)에서 포괄적 문답을 통해 답을 주는데, 법의 거울의 법문입니다. 또한, 같은 주제가 (SN 55.8-벽돌집 경1)/(SN 55.9-벽돌집 경2)/(SN 55.10-벽돌집 경3)에서 반복되는데, 그만큼 죽은 뒤에 갈 곳은 어디인지, 내세 즉 다시 태어날 곳은 어디인지에 대한 관심이 크다고 할 것입니다. 그리고 부처님은 그 질문에 대해 바른 답을 줍니다.

아난다여, 사람으로 태어난 자가 죽는다는 것은 특별한 일이 아니다. 죽을 때마다 그대들이 여래를 찾아와서 이러한 뜻을 묻고자 한다면, 아난다여, 여래를 짜증나게 하는 것이다. 아난다여, 그러므로 법의 거울이라고 불리는 법문을 설할 것이니 이것을 갖춘 성스러운 제자는 원할 때면 오직 자신에 의해 자신을 설명할 수 있다. — '나에게 지옥은 다했고 축생의 모태는 다했고 아귀의 영역은 다했고 상실과 비탄의 상태, 비참한 존재,

벌 받는 상태는 다했다. 나는 예류자(預流者)여서 떨어지지 않는 자, 확실한 자, 깨달음을 겨냥한 자이다.'라고.

아난다여, 그러면 어떤 것이 그 법의 거울이라고 불리는 법문이어서 이것을 갖춘 성스러운 제자는 원할 때면 오직 자신에 의해 자신을 설명할 수 있는가? ― '나에게 지옥은 다했고 축생의 모태는 다했고 아귀의 영역은 다했고 상실과 비탄의 상태, 비참한 존재, 벌 받는 상태는 다했다. 나는 예류자(預流者)여서 떨어지지 않는 자, 확실한 자, 깨달음을 겨냥한 자이다.'라고.

아난다여, 여기 성스러운 제자는 '이렇게 그분, 세존은, 모든 번뇌 떠나신 분, 스스로 완전한 깨달음을 이루신 분, 밝음과 실천을 갖추신 분, 진리의 길 보이신 분, 세상일을 모두 훤히 아시는 분, 어리석은 이도 잘 이끄시는 위없는 분, 천상과 인간의 스승, 깨달으신 분, 존귀하신 분입니다.'라고 부처님에 대한 확실한 믿음을 갖춘다.

'세존(世尊)에 의해 잘 설해진 법은 스스로 보이는 것이고, 시간을 넘어선 것이고, 와서 보라는 것이고, 향상으로 이끌고, 지혜로운 이들에게 개별적으로 알려지는 것이다.'라고 가르침에 대한 확실한 믿음을 갖춘다.

상가[승(僧)]에 대해 확실한 믿음을 갖춘다. ― '세존의 제자 상가는 잘 실천하고, 세존의 제자 상가는 올곧게 실천하고, 세존의 제자 상가는 방법에 맞게 실천하고, 세존의 제자 상가는 가르침에 일치하게 실천한다. 쌍으로는 넷이고, 홑으로는 여덟인 이들이 세존의 제자 상가이니, 공양받을만하고, 환영받을만하고, 보시받을만하고 합장받을만하며, 세상의 위없는 복전(福田)이다.'라고.

'깨지지 않고, 끊어지지 않고, 결점이 없고, 얼룩지지 않고, 구속되지 않고, 지자들이 칭찬하고, 움켜쥐지 않고, 삼매로 이끄는' 성자들이 지니는 계(戒)들을 갖춘다.

아난다여, 이것이 법의 거울[법경(法鏡)]이라고 불리는 법문이어서 이것을 갖춘 성스러운 제자는 원할 때면 오직 자신에 의해 자신을 설명할 수 있다. - '나에게 지옥은 다했고 축생의 모태는 다했고 아귀의 영역은 다했고 상실과 비탄의 상태, 비참한 존재, 벌 받는 상태는 다했다. 나는 예류자(預流者)여서 떨어지지 않는 자, 확실한 자, 깨달음을 겨냥한 자이다.'라고.

[3] 죽음 이후를 직접 언급하는 표현들 – 3)「운반되듯 지옥 또는 천상에 놓인다.」

많은 경들은 어떤 법들을 갖추면 「운반되듯 지옥 또는 천상에 놓인다.」라고 말합니다.

- yathābhataṃ nikkhitto evaṃ niraye – 운반되듯 지옥에 놓인다.
- yathābhataṃ nikkhitto evaṃ sagge – 운반되듯 천상에 놓인다.

(AN 3.62-근본 교리 등 경)은 세 가지 외도의 근본 교리[삼종외도 (三種外道)]를 소개하는데, ①전생의 행위가 원인, ②창조주의 창조가 원인, ③원인도 없고 조건도 없음[무인무연(無因無緣)]입니다. 이때, ②창조주의 창조가 원인이라는 교리는 권능 가진 자로서의 신이 내 삶을 좌우한다고 말하는 것인데, 부처님은 이것이 사실이 아니라고 말합니다. 즉 부처님에 의해 밝혀진 실제적인 길[도(道)]이 아닌 바깥 길[외도(外道)]이어서 이것은 우리 삶의 현실이 아니라는 것입니다. 그래서 이런 주장에 의지해서 즉 신의 권능에 의지해서 삶의 문제를 풀려고 해서는 풀어지지 않는 것입니다.

그렇다면 권능 가진 자로서의 신 대신에 나의 삶을 좌우하는 실제적인 길은 무엇입니까? 부처님은 신의 권능과는 반대되는 개념으로 운반되듯 지옥 또는 천상에 놓이도록 하는 것이 있다고 하는데, 삶의 주인공인 나의 행위 즉 업입니다.

- 외도(外道) - 권능 가진 자가 나의 삶을 지배한다고 설명
- 부처님의 가르침 – 주인공인 나의 행위에 의해 「행위가 가지는 과(果)와 보(報)의 법칙성」이 나를 운반되듯 지옥 또는 천상에 옮겨 놓는 것으로 설명

• 전체 용례

1) (MN 12-사자후의 큰 경) → 부처님을 거짓으로 비방함
2) (SN 42.8-소라고둥 부는 자 경) → 업에 대한 잘못된 견해
3) (SN 42.9-가문 경) → 부처님을 거짓으로 비방함
4) 앙굿따라 니까야 — 83회

1. (MN 12-사자후의 큰 경) ―「어떤 사람이, 사리뿟따여, 이렇게 알고, 이렇게 보는 나에게 '사문 고따마에게는 인간을 넘어선 법인 성자들에게 적합한 차별적 지(知)와 견(見)이 없다. 사문 고따마는 딱까를 두드리고 관찰을 동반하여 자신이 이해한 법을 설한다.'라고 말한다면, 사리뿟따여, 그 말을 버리지 않고, 그 심을 버리지 않고, 그 견해를 포기하지 않으면 운반되듯 지옥에 놓인다. 예를 들면, 사리뿟따여, 계를 갖추고, 삼매를 갖추고, 지혜를 갖춘 비구는 지금여기에서 무위의 앎을 얻을 것이다. 이처럼, 사리뿟따여, 이런 성취를 나는 말한다. 그 말을 버리지 않고, 그 심을 버리지 않고, 그 견해를 포기하지 않으면 운반되듯 지옥에 놓인다.」

2. (SN 42.8-소라고둥 부는 자 경) ―「'생명을 해치는 자는 누구든지 모두 상실과 비탄의 상태에 태어나거나, 지옥에 태어난다. 주지 않는 것을 가지는 자는 누구든지 모두 상실과 비탄의 상태에 태어나거나, 지옥에 태어난다. 음행에 대해 삿되게 행하는 자는 누구든지 모두 상실과 비탄의 상태에 태어나거나, 지옥에 태어난다. 거짓을 말하는 자는 누구든지 모두 상실과 비탄의 상태에 태어나거나, 지옥에 태어난다.'라는 그 말을 버리지 않고, 그 심을 버리지 않고, 그 견해를 포기하지 않으면 운반되듯 지옥에 놓입니다.」

3. (SN 42.9-가문 경) ―「촌장이여, 이런 여덟 가지 원인, 여덟 가지 조건이 있는데도, 어떤 사람이 나에게 '세존은 가문들을 파괴하기 위해 실천하는 분입니다. 세존은 가문들의 불행을 위해 실천하는 분입니다. 세존은 가문들을 해치기 위해 실천하는 분입니다!'라고 말한다면, 촌장이여, 그 말을 버리지 않고, 그 심(心)을 버리지 않고, 그 견해를 포기하지 않으면 운반되듯 지옥에 놓입니다.」

4. 앙굿따라 니까야의 주제별 주요 용례

1) 심(心) ― (AN 1.41-50-잘못된 지향 품) 43.-44. ―「여기, 비구들이여, 나는 거친 심(心)을 가진 어떤 사람을 심(心)으로 심(心)을 분별하여 분명히 안다. ― '만약 지금 이 사람이 죽는다면, 운반되듯 지옥에 놓인다. 그 원인은 무엇인가? 참으로 심(心)의 거침이다. 비구들이여, 심(心)의 거침을 원인으로 이렇게 여기 어떤 중생들은 몸이 무너져 죽은 뒤에 상실과 비탄의 상태, 비참한 존재, 벌 받는 상태, 지옥에 태어난다.'라고. ~ 여기, 비구들이여, 나는 고운 심(心)을 가진 어떤 사람을 심(心)으로 심(心)을 분별하여 분명히 안다. ― '만약 지금 이 사람이 죽는다면, 운반되듯 하늘에

놓인다. 그 원인은 무엇인가? 참으로 심(心)의 고움이다. 비구들이여, 심(心)의 고움을 원인으로 이렇게 여기 어떤 중생들은 몸이 무너져 죽은 뒤에 좋은 곳, 하늘 세상에 태어난다.'라고.」

2) 성냄과 원한 등 — (AN 2.181-190-성냄의 반복)

• 두 가지 법을 갖추면 운반되듯 지옥에 놓인다. — 성냄과 원한, 위선과 악의, 질투와 인색, 사기와 교활, 자책의 두려움 없음과 타책의 두려움 없음

• 두 가지 법을 갖추면 운반되듯 천상에 놓인다. — 성냄 없음과 원한 없음, 위선 없음과 악의 없음, 질투 없음과 인색 없음, 사기 없음과 교활 없음, 자책의 두려움과 타책의 두려움

3) 신구의(身口意) 삼업(三業) — (AN 3.147-불선 경)

• 세 가지 법을 갖춘 자는 운반되듯 지옥에 놓인다. — 불선의 몸의 업, 불선의 말의 업, 불선의 의의 업

• 세 가지 법을 갖춘 자는 운반되듯 천상에 놓인다. — 선의 몸의 업, 선의 말의 업, 선의 의의 업

4) 십업(十業)[십악업(十惡業)-십선업(十善業)] — (AN 3.164-183-업의 길의 반복)

• 세 가지 법을 갖추면 운반되듯 지옥에 놓인다. — 자신도 생명을 해치는 행위를 하고, 남에게도 생명을 해치는 행위를 하도록 부추기고, 생명을 해치는 행위를 하는 것에 동의한다.(십악업에 반복)

• 세 가지 법을 갖추면 운반되듯 천상에 놓인다. — 자신도 생명을 해치는 행위를 피하고, 남에게도 생명을 해치는 행위를 삼가도록 부추기고, 생명을 해치는 행위를 삼가는 것에 동의한다.(십선업에 반복)

• (AN 10.221-233-236-일반 품)은 십악업과 십선업에 대해서 「①열 가지 : 십업 →

②스무 가지 : 자신의 행위와 남의 행위를 부추김 → ③서른 가지 : 자신의 행위와 남의 행위를 부추김과 동의 → ④마흔 가지 : 자신의 행위와 남의 행위를 부추김과 동의와 칭찬」의 형태로 운반되듯 지옥에 놓임과 운반되듯 천상에 놓임을 반복 설명합니다.

5) 관심-진(嗔)-치(癡)-두려움

• (AN 4.20-음식 분배 담당자 경)

; 네 가지 법을 갖춘 음식 분배 담당자는 운반되듯 지옥에 놓인다. — 관심 때문에 방향 아닌 곳으로 간다. 진 때문에 방향 아닌 곳으로 간다. 치 때문에 방향 아닌 곳으로 간다. 두려움 때문에 방향 아닌 곳으로 간다.

; 네 가지 법을 갖춘 음식 분배 담당자는 운반되듯 천상에 놓인다. — 관심 때문에 방향 아닌 곳으로 가지 않는다. 진 때문에 방향 아닌 곳으로 가지 않는다. 치 때문에 방향 아닌 곳으로 가지 않는다. 두려움 때문에 방향 아닌 곳으로 가지 않는다.

• (AN 5.272-음식 분배 담당자 경) ~ (AN 5.273-285-숙소 운영자 경 등 13개) – 불교적 인사 기준

; 이 네 가지 법 외에 각각의 담당 업무에 관련된 한 가지 법을 더한 다섯 가지로써 선발되지 않아야 함-선발되어야 함, 선발되어도 보내지 않아야 함-선발되면 보내야 함, 운반되듯 지옥에 놓임-운반되듯 천상에 놓임을 설명합니다. 불교적 인사 기준이라고 하겠습니다.

6) 유학(有學)의 힘 — (AN 5.4-운반되듯 경)

• 다섯 가지 법을 갖춘 자는 운반되듯 지옥에 놓인다. — 여기, 비구들이여, 비구는 믿음이 없고, 자책의 두려움이 없고, 타책의 두려움이 없고, 게으르고, 지혜가 없다.

• 다섯 가지 법을 갖춘 자는 운반되듯 천상에 놓인다. — 여기, 비구들이여, 비구는 믿음이 있고, 자책의 두려움이 있고, 타책의 두려움이 있고, 열심히 정진하고, 지혜가 있다.

7) 비구니를 대상으로 설해진 경우 — (안다까윈다 품)에 속한 경 여섯 개

• (AN 5.115-인색한 자 경)

다섯 가지 법을 갖춘 비구니는 운반되듯 지옥에 놓인다. — 거처에 인색하다. 가문에 대해 인색하다. 얻은 것에 대해 인색하다. 칭찬에 인색하다. 법에 인색하다.

다섯 가지 법을 갖춘 비구니는 운반되듯 천상에 놓인다. — 거처에 인색하지 않다. 가문에 대해 인색하지 않다. 얻은 것에 대해 인색하지 않다. 칭찬에 인색하지 않다. 법에 인색하지 않다.

이어지는 (AN 5.116-칭찬 경)은 「알지도 못하고 조사도 하지 않은 채 칭찬할 만하지 않은 사람을 칭찬한다. 알지도 못하고 조사도 하지 않은 채 칭찬할 만한 사람을 칭찬하지 않는다. 알지도 못하고 조사도 하지 않은 채 믿을 만하지 않은 곳에 믿음을 분명히 한다. 알지도 못하고 조사도 하지 않은 채 믿을 만한 곳에 믿음을 분명히 하지 않는다. 믿음으로 보시받은 것을 낭비한다.」로써 지옥을, 반대되는 경우로써 천상을 설명합니다.

그리고 다시 이어지는 네 개의 경들은 「알지도 못하고 조사도 하지 않은 채 칭찬할 만하지 않은 사람을 칭찬한다. 알지도 못하고 조사도 하지 않은 채 칭찬할 만한 사람을 칭찬하지 않는다.」와 「믿음으로 보시받은 것을 낭비한다.」의 사이에 (AN 5.117-질투하는 자 경)은 질투와 인색, (AN 5.118-삿된 견해를 가진 자 경)은 삿된 견해와 삿된 사유, (AN 5.119-삿된 말 경)은 삿된 말과 삿된 행위, (AN 5.120-삿된 정진 경)은 삿된 정진과 삿된 사띠를 포함하여 설명합니다.

8) 오계(五戒) - (AN 5.145-지옥 경)

• 다섯 가지 법을 갖춘 자는 운반되듯 지옥에 놓인다. — 생명을 해치는 자이고, 주지 않는 것을 가지는 자이고, 음행에 대해 삿되게 행하는 자이고, 거짓을 말하는 자이고, 술과 발효액 등 취하게 하는 것 때문에 방일하게 머무는 자이다.

• 다섯 가지 법을 갖춘 자는 운반되듯 천상에 놓인다. — 생명을 해치는 행위로부터 피한 자이고, 주지 않는 것을 가지는 행위로부터 피한 자이고, 음행에 대한 삿된 행위로부터 피한 자이고, 거짓을 말하는 행위로부터 피한 자이고, 술과 발효액 등 취하게 하는 것으로 인한 방일한 머묾으로부터 피한 자이다.

• 「앙굿따라 니까야 다섯의 모음의 학습계목의 반복」에 속한 경들(sikkhāpada-peyyālaṃ AN 5.286~302)은 비구-비구니-식카마나-사미-사미니-우바새-우바이 등 불교신자들과 아지와까-니간타-머리 깎은 제자-머리를 여러 갈래로 땋은 자-유행승-마간디까-세 가지 지팡이를 짊고 다니는 자-방해받지 않은 자-고따마까-신을 섬기는 자 등 외도들을 대상으로 동일한 가르침을 반복합니다.

사람의 신분에 따라 적용되는 것이 아니라 불교신자이든 아니든 모든 사람들에게 행위는 그 태어날 곳을 결정한다는 것을 상세하게 알려주는 것입니다.

9) 정착하여 머무는 비구를 대상으로 설해진 경우 — (정착하여 머무는 자 품)의 경 다섯 개는 비구니를 대상으로 설해진 (안다까윈다 품)과 유사한 형태를 보여줍니다. (AN 5.236-칭찬할 만하지 않음 경1)은 (AN 5.116-칭찬 경)과 같이 「알지도 못하고 조사도 하지 않은 채 칭찬할 만하지 않은 사람을 칭찬한다. 알지도 못하고 조사도 하지 않은 채 칭찬할 만한 사람을 칭찬하지 않는다. 알지도 못하고 조사도 하지 않은 채 믿을 만하지 않은 곳에 믿음을 분명히 한다. 알지도 못하고 조사도 하지 않은 채 믿을 만한 곳에 믿음을 분명히 하지 않는다. 믿음으로 보시받은 것을 낭비한다.」로써 지옥을, 반대되는 경우로써 천상을 설명합니다.

이어지는 네 개의 경 가운데

• (AN 5.237-칭찬할 만하지 않음 경2)은 「알지도 못하고 조사도 하지 않은 채 칭찬할 만하지 않은 사람을 칭찬한다. 알지도 못하고 조사도 하지 않은 채 칭찬할 만한 사람을 칭찬하지 않는다.」에 이어 거처와 가문에 대한 인색과 탐욕 그리고 믿음으로 보시받은 것의 낭비를,

• (AN 5.238-칭찬할 만하지 않음 경3)은 「알지도 못하고 조사도 하지 않은 채 칭찬할 만하지 않은 사람을 칭찬한다. 알지도 못하고 조사도 하지 않은 채 칭찬할 만한 사람을

칭찬하지 않는다.」에 이어 거처와 가문과 얻은 것에 대한 인색을,

- (AN 5.239-인색 경1)은 거처와 가문과 얻은 것과 칭찬에 대한 인색과 믿음으로 보시받은 것의 낭비를,

- (AN 5.240-인색 경2)은 거처와 가문과 얻은 것과 칭찬 그리고 법에 대한 인색을

각각 말합니다.

제4장

몸으로 가는 자

「연기(緣起)된 식(識)의 윤회(輪迴)」

이 주제의 기본 시각은 **4가지 자량(āhāra)[사식(四食)]**인데, (SN 12.11-자량 경) 등이 설명합니다.

"cattārome, bhikkhave, āhārā bhūtānaṃ vā sattānaṃ ṭhitiyā sambhavesīnaṃ vā anuggahāya. katame cattāro? kabaḷīkāro āhāro — oḷāriko vā sukhumo vā, phasso dutiyo, manosañcetanā tatiyā, viññāṇaṃ catutthaṃ.

비구들이여, 활성 존재인 중생을 유지하고 존재를 추구하는 자를 도와주는 네 가지 자량이 있다. 무엇이 넷인가? 거칠거나 미세한 덩어리진 자량[단식(段食)], 촉(觸)이 두 번째이고[촉식(觸食)], 의사(意思)가 세 번째이고[의사식(意思食)], 식(識)이 네 번째이다[식식(識食)].

ime cattāro āhārā taṇhānidānā taṇhāsamudayā taṇhājātikā taṇhāpabhavā.

이러한 네 가지 자량은 애(愛)가 인연이고, 애 때문에 자라나며, 애에서 생기고, 애가 기원이다.

자량(āhāra)은 중생의 삶을 유지하게 즉 해탈된 삶을 실현하지 못하게 하는 에너지(조건)라고 할 수 있는데, **애(愛)를 조건으로 하는 삶의 과정을 구성하는 4가지** 입니다.

이때, 거칠거나 미세한 덩어리진 자량[단식(段食)]은 몸과 1차 인식을 위한 에너지이고, 두번째인 촉(觸)[촉식(觸食)]은 수(受-느낌/경험)을 위한 에너지이며, 세 번째 의사(意思)[의사식(意思食)]는 행위를 위한 에너지이고, 네 번째 식(識)[식식(識食)]은 미래에 다시 존재(bhava)가 되어 태어남을 위한 에너지입니다(SN 12.12-몰리야팍구나 경). ⇒「삶의 메커니즘」 참조

그래서 **식식(識食) 즉 애에 조건지어진 식[연기(緣起)된 식(識)]이 다시 태어남을 위한 에너지(조건)이라는 것을 알 수 있는데, 몸이 무너져 죽은 뒤에 몸으로 가는 자**이기 때문입니다.

'몸으로 간다'라는 현상은 윤회를 설명하는 중심 개념입니다. 그런데 이 현상을 설명하는 가장 중요한 주제는 주어입니다. '누가 몸으로 가는가?'의 문제에 답해야 하는 것입니다.

1. 식과 명색의 구분 기준과 서로 조건 됨 → 가는 자와 버려지는 자

식(識)은 마음입니다. (SN 12.61-배우지 못한 자 경)은 '심(心)이라고도 의(意)라고도 식(識)이라고도 불리는 그것'이라고 말하는데, 몸과 짝을 이루어 나를 구성하는 그것 즉 우리말 '마음'을 심 또는 의 또는 식이라고 부른다고하기 때문입니다.

'죽음은 무엇인가'에서 살펴 보았듯이, 나는 ①(有身) 몸인 색(色)과 마음인 식(識)으로 구성됩니다. 그리고 ②삶의 과정을 누적하며 파생된 것들을 포함하여 오취온(五取蘊)으로, 다시 ③[식(識)과 명색(名色)]으로 개념이 확장됩니다.

이때, 나를 '식과 명색'으로 설명하는 것은 주목해야 합니다. 명(名)은 (SN 12.2-분석 경)에 의하면 수(受), 상(想), 사(思), 촉(觸), 작의(作意)입니다. 그리고 (SN 22.56-집착의 양상 경)에 의하면 사(思)는 행(行)입니다. 그래서 명색은 색-수-상-행과 활성요소인 촉과 작의입니다. 그리고 식과 명색이 서로 조건 됨에 의해 함께하면 오온과 촉-작의로 구성되는 활성 존재(bhūta)가 됩니다.

그런데 식-명-색으로 구성되는 활성 존재는 왜 색(色)과 명식(名識)이라고 분류하지 않을까요?

색과 명식으로 분류하면 물질과 물질아닌 것으로 그 구분이 명확히 눈에 보일텐데, 부처님은 왜 명을 식이 아닌 색과 묶어 명색과 식의 형태로 활성 존재를 지시할까요?

아마도 우리 삶이 이 몸과 함께하는 한평생에 국한되는 것 즉 단멸적인 것이라면 부처님도 물질과 물질 아닌 것 즉 색과 명식으로 분류하였을 것입니다. 그러나 삶은 이 몸과 함께하는 한평생에 국한되지 않고 몸이 무너지면 새로운 몸으로 옮겨가서 삶을 이어가게 됩니다. 그렇다면 이런 경우에는 나를 구성하는 요소의 분류에 있어 물질인가 아닌가의 측면보다는 한평생 함께하고 버려지는 것인가 아니면 새로운 몸으로 옮겨가 삶을 이어가는 것인가의 측면이 더 큰 비중을 가진다고 해야 할 것입니다.

그래서 부처님은 활성 존재를 이 몸으로의 한평생 동안 함께하고 버려지는것으로의 명색과 새로운 몸으로 옮겨가 삶을 이어가는 식으로 분류하였다고 이해하는것이 합리적일 것입니다.

이렇게도 다음 생으로 가는 자는 식(識)이라는것을 알 수 있습니다.

한편, 이렇게 가는 자인 식과 버려지는 것인 명색은 서로 조건 됨에 의해 함께 합니다. (DN 14-대전기경)/(SN 12.65-도시 경)/(SN 12.67-갈대 묶음 경) 그리고 (DN 15.1-대인연경, 연기)는 10지 또는 9지 연기를 설하는데, 공통적으로 '식을 조건으로 명색이 있다.'와 '명색을 조건으로 식이 있다.'라는 서로 조건 됨으로 출발점을 서술합니다. 특히, (SN 12.67-갈대 묶음 경)은 '두 개의 갈대 묶음이 서로를 의지해서 서 있다. → 고집(苦集)'와 '만약 그 갈대 묶음 가운데 하나를 잡아당기면 하나는 쓰러질 것이다. → 고멸(苦滅)'라는 갈대 묶음의 비유로써 서로 조건 됨을 설명합니다.

2. 식(識)의 정체성 –「연기(緣起)된 식(識)」

(MN 38-애(愛)의 부서짐의 큰 경)은 옮겨가고 윤회하는(sandhāvati saṃsarati) 것에 관한 토론을 주제로 하는데, 어부의 아들 사띠 비구는 아(我)인 식(識)이 옮겨가고 윤회한다고 주장하지만, 부처님은 그 식조차 연기된 것[연기(緣起)된 식(識)-paṭiccasamuppannaṃ viññāṇaṃ]이라고 바로잡아줍니다.

> 한 곁에 앉은 어부의 아들 사띠 비구에게 세존은 이렇게 말했다. — "사띠여, 그대에게 「'그것, 오직 이 식(識)이 옮겨가고 윤회한다. 다른 것이 아니다.'라고 나는 세존으로부터 설해진 가르침을 안다.」라는 이런 악하고 치우친 견해가 생긴 것이 사실인가?"
>
> "대덕이시여, '그것, 오직 이 식(識)이 옮겨가고 윤회한다. 다른 것이 아니다.'라고 세존으로부터 설해진 가르침을 이렇게 저는 확실히 압니다."
>
> "사띠여, 그 식은 어떤 것인가?"
>
> "대덕이시여, 말하고 경험되어야 하는 이것이 여기저기서 선하고 악한 업(業)들의 보(報)를 경험합니다."

"어리석은 자여, 참으로 그대는 누구에게서 나에 의해 설해진 이런 가르침을 알았는가? 어리석은 자여, 나에 의해 여러 가지 방법으로 연기(緣起)된 식(識)이 말해지지 않았는가, '조건으로부터 다른 곳에 식의 생김은 없다[연기(緣起) 즉 조건에 의해 생겨나는 방식과 다른 방식에 의해서는 식이 생기지 않는다.].'라고? 그러나 어리석은 자여, 그대는 자신의 잘못된 이해로 우리를 비방하고 자신을 파괴하고 많은 악덕을 쌓는다. 어리석은 자여, 그것 때문에 그대에게 오랜 세월 불이익과 괴로움이 있을 것이다.

여기서 '그것, 오직 이 식(識)'은 tadevidaṃ viññāṇaṃ(따데-위당 윈냐-낭)의 번역이고, '연기(緣起)된 식(識)'은 paṭiccasamuppannaṃ viññāṇaṃ(빠띳짜사뭅빤낭 윈냐-낭)의 번역입니다. 식의 윤회에 대해서는 사띠 비구도 부처님도 동의하는 가운데 사띠 비구는 그 식이 tadevidaṃ viññāṇaṃ이라고 말하고, 부처님은 그것이 아니라 paṭiccasamuppannaṃ viññāṇaṃ이라고 바로잡아 주는 것입니다.

그런데 (MN 2-모든 번뇌 경)은 「atha vā panassa evaṃ diṭṭhi hoti — 'yo me ayaṃ attā vado vedeyyo tatra tatra kalyāṇapāpakānaṃ kammānaṃ vipākaṃ paṭisaṃvedeti so kho pana me ayaṃ attā nicco dhuvo sassato avipariṇāmadhammo sassatisamaṃ tatheva ṭhassatī'ti 그리고 이런 견해가 있다. — '말하고, 경험되어야 하고, 여기저기서 선악의 업들의 보를 경험하는 나의 이 아(我-atta)는 상(常)하고 안정되고, 영원하고, 변하지 않는 존재로서 언제까지나 그렇게 서 있을 것이다.'」라고 하여 사띠 비구의 대답이 아(我)에 대한 설명이라는 것을 알려줍니다.

부처님은 식이 윤회하는데, 그 식이 아(我)라는 사띠 비구의 대답에 대해 윤회하는 자인 식이 아(我)가 아니라 연기된 것 즉 무아(無我)라는 점을 지적하고 바로잡아 주는 것입니다.

이렇게 식이 윤회합니다. 그리고 그 식은 아(我)가 아니라 삶의 과정을 누적하며 변화하는 것 즉 연기된 것이어서 무아(無我)입니다.

그런데 이 경과 관련하여 주목할 점이 있습니다. 불교계의 많은 학자들은 이 경을 근거로 부처님이 식이 윤회한다고 말하는 사띠 비구를 꾸짖었으니 식이 윤회하는것이 아니라고 이해하는 것입니다. 윤회의 당사자인 식에 대해 윤회하는 것이 아니라고 이해하다 보니

'그러면 윤회하는 자는 누구인가?'라는 질문에 바르게 대답하지 못하게 되고, 윤회는 불교 안에서 구체적 대답을 확보하지 못하게 된 것입니다.

그러나 경은 분명히 두단계의 문답을 진행합니다. '식이 윤회하는가?'의 질문과 '그 식이 어떤 식인가?'인데, 부처님은 처음 문답에서 식이 윤회하지 않는다고 부정하지 않고 윤회하는 그 식이 아(我)라고 답하는 두 번째 문답에서 사띠 비구의 잘못을 지적하고 꾸짖는 것입니다.

경은 식이 윤회한다고 말합니다. 그리고 그 윤회하는 자인 식의 정체가 아(我)가 아니고 무아(無我)라고 바르게 정체성을 드러내 주는 것입니다.

3. 식(識)이 다음 생으로 간다고 직접 말하는 경들

1) 주목해야 하는 용어로 upaga: (in cpds.) going to; reaching; coming into; being at; producing. (adj.)가 있습니다.

upaga는 여러 용례를 통해 어떤 곳으로 간다고 말하는데, 'satta/āhaṃ/so 중생/내가/그가 간다' 등 다양한 형태를 보여줍니다. 즉 다음 생으로 가는 자를 존재의 상태로 제시하는 것입니다.

그런데 (MN 106-흔들리지 않는 경지에 적합함 경)은 몸이 무너져 죽은 뒤에 식(識)이 흔들리지 않는 경지/무소유처/비상비비상처로 갈 것이라고 하여 식(識)이 간다 즉 윤회한다고 직접 말합니다.

또한, (DN 15.5-대인연경, 일곱 가지 식(識)이 머무는 자리)/(DN 33.10-합송경, 일곱으로 구성된 법들)/(DN 33.12-합송경, 아홉으로 구성된 법들-아홉 가지 식의 거처)는 그렇게 윤회하는 식이 머무는 자리를 7 또는 9의 경지로 설명해 줍니다.

; 7가지 식이 머무는 자리 – ①다양한 몸과 다양한 상(想)을 가진 중생들(예를 들면, 인간들, 어떤 신(神)들, 어떤 벌 받는 상태에 태어난 자들), ②다양한 몸과 통일된 상을 가진 중생들(예를 들면, 초선에 의해 태어나는 범신천의 신들), ③통일된 몸과 다양한 상을 가진 중생들(예를 들면, 광음천의 신들), ④통일된 몸과 통일된 상을 가진 중생들(변

정천의 신들), ⑤공무변처에 태어난 중생들, ⑥식무변처에 태어난 중생들, ⑦무소유처에 태어난 중생들

; 2가지 처 – 무상유정처(無想有情處)와 비상비비상처(非想非非想處)

2) (DN 14-대전기경)과 (SN 12.65-도시 경)은 '참으로 세상에서 고통을 겪는 이 존재는 태어나고, 늙고, 죽고, 옮겨가고, 다시 태어난다. 그러나 늙고 죽는 이 괴로움의 해방을 꿰뚫어 알지 못한다. 언제나 늙고 죽는 이 괴로움의 해방이 꿰뚫어 알려질 것인가?'라는 질문의 끝에서 '이 식(識)은 되돌아간다. 명색(名色)으로부터 더 나아가지 못한다. 그 안에서 태어나거나, 늙거나, 죽거나, 옮겨가거나, 다시 태어난다.'라고 말하는데, 몸에 구속된 삶의 범주에서 식이 옮겨가 다시 태어난다고 하여 식이 다음 생으로 간다고 직접 말해주는것을 알 수 있습니다.

3) (DN 15.1-대인연경, 연기)는 '식을 조건으로 명색이 있다'라는 조건 관계를 이렇게 설명하는데, 식이 모태에 들어오는 현상을 직접 말해줍니다.

"아난다여, 식(識)이 모태(母胎)에 들어오지 않는데도 명색(名色)이 모태에서 공고해지겠는가?"

"아닙니다, 대덕이시여." "

아난다여, 식이 모태에 들어온 뒤에 잘못되었는데도 명색이 금생을 위해 재현되겠는가?"

"아닙니다, 대덕이시여."

"아난다여, 식이 어린 남녀 아이에게서 끊어졌는데도 명색이 늘어나고 자라고 충만하게 되겠는가?" "아닙니다, 대덕이시여."

"그러므로, 아난다여, 명색에게 오직 식이 원인이고, 식이 인연이고, 식이 일어남이고, 식이 조건이다."

4) (DN 28.6-믿음을 고양하는 경, 견(見)의 증득에 대한 가르침)은 '이 세상에서도 머물고 저 세상에서도 머무는, 양쪽에서 끊어짐이 없는 인간의 식(識)의 흐름'과 '이 세상에서도 머물지 않고 저세상에서도 머물지 않는, 양쪽에서 끊어짐이 없는 인간의 식의 흐름을 꿰뚫어 아는 어떤 사문-바라문을 소개합니다. 머물던(중생) 머물지 않던(아라한) 이 세상과 저세상의 양쪽에서 끊어짐이 없는 식의 흐름이란 말로써 식이 이 세상에도 저세상에도 삶을 이어가는 현상을 직접 말해줍니다. 또한, 끊어짐이 없다는 말로써 중유(中有) 또는 중음신(中陰身)이라는 중간의 삶의 과정이 없다는 점도 알려줍니다.

5) (SN 4.23-고디까 경)/(SN 22.87-왁깔리 경)은 마라 빠삐만뜨가 자살한 아라한을 아라한이 아닌줄 알고 그 식을 찾아 헤메는 장면을 묘사하는데, 죽음 이후를 식으로써 그존재 상황을 파악하기 때문에 식이 다음 생으로 간다고 직접 말하는 경들에 포함할 수 있습니다. -「고디까/왁깔리의 식은 어디에 머물렀는가('kattha godhikassa kulaputtassa viññāṇaṃ patiṭṭhitan't)?'」

6) (SN 55.21-마하나마 경1)은 누구든지 오랜 세월 온전히 믿음-계-배움-보시-지혜를 닦은 심(心)을 가진 사람의 몸은 물질이어서 다른 생명의 먹이가 되겠지만, 심은 위로 올라가고 특별한 곳으로 가게 된다고 합니다.

몸이 무너져 죽은 뒤 다음 생으로 가는 자를 식(識)이 아니라 심(心)으로 제시하고 있는데, 심(心)-의(意)-식(識)의 동질성과 차별성의 관점에서 보면 심과 식은 동질성을 가지는 것이기 때문에 몸이 무너진 뒤 마음(심-의-식)이 다음 생으로 옮겨가고 윤회한다는 결론에는 어긋남이 없습니다.

7) 한편, 식이 다음 생으로 간다고 직접 말하지는 않지만, 이 주제와 잘 연결되는 경으로 (SN 42.6-아시반다까뿟따 경)이 있습니다.

> "예를 들면, 촌장이여, 어떤 사람이 크고 넓은 돌을 깊은 물 속으로 던질 것입니다. 그런데 많은 군중이 함께 모여 절하고 기도하고 합장하고 주위를 돌면서 말할 것입니다. — '떠오르라, 크고 넓은 돌이여. 솟아나라, 크고 넓은 돌이여. 뭍으로 나오라, 크고 넓은 돌이여.'라고. 촌장이여, 이것을 어떻게 생각합니까? 그러면 그 크고 넓은 돌이 많은 군중이 함께 모여 절하고 기도하고 합장하고 그의 주위를 돈 것을 원인으로 떠오르고 솟아나고 뭍으로 나오겠습니까?" "아닙니다, 대덕이시여."

"이처럼, 촌장이여, 여기 어떤 사람은 생명을 해치고, 주지 않은 것을 가지고, 음행에 대해 삿되게 행하고, 거짓을 말하고, 험담하고, 거친 말을 하고, 쓸모없고 허튼 말을 하고, 간탐 하고, 거슬린 심(心)을 가지고, 삿된 견해를 가졌습니다. 그런데 많은 군중이 함께 모여 절하고 기도하고 합장하고 주위를 돌면서 말할 것입니다. — '이 사람은 몸이 무너져 죽은 뒤에 좋은 곳, 하늘 세상에 태어나라.'라고. 그러나 그 사람은 몸이 무너져 죽은 뒤에 상실과 비탄의 상태, 비참한 존재, 벌 받는 상태, 지옥에 태어날 것입니다."

…

"예를 들면, 촌장이여, 어떤 사람이 버터 단지나 기름 단지를 깊은 물 속에 들어가서 깰 것입니다. 그러면 파편이나 조각은 아래로 가라앉을 것이고 버터나 기름은 떠오를 것입니다. 그런데 많은 군중이 함께 모여 절하고 기도하고 합장하고 주위를 돌면서 말할 것입니다. — '가라앉아라, 버터와 기름이여. 물속에 잠겨라, 버터와 기름이여. 아래로 내려가라, 버터와 기름이여.'라고. 촌장이여, 이것을 어떻게 생각합니까? 그러면 그 버터와 기름이 많은 군중이 함께 모여 절하고 기도하고 합장하고 주위를 돈 것을 원인으로 가라앉고 물속에 잠기고 아래로 내려가겠습니까?" "아닙니다, 대덕이시여." "이처럼, 촌장이여, 여기 어떤 사람은 생명을 해치는 행위로부터 피하고, 주지 않는 것을 가지는 행위로부터 피하고, 음행에 대한 삿된 행위로부터 피하고, 거짓을 말하는 행위로부터 피하고, 험담하는 행위로부터 피하고, 거칠게 말하는 행위로부터 피하고, 쓸모없고 흐트러지게 말하는 행위로부터 피하고, 간탐 하지 않고, 거슬린 심(心)을 가지지 않고, 바른 견해를 가졌습니다. 그런데 많은 군중이 함께 모여 절하고 기도하고 합장하고 주위를 돌면서 말할 것입니다. — '이 사람은 몸이 무너져 죽은 뒤에 상실과 비탄의 상태, 비참한 존재, 벌 받는 상태, 지옥에 태어나라.'라고. 그러나 그 사람은 몸이 무너져 죽은 뒤에 좋은 곳, 하늘 세상에 태어날 것입니다."

제5장

부처님의 전생 이야기

깨달음 이전에는 부처님도 중생이었고, 무명에 덮이고 애에 묶여서 옮겨가고 윤회하는 삶을 살았습니다. 그러나 무명과 애를 버리고 깨달은 지금은 더이상 옮겨가지 않고 윤회하지 않게되었습니다.

마찬가지로 우리의 삶도 그렇습니다. 지금은 무명에 덮이고 애에 묶여서 옮겨가고 윤회하는 삶을 살고 있지만, 바른 가르침에 의지해서 부처님의 깨달음을 재현하면 그때는 더이상 옮겨가지 않고 윤회하지 않게 됩니다.

부처님은 우리에게 당신의 깨달음의 재현을 이끌기 위해 옮겨가고 윤회하던 시절의 당신 이야기를 들려줍니다.

이렇게도 윤회는 깨달아 벗어날 때까지는 내 삶을 지시하는 용어라는 것을 알 수 있습니다.

부처님의 전생 이야기는 쿳다까 니까야에 속한 본생담(本生談-KN 14-jātaka)에 많이 나타나고 있지만, 공부의 기준에 포함하지 않습니다. 반면에 공부 기준 안에는 의외로 많이 나타나지 않는데, 포괄적 전생 이야기를 소개하는 (DN 30-삼십이상경)과 개별적 전생 이야기를 소개하는 10개의 경이 있습니다.

• 10개의 경 — (DN 5-꾸따단따 경), (DN 17-마하수닷사나 경), (DN 19-마하고윈다 경), (MN 81-가띠까라 경), (MN 83-마가데와 경), (SN 22.96-쇠똥 경), (AN 3.15-사쩨따나 경), (AN 7.62-자애 경), (AN 7.66-일곱 개의 태양 경), (AN 9.20-웰라마 경)

그런데 (DN 30-삼십이상경)은 삼십이상(三十二相)을 갖춘 태어남을 위한 포괄적 전생 이야기를 설하면서 「여래는 이전의 태어남과 이전의 존재와 이전의 거주처에서 전생(前生)의 인간으로 살면서」라고 하여 인간으로 살았던 전생 이야기를 포괄하여 설하고, 개별적인 전생 이야기를 설하는 나머지 10개의 경전도 모두 인간으로 살았던 전생 이야기를 소개하는데, 짐승으로 태어나 짐승을 초월하는 행적을 보이는 등 본생담(本生談-jātaka)의 설화적 내용을 포함하지 않는다는 점은 주목해야 합니다. 이런 것도 후대의 교재와 부처님 살아서 직접 설한 가르침의 관점의 차이라고 말할 수 있겠습니다.

전생 이야기의 주제로는

1) 제사
2) 무상(無常)
3) 공덕(功德)-보시(布施)
4) 믿음-칭송
5) 법의 전승
6) 불완전한 것과 완전한 것

들이 제시되어 있습니다.

이때, 「살생을 수반하는 제사 → 살생을 금하는 제사 → 불교의 신행(信行)」을 차례로 설하는 제사에 대한 이야기(DN 5-꾸따단따 경)와 신구의(身口意) 삼업(三業)에서의 불완전함을 잘 알아 완전함을 제시하는 이야기(AN 3.15-사쩨따나 경) 그리고 전생에 깟사빠 부처님의 제자로 출가했던 이야기(MN 81-가띠까라 경) 정도를 제외하면,

대개의 주제는 깨달음을 성취하지 못했던 전생에는 사무량심(四無量心)을 닦아 대중들을 범천의 세상으로 이끌었지만, 깨달음을 성취한 지금은 팔정도(八正道)[계(戒)-정(定)-혜(慧)-해탈(解脫) 또는 염오(厭惡)-이탐(離貪)-해탈(解脫)]를 설해 열반으로 직접 이끈다는 차별을 드러내 줍니다.

⇒ 「제2부 제3장 Ⅱ. 스승이 이끄는 삶」 참조(127쪽)

● 부처님의 전생을 말하는 경들

	주제	부처님의 전생	현재[부처님]
DN 5-꾸따단따 경	제사	살생을 금하는 제사	불교의 신행(信行)
DN 17-마하수닷사나 경	무상(無常)	사무량심	염오 → 이탐 → 해탈
DN 19-마하고윈다 경	부처님에 대한 있는 그대로의 칭송	사무량심 → 범천의 세상	팔정도 → 열반
MN 81-가띠까라 경	믿음	깟사빠 부처님의 제자	세존-아라한-정등각
MN 83-마가데와 경	법의 전승	사무량심 → 범천의 세상	팔정도 → 열반
SN 22.96-쇠똥 경	무상(無常)	행(行)들은 안식을 주지 못함	염오 → 이탐 → 해탈
AN 3.15-사쩨따나 경	행위의 완성	나무의 휨-결점-결함에 능숙	신구의의 휨-결점-결함에 능숙
AN 7.62-자애 경	공덕	자애의 마음을 닦음	-
AN 7.66-일곱 개의 태양 경	무상(無常)	자애의 마음을 닦음	계-정-혜-해탈
AN 9.20-웰라마 경	보시	보시받을만한 사람이 없었음	보시받을만한 사람이 있음
DN 30-삼십이상경	삼십이상	포괄적인 전생 이야기	삼십이상을 갖춤

또한, 10개의 경전 가운데 (AN 7.62-자애 경)과 (AN 7.66-일곱 개의 태양 경)을 제외한 8개의 경은 어떤 일화에 이어 'ahaṃ tena samayena … ahosiṃ 내가 그때 … 였다.' 라고 하여 그 일화가 부처님 자신의 전생 이야기라는 것을 직접 알려줍니다(*). 특히, (MN 81-가띠까라 경)은 고따마 부처님이 깟사빠 부처님의 제자로 출가했었다는 일화를 소개하는데, 과거 일곱 부처님의 계보가 스승과 제자의 관계로 이어진다는 것을 유추하게 하여 불교의 역사성을 제시해 줍니다.

(*) (SN 22.96-쇠똥 경)은 'ahaṃ tena samayena' 에 다른 서술이 이어짐

특히, 삼십이상(三十二相)을 갖춘 태어남을 위한 포괄적 전생 이야기를 설하는 (DN 30-삼십이상경)은 '이런 업(業)을 원인으로 이런 상(相-특징)을 얻는다.'라고 알려주는데, 부처를 이루기 전, 전생의 삶에 어떤 업을 지었는지를 포괄적으로 설명한다는 것을 알 수 있습니다. 그래서 이 경이야말로 부처님 전생 이야기의 결정판이라고 해야 하는데, 부처를 이루기 전 즉 죽으면 다시 태어나야 하는 존재였던 그 시절에 전생의 부처님은 어떤 삶을 살았는지, 그리고 부처를 이룬 지금은 어떤 삶을 사는지에 중심을 둔 가르침을 설명하고 있다고 하겠습니다.

한편, 삼십이상(三十二相)을 갖춘 태어남에서 알 수 있듯이 전생 이야기는 태어남으로 연결됩니다. 그래서 부처님의 탄생은 매우 경이로움 가운데 서술되는데, (MN 123-놀랍고 신기함 경)은 전생을 통해 쌓아온 특별한 삶의 과정이 만든 경이로운 태어남을 자세히 서술하고 있습니다. 특히, 이 경은 부처님의 탄생게를 담고 있는데, '이것이 마지막 태어남이고, 이제 다음의 존재는 없다.'라고 하여, 깨달음의 본질이 생사 문제의 해결이라는 점을 분명히 해줍니다.

[1] 「ahaṃ tena samayena … ahosiṃ 내가 그때 … 였다.」의 용례

여덟 개의 경들은 어떤 일화의 소개에 이어 「ahaṃ tena samayena … ahosiṃ 내가 그때 … 였다.」라는 말로 그 일화의 주인공이 부처님 바로 당신이었다고 고백하는 형식으로 부처님의 전생 이야기를 들려줍니다.

1. kūṭadantasuttaṃ (DN 5-꾸따단따 경)

• 제사(yañña)의 목적 — 「나에게 오랫동안 이익과 행복이 있도록 나는 큰 제사를 지내리라(yaṃnūnāhaṃ mahāyaññaṃ yajeyyaṃ yaṃ mama assa dīgharattaṃ hitāya sukhāyā').」

• 「살생을 수반하는 제사 → 살생을 금하는 제사[보시(布施)] → 불교의 신행(信行)」을 차례로 설하는 제사에 관한 이야기

나의 오랜 이익과 행복을 위해 살생을 수반하는 제사를 지내던 시절에 전생의 부처님은 살생을 수반하지 않는 제사(보시)로 전환합니다. 그리고 덜 번거롭고 덜 어려우면서도 더 많은 과(果)와 더 많은 이익을 주는 또 다른 제사 방법을 묻는 바라문들에게 부처를 이룬 지금은 불교의 신행(信行)을 제사의 방법으로 제시합니다. 즉 불교의 신행이 오랜 이익과 행복을 위한 불교적 제사 방법입니다.

①가문을 잇는 제사 – 계(戒)를 중시하는 출가자에게 끊임없이 보시하는 것
②사방상가를 위한 승원을 지음 – 특정 사원에 머무는 출가자들이 아니라 사방의 출가자들이 머물 수 있는 승원을 지음.
③깨끗한 심(心)으로 삼보(三寶)에 귀의함.
④깨끗한 심(心)으로 오계(五戒)를 지님.
⑤여래(如來)를 따라 깨달음을 성취함.

; 『불교입문(Ⅰ) - 소유』 제3부 공덕 【제사와 공덕 총괄 장】 Ⅰ. 공덕의 우월을 순차적으로 설명하는 경들」 참조 ⇒ nikaya.kr에서 '220215'로 검색

2. mahāsudassanasuttaṃ (DN 17-마하수닷사나 경)

부처님이 돌아가신 곳인 꾸시나라가 지금은 초라한 시골 도시가 되었지만, 예전에 크게 번성했던 곳이라는 것을 마하수닷사나 전륜성왕의 일화로써 설명하면서 무상(無常)을 드러냅니다.

"aniccā vata saṅkhārā, uppādavayadhammino.
uppajjitvā nirujjhanti, tesaṃ vūpasamo sukho"ti.

「유위(有爲)에서 형성된 것들은 참으로 무상(無常)하여 생겨나고 무너지는 성질을 가졌다. 생겨남을 원인으로 소멸한다. 그들의 가라앉음이 행복이다.

제행무상(諸行無常) 시생멸법(是生滅法) 생멸멸이(生滅滅已) 적멸위락(寂滅爲樂)」

그런데 부처님의 전생이었던 마하수닷사나 전륜성왕은 나중에 출가하여 사선(四禪)에 이어 사무량심(四無量心)을 닦아 범천(梵天)의 세상에 태어납니다. 부처님의 법이 존재하지 않던 시절이라 사무량심을 닦아 범천의 세상에 태어나는 것이 삶의 향상을 위한 최선의 과정이었던 시절이었기 때문입니다. 그러나 부처를 이룬 지금, 부처님은 무상(無常)을 바로 알아서 행들에 대해 염오-이탐-해탈해야 한다고 말합니다. 즉 팔정도를 닦아서 윤회에서 벗어나야 한다는 것을 부처를 이룬 지금은 가르치는 것입니다.

한편, 이 경은 전륜성왕의 일곱 가지 보배[칠보(七寶)]를 설명하는데, ①윤보(輪寶, 바퀴 보배), ②상보(象寶, 코끼리 보배), ③마보(馬寶, 말 보배), ④보배보(寶貝寶, 보물 보배), ⑤여인보(女人寶, 여인 보배), ⑥장자보(長子寶, 장자 보배), ⑦주장신보(主臧臣寶, 국무대신 보배)입니다.

몇 가지 주목해야 하는 내용은 이렇습니다.

1) 이렇게 나는 들었다. 한때 세존은 꾸시나라의 근처에 있는 말라들의 살라 숲에서 한 쌍의 살라 나무 사이에 머물렀는데, 완전히 열반하는 바로 그 무렵이었다.

그때 아난다 존자가 세존에게 왔다. 와서는 세존에게 절한 뒤 한 곁에 앉았다. 한 곁에 앉아서 아난다 존자는 세존에게 이렇게 말했다. ― "대덕이시여, 세존께서는 이렇게 조그마하고 척박하고 볼품없는 도시에서 완전히 열반하지 마십시오. 대덕이시여, 짬빠, 라자가하, 사왓티, 사께따, 꼬삼비, 와라나시 같은 다른 큰 도시들이 있습니다. 거기에는 세존께 청정한 믿음을 가진 많은 끄샤뜨리야 부호들과 바라문 부호들과 장자 부호들이 있습니다. 그들이 여래의 존체를 잘 수습할 것입니다."라고.

"아난다여, 그렇게 말하지 말라. 아난다여, 조그마하고 척박하고 볼품없는 도시라고 그렇게 말하지 말라. 아난다여, 옛적에 마하수닷사나라는 전륜성왕이 있었다. 그는 정의로운 분이요 법다운 왕이었으며 사방을 정복한 승리자여서 나라를 안정되게 하고 일곱 가지 보배를 두루 갖추었다. 아난다여, 이 꾸시나라는 마하수닷사나 왕의 꾸사와띠라는 수도였는데, 동쪽부터 서쪽까지는 12요자나의 길이였고 북쪽부터 남쪽까지는 7요자나의 너비였다. 아난다여, 수도 꾸사와띠는 부유하고 번창하였으며 인구가 많고 사람들로 붐비며 풍족하였다. ~ "

2) 마하수닷사나 왕이 갖춘 것을 설명함

- 전륜성왕의 일곱 가지 보배 - ①윤보(輪寶, 바퀴 보배), ②상보(象寶, 코끼리 보배), ③마보(馬寶, 말 보배), ④보배보(寶貝寶, 보물 보배), ⑤여인보(女人寶, 여인 보배), ⑥장자보(長子寶, 장자 보배), ⑦주장신보(主臧臣寶, 국무대신 보배)

- 네 가지 성취 - ①최상의 외모, ②장수함, ③병이 없고 성가심이 없으며 소화력을 잘 갖춤, ④바라문과 장자들에게 호감을 주고 그들의 마음에 듦.

- 연못과 법의 궁전을 지음.

3) 마하수닷사나 왕의 수행

• 아난다여, 그때 마하수닷사나 왕에게 '나는 어떤 업의 과(果)와 어떤 업의 보(報)(*)로 지금 이런 크나큰 번영과 크나큰 위세를 가지게 되었을까?'라는 생각이 들었다. 그리고 아난다여, 마하수닷사나 왕에게 '나는 세 가지 업의 과(果)와 세 가지 업의 보(報)로 지금 이런 크나큰 번영과 크나큰 위세를 가지게 되었으니 그것은 보시(dāna)와 길들임(dama)과 제어(saṃyama)이다.'라는 생각이 들었다.

(*) 업(業-kamma)의 과(果-phala)와 보(報-vipāka)가 다른 것이라는 점을 직접 보여줌

• 아난다여, 그때 마하수닷사나 왕은 대장엄 중앙강당으로 갔다. 가서는 대장엄 중앙강당의 문에 서서 감흥어를 읊었다. - 「'tiṭṭha, kāmavitakka, tiṭṭha, byāpādavitakka, tiṭṭha, vihiṃsāvitakka. ettāvatā kāmavitakka, ettāvatā byāpādavitakka, ettāvatā vihiṃsāvitakkā'ti 소유의 생각이여, 멈추어라. 분노의 생각이여, 멈추어라. 폭력의 생각이여, 멈추어라. 소유의 생각이여, 이만하면 되었다. 분노의 생각이여, 이만하면 되었다. 폭력의 생각이여, 이만하면 되었다.'라고.」

• 사선(四禪)을 성취하여 머묾 : 초선(初禪) → 제이선(第二禪) → 제삼선(第三禪) → 제사선(第四禪)

• 사무량심(四無量心)[사범주(四梵住)]을 닦음 - 「아난다여, 그때 마하수닷사나 왕은 대장엄 중앙강당에서 나와 황금으로 만든 중앙강당에 들어가 은으로 된 침상에 앉아 자(慈)가 함께한 심(心)으로 한 방향을 두루 미치면서 머물렀다. 그렇게 두 방향을, 그렇게 세 방향을, 그렇게 네 방향을. 이렇게 위로 아래로 중간방위로, 모든 곳에서 모두에게 펼쳐서 모든 세상을 크고 확장되어 무량해진 원망 없고 거슬림 없는 자가 함께한 심으로 두루 미치면서 머물렀다. 비(悲)가 함께한 심으로 … 희(喜)가 함께한 심으로 … 사(捨)가 함께한 심으로 한 방향을 두루 미치면서 머물렀다. 그렇게 두 방향을, 그렇게 세 방향을, 그렇게 네 방향을. 이렇게 위로 아래로 중간방위로, 모든 곳에서 모두에게 펼쳐서 모든 세상을 크고 확장되어 무량해진 원망 없고 거슬림 없는 자가 함께한 심으로 두루 미치면서 머물렀다.」

4) 마하수닷사나 왕의 임종과 부처님의 전생 선언

• 의욕을 내고, 삶에 대한 애착을 가지라고 권하는 수밧다 왕비에게 마하수닷사나 왕은 이렇게 말함. — 「왕비여, 그대는 나에게 이렇게 말 하시오. — 'sabbeheva, deva, piyehi manāpehi nānābhāvo vinābhāvo aññathābhāvo, mā kho tvaṃ, deva, sāpekkho kālamakāsi, dukkhā sāpekkhassa kālaṅkiriyā, garahitā ca sāpekkhassa kālaṅkiriyā. ~ ettha, deva, chandaṃ pajaha jīvite apekkhaṃ mākāsi. 폐하, 사랑스럽고 마음에 드는 모든 것과는 헤어지기 마련이고 없어지기 마련이고 달라지기 마련입니다. 폐하, 그러니 폐하께서는 애착과 함께 죽음을 맞이하지 마십시오. 애착과 함께 죽음을 맞이하는 것은 괴로움입니다. 애착과 함께 죽음을 맞이하는 것은 비난받게

됩니다. ~ [소유한 모든 것들에 대해서] ~ 여기에서, 폐하, 관심을 버리십시오. 삶에 대한 애착과 함께하지 마십시오.'라고.」

• 아난다여, 마하수닷사나 왕은 오래지 않아서 죽음을 맞이하였다. 아난다여, 마치 장자나 장자의 아들이 맛있는 음식을 먹고 난 뒤에 식곤증이 생기듯이 마하수닷사나 왕에게는 그와 같은 죽음의 느낌이 있었다. 아난다여, 마하수닷사나 왕은 죽은 뒤 범천의 세상에 태어났다. 아난다여, 마하수닷사나 왕은 팔만사천 년 동안 어린아이의 유희를 즐겼고, 팔만사천 년 동안 지배자의 지위를 누렸고, 팔만사천 년 동안 왕위를 누렸고, 팔만사천 년 동안 여기 마가데와 망고 숲에서 집에서 집 없는 곳으로 출가하여 범행을 닦았다. 그들은 네 가지 성스러운 머묾(四梵住)을 닦은 뒤에 몸이 무너져 죽은 뒤 범천의 세상에 태어났다.

아난다여, 아마 그대에게 이런 생각이 들지도 모른다. '그때의 마하수닷사나 왕은 다른 사람이었을 것이다.'라고. 아난다여, 그러나 이것을 그렇게 보아서는 안 된다. 아난다여, 내가 바로 그때의 마하수닷사나 왕이었다.

5) 무상(無常)을 설명함

• 팔만 사천 개의 도시 등 온갖 것들이 다 나의 것이었지만 내가 사용한 것은 오직 한 개씩뿐이었다고 설명함.

• 「passānanda, sabbete saṅkhārā atītā niruddhā vipariṇatā. evaṃ aniccā kho, ānanda, saṅkhārā; evaṃ addhuvā kho, ānanda, saṅkhārā; evaṃ anassāsikā kho, ānanda, saṅkhārā! yāvañcidaṃ, ānanda, alameva sabbasaṅkhāresu nibbindituṃ, alaṃ virajjituṃ, alaṃ vimuccituṃ 보라, 아난다여. 그 유위에서 형성된 것들은 모두 지나갔고 소멸하였고 변해버렸다. 이렇게, 아난다여, 유위에서 형성된 것들은 무상(無常)하다. 이렇게, 아난다여, 유위에서 형성된 것들은 안정되지 않다. 이렇게, 아난다여, 유위에서 형성된 것들은 안식을 주지 못한다. 그러므로 아난다여, 모든 유위에서 형성된 것들은 염오해야 마땅하고, 이탐해야 마땅하고, 해탈해야 마땅하다.」

6) 이 장소에서 일곱 번째로 몸을 버림

아난다여, 나는 이곳에서 여섯 번 몸을 버린 것을 기억한다. 그런 나는 전륜성왕이어서 정의로운 자요 법다운 왕이었으며 사방을 정복한 승리자여서 나라를 안정되게 하고 일곱 가지 보배를 두루 갖추었다. 그리고 이것이 일곱 번째 몸을 버리는 것이다. 그러나 아난다여, 나는 신들을 포함하고 마라를 포함하고 범천을 포함한 세상에서, 사문-바라문을 포함하고 신과 인간을 포함한 존재들 가운데서, 여덟 번째로 여래가 몸을 버릴 그런 곳을 찾아보지 못한다.

세존은 이렇게 말했다. 스승이신 선서는 이렇게 말한 뒤 다시 이렇게 말했다.

"aniccā vata saṅkhārā, uppādavayadhammino.
uppajjitvā nirujjhanti, tesaṃ vūpasamo sukho"ti.

「유위(有爲)에서 형성된 것들은 참으로 무상(無常)하여 생겨나고 무너지는 성질을 가졌다. 생겨남을 원인으로 소멸한다. 그들의 가라앉음이 행복이다.」

3. mahāgovindasuttaṃ (DN 19-마하고윈다 경)

간답바의 아들 빤짜시카가 삼십삼천(三十三天)의 신들의 곁에서 직접 듣고 직접 파악한 것을 부처님께 아뢰는 일화입니다.

신들의 왕 삭까가 삼십삼천의 신들에게 부처님에 대한 여덟 가지 있는 그대로의 칭송을 말하자 사낭꾸마라 범천이 출현하여 듣고자 하여 다시 말합니다. 이어서 사낭꾸마라 범천은 삼십삼천의 신들에게 부처님이 얼마나 오래전에 큰 지혜를 갖게 되었는지 소개하는데, 디삼빠띠 왕의 궁중 제관이었던 고윈다 바라문이 죽자 그의 아들인 젊은 바라문 조띠빨라가 역할을 이어받아 마하고윈다로 불린 뒤 출가하여 사무량심을 닦아 제자들을 범천의 세상으로 이끄는 스승이 된 일화입니다.

— 일곱 왕국의 궁중 제관이었던 마하고윈다 바라문은 범천(梵天)의 세상을 얻기 위해 머리와 수염을 깎고 노란 옷을 입고 출가합니다. 출가한 마하고윈다 바라문은 사무량심을 닦았는데, 제자들을 범천의 세상이거나 욕계의 여섯 하늘로 인도합니다.

⇒「제2부 제3장 II. 스승이 이끄는 삶」 참조(127쪽)

4. ghaṭikārasuttaṃ (MN 81-가띠까라 경)

깟사빠 부처님의 일화를 소개하는 (MN 81-가띠까라 경)은 깟사빠 부처님을 따르는 자 가운데 으뜸으로 따르는 자인 옹기장이 가띠까라가 주인공인데, 가띠까라가 친구인 젊은 바라문 조띠빨라를 깟사빠 부처님에게로 이끄는 일화를 포함합니다. 이때, 가띠까라에게 이끌려 깟사빠 부처님에게로 출가한 조띠빨라가 부처님의 전생이라고 말하는데, 부처님들 간의 사제 관계의 형성을 직접 소개하는 경우입니다. 불교 역사에 일곱 번째 부처님이 여섯 번째 부처님의 제자로 출가했었다는 사실은 동일한 깨달음에 의한 일곱 부처님의 계보가 스승과 제자의 관계로 이어져 왔다고 유추하게 해 주는 중요한 일화입니다.

- 위빳시 부처님 → 시키 부처님 → 웻사부 부처님 → 까꾸산다 부처님 → 꼬나가마나 부처님 → 깟사빠 부처님 → 고따마 부처님

특히, 동일한 깨달음에 의한 계보의 형성이란 관점에서 (SN 12.65-도시 경)은

「예를 들면, 비구들이여, 큰 숲에서 돌아다니던 어떤 사람이 예전의 사람들이 다니던 오래된 길, 오래된 큰길을 볼 것이다. 그는 그 길을 따라 걸을 것이다. 그 길을 따라 걷는 그는 공원을 갖추고 숲을 갖추고 연못을 갖추고 성벽이 있고 좋아할 만한 예전의 사람들이 살았던 고대의 도시, 고대의 수도를 볼 것이다. 그러면 비구들이여, 그 사람은 왕이거나 왕의 으뜸 신하에게 알릴 것이다. – '대덕이시여, 아셔야 합니다. 큰 숲에서 돌아다니던 저는 예전의 사람들이 다니던 오래된 길, 오래된 큰길을 보았습니다. 저는 그 길을 따라 걸었습니다. 그 길을 따라 걷던 저는 공원을 갖추고 숲을 갖추고 연못을 갖추고 성벽이 있고 좋아할 만한 예전의 사람들이 살았던 고대의 도시, 고대의 수도를 보았습니다. 대덕이시여, 그 도시를 건설하십시오.'라고. 그러면 비구들이여, 그 왕이거나 왕의 으뜸 신하는 그 도시를 건설할 것이다. 그 도시는 나중에 번성하고 풍부하고 사람들이 많고 사람들로 가득 차고 성장과 풍요를 얻게 될 것이다. 이처럼, 비구들이여, 나는 예전의 정등각들이 다니던 오래된 길, 오래된 큰길을 보았다.」

라고 하는데, 동일한 깨달음의 계보의 측면을 설명해 줍니다. 또한, (SN 12.4-위빳시 경)~(SN 12.10-고따마 경)도 일곱 부처님의 깨달음의 과정을 동일하게 소개하고 있습니다.

5. maghadevasuttaṃ (MN 83-마가데와 경)

(MN 83-마가데와 경)은 (DN 19-마하고윈다 경) 등과 같이 전생에는 사무량심(四無量心)으로 범천의 세상으로 이끌었지만, 부처인 지금은 팔정도에 의해 열반으로 직접 이끈다고 설명합니다.

부처님이 전생에 미틸라 시에 살았던 마가데와 왕이었을 때, 머리에 흰 머리카락이 생겨나면 태자에게 왕위를 물려주고 출가하는 상속법을 제정했던 이야기입니다. 그는 태자에게 '사랑하는 태자여, 두 사람이 있는데, 그들 가운데 이러한 훌륭한 상속법을 깨뜨리는 자가 있다면, 그는 나에게 최후의 사람이 될 것이다. 그러므로 사랑하는 태자여, 나는 이렇게 말한다. 너는 내가 정해준 이 훌륭한 상속법을 전하여 그대가 나에게 최후의 사람이 되지 말라.'라고 당부하고 출가합니다. 출가한 후에는 사무량심을 영위하고, 죽은 후에는 범천의 세상에 태어납니다.

이 상속법은 자자손손 이어져 내려오다가 니미 왕에게서 끝이 납니다. 니미 왕의 아들인 깔라라자나까 왕자가 출가하지 않음으로써 이 훌륭한 상속법이 단절된 것입니다. 그가 그 최후의 사람이 되었습니다.

• 아난다 존자에게 당부하시는 이야기

그때의 상속법은 범천에 태어나게 하는 상속법이었지만, 지금의 상속법은 열반으로 결정적으로 이끄는 상속법이니, 이 상속법을 잘 전하여 끊어지지 않게 하라고 하는 당부입니다. 또한, 열반으로 결정적으로 이끄는 지금의 상속법이야말로 팔정도라고 하여, 부처님 가르침의 진정이 팔정도라는 것을 밝혀주십니다.

「아난다여, 그대에게 이런 생각이 들지도 모른다. - '그때 그 좋은 의무를 제정한 마가데와 왕은 다른 사람이었다.'라고. 그러나 아난다여, 그것은 그렇게 보지 않아야 한다. 내가 그때 마가데와 왕이었다. (내가 그 좋은 의무를 제정했다.) 나에 의해서 제정된 그 좋은 의무를 나중의 사람들이 이어서 지켜나갔다. 그러나 아난다여, 그 좋은 의무는 염오로, 이탐으로, 소멸로, 가라앉음으로, 실다운 지혜로, 깨달음으로, 열반으로 이끌지 못했다. 범천의 세상에 태어남까지만 이끌었을 뿐이다. 그러나 아난다여, 지금 나에 의해서 제정된 이 좋은 의무는 온전히 염오로, 이탐으로, 소멸로, 가라앉음으로, 실다운 지혜로, 깨달음으로, 열반으로 이끈다. 아난다여, 지금 나에 의해서 제정된 온전히 염오로, 이탐으로, 소멸로,

가라앉음으로, 실다운 지혜로, 깨달음으로, 열반으로 이끄는 좋은 의무는 무엇인가? 오직 이것, 여덟 요소로 구성된 성스러운 길이니 즉 정견, 정사유, 정어, 정업, 정명, 정정진, 정념, 정정이다. 이것이, 아난다여, 지금 나에 의해서 제정된 온전히 염오로, 이탐으로, 소멸로, 가라앉음으로, 실다운 지혜로, 깨달음으로, 열반으로 이끄는 좋은 의무이다. 그것에 대해, 아난다여, 나는 그대들에게 이렇게 말한다. — '나에 의해서 제정된 그 좋은 의무를 그대들이 이어서 지켜나가야 한다. 그대들이 나에게 마지막 사람이 되지 않아야 한다.'라고. 아난다여, 한 쌍의 사람이 존재할 때 그러한 좋은 의무가 끊어질 때 그가 그 가운데 마지막 사람이다. 그것에 대해, 아난다여, 나는 그대들에게 이렇게 말한다. – '나에 의해서 제정된 그 좋은 의무를 그대들이 이어서 지켜나가야 한다. 그대들이 나에게 마지막 사람이 되지 않아야 한다.'라고.」

6. gomayapiṇḍasuttaṃ (SN 22.96-쇠똥 경)

(DN 17-마하수닷사나 경)의 일부에 대한 독립된 설명을 담고 있다고 할 것인데, 팔만사천의 많은 것들이 있었어도 그때 내가 사용한 것(ahaṃ tena samayena …)은 그중의 하나뿐이었다고 소개하는 (SN 22.96-쇠똥 경)은 어떤 색(色)-수(受)-상(想)-행(行)들-식(識)이든 상(常)하고 안정되고 영원하고 변하지 않는 것이고 영원 그대로인 것처럼 머무는 것은 없는데, 「만일 이만큼이라도 상(常)하고 안정되고 영원하고 변하지 않는 것이고 영원 그대로인 것처럼 머무는 자기 존재의 얻음이 있다면 바르게 괴로움의 부서짐을 위한 범행의 삶은 선언할 수 없다. 그러나 이만큼이라도 상하고 안정되고 영원하고 변하지 않는 것이고 영원 그대로인 것처럼 머무는 자기 존재의 얻음이 없기 때문에 바르게 괴로움의 부서짐을 위한 범행의 삶을 선언하는 것이다.」라고 말합니다. 아(我)가 없기 때문에 바르게 괴로움의 부서짐을 위한 범행의 삶을 사는 것이 가능하다는 관점에 주목해야 할 것입니다.

7. sacetanasuttaṃ (AN 3.15-사쩨따나 경)

(AN 3.15-사쩨따나 경)은 마차 바퀴를 위한 나무의 휨과 나무의 결점과 나무의 결함에 능숙했던 마차 공으로의 전생과 비교할 때 부처인 지금은 몸과 말과 의(意)의 휨과 결점과 결함에 능숙하다고 합니다. – 「그러므로 비구들이여, 이렇게 공부해야 한다. – '우리는 몸의 휨과 몸의 결점과 몸의 결함을 버릴 것이다. 말의 휨과 말의 결점과 말의 결함을 버릴 것이다. 의의 휨과 의의 결점과 의의 결함을 버릴 것이다.'라고. 참으로, 비구들이여, 그대들은 이렇게 공부해야 한다.」

8. velāmasuttaṃ (AN 9.20-웰라마 경)

(AN 9.20-웰라마 경)은 (DN 5-꾸따단따 경)의 주제인 불교적 제사 방법을 다시 설명하는데, 보시에 대한 공덕의 크기를 상세히 설명합니다. 그리고 자애의 마음을 닦는 것과 무상(無常)의 상(想)을 닦는 것으로의 수행이 커다란 공덕이 있다는 것을 알려줍니다.

※ 참조 — 『불교입문(Ⅰ) - 소유』 제3부 공덕 【제사와 공덕 총괄 장】 Ⅰ. 공덕의 우월을 순차적으로 설명하는 경들 ⇒ nikaya.kr에서 '220301'로 검색

이렇게 여덟 개의 경들은 어떤 일화의 소개에 이어 「ahaṃ tena samayena … ahosiṃ 내가 그때 … 였다.」라는 말로 그 일화의 주인공이 부처님 바로 당신이었다고 고백하는 형식으로 부처님의 전생 이야기를 들려줍니다.

[2] 기타 – 공덕(功德)에 관련된 전생 이야기

이제 세 개의 경은 공덕(功德)과 관련된 전생 이야기를 들려주는데, (AN 7.62-자애 경)과 (AN 7.66-일곱 개의 태양 경) 그리고 (DN 30-삼십이상 경)입니다. 특히, (DN 30-삼십이상 경)은 여래 또는 전륜성왕의 신체적 특징인 삼십이상이 전생의 어떤 삶 즉 어떤 업의 결과로 얻어진 것인지를 설명해 줍니다.

1. mettasuttaṃ (AN 7.62-자애 경)

- 칠 년 동안 자심(慈心)을 닦은 전생의 회상

「비구들이여, 공덕을 두려워하지 말라. 비구들이여, 공덕은 행복을 지칭하는 말이다. 비구들이여, 나는 오랫동안 공덕을 짓는 동안에 오랫동안 원하고 좋아하고 마음에 드는 보(報)를 경험한 것을 기억한다. 나는 칠 년 동안 자심(慈心)을 닦았다. 칠 년 동안 자심을 닦은 뒤에 일곱 번의 진화하고 퇴보하는 겁 동안 이 세상에 돌아오지 않았다. 나는, 비구들이여, 세상이 진화할 때는 광음천에 태어났고, 세상이 퇴화할 때는 비어있는 범천의 궁전에 태어났다.

거기서, 비구들이여, 나는 범천이었고, 대범천이었고, 정복자였고, 널리 보는 자였고, 지배자였다. 비구들이여, 나는 서른여섯 번을 신들의 왕 삭까였다. 나는 수백 번을 법을 가진 자, 법의 왕, 사방을 정복한 승리자, 국토의 안전을 달성한 자, 일곱 가지 보배를 갖춘 자인 전륜성왕이었다. 그런 나에게, 비구들이여, 윤보, 상보, 마보, 보배보, 여인보, 장자보 그리고 주장신보를 일곱 번째로 하는 이런 일곱 가지 보배가 있었다. 씩씩하고 용감함을 갖추고 다른 군대를 압도하는 천 명이 넘는 아들들이 있었다. 그는 바다에서 끝나는 이 땅을 몽둥이에 의하지 않고, 칼에 의하지 않고, 법으로 정복하여 정착했다.」

2. sattasūriyasuttaṃ (AN 7.66-일곱 개의 태양 경)

행(行)들은 무상(無常)하고, 안정되지 않고, 위안을 주지 못하기 때문에 모든 행에 대해 염오해야 마땅하고, 이탐해야 마땅하고, 해탈해야 마땅함

1) 산의 왕 시네루가 있는데, 오랫동안 비가 오지 않을 때 종자와 초목과 과실수들조차

메마르고 시들고 유지하지 못하는 현상에 이어 두 개 ~ 일곱 개의 태양이 떠오르면서 대지와 산의 왕 시네루의 무너지는 현상을 예로 들어 무상한 행들에 대해 염오-이탐-해탈해야 마땅함을 설파함 →「견해를 갖춘 자 외에 누가 '이 땅과 산의 왕 시네루가 맹렬히 타오르고 무너질 것이고, 존재하지 않게 될 것이다.'라고 생각하고 누가 믿겠는가?」

2) 수네따라는 스승의 일화 – 제자들에게 범천의 세상의 일원이 되기 위한 법을 설하여 제자들을 범천의 세상 ~ 부유한 장자의 일원으로의 태어남을 이끎 → 제자들과의 차별을 위해 7년 동안 자애를 닦았는데, (AN 7.62-자애 경)의 일화를 반복함 → (AN 7.62-자애 경)의 주인공이 수네따 스승임을 알 수 있음 →「그런 수넷따 스승은 이렇게 수명이 길고 오래 살았지만 생-노-사와 수비고우뇌로부터 벗어나지 못했다. 괴로움으로부터 벗어나지 못했다고 나는 말한다.」 → 원인 — 성스러운 계-정-혜-해탈을 깨닫지 못하고 꿰뚫지 못했음

3)「계-정-혜와 위없는 해탈, 영광스러운 고따마는 이 법들을 깨달았다.」라고 하여 수네따 스승이 부처님의 전생이었음을 확인함.

3. 기타 — (AN 6.54-담미까 경)에는 수넷따/무가빡까/아라네미/꿋달라까/핫티빨라/조띠빨라라는 과거의 여섯 스승이 언급되는데, 모두 욕탐(慾貪)에서는 벗어났지만 견해를 갖추지 못한 스승입니다. 이때, 수넷따 스승은 (AN 7.66-일곱 개의 태양 경)에서, 조띠빨라는 (DN 19-마하고윈다 경)과 (MN 81-가띠까라 경)에서 각각 부처님의 전생으로 나타납니다. 이 여섯 스승과 부처님의 전생 일화의 주인공들이 같은 사람이라고 가정하면(사실은 다른 사람이라고 보아야 함), 이 경의 과거의 여섯 스승은 모두 부처님의 전생을 설명하는 것으로 이해할 수 있습니다.

한편, (AN 7.73-수넷따 경)에는 아라까 스승이 추가되어 과거의 일곱 스승으로 나오는데, 아라까 스승의 일화는 (AN 7.74-아라까 경)에서 소개됩니다. 특히, (AN 7.74-아라까 경)은 이어지는 가르침(가르침의 근본)에 속하는 중요한 경입니다. –「아라까 스승은 제자들에게 이렇게 법을 설했다. – '바라문이여, 인간의 삶은 짧고, 한정되고, 하찮고, 괴로움이 많고, 절망이 많다. 지혜로 깨달아야 하고, 선(善)을 행해야 하고, 범행을 실천해야 한다. 태어난 자에게 불사(不死)는 없다.'라고.」

[3] (DN 30-삼십이상 경) – 포괄적 전생 이야기

(DN 30-삼십이상경)은 그것을 갖춘 대인에게 오직 두 가지 갈 곳만이 있고 다른 갈 곳은 없는, 서른두 가지 대인상(大人相-대인의 신체적 특징)을 말하는데, 삼십이상(三十二相)이라고 알려져 있습니다. 이때, 두 가지 갈 곳은 집에 살면 전륜성왕이 되는 것이고, 출가하면 아라한-정등각이 되는 것입니다.

이때, 아라한-정등각은 '세상에서 윤회의 장막을 벗긴 자(loke vi-vaṭṭa-c-chado)'라고 서술됩니다. 부처님에 대해 세상을 덮고 있는 윤회의 장막을 벗긴 자 즉 스스로 윤회에서 벗어나고, 다른 사람들에게 윤회에서 벗어나는 방법을 알려준 자라고 말하는 것입니다. 부처님의 깨달음이 윤회에서 벗어남의 실현이라는 것인데, 윤회하는 세상이 일체 괴로움의 영역이기 때문이라고 이해 할 수 있습니다. → 윤회에서 벗어남 = 모든 괴로움의 해소

경은 서른두 가지의 대인상을 소개한 뒤에 외도의 현자들도 이런 서른두 가지 대인의 상(相)을 알지만 '이런 업(業)을 원인으로 이런 상(相)을 얻는다.'라고 알지는 못한다고 말합니다. 오직 부처님만이 어떤 업에 의해 이런 대인상이 생겨나는지를 안다는 의미입니다.

경은 이런 구조로 설해집니다. —「전생에 인간으로 살면서 업을 지음 → 죽은 뒤 하늘에 태어나 많은 것을 누림 → 거기서 죽은 뒤에 여기로 올 때 전생에 지은 업의 결과로 대인상을 얻음 → 집에 살면 전륜성왕이 되어 어떤 것을 얻음 → 출가하면 세상에서 윤회의 장막을 벗긴 아라한-정등각이 되어 어떤 것을 얻음」

이런 구조로 삼십이상의 조건 관계를 설명하는 것이 이 경의 중심 주제인데,

1) 부처님의 전생 이야기에 대한 이해 – 인간으로 태어난 삶
2) 업인과보(業因果報) – 어떤 업에 의해 이런 결과를 얻었는가?
3) 부처님을 뒤따르는 삶은 어떤 삶인가?

등에 대하여 알 수 있습니다. 특히, 2)는 깨달음 이전, 윤회의 과정에 부처님이 어떤 삶을 살아왔는지를 알려주는데, 부처님의 '포괄적 전생 이야기'이고, 그대로 부처님을 뒤따르는 삶의 안내입니다. 이 내용을 표로 작성하였습니다.

삼십이상경의 업인과보(業因果報) 표

대인상(1) 발바닥이 편평한 특징	
i)전생의 업	유익한 법들을 열심히 실천했다. 몸의 좋은 행위, 말의 좋은 행위, 의(意)의 좋은 행위, 보시를 베풂, 계를 지님, 포살의 준수, 어머니를 섬김, 아버지를 섬김, 사문을 섬김, 바라문을 섬김, 가문의 어른을 존경함, 다른 높은 유익한 법들에 대한 실천에 흔들림이 없었다.
ii)재가자가 얻는 보	어떤 인간 존재에서든 대립하는 적들에 의한 장애가 없다.
iii)출가자가 얻는 보	탐-진-치거나 사문-바라문-신-마라-범천 또는 세상의 누구거나, 안이나 밖의 대립하는 적들에 의한 장애가 없다.
대인상(2) 발바닥에 바퀴가 생긴 특징	
i)전생의 업	많은 사람들을 행복으로 이끌었다. 촉발되는 공포와 두려움을 떨쳐내고, 법답게 보호하고 덮어서 지켜주는 사람이고, 따르는 자들과 함께 보시하였다.
ii)재가자가 얻는 보	구성원들이 잘 따른다. 바라문 장자들, 번화가의 주민들과 지방의 주민들, 재정담당자들과 재상들, 경호원들과 경비원들, 사적인 고문들과 의회 의원들, 왕들, 영주들, 시동들이 잘 따른다.
iii)출가자가 얻는 보	구성원들이 잘 따른다. 비구, 비구니, 남신자, 여신자, 신, 사람, 아수라, 용, 간답바들이 잘 따른다.
대인상(3)~(5) 발꿈치가 길고, 손가락이 길고, 몸이 범천처럼 곧은 특징	

i)전생의 업	생명을 해치는 행위를 버렸기 때문에 생명을 해치는 행위로부터 피한 자였다. 몽둥이를 내려놓았고, 칼을 내려놓았고, 겸손하고, 연민하고, 모든 생명에게 우정과 동정으로 머물렀다.
ii)재가자가 얻는 보	수명이 길고 오래 산다. 긴 수명을 보존한다. 어떤 인간 존재에서든 대립하는 적들이 중간에 목숨을 빼앗을 수 없다.
iii)출가자가 얻는 보	수명이 길고 오래 산다. 긴 수명을 보존한다. 사문-바라문-신-마라-범천 또는 세상의 누구거나, 대립하는 적들에 의해 중간에 죽임당하지 않는다.
대인상(6) 일곱 군데가 풍만한 특징	
i)전생의 업	뛰어나고 맛있는 것, 딱딱하고 부드러운 먹기 좋은 음식, 핥아먹는 것, 마실 것들을 베푸는 자였다.
ii)재가자가 얻는 보	뛰어나고 맛있는 것, 딱딱하고 부드러운 먹기 좋은 음식, 핥아먹는 것, 마실 것들을 얻는다.
iii)출가자가 얻는 보	뛰어나고 맛있는 것, 딱딱하고 부드러운 먹기 좋은 음식, 핥아먹는 것, 마실 것들을 얻는다.
대인상(7)(8) 손과 발의 부드러움과 망의 특징	
i)전생의 업	보시(布施)[베풂], 애어(愛語)[사랑스런 말], 이행(利行)[이익되는 행위], 동사(同事)[함께함]의 사섭법(四攝法)으로 사람들을 따르게 하는 자였다
ii)재가자가 얻는 보	구성원들이 잘 따른다. 바라문 장자들 … 시동들이 잘 따른다

iii)출가자가 얻는 보	구성원들이 잘 따른다. 비구 … 간답바들이 잘 따른다
대인상(9)~(10) 복사뼈가 발의 중간에 있는 것과 몸의 털이 위로 향한 것의 특징	
i)전생의 업	의미와 연결되고 법에 연결된 말을 하는 자였다. 생명에게 이익과 행복을 가져오는 법의 제사를 지내는 자여서 많은 사람을 위해 설명하였다.
ii)재가자가 얻는 보	소유하고자 하는 자들 가운데 으뜸이고 뛰어나고 풀렸고 최상이고 귀하다.
iii)출가자가 얻는 보	모든 살아있는 것들 가운데 으뜸이고 뛰어나고 풀렸고 최상이고 귀하다.
대인상(11) 장딴지가 사슴과 같은 특징	
i)전생의 업	'어떻게 이들이 빠르게 이해하고, 빠르게 실천하고, 오래 녹슬게 두지 않을 수 있을까?' 라면서 기술이나 지식이나 실천이나 업을 철저히 가르쳤다.
ii)재가자가 얻는 보	왕에게 가치 있고, 왕의 구성품이고, 왕이 즐길만하고, 왕에게 어울리는 것을 빠르게 얻는다.
iii)출가자가 얻는 보	사문에게 가치 있고, 사문의 구성품이고, 사문이 즐길만하고, 사문에게 어울리는 것을 빠르게 얻는다.
대인상(12) 피부가 부드러운 특징	

ⅰ)전생의 업	사문이나 바라문에게 다가가서 '대덕이시여, 무엇이 유익(有益)이고, 무엇이 무익(無益)입니까? 무엇이 결점이 있는 것이고, 무엇이 결점이 없는 것입니까? 무엇이 실천해야 하는 것이고, 무엇이 실천하지 않아야 하는 것입니까? 무엇을 행할 때 나에게 오랫동안 불익(不益)과 괴로움이 있고, 무엇을 행할 때 나에게 오랫동안 이익과 행복이 있습니까?'라고 질문하는 자였다
ⅱ)재가자가 얻는 보	소유하고자 하는 자들 가운데 지혜에 관해서 같거나 뛰어난 자가 아무도 없다.
ⅲ)출가자가 얻는 보	큰 지혜를 가진 자, 개별적인 지혜를 가진 자, 유쾌한 지혜를 가진 자, 빠르게 이해하는 지혜를 가진 자, 예리한 지혜를 가진 자, 꿰뚫는 지혜를 가진 자가 된다. 모든 살아있는 것들 가운데 지혜에 관해서 같거나 뛰어난 자가 아무도 없다.
대인상(13) 황금빛 용모의 특징	
ⅰ)전생의 업	자주 화를 내지 않고 절망하지 않았다. 말해진 것이 많이 있어도 화를 내지 않고, 동요하지 않고, 짜증내지 않고, 저항하지 않았다. 성급함과 진(嗔)과 의혹을 드러내지 않았다. 섬세하고 부드러운 덮을 것들, 외투, 섬세한 아마, 섬세한 무명, 섬세한 비단, 섬세한 모직 등을 보시하는 자였다.
ⅱ)재가자가 얻는 보	섬세하고 부드러운 덮을 것들, 외투, 섬세한 아마, 섬세한 무명, 섬세한 비단, 섬세한 모직 등을 많이 얻는다.
ⅲ)출가자가 얻는 보	섬세하고 부드러운 덮을 것들, 외투, 섬세한 아마, 섬세한 무명, 섬세한 비단, 섬세한 모직 등을 많이 얻는다.
대인상(14) 성기가 덮여있지 않은 특징	

i)전생의 업	오랫동안 잃어버렸고, 오랫동안 헤어져 살던 친척과 친구와 우호적인 사람들과 동료들과 다시 만났다. 자식이 되어 어머니를 다시 만났고, 어머니가 되어 자식을 다시 만났고, 자식이 되어 아버지를 다시 만났고, 아버지가 되어 자식을 다시 만났고, 형제가 되어 형제를 다시 만났고, 누이가 되어 형제를 다시 만났고, 형제가 되어 누이를 다시 만났고, 자매가 되어 자매를 다시 만났고. 다시 만난 뒤에 찬양하였다.
ii)재가자가 얻는 보	많은 아들이 있다. 수천의 그의 아들은 용감하고 씩씩하며 다른 군대를 이긴다.
iii)출가자가 얻는 보	많은 아들이 있다. 수천의 그의 아들은 용감하고 씩씩하며 다른 군대를 이긴다.
대인상(15)(16) 둥글고 굽히지 않은 채 무릎에 닿는 특징	
i)전생의 업	대중을 따르게 하는 것을 생각하면서 편견 없이 알고, 스스로 알고, 사람을 알고, 사람의 차이를 알고, '이 사람은 이것에 적합하고, 이 사람은 이것에 적합하다.'라고 그때그때 사람의 차이를 분별하였다.
ii)재가자가 얻는 보	부유하고, 큰 부를 가졌고, 소유한 것이 많고, 금과 은이 풍부하고, 토지와 도구가 풍부하고, 재산과 곡식이 풍부하고. 창고와 곳간은 가득 찬다.
iii)출가자가 얻는 보	부유하고, 큰 부를 가졌고, 소유한 것이 많다. 그에게 이런 부(재산)이 있다. 예를 들면, 믿음의 재산, 계(戒)의 재산, 히리의 재산, 옷땁빠의 재산, 배움의 재산, 보시의 재산, 지혜의 재산이다.
대인상(17)~(19) 절반의 몸은 사자의 앞과 같고, 양어깨 사이가 불룩하고, 몸통이 고르고 둥근 특징	

ⅰ)전생의 업	'어떻게 이들에게 믿음이 늘어나고, 계가 늘어나고, 배움이 늘어나고, 베풂이 늘어나고, 법이 늘어나고, 지혜가 늘어나고, 부와 곡식이 늘어나고, 밭과 대지가 늘어나고, 두발 짐승이나 네발 짐승이 늘어나고, 아내와 자식이 늘어나고, 하인과 직원과 일하는 사람들이 늘어나고, 친척들이 늘어나고, 친구들이 늘어나고, 인척들이 늘어날 수 있을까?' 라면서 많은 사람들의 편익을 바라고, 이익을 바라고, 편안하기를 바랬다.
ⅱ)재가자가 얻는 보	쇠퇴하지 않는 존재다. 부와 곡식, 밭과 대지, 두발 짐승이나 네발 짐승, 아내와 자식, 하인과 직원과 일하는 사람들, 친척들, 친구들, 인척들이 쇠퇴하지 않는다. 모든 성취에서 쇠퇴하지 않는다.
ⅲ)출가자가 얻는 보	퇴보하지 않는 존재다. 믿음-계-배움-베품-지혜가 퇴보하지 않고, 성취한 모든 것이 퇴보하지 않는다.
대인상(20) 하늘의 으뜸가는 맛을 느끼는 특징	
ⅰ)전생의 업	손이나 흙덩이나 몽둥이나 칼에 의해 중생들을 해치지 않는 부류에 속했다.
ⅱ)재가자가 얻는 보	결점이 없고, 병이 없다. 정진을 감당할 수 있도록 너무 차지도 않고 너무 뜨겁지도 않은 중간의 좋은 소화력과 흡수력을 갖췄다.
ⅲ)출가자가 얻는 보	결점이 없고, 병이 없다. 정진을 감당할 수 있도록 너무 차지도 않고 너무 뜨겁지도 않은 중간의 좋은 소화력과 흡수력을 갖췄다.
(21)~(22) 깊고 검은 눈을 가지고, 속눈썹이 어린 암소와 같은 특징	

ⅰ)전생의 업	쏘아보지 않고, 곁눈으로 보지 않고, 차별해서 보지 않고, 올곧게 보고, 여여(如如)하게 올곧은 마음으로 바르게 보고, 사랑스러운 눈으로 많은 사람을 보았다.
ⅱ)재가자가 얻는 보	많은 사람이 사랑스럽게 본다. 바라문 장자들 … 시동들이 사랑하고 마음에 들어한다.
ⅲ)출가자가 얻는 보	많은 사람이 사랑스럽게 본다. 비구 … 간답바들이 사랑하고 마음에 들어한다.
대인상(23) 머리에 터번이 있는 특징	
ⅰ)전생의 업	유익한 법들에서 많은 사람의 선두에 섰다. 몸의 좋은 행위, 말의 좋은 행위, 의(意)의 좋은 행위, 보시를 베풂, 계를 지님, 포살의 준수, 어머니를 섬김, 아버지를 섬김, 사문을 섬김, 바라문을 섬김, 가문의 어른을 존경함, 다른 높은 유익한 법들에서 많은 사람을 이끌었다.
ⅱ)재가자가 얻는 보	많은 사람이 따른다. 바라문 장자들 … 시동들이 따른다.
ⅲ)출가자가 얻는 보	많은 사람이 따른다. 비구 … 간답바들이 따른다.
대인상(24)(25) 몸의 털이 하나씩이고 눈썹 사이에 털이 있는 특징	
ⅰ)전생의 업	거짓을 말하는 행위를 버렸기 때문에 거짓을 말하는 행위로부터 피한 자였다. 진실을 말하는 자이고, 믿을만하고, 신뢰할 수 있고, 기대할 수 있고, 세상을 위해 진실을 말했다.
ⅱ)재가자가 얻는 보	많은 사람이 가까이 온다. 바라문 장자들~시동들이 가까이 온다.

iii)출가자가 얻는 보	많은 사람이 가까이 온다. 비구 … 간답바들이 가까이 온다.
대인상(26)(27) 치아가 40개이고 치아에 틈이 없는 특징	
i)전생의 업	험담하는 행위를 버렸기 때문에 험담하는 행위로부터 피한 자였다. 여기서 들은 뒤 저기서 말함으로부터 이것들의 해체로 이끌지 않고, 저기서 들은 뒤 이들에게 말함으로부터 이러한 해체로 이끌지 않았다, 이렇게 파괴를 회유하는 자이거나 단결을 가져오는 자였다. 화합을 좋아하고 화합을 꾀하고 화합을 즐기고 화합을 만드는 말을 했다.
ii)재가자가 얻는 보	집단이 분열하지 않는다. 바라문 장자들~시동들 의 집단이 분열하지 않는다.
iii)출가자가 얻는 보	집단이 분열하지 않는다. 비구 … 간답바들의 집단이 분열하지 않는다.
대인상(28)(29) 넓은 혀와 범천의 소리를 가진 특징	
i)전생의 업	거칠게 말하는 행위를 버렸기 때문에 거칠게 말하는 행위로부터 피한 자였다. 침이 튀지 않고, 귀에 즐겁고, 애정이 넘치고, 매력적이고, 예의 바르고, 대중들이 좋아하고, 대중들의 마음에 드는 그런 말을 했다.
ii)재가자가 얻는 보	주목하지 않을 수 없는 말을 한다. 바라문 장자들~시동들의 집단이 주목한다.
iii)출가자가 얻는 보	주목하지 않을 수 없는 말을 한다. 비구 … 간답바들의 집단이 주목한다.
대인상(30) 턱이 사자와 같은 특징	

ⅰ)전생의 업	쓸모없고 허튼 말하는 행위를 버렸기 때문에 쓸모없고 허튼 말하는 행위로부터 피한 자였다. 적절한 때에 말하고, 진실되게 말하고, 이익되게 말하고, 법에 맞게 말하고, 율에 맞게 말했다. 적절한 때에, 근거를 갖춘, 절제된, 이익되는 말을 했다.
ⅱ)재가자가 얻는 보	원수 같은 적들, 어떤 사람들에 의해서도 해침 당하지 않는다
ⅲ)출가자가 얻는 보	안이거나 밖의 원수 같은 적들 즉 탐이거나, 진이거나, 치이거나, 사문이거나, 바라문이거나, 신(神)이거나, 마라이거나, 범천(梵天)이거나, 세상의 누구에 의해서도 해침 당하지 않는다.
대인상(31)~(32) 치아가 고르고 치아가 아주 하얀 특징	
ⅰ)전생의 업	삿된 생활을 버리고 바른 생활로 생계를 유지했다. 저울추를 속이고, 사기를 치고, 치수를 속이고, 뇌물을 주고, 속이고, 사기치고 정직하지 않고, 절단, 살상, 포박, 노상강도, 약탈, 폭행을 피했다.
ⅱ)재가자가 얻는 보	청정한 따르는 자들이 있다. 바라문 장자들~시동들의 따르는 자들이 청정하다.
ⅲ)출가자가 얻는 보	청정한 따르는 자들이 있다. 비구 … 간답바들의 따르는 자들이 청정하다.

제4부

윤회에 어떻게 대응해야 하는가?

무명에 덮이고 애에 묶여서 옮겨가고 윤회하는 중생의 삶은 고(苦)입니다. 윤회 즉 태어나야 하고 늙고 죽어야 하는 근본 괴로움(生-老死) 위에서 슬픔-비탄-고통-고뇌-절망(愁悲苦憂惱) 등 구체적 아픔을 겪어가며 살아야 합니다.

그러나 언제까지나 이런 아픈 삶을 지속할 수는 없습니다. 아픔을 극복하고 행복한 삶을 누리는 것이 옳바른 삶입니다. 그러기 위해 아픔에 대응해야 합니다. 그러면 이런 아픔에 어떻게 대응해야 합니까?

(MN 149-육처에 속한 큰 경)은 알고 보지 못하는 자는 신(身)-심(心)의 괴로움을 경험하고, 알고 보는 자는 신-심의 즐거움을 경험하면서 더 높은 향상으로 나아간다고 말합니다. 그래서 알고 봄(知-見)은 불교에서 삶의 향상의 기준이 되는데, 깨달음을 여실지견(如實知見)과 해탈지견(解脫知見)의 과정으로 설명하는 이유입니다.

그래서 생(生)-노사(老死)의 근본 괴로움은 여실지견과 해탈지견이라는 해탈된 삶의 과정으로 대응해야 합니다. 그리고 수비고우뇌(愁悲苦憂惱) 등 삶의 과정에서 겪는 구체적 아픔은 소유의 삶과 존재의 삶 가운데 향상을 이끄는 방법으로 대응해야 합니다.

해탈된 삶으로 이끌리는 과정은 「깨달음을 겨냥한 자(법을 따르는 자-믿음을 따르는 자-예류자) → 일래자 → 불환자 → 아라한」입니다. 그리고 해탈된 삶으로의 이끌림에 아직 들어서지 못했지만 부처님을 믿고 사랑하는 사람들은 하늘을 겨냥한 자들입니다(MN 22-뱀의 비유경).

그래서 윤회하는 중생으로의 삶을 구성하는 고(苦)의 문제는 하늘을 겨냥하는 과정과 깨달음을 겨냥하는 과정으로 나누어 대응해야 합니다. 그때, 특히 재가 신자에 집중되는 하늘을 겨냥한 자를 위한 바른 신행(信行)을 제시할 수 있고, 그 연장선에서 깨달음을 겨냥하는 과정으로 나아갈 수있습니다.

이때, 하늘을 겨냥하는 자를 위한 삶의 방식이 있는데, 공덕입니다. 공덕의 행위를 통해 하늘로 나아갈 수 있습니다. 다만, 공덕은 깨달음의 길은 아닙니다. 깨달음은 오직 알고 봄(知-見)의 향상에 의해 여실지견(如實知見)과 해탈지견(解脫知見)의 과정으로 성취됩니다.

공덕의 빠알리 원어는 puñña(뿐냐)인데, 복(福)으로 번역되기도 합니다. 그런데 (AN 8.36-공덕의 결실을 있게 하는 토대 경)/(DN 33.6-합송경, 셋으로 구성된 법들)은 3가지 공덕의 결실을 있게 하는 토대로 보시와 계와 수행을 말합니다.

> tīṇi puññakiriyavatthūni — dānamayaṃ puññakiriyavatthu, sīlamayaṃ puññakiriyavatthu, bhāvanāmayaṃ puññakiriyavatthu

> 3가지 공덕행의 토대 – 보시로 이루어진 공덕행의 토대, 계로 이루어진 공덕행의 토대, 수행으로 이루어진 공덕행의 토대,

공덕의 결실을 있게 하는 토대 즉 공덕행의 토대로 보시와 계와 수행을 말하는 것인데, 보시와 계는 하늘을 겨냥하는 방법이고, 수행은 하늘을 겨냥하는 방법이면서 더 나아가 깨달음을 겨냥/성취하는 방법이기도 합니다.

그런데 하늘을 겨냥하는 것은 중생으로의 삶에서 더 높은 곳으로 올라가는 삶이고, 깨달음을 겨냥하는 것은 중생으로의 삶에서 벗어나는 삶입니다. 그래서 보시와 계는 올라가는 방법이고, 수행은 더 높은 곳으로 올라가는 방법이면서 벗어나는 방법으로 이어집니다. 그렇다면 수행은 올라가는 수행과 벗어나는 수행으로 구분해서 이해해야 합니다.

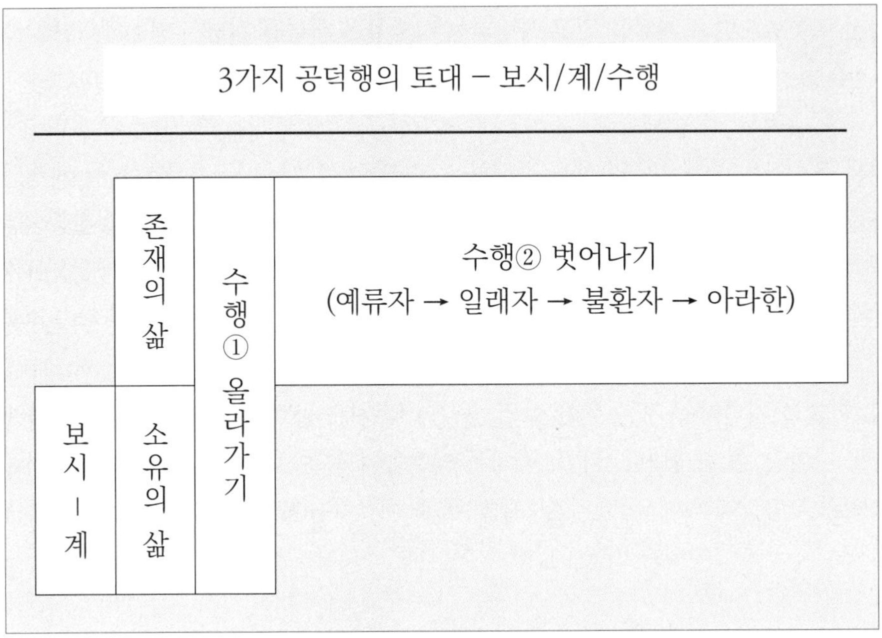

제1장

공덕(功德-puñña)

[복(福)]

저항할 수 없는 위력으로 닥쳐 오는 삶의 문제들

(SN 3.25-산의 비유 경)은 구름 같은 큰 산이 모든 생명을 짓밟으면서 오는상황에 비유한 부처님과 빠세나디 꼬살라 왕의 대화를 소개합니다.

(부처님) "대왕이여, 구름 같은 큰 산이 모든 생명을 짓밟으면서 오는 것과 같은 크나큰 두려움이 일어날 때, 인간의 파괴가 심각할 때, 인간으로의 삶을 유지하기 어려울 때, 그대는 무엇을 해야 합니까?"

(빠세나디 왕) "대덕이시여, 이렇게 크나큰 두려움이 일어날 때, 인간의 파괴가 심각할 때, 인간으로의 삶을 유지하기 어려울 때 법(法)의 행위와 다른 곳, 안정된 행위와 다른 곳, 선(善)을 행함과 다른 곳, 공덕(功德)을 행함과 다른 곳에 제가 할 일이 무엇이 있겠습니까?"

(부처님) "대왕이여, 나는 그대에게 말합니다. 대왕이여, 나는 그대에게 알립니다. 대왕이여, 늙음과 죽음이 그대를 향해 옵니다. 대왕이여, 만약 그대에게 늙음과 죽음이 닥쳐올 때 그대는 무엇을 해야 합니까?"

(빠세나디 왕) "대덕이시여, 늙음과 죽음이 닥쳐올 때, 법(法)의 행위와 다른 곳, 안정된 행위와 다른 곳, 선(善)을 행함과 다른 곳, 공덕(功德)을 행함과 다른 곳에 제가 할 일이 무엇이 있겠습니까? 대덕이시여, 권력을 자부하고 소유의 갈망이 스며들었고, 나라가 안정되고, 넓은 영토를 정복하여 다스리는 머리에 의식을 치르고 왕위에 오른 끄샤뜨리야 왕의 코끼리 전투에서도, 대덕이시여, 늙음과 죽음이 닥쳐올 때는 갈 곳이 없고, 대책이 없습니다. 대덕이시여, … 머리에 의식을 치르고 왕위에 오른 끄샤뜨리야 왕의 기마 전투에서도 … 전차 전투에서도 … 보병 전투에서도, 대덕이시여, 늙음과 죽음이 닥쳐올 때는 갈 곳이 없고, 대책이 없습니다. 또한, 대덕이시여, 이 왕궁에는 적들이 쳐들어올 때 책략으로 깨뜨릴 수 있는 참모역의 대신들이 있습니다. 그러나 대덕이시여, 책략의 전투에서도 늙음과 죽음이 닥쳐올 때는 갈 곳이 없고, 대책이 없습니다. 그리고 대덕이시여, 이 왕궁에는 적들이 쳐들어올 때 재물로써 설득할 수 있는 땅에 묻어두고 높은 곳에 보관해둔 많은 황금이 있습니다. 그러나 대덕이시여, 재물의 전투에서도 늙음과 죽음이 닥쳐올 때는 갈 곳이 없고, 대책이 없습니다. 대덕이시여, 늙음과 죽음이 닥쳐올 때, 법(法)의 행위와 다른 곳, 안정된 행위와 다른 곳, 선(善)을 행함과 다른 곳, 공덕(功德)을 행함과 다른 곳에 제가 할 일이 무엇이 있겠습니까?"

(부처님) "그것은 그렇습니다, 대왕이여. 그것은 그렇습니다, 대왕이여. 늙음과 죽음이 닥쳐올 때, 법(法)의 행위와 다른 곳, 안정된 행위와 다른 곳, 선(善)을 행함과 다른 곳, 공덕(功德)을 행함과 다른 곳에 할 일이 무엇이 있겠습니까?

거대한 바위산이 하늘을 꿰찌르고
사방을 짓밟으면서 모든 것을 압박해 온다.

이렇게 늙음과 죽음이 생명가진 것들을 제압한다.
끄샤뜨리야도, 바라문도, 와이샤도, 수드라도, 불가촉천민도
누구도 피할 수 없다. 모든 것을 제압한다.

거기는 코끼리의 영역도, 전차의 영역도, 보병의 영역도 아니고
책략의 전투로도, 재물로써 설득하는 것도 불가능하다.

그러므로 자신의 이익을 보는 지혜롭고 현명한 사람은
부처님과 가르침과 성자들에 대한 믿음을 확고히 한다.

몸과 말과 마음으로 법을 실천하는 사람
여기서는 사람들이 그를 칭찬하고, 죽은 뒤에는 하늘에서 기뻐한다."

비록 삶이 어렵더라도 최선을 다해 살아가는 사람들을 중심으로 우리 사회는 구성되어 있습니다. 그러나 때로 지진이나 화산 폭발 또는 쓰나미 같은 자연 재해가 닥쳐오기도 하고, 전쟁 같은 대규모 싸움에 의한 관계성의 문제(인간 재해)가 저항할 수 없는 위력으로 닦쳐 오기도 합니다. 그래서 인간으로의 삶을 유지하기 어려울 때 어떻게 대응해야 하는지의 질문에 대해 이 경은 분명한 대답을 제시합니다. –「법(法)의 행위와 다른 곳, 안정된 행위와 다른 곳, 선(善)을 행함과 다른 곳, 공덕(功德)을 행함과 다른 곳에 할 일이 무엇이 있겠습니까?」

법(가르침)의 실천을 통해 마음을 고요히 하여 흔들림 없이 대응하는것, 그래서 선(善-유익)에 어긋나지 않음 즉 공덕을 행하는 것이 가능한 유일한 대응이라는 말씀입니다.

또한, 그런 재해가 아니더라도 태어난 자라면 누구도 피할 수 없이 닥쳐오는 현상이 있는

데, 늙음과 죽음입니다. 누구에게나 지금도 보이지 않게 접근하고 있는 어두운 그림자, 바로 늙음과 죽음입니다.

이렇게 태어남에 따르는 늙음과 죽음 즉 생사(生死) 문제에서도 가능한 유일한 대응은 공덕을 행하는 것입니다. 공덕으로써 하늘을 겨냥한 삶을 살아내는 것, (빠세나디 왕 = 재가 신자에게는) 그것이 유일한 대응 방법입니다!

선(善-kusala-유익)은 공덕보다 범위가 더 넓습니다. 공덕이 올라가는 삶이라면 선은 거기에서 더 나아가 벗어나는 삶의 완성까지를 포함하기 때문입니다.

; 부처님의 출가 목적 - **kiṃkusalagavesī 무엇이 유익(有益)[선(善)]인지**를 구하여 출가함(MN 85-보디 왕자 경) 등

I. 공덕(功德-puñña)

[올라가는 삶 → 더 행복한 삶]

해피 스님의 책 『불교입문(I -소유하고자 하는 자를 위한 가르침)』의 강의(*)에서 공덕(功德-puñña) 부분을 요약하였습니다.

(*) 제3부 공덕 제1장 개념 - 90분 수업 7회

1. 공덕(功德-puñña)의 개념

1) 공덕(功德-puñña)은 ①행복을 가져오는 것이고, ②죽을 때 가져가는 것이며, ③저세상에서의 버팀목이 되는 것입니다.

- 「puññāni kayirātha sukhāvahānī 행복(즐거움-sukha)을 가져오는 것인 공덕(복-puñña)을 지어야 한다.' — (AN 3.52-두 바라문 경1)

- '사는 동안 공덕을 지은 것이 죽은 자에게 행복이 된다.' — (AN 3.52-두 바라문 경1)

- '인색한 자가 두려워하는 배고픔과 목마름은 이 세상과 저세상에서 어리석은 그에게 닿습니다.' — (SN 1.32-인색 경)

- 죽을 때 가져가는 것 — 「이 세상에서 인간은 공덕과 죄악의 두 가지를 행하니 참으로 그것이 그에게 자신의 것이고, 그것을 가지고 간다. 마치 떠나지 않는 그림자처럼 그것이 따른다. — (SN 3.4-사랑하는 자 경)

- 「puññāi paralokasmiṃ patiṭṭāhonti pāṇnan 공덕은 저세상에서 존재들을 위한 버팀목이 된다.」 — (AN 5.36-때에 맞는 보시 경) 등

2) 공덕은 재생의 기반이 되는 것이어서 윤회하는 중생의 영역에 속합니다.

- (MN 117-커다란 마흔의 경) – ①번뇌와 함께하고 공덕을 만들고 재생의 조건을 익게 하는 바른 견해-사유-말-행위-생활, ②번뇌 없고 세상을 넘어섰고 길의 요소인 성스러운 바른 견해-사유-말-행위-생활

2. 공덕을 만드는 방법

- 보시(布施) — 「인색과 방일 때문에 보시를 하지 않습니다. 공덕을 바라는 자, 아는 자는 베풀어야 합니다.」

- 세 가지 공덕행(功德行)의 토대 — 보시(布施)-계(戒)-수행(修行)

• 불(佛)-법(法)-승(僧) 삼보(三寶)에 대한 귀의와 확실한 믿음 그리고 계와 보시와 지혜를 갖추는 것, 이때 지혜를 갖추는 것이 수행이어서 ②과 연결됩니다.

3. 공덕의 주요 용례

(용례1) (AN 7.62-자애 경) ―「mā, bhikkhave, puññānaṃ bhāyittha. sukhassetaṃ, bhikkhave, adhivacanaṃ yadidaṃ puññāni 비구들이여, 공덕을 두려워하지 말라. 비구들이여, 공덕은 행복을 지칭하는 말이다.」

공덕을 두려워하지 말라고 말하는데, 공덕이 가져오는 유익(有益)한 보(報)를 보아야 합니다. 부처님은 공덕과 보에 대한 당신의 경험을 소개하면서 공덕의 유익한 보 그리고 두려워하지 말 것을 설명하는데, 7년 동안 자심(慈心)을 닦은 뒤 엄청난 보(報)를 경험한 이야기입니다.

(용례2) 「akatakalyāṇā akatakusalā akatabhīruttāṇā 유익(有益)을 만들지 못했고, 선(善)을 만들지 못했고, 두려움으로부터의 피난처를 만들지 못했습니다.」의 용례

1) (MN 129-우현(愚賢) 경)

• 어리석은 자에게 있는 어리석음의 특징, 어리석음의 징조, 어리석은 삶의 흔적 ― 지금여기에서 삼중으로 경험하는 고통과 고뇌 : ①오계를 지키지 않는 자의 고통과 고뇌 → ②범죄를 저지른 도둑의 고통과 고뇌 → ③유익(有益)을 만들지 못했고, 선(善)을 만들지 못했고, 두려움으로부터의 피난처를 만들지 못한 자의 고통과 고뇌

; 지옥(地獄) ― '전적으로 동의할 수 없고, 전적으로 싫고, 전적으로 마음에 들지 않는 것' → 지옥의 괴로움은 비유하기도 쉽지 않음

• 현명한 자에게 있는 현명함의 특징, 현명함의 징조, 현명한 삶의 흔적 ― 지금여기에서 삼중으로 경험하는 행복과 만족 : ①오계를 지닌 자의 행복과 만족 → ②범죄를 저지르지 않은 자의 행복과 만족 → ③유익(有益)을 만들고, 선(善)을 만들고, 두려움으로부

터의 피난처를 만든 자의 행복과 만족

; 천상(天上) — '전적으로 동의하고, 전적으로 좋고, 전적으로 마음에 드는 것 → 천상의 행복은 비유하기도 쉽지 않음

2) (AN 3.52-두 바라문 경1) — 몸으로 제어하고, 말로 제어하고, 의(意)로 제어하는 것은 죽은 자에게 피난처가 됨 → 「죽음에 대한 이런 두려움을 보는 자는 행복을 가져오는 것인 공덕을 지어야 한다.」

3) (AN 3.53-두 바라문 경2) — 몸으로 제어하고, 말로 제어하고, 의(意)로 제어하는 것은 죽은 자에게 피난처가 됨 → 「이렇게 세상은 늙음과 죽음으로 불타고 있다. 보시에 의해서 꺼내야 하고, 보시한 것은 잘 꺼낸 것이다.」

4) (AN 4.184-두려움 없음 경) — 죽어야 하는 존재의 두 부류 — ①죽음을 두려워하고, 죽음에 대해 전율하는 죽어야 하는 존재, ②죽음을 두려워하지 않고, 죽음에 대해 전율하지 않는 죽어야 하는 존재

• 죽음을 두려워하고, 죽음에 대해 전율하는 죽어야 하는 존재 — ①소유한 것에 대한 탐(貪)에서 벗어나지 못함, ②몸에 대한 탐(貪)에서 벗어나지 못함, ③유익(有益)을 만들지 못했고, 선(善)을 만들지 못했고, 두려움으로부터의 피난처를 만들지 못함, ④정법에 대한 결론을 얻지 못함

• 죽음을 두려워하지 않고, 죽음에 대해 전율하지 않는 죽어야 하는 존재 — ①소유한 것에 대한 탐(貪)에서 벗어남, ②몸에 대한 탐(貪)에서 벗어남, ③유익(有益)을 만들고, 선(善)을 만들고, 두려움으로부터의 피난처를 만듦, ④정법에 대한 결론을 얻음

(용례 3) 「puññāni kayirātha sukhāvahānī 즐거움(행복)을 가져오는 것인 puñña(공덕=복)를 지어야 한다.」 — (SN 1.3-이끌림 경)/≒(SN 2.19-웃따라 경), (SN 1.4-무너짐 경)/≒(SN 2.27-난다 경), (AN 3.52-두 바라문 경1)

(SN 1.3-이끌림 경)/(SN 2.19-웃따라 경)/(SN 1.4-무너짐 경)/(SN 2.27-난다 경)에서 어떤 신(神)은 부처님에게 "죽음에 대한 두려움을 보는 자는 행복을 가져오는 것인 공

덕을 지어야 합니다."라고 말하고, 부처님은 "죽음에 대한 두려움을 보는 자, 평화를 바라는 자는 세상의 미끼를 버려야 한다."라고 답합니다. 한편, (AN 3.52-두 바라문 경1)에서는 어떤 신들의 이야기가 바라문들에게 설한 부처님의 말씀으로 나타납니다. 그렇다면 부처님은 바라문들에게는 공덕을 지어 신으로 태어날 것을 설하고, 신들에게는 더 나아가 윤회에서 벗어날 것을 단계적으로 설했다고 하겠습니다.

(용례 4) 「puññāni paralokasmiṃ patiṭṭhā honti pāṇinan 공덕은 저세상에서 존재들을 위한 버팀목이 된다.」 — (SN 1.32-인색 경), (SN 1.43-음식 경), (SN 2.23-세리 경), (SN 3.4-사랑하는 자 경), (SN 3.20-무자식 경2), (SN 3.22-할머니 경), (AN 5.36-때에 맞는 보시 경)

1) (SN 1.32-인색 경)과 (SN 2.23-세리 경)은 인색은 배고픔과 목마름을 부르고 보시한 것은 이 세상과 저세상에서 따라오는 상반된 특성을 보여줍니다. 특히, (SN 2.23-세리 경)에서 신의 아들 세리는 전생에 인간으로 살면서 많은 보시를 하였지만 보시의 결실에 대해 알지 못했는데 부처님은 한 마디로 보시의 결실을 설명한다고 찬탄합니다. —「깨끗한 심(心)과 믿음으로 그 음식을 보시하는 그들에게 그 음식은 이 세상과 저세상에서 따라온다.」

한편, 이 문장은 (SN 1.43-음식 경)에도 나타납니다.

2) (SN 3.4-사랑하는 자 경)과 (SN 3.20-무자식 경2)은 그림자처럼 따라가는 것(죽을 때 가져가는 것)으로의 공덕을 말해주는데, 「이 세상에서 인간은 공덕과 죄악의 두 가지를 행하니 참으로 그것이 그에게 자신의 것이고, 그것을 가지고 간다. 마치 떠나지 않는 그림자처럼 그것이 따른다.」와 「몸에 의해, 말에 의해 또는 심(心)에 의해 만든 것, 참으로 그것이 그 자신의 것이다. 그것을 가지고 간다. 마치 떠나지 않는 그림자처럼 그것이 따른다.」입니다.

특히, (SN 3.20-무자식 경2)에서는 재물을 벌고서도 자신을 행복하게 하지 않는 문제를 설명하였는데, (AN 10.91-소유하고자 하는 자 경)의 주제입니다.

3) (SN 3.20-무자식 경2)와 (SN 3.22-할머니 경)은 유익을 행해야 하는 이유를 누적되어 미래의 삶을 만들기 때문이라고 말합니다.

4) (AN 5.36-때에 맞는 보시 경)은 보시가 행해지는 자리에서 기뻐하고 해야 할 일을 하는 것도 보시여서 그들에게도 공덕의 나눔이 있다고 알려줍니다.

(용례 5) 「puññābhisandā 공덕을 쌓음」 — (SN 55.31-공덕을 쌓는 것 경1)/(SN 55.32-공덕을 쌓는 것 경2)/(SN 55.33-공덕을 쌓는 것 경3)/(SN 55.41-쌓음 경1)/(SN 55.42-쌓음 경2)/(SN 55.43-쌓음 경3)/(AN 4.51-공덕을 쌓음 경1)/(AN 4.52-공덕을 쌓음 경2)/(AN 5.45-공덕을 쌓음 경)/(AN 6.37-여섯 요소를 갖춘 보시 경)/(AN 8.39-쌓음 경)

1) (SN 55.31-공덕을 쌓는 것 경1)/(SN 55.32-공덕을 쌓는 것 경2)/(SN 55.33-공덕을 쌓는 것 경3)은 공덕을 쌓고, 유익을 쌓고, 행복의 자량이 되는 것을 설명하는데, 불(佛)-법(法)-승(僧)에 대한 확실한 믿음 위에서 계와 보시와 지혜를 각각 더한 네 가지입니다. 특히, 첫 번째 경이 말하는 불-법-승-계의 네 가지는 예류(預流)의 구성 요소입니다. 예류의 구성 요소 네 가지는 (SN 55-예류 상윳따)의 중심 주제여서 그 비중이 매우 큽니다. 이어서 (SN 55.41-쌓음 경1)/(SN 55.42-쌓음 경2)/(SN 55.43-쌓음 경3)은 앞의 경들의 내용에 그 공덕의 크기는 헤아릴 수 없는 큰 무더기라고 부연 설명합니다.

2) (AN 4.51-공덕을 쌓음 경1)/(AN 4.52-공덕을 쌓음 경2)는 좀 더 확장된 의미를 말하는데, 이 네 가지는 공덕을 쌓고, 유익을 쌓고, 행복의 자량이 되고, 하늘로 연결되고, 보(報)가 행복이고, 하늘로 이끌고, 원하고 좋아하고 마음에 드는 이익과 행복으로 이끈다고 합니다. 특히, (AN 4.51-공덕을 쌓음 경1)은 보시받은 비구가 무량한 심삼매(心三昧)를 성취하여 머무는 것이 가사-탁발 음식-거처-약품을 보시한 사람에게 무량한 공덕이 쌓이게 하는 방법이라고 말하는데, 누구에게 보시해야 하는지의 답변이 됩니다. 또한, (AN 4.52-공덕을 쌓음 경2)는 예류의 네 가지 요소를 갖춘 사람은 가난하지 않아서 그의 삶은 쓸모 없지 않다고 말합니다. 그리고 (AN 5.45-공덕을 쌓음 경)은 (AN 4.51-공덕을 쌓음 경1)과 같은데 거처를 두 가지로 나누어 다섯 가지로 설명합니다.

3) (AN 6.37-여섯 요소를 갖춘 보시 경)은 보시하는 자의 세 가지 요소와 보시받는 자의 세 가지 요소를 말합니다.

- 보시하는 자의 세 가지 요소 — 보시하는 자는 보시로 인해서 먼저 기뻐한다. 보시하

는 심(心)을 청정하게 한다. 보시한 뒤에 즐거워한다.

• 보시받는 자의 세 가지 요소 — 보시받는 자들은 탐이 없거나 탐의 제어를 위해 실천한다. 진이 없거나 진의 제어를 위해 실천한다. 치가 없거나 치의 제어를 위해 실천한다.

4) (AN 8.39-쌓음 경)은 공덕을 쌓고, 유익을 쌓고, 행복의 자량이 되고, 하늘로 연결되고, 보가 행복이고, 하늘로 이끄는 여덟 가지를 말하는데, 삼귀의(三歸依)와 오계(五戒)입니다. 특히, 오계를 다섯 가지 보시라고 말하는데, 오계가 곧 무외시(無畏施)라는 점을 알려줍니다. 또한, 오계를 지닌 삶에 대해 「원망 없음을 베푼다. 거슬림 없음을 베푼다. 무량한 중생들에게 두려움 없음을 베풀고, 원망 없음을 베풀고, 거슬림 없음을 베푼 뒤에 무량한 두려움 없음과 원망 없음과 거슬림 없음을 나누어 가진다.」라고 하여, 보시가 보시받은 자에게 생겨나는 효과를 나누어 가지는 특성이 있다는 것을 알려줍니다.

Ⅱ. 보시(布施 - ①dāna -②cāga-③dakkhiṇā)

해피 스님의 책 『불교입문(Ⅰ-소유하고자 하는 자를 위한 가르침)』의 강의(*)에서 보시(布施) 부분을 요약하였습니다.

(*) 제3부 공덕 제2장 보시 – 90분 수업 6회

1. 보시(布施)로 번역되는 3가지 단어 — ①dāna(다-나), ②cāga(짜-가), ③ dakkhiṇā(닥키나-)

dāna와 dakkhiṇā는 줌, 베풂에 의해 공덕을 만드는 행위이고, 놓음, 포기, 희생, 관대함 등의 의미를 가지는 cāga는 dāna를 포괄하면서 삶의 향상을 위한 더 적극적 의미를 가지는 용어

2. 보시의 특성

1) 심(心)에 돛을 다는 것 —「열반으로 나아가는 인생 항로」에서 심(心)이라는 배의 돛

열반(涅槃)으로 나아가는 인생항로(人生航路)

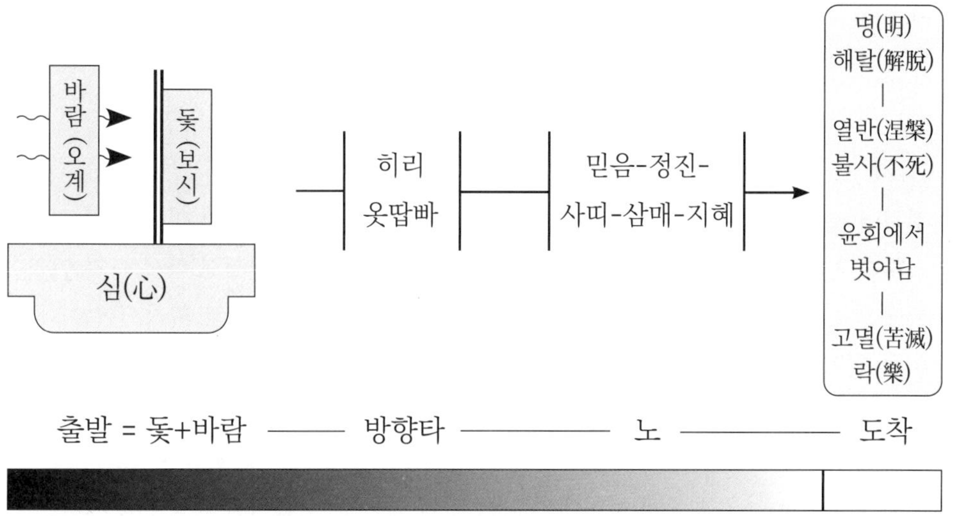

• 고해(苦海)를 건너 열반(涅槃)으로 나아가는 인생항로(人生航路)
—「①보시의 돛을 올리고, ②오계(五戒)의 바람을 맞아 출발하면, ③히리-옷땁빠로 방향을 잡고, ④오근(五根)-오력(五力)의 노를 저어 열반으로 나아가는 항해」

2) 보시받은 자에게 생겨나는 효과를 나누어 갖는 것

3) dakkhiṇā - 삶을 향상케 하고 하늘로 이끌고 행복의 보(報)를 있게 하고 천상으로

이끎

3. 보시의 역할

수행이 최종적으로 깨달음을 통해 윤회에서 벗어나는 역할을 담당한다면 보시는 그 과정에서 더 나은 삶을 유지하고 수행을 위한 자량을 공급하는 역할을 함 — 「집이 불탈 때, 가지고 나온 불타지 않은 집기들이 그에게 도움이 되듯이, 늙음과 죽음으로 불타고 있는 세상에서 보시로써 꺼낸 것은 도움이 된다.」

4. 보시의 이익 — (AN 5.35-보시의 이익 경)

- 보시의 다섯 가지 이익 — ①많은 사람이 사랑하고, 마음에 들어한다. ②평화롭고 고결한 사람들이 가까이한다. ③좋은 평판이 퍼진다. ④재가자의 법들이 없어지지 않는다. ⑤몸이 무너져 죽은 뒤에 좋은 곳, 하늘 세상에 태어난다.

5. 보시의 위상 — (AN 5.227-재물 경) : 재물의 위험과 이익의 양면

물질적인 것인 재물 즉 돈은 물질이 가지는 제약과 사회성의 측면에서 다섯 가지 위험이 있습니다. 반면에 이 세상과 저세상의 행복을 위한 역할이란 측면에서 다섯 가지 이익이 있는데, 나로부터 시작해서 가깝고 소중한 존재들 그리고 주변인들로 확장되어 이 세상에서의 행복을 지키기 위한 네 가지와 저세상에서의 행복을 위한 버팀목을 만드는 보시입니다.

그래서 보시하는 것은 재물의 이익에 속하는 것이고, 재물을 획득한 사람이 보시하는 것은 이익되고 목적에 맞는 사용입니다. 왜 돈을 벌어야 하는지의 측면에서 이런 정당성을 가지기 때문에 보시는 재물의 사용을 위한 필수적 용도라는 위상을 가집니다.

특히, 재가 신자는 범행을 실천하는 자 또는 출가자와는 다른 삶의 시각을 가져야 하는데, 어설픈 도인 흉내로 삶을 망치지 않아야 합니다. 이때, (AN 5.227-재물 경)은 세간살이에서 왜, 어떻게 돈을 벌어야 하는지의 문제에 답을 줍니다.

6. 보시의 종류 — 재시(財施)-법시(法施)-무외시(無畏施)

재시(財施)는 하늘과 인간의 수명-용모-행복-힘을 베푸는 것이고, 무외시(無畏施)는 두렵지 않음을 베푸는 것이며, 법시(法施)는 불사(不死)를 베푸는 것입니다. 그리고 그 베풂은 되돌아와 나에게 공덕으로 쌓입니다. 보시는 이렇게 세 가지가 있습니다.

이때, 세 가지 공덕행의 토대 즉 보시와 계와 수행은 세 가지 보시와 대응하는 것을 알 수 있는데, 재시는 보시와, 무외시는 계와, 법시는 공부[교학+수행]와 대응됩니다. 그래서 법시가 보시 가운데 으뜸입니다.

7. 보시를 설명하는 두 개의 경 — (SN 1.32-인색 경)/(SN 1.33-좋음 경)

(SN 1.32-인색 경)은 법을 실천하지 못하는 자의 보시와 법을 실천하는 자의 보시의 차별을 말하고, (SN 1.33-좋음 경)은 '법의 구절이 더 낫다!'라고 하여 법시가 으뜸 보시인 것을 알려줍니다. 또한, 적게 가진 자의 보시, 믿음으로 하는 보시, 법답게 얻어진 것으로 하는 보시에 이어 충분히 고려된 보시라는 개념을 통해 어디에 보시해야 하는지로 연결됩니다. 또한, 빈자일등(貧者一燈)의 일화가 있는데, 부처님 살아서 직접 설한 가르침과 후대에 편집된 일화의 차이를 지적할 수 있습니다.

8. 어디에 보시해야 합니까?

1) (AN 5.175-낮은 자 경)과 (AN 6.93-불가능한 경우 경2)는 밖에서 보시받을만한 자를 찾지 말고, 여기에 먼저 보시할 것을 말합니다.

2) (SN 3.24-궁술 경)에는 어디에 보시해야 하고, 어디에 한 보시가 큰 결실을 가져오는지의 문답이 나타나는데, 마음이 만족을 보는 곳에 보시해야 하고, 다섯 가지 장애(소유의 관심-진에-해태와 혼침-들뜸과 후회-의심)를 버리고 다섯 가지 법의 무더기(계-정-혜-해탈-해탈지견)를 갖춘 자 즉 보시받을만한 자에게 하는 보시가 큰 결실이 있다고 알려줍니다. 법을 바르게 배워 알고 실천하는 자라면, 이렇게 숙고하여 충분히 고려된 보시(viceyya dānaṃ)를 할 때 큰 결실이 뒤따르는 것입니다.

; 결실이 큰 보시 — 삶이라는 전투에 어떤 병사를 투입할까?

3) 큰 결실이 있고 큰 이익이 있는 보시

(AN 8.34-밭 경)은 팔정도(八正道)를 실천하는 자에게 하는 보시는 큰 결실과 큰 이익이 있고, 팔사도(八邪道)를 실천하는 자에게 하는 보시는 큰 결실과 큰 이익이 없다고 알려줍니다.

- (AN 4.51-공덕을 쌓음 경1) — 비구가 무량한 심삼매(心三昧)를 성취하여 머물면 그 비구에게 필수품을 보시한 사람에게 무량한 공덕을 쌓고, 유익을 쌓고, 행복의 자량이 되고, 하늘로 연결되고, 보가 행복이고, 하늘로 이끄는 것이고, 원하고 좋아하고 마음에 드는 이익과 행복으로 이끎.

- (MN 6-원한다면 경) — 비구가 본분에 충실 즉 계(戒)에 충실하고, 내적인 심(心)의 사마타를 실천하고, 선(禪)을 외면하지 않고, 위빳사나를 갖추고 향상하는 자로 빈집에 머물면 ①필수품을 얻게 되고, ②필수품을 보시한 사람에게 큰 결실과 이익이 만들어지고, ③고운 심(心)으로 나를 기억하는 친지와 혈육인 죽은 이들, 돌아가신 분들에게 큰 결실과 큰 이익이 있게 됨.

이외에 어디에 보시해야 하는지 말하는 경으로는 (AN 2.33-42-평등한 심(心) 품) 36.이 있는데, 유학(有學)과 무학(無學) 즉 사쌍팔배(四雙八輩)의 성자들이 보시받을만한 분들이고, 제사를 지내는 사람을 위한 복전(福田)이어서 큰 결실이 있다고 합니다.

또한, 어디에 보시하는 것이 큰 결실이 있는지 말하는 경으로는 (SN 7.13-데와히따 경)과 (SN 11.16-제사하는 자 경)이 있는데, 같은 맥락의 법을 설하면서, 상가에 보시한 것이 큰 결실이 있다는 말씀으로 이어집니다.

특히, 이 세 개의 경은 보시하는 것을 제사를 지낸다고 표현하는데, '나에게 오랫동안 이익과 행복이 있기를 바라면서 하는 행위'라는 제사의 정의에 따르는 표현입니다.

9. 상가에 보시할 것

이렇게 상가에 보시한 것은 큰 결실이 있습니다. 그래서 상가에 보시할 것은 부처님에 의해서도 권장되는데, (MN 142-보시 분석 경)과 (AN 6.59-다루깜미까 경)입니다.

10. 어디에 하든 보시는 공덕이 있음 & 다른 사람의 보시를 방해하지 말 것 — (AN 3.58-왓차곳따 경)

• 다른 사람의 보시를 방해하면 ①보시하는 자의 공덕을 방해하고, ②보시받는 자의 얻음을 방해하고, ③먼저 자신이 파괴되고 손상됨으로써 세 사람을 방해함.

• 누구에게 베풀든 보시는 공덕이 있지만, 계(戒)를 중시하는 사람에게 하는 보시는 큰 공덕이 있음.

특히, '오직 더러움 없는 그 밭에서 보시는 풍성한 결과가 있다.'라고 말하는데, 보시의 청정과 연결됩니다.

11. 더러움 없는 밭 & 보시의 청정 — (AN 3.58-왓차곳따 경)은 「pāragū sabbadhammānaṃ, anupādāya nibbuto. tasmiṃyeva viraje khette, vipulā hoti dakkhiṇā. 모든 법의 저편으로 갔고, 집착하지 않아서 꺼진 자인, 오직 더러움 없는 그 밭에서 보시는 풍성한 결과가 있다.」라고 합니다. 보시받을만한 자인 사쌍팔배의 성자들을 '더러움 없는 밭'이라고 말하는 것인데, 보시의 청정이란 개념과 연결됩니다. 탐-진-치의 더러움(오염원)이 있는 청정하지 못한 밭은 보시로써 뿌려진 씨앗을 오염 때문에 싹 틔우지 못하거나 싹 틔우더라도 많은 결실을 맺지 못합니다. 그러나 탐-진-치의 더러움(오염원)이 없는 무탐(無貪)-무진(無嗔)-무치(無癡)의 청정한 밭은 보시로써 뿌려진 씨앗을 잘 싹 틔우고 큰 나무로 자라나게 해서 많은 결실을 맺습니다. 이것이 보시의 청정과 보시받을만한 자의 의미입니다. 그래서 잘 선언된 법과 율에서 보시는 주는 자가 아니라 받는 자에 의해서 그 양이 결정된다고 말하는 것입니다(AN 1.308-321-세 번째 품).

12. 보시하는 방법 — 여러 개의 경들은 어떤 보시가 있고, 어떻게 보시해야 하는지를 알려줍니다.

1) (AN 6.37-여섯 요소를 갖춘 보시 경) : 여섯 요소를 갖춘 보시 — 보시하는 자의 세 가지 요소와 보시받는 자의 세 가지 요소

2) (AN 5.36-때에 맞는 보시 경) : 다섯 가지 때에 맞는 보시 — 손님에게 보시하고, 여행을 떠나는 자에게 보시하고, 병자에게 보시하고, 기근이 들었을 때 보시하고, 새로 수확한 곡식, 새로 수확한 과일을 계를 중시하는 자에게 먼저 보시한다

3) (MN 110-보름밤의 짧은 경) : 고결한 사람의 보시 — 정성을 담은 보시를 한다. 자신의 손으로 보시를 한다. 존중함을 가지고 보시를 한다. 챙겨놓은 것으로 보시를 한다. 온다는 견해를 가지고 보시를 한다.

4) (AN 9.20-웰라마 경) : 고결한 사람의 보시 — 정성을 담아 행한 업(業)들의 보(報)

5) (AN 5.148-고결한 사람의 보시 경) : 다섯 가지 고결한 사람의 보시 — 믿음으로 보시한다. 자신의 손으로 보시한다. 적절한 때에 보시한다. 불쌍히 여기는 심(心)으로 보시한다. 자기와 남에게 상처가 되지 않게 보시한다. → 공통의 결실과 개별적 결실

6) (AN 8.37-고결한 사람의 보시 경) : 여덟 가지 고결한 사람의 보시 — 깨끗한 것을 보시한다. 뛰어난 것을 보시한다. 적절한 때에 보시한다. 적합하게 보시한다. 살핀 뒤에 보시한다. 반복적으로 보시한다. 깨끗한 심(心)으로 보시한다. 보시한 뒤에는 기뻐한다.

7) (DN 33.11-합송경, 여덟 가지로 구성된 법들) : 여덟 가지 보시 — 모욕하면서 보시한다. 두려움 때문에 보시한다. '나에게 주었다.'라면서 보시한다. '나에게 줄 것이다.'라면서 보시한다. '보시는 좋은 것이다.'라면서 보시한다. '나는 요리하고, 이들은 요리하지 않는다. 요리하는 자가 요리하지 않는 자에게 보시하지 않는 것은 옳지 않다.'라면서 보시한다. '이 보시를 보시하는 나에게 좋은 명성이 퍼진다.'라면서 보시한다. 심(心)에 돛을 달기 위해, 심(心)의 필수품을 위하여 보시한다.

8) (AN 8.33-보시의 기반 경) : 여덟 가지 보시의 기반 — 관심 때문에 보시한다. 진(嗔) 때문에 보시한다. 치(癡) 때문에 보시한다. 두려움 때문에 보시한다. '아버지와 할아버지에 의해 예로부터 행해졌고 예로부터 이어진 오래된 가문의 전승을 잇지 않는 것은 옳지 않다.'라며 보시한다. '나는 이 보시를 한 뒤에 몸이 무너져 죽은 뒤 좋은 곳, 하늘 세상에 태어날 것이다.'라며 보시한다. '이 보시 때문에 나의 심(心)이 밝아지고, 만족과 기쁨이 생긴다.'라며 보시한다. 심(心)에 돛을 달기 위해, 심(心)의 필수품을 위하여 보시한다.

13. 보시의 청정과 보시받을만한 사람

오염되지 않은 좋은 밭에 뿌려진 씨앗이 큰 결실을 맺는다는 관점에서 보시의 청정이 설명되고, 그런 오염되지 않은 밭으로의 복전이 사쌍팔배의 성자입니다. 그래서 이런 성자를 보시받을만한 사람이라고 부릅니다. 그리고 보시받을만한 사람이 있는 불교에서 보시 공덕의 크기는 주는 사람이 아니라 받는 사람에 의해 결정됩니다.

(AN 9.20-웰라마 경)/(MN 142-보시의 분석 경)과 (KN 5.30-순다리까바라드와자 경)/(KN 5.31-마가 경)이 이 주제를 말하는데, 숫따니빠따에 속한 뒤의 두 경은 보시받을만한 사람에 대한 상세한 설명을 담고 있습니다. 깨달은 자에 대한 상세한 설명이라 주목해야 하는데, 특히, (KN 5.30-순다리까바라드와자 경)은 '여래는 이런 사람'이라는 12가지로 부처님 자신에 대해 직접 설명합니다.

14. 지금여기서 스스로 보아 알 수 있는 보시의 결실과 내생의 보시의 결실

보시는 살아서도 행복하고 죽어서는 하늘에 태어나는 결실이 있습니다. 이때, (AN 5.34-시하 장군 경)과 (AN 7.57-시하 장군 경)은 살아서의 행복은 어떤 형태로 찾아오는지에 대한 설명을 주제로 하는데, 보시의 공덕행을 통해 어떤 공덕이 생겨나서 행복을 가져오는지의 관점으로 보아야 합니다.

1) (AN 5.34-시하 장군 경)

①보시하는 자, 보시의 주인을 많은 사람이 사랑하고 마음에 들어 함,

②세상에 있는 고결한 사람들이 보시하는 자, 보시의 주인을 가까이함,

③보시하는 자, 보시의 주인에게 좋은 평판이 퍼짐,

④보시하는 자, 보시의 주인은 끄샤뜨리야의 무리이든, 바라문의 무리이든, 장자의 무리이든, 사문의 무리이든, 그 어떤 무리에 들어가더라도 자신감을 가지고 당당하게 들어감

2) (AN 7.57-시하 장군 경)

① 아라한은 믿음이 있고 보시의 주인이고 계속해서 베푸는 것을 좋아하는 사람을 먼저 연민함,

② 아라한은 믿음이 있고 보시의 주인이고 계속해서 베푸는 것을 좋아하는 사람을 먼저 방문함,

③ 아라한은 믿음이 있고 보시의 주인이고 계속해서 베푸는 것을 좋아하는 사람의 것을 먼저 받음,

④ 아라한은 믿음이 있고 보시의 주인이고 계속해서 베푸는 것을 좋아하는 사람에게 먼저 가르침을 설함,

⑤ 믿음이 있고 보시의 주인이고 계속해서 베푸는 것을 좋아하는 사람에게 좋은 평판이 퍼짐,

⑥ 믿음이 있고 보시의 주인이고 계속해서 베푸는 것을 좋아하는 사람은 끄샤뜨리야의 무리이든, 바라문의 무리이든, 장자의 무리이든, 사문의 무리이든, 그 어떤 무리에 들어가더라도 자신감을 가지고 당당하게 들어감

3) (AN 5.34-시하 장군 경)의 '②세상에 있는 고결한 사람들이 보시하는 자, 보시의 주인을 가까이함'을 (AN 7.57-시하 장군 경)은 아라한의 경우 네 가지로 대신하여 설명하는 것을 알 수 있습니다.

15. 보시에 의한 태어남

(AN 7.52-큰 결실이 있는 보시 경)/(AN 8.35-보시에 의한 태어남 경)/(AN 8.36-공덕의 결실을 있게 하는 토대 경)은 보시에 의한 태어남을 여러 형태로 설명합니다. 이때, 심(心)에 돛을 달기 위한, 심(心)의 필수품을 위한 보시와 탐(貪) 없음을 원인으로 하는 심(心)의 지향에 의해 범신천(梵身天)에 태어나는 것은 수행(修行)의 영역이라는 것을 알

수 있습니다.

- 에피소드 – 직무 유기

법회에서 보시를 가르쳐야 하는 당위성을 강조하였습니다. (DN 31-싱갈라 경)에 의하면, 재가자는 출가자를 다섯 가지 조건으로 섬겨야 하고, 출가자는 재가자를 '하늘에 태어나는 길을 가르쳐 준다.'를 포함하여 여섯 가지 조건으로 연민해야 한다고 합니다. 그래서 보시를 가르치는 방법으로 재가자를 하늘로 이끄는 것은 출가자의 직무입니다. 돈 가져오라는 소리로 들릴까 불편해하지 말고 사심 없이 보시를 가르쳐야 합니다. — 「가르침을 가르침 그대로 전달하는 일은 중요합니다. 커다란 의미로는 이것이 불교가 바르게 유지되는 힘이기도 합니다. 스님들이 돈 가져오라는 소리로 들릴까 싫어 보시의 공덕행을 설법하지 않으면 재가자들은 보시하지 않게 되고, 스님들은 절을 운영하기 위해 보시의 공덕행 외에 다른 방법으로 돈을 마련해야 하기 때문입니다. 가르침에 어긋나는 방법이 사찰 운영을 위해 절에서 행해지게 된 대표적인 원인이라고 할 것입니다.」

Ⅲ. 오계(五戒)

해피 스님의 책 『불교입문(Ⅰ-소유하고자 하는 자를 위한 가르침)』의 강의(*)에서 오계(五戒) 부분을 요약하였습니다.

(*) 제3부 공덕 제3장 오계 – 90분 수업 7회

- 「불교입문(1-소유 211019) 오계1)[공덕-보시-오계의 연결된 의미](근본경전연구회 해피스님)」 참조

제3부 공덕의 13주에 걸친 수업[제1장 공덕의 개념 – 7주, 제2장 보시 – 6주]을 되짚어 요약 설명한 뒤 제3장 오계(五戒)의 공부로 연결하였습니다.

이 책은 업(業)의 연결선 위에서 불교 신행(信行)의 중심에 자리하는 공덕(功德)과 보시(布施) 그리고 오계(五戒)를 잘 설명한 교과서와 같은 책이라는 점을 강조하였는데, 재가 신자가 공덕을 만드는 두 가지 방법으로의 보시와 오계입니다.

공덕의 개념으로 1) 행위와 행복의 매개, 2) 공덕의 의미와 만드는 방법, 3) 복전(福田) 등을 설명하고,

보시에서 팔정도를 실천하는 자 또는 상가에 보시할 것과 보시의 청정 그리고 살아서 행복한 보시의 결실 등을 설명하였습니다.

이어서 보시받을만한 자에 대한 보시보다 더 큰 공덕을 원한다면 삼보(三寶)에 대한 귀의, 오계(五戒)를 지님, 수행(修行) 등의 순서로 신행(信行)해야 한다는 점을 소개하며 제3장 오계의 공부를 시작하였습니다.

(Ⅲ-1) 개념

[1] 오계의 구성과 해석 그리고 중심 주제

믿음을 갖춘 불교 신자에게 공덕은 「보시(布施) → 오계(五戒) → 수행(修行)」의 순서로 더 커집니다. 그래서 소유하고자 하고, 보시하는 재가 신자가 그보다 더 큰 공덕을 바란다면, 그 방법은 오계를 지니는 것입니다. 이때, 밖으로 향하는 보시보다 안으로 향하는 오계가 더 큰 공덕을 가져온다는 점에 주목하였는데, 안으로 자신을 제어하는 일이 더 중요하고, 제어된 사람들로 구성되는 사회를 건설하는 것이 세상에 대한 불교의 지향입니다.

1. (DN 33.8-합송경, 다섯 가지로 구성된 법들)은 오계의 전형을 제시합니다.

"pañca sikkhāpadāni — pāṇātipātā veramaṇī, adinnādānā veramaṇī, kāmesumicchācārā veramaṇī, musāvādā veramaṇī, surāmerayamajjappamādaṭṭhānā veramaṇī.

다섯 가지 학습계율 — 생명을 해치는 행위를 삼가고, 주지 않는 것을 가지는 행위를 삼가고, 음행(淫行)에 대한 삿된 행위를 삼가고, 거짓을 말하는 행위를 삼가고, 술과 발효액 등 취하게 하는 것으로 인한 방일한 머묾을 삼감

여기서, ①생명을 해치는 행위를 삼가는 것은 생명 존중, ②주지 않는 것을 가지는 행위를 삼가는 것은 사회 정의, ③음행에 대한 삿된 행위를 삼가는 것은 가족 보호, ④거짓을 말하는 행위를 삼가는 것은 관계 보호, ⑤술과 발효액 등 취하게 하는 것으로 인한 방일한 머묾을 삼가는 것은 자기 보호의 측면으로 이해할 수 있습니다.

이때, 의식용으로 행해지는 오계는 'sikkhāpadaṁ samādiyāmi'의 형태를 가지는데, 다섯 가지 항목에 대한 책임을 지고, 임무를 맡아서 산다는 정도로 해석할 수 있습니다. 근본경전연구회는 오계를 '지킨다'가 아니라 '지니고 산다'라고 번역하는데, 「오계를 삶의 질서의 기준으로 삼아서, 세간의 삶에 참여하는 가운데 불가피하게 어긋남이 있으면 빨리 발견하여 기준으로 되돌려야 한다.」라는 의미입니다.

한편, samādiyāmi가 오계에 적용되어 나타나는 용례는 '비구니 위방가, 속죄죄법, 7. 임신부 품, 3. 세 번째 학습계율'과 (DN 5-꾸따단따 경)에서 발견됩니다.

2. 오계(五戒)의 구성 — (DN 31.3-싱갈라 경, 네 가지 업의 오염원)/(DN 31.5-싱갈라 경, 여섯 가지 타락의 입구)/(DN 31.6-싱갈라 경, 술과 발효액의 여섯 가지 위험)

업(業)의 오염원 네 가지[살생(殺生)-투도(偸盜)-사음(邪淫)-망어(妄語)]와 타락의 입구에 속한 한 가지[음주(飮酒)] → 업의 오염을 방어하고, 삶을 타락으로 이끌지 않기 위한 삶의 기준 = 오계(五戒)

3. 오계(五戒)의 중심 주제 — 「두려움(bhaya)과 원망(vera)의 해소」

- 오계(五戒)를 지니지 않음 → 금생과 내생의 두려움과 원망을 쌓음 → 심(心)에 속한 괴로움과 고뇌를 경험

- 오계(五戒)를 지님 → 금생과 내생의 두려움과 원망을 쌓지 않음 → 심(心)에 속한 괴로움과 고뇌를 경험하지 않음 = 두려움과 원망의 가라앉음

1) 오계만으로 나타나는 용례와 오계를 포함하는 용례로의 두 가지 구분은 두려움과 원망에 의해서 연결됨.

- 오계 — 계를 경시하는 자와 계를 중시하는 자 → 오계(五戒)와 예류(預流)의 4요소에 의한 예류자 & 오계(五戒)와 예류(預流)의 4요소 그리고 연기(緣起)의 여리(如理)한 사고[중(中)에 의해 설해진 법(法)]에 의한 예류자

2) 원망 없음(avera)의 형태로 사무량심(四無量心)과 무외시(無畏施)로 연결됨

①사무량심(四無量心) — 원망 없고 거슬림 없는 자(慈)-비(悲)-희(喜)-사(捨)가 함께한 심(心)

②무외시(無畏施) — 두려움 없음-원망 없음-거슬림 없음을 베풂 → 무량한 두려움 없음-원망 없음-거슬림 없음을 나누어 가짐

• 오계를 지니지 않는 삶 — 두려움과 원망 → 악업의 당사자로서 자신에게도 적용되고, 상대방인 다른 생명에게도 적용됨.

• 오계를 지닌 삶은 — 두려움 없음과 원망 없음 → 선업, 무외시, 사무량심을 실천하는 당사자로서 자신에게도 적용되고, 상대방인 다른 생명에게도 적용됨.

4. 계를 경시하는 자와 계를 중시하는 자 — (AN 5.174-원망 경)

• 계(戒)를 경시하는 자 = 오계를 지니지 않는 자 → 금생과 내생의 두려움과 원망을 쌓고, 심(心)에 속한 괴로움과 고뇌를 경험함 → 지옥에 태어남

• 계(戒)를 중시하는 자 = 오계를 지닌 자 → 금생과 내생의 두려움과 원망을 쌓지 않고, 심(心)에 속한 괴로움과 고뇌를 경험하지 않음 → 하늘에 태어남

◐ 계를 경시하는 자의 위험과 계를 중시하는 자의 이익 ◑

• **계(戒)를 경시하고, 계(戒)를 위반하는 자의 다섯 가지 위험** — ①방일(放逸)의 결과로 큰 재물을 잃음, ②나쁜 평판이 퍼짐, ③끄샤뜨리야의 무리이든, 바라문의 무리이든, 장자의 무리이든, 사문의 무리이든, 그 어떤 무리에 들어가더라도 자신감 없이 풀이 죽은 채 들어감, ④당황스럽게[이성을 잃은 채] 죽음, ⑤몸이 무너져 죽은 뒤에 상실과 비탄의 상태, 비참한 존재, 벌 받는 상태, 지옥에 태어남

• **계(戒)를 중시하고, 계(戒)를 갖춘 자의 다섯 가지 이익** — ①불방일(不放逸)의 결과로 큰 재물을 얻음, ②좋은 평판이 퍼짐, ③끄샤뜨리야의 무리이든, 바라문의 무리이든, 장자의 무리이든, 사문의 무리이든, 그 어떤 무리에 들어가더라도 자신감을 가지고 당당하게 들어감, ④당황스럽지 않게[이성을 잃지 않은 채] 죽음, ⑤몸이 무너져 죽은 뒤에 좋은 곳, 하늘 세상에 태어남

• (MN 129-우현(愚賢) 경) — 오계를 지니지 않는 자와 오계를 지니는 자의 차별

5. 괴로운 보(報)를 경험하게 하는 나쁜 업과 즐거운 보를 경험하게 하는 좋은 업 — (AN 4.235-학습계율 경1) → 부처님이 스스로 실답게 안 뒤에 실현하여 선언한 네 가지 업들

※ 네 가지 업 — ①괴로운 보를 경험하게 하는 나쁜 업, ②즐거운 보를 경험하게 하는 좋은 업, ③괴롭고 즐거운 보를 경험하게 하는 나쁘고 좋은 업, ④괴롭지도 즐겁지도 않은 보를 경험하게 하고, 업의 부서짐으로 이끄는 나쁘지도 좋지도 않은 업 — (MN 57-개의 습성 경)/(AN 4.232-간략한 경)/(AN 4.233-상세한 경)/(AN 4.234-소나까야나 경)/(AN 4.235-학습계율 경1)/(AN 4.236-학습계율 경2)/(AN 4.237-성스러운 길 경)/(AN 4.238-각지 경) → 경마다 지시하는 내용이 다름

1) 괴로운 보를 경험하게 하는 나쁜 업 — 오계에 어긋난 삶 → 고 → 지옥

2) 즐거운 보를 경험하게 하는 좋은 업 — 오계를 지닌 삶 → 락 → 하늘[락의 가장 높은 하늘 = 변정천(遍淨天)]

3) 괴롭고 즐거운 보를 경험하게 하는 나쁘고 좋은 업 — 나쁜 업과 좋은 업이 가중된 삶[거슬림이 있기도 거슬림이 없기도 한 신행(身行)-구행(口行)-의행(意行)] → 고와 락이 함께하고, 지옥과 변정천의 중간 세상에 태어남

4) 괴롭지도 즐겁지도 않은 보를 경험하게 하고, 업의 부서짐으로 이끄는 나쁘지도 좋지도 않은 업 — 괴로운 보를 경험하게 하는 나쁜 업을 버리기 위한 의도, 즐거운 보를 경험하게 하는 좋은 업을 버리기 위한 의도, 괴롭고 즐거운 보를 경험하게 하는 나쁘고 좋은 업을 버리기 위한 의도 = 팔정도(八正道) → 유위적인 즐거움[락(樂)]을 넘어서서 무위의 즐거움인 열반(涅槃)으로 이끄는 깨달음을 위한 길과 실천

6. 잘못된 행위의 빠르게 찾아오는 보(報) — (AN 8.40-잘못된 행위의 보 경)

잘못된 행위는 살아서도 괴로움을 겪게 하고, 몸이 무너져 죽은 뒤에는 지옥-축생-아귀의 악처(惡處)로 이끕니다. 이때, 살아서 겪어야 하는 괴로움에 대해 이 경은 빠르게 찾아오는 보라고 부르는데, 몸과 말의 악업 일곱 가지에 음주를 더한 여덟 가지 잘못된 행위

의 빠르게 찾아오는 보를 설명합니다. 오계(五戒)와 십업(十業)의 혼합된 형태를 보여주는 특별한 관점의 경입니다.

7. (AN 5.178-왕 경)

• 오계를 지니는 사람은 죽임당하거나, 묶이거나, 추방당하거나, 선택에 따라서 행해지지 않고, 오계를 지니지 않는 사람은 죽임당하거나, 묶이거나, 추방당하거나, 선택에 따라서 행해짐 → 오계를 지닌 사람은 삶의 주인공으로서 권력 등에 강제되지 않는 능동적인 삶을 살지만, 오계를 지니지 않은 사람은 권력 등에 강제되는 수동적인 삶을 살게 됨.

• 술과 발효액 등 취하게 하는 것으로 인한 방일한 머묾에 빠진 사람이 여자나 남자의 생명을 빼앗고, 마을이나 숲에서 도둑질이라고 불리는 주지 않은 것을 가지고, 남의 여인이나 남의 처녀들에 대한 행위를 범하고, 거짓을 말하여 장자나 장자의 아들의 이익을 해침 → 타락의 입구인 술이 가져오는 위험 → 술에 대한 경계를 강조함

8. 부추김①[소승적인 불자] — (AN 4.99-학습계율 경) → 자신을 위하여는 실천하고 남을 위하여는 실천하지 않는 사람 — 자신은 오계를 지닌 삶을 실천하지만, 남에게는 부추기지 않음.

9. 부추김②[대승적인 불자] — (AN 4.201-학습계율 경)

1) 고결하지 않은 사람 — 오계를 지니지 않는 사람

2) 고결하지 않은 사람보다 더 고결하지 않은 사람 — 자기도 오계를 지니고 않고, 남에게도 오계를 지니지 않도록 부추기는 사람

3) 고결한 사람 — 오계를 지닌 사람

4) 고결한 사람보다 더 고결한 사람 — 자기도 오계를 지니고, 남에게도 오계를 지니도록 부추기는 사람 = 대승적인 불자(佛子)

10. 오계를 지닌 삶 — 가문을 이어가는 제사[보시-보시받을만한 자들에 대한 보시]-승원의 보시-의지처에게로 가는 것보다 할 일이 더 적고 덜 어려우면서도 더 많은 결실과 더 많은 이익을 주는 제사

[2] 오계를 지님의 성과 등의 용례

1. 법다움 또는 놀랍고 신기함

부처님이 깨달음 이전의 삶 즉 보살이었을 때 어머니의 태에 들면, 어머니는 오계를 지니게 되는데, 이것은 법다운 일이고, 놀랍고 신기한 일입니다. 법다움은 위빳시 부처님의 일화이고(DN 14-대전기경), 놀랍고 신기함은 석가모니 부처님의 일화입니다(MN 123-놀랍고 신기한 것 경).

2~3. 몸이 무너져 죽은 뒤의 태어남에 대해 오계에 어긋난 삶은 운반되듯 지옥에 놓인다고 표현하고, 오계를 지닌 삶은 운반되듯 천상에 놓인다고 표현합니다.

4. 침착(자신감)의 유무

오계에 어긋난 삶은 소심하고 침착하지 못합니다(자신감이 없음). 그러나 오계를 지닌 삶은 침착합니다(자신감이 있음).

5. 공부의 약함

오계에 어긋난 삶은 공부의 약함 즉 삶의 향상을 위해 시도하지 않는 삶입니다. 이런 공부의 약함을 버리기 위해서는 사념처(四念處)-사정근(四正勤)-사여의족(四如意足)을 닦아야 하는데, 일곱 가지 보리분법(菩提分法) 가운데 수행을 설명하는 세 가지 방법입니다.

6. 피한 중생은 적고, 피하지 못한 중생은 많음

오계를 지니고 살아가는 중생은 적고, 오계에 어긋나게 사는 중생은 많습니다. 부처님에 의해 지시되는 삶의 질서이기 때문에 다른 종교를 가진 사람들이 온전히 오계를 지니고 살기는 어렵기 때문입니다.

7. 기타 오계(五戒)를 지닌 경우와 지니지 못한 경우

1) 대부분의 약카들은 오계가 사랑스럽지 않고 마음에 들지 않아서 오계를 설하는 부처님에 대한 믿음이 없음 — (DN 32-아따나띠야 경)

※「제5부 윤회 문답 : 대답 - 해피스님(210412) 귀신, 누구인가?」(382쪽)

2) (SN 14.25-오계 경)

오계에 어긋난 자는 어긋난 자들끼리 모이고, 오계를 지닌 자는 지닌 자들끼리 모입니다. 유유상종(類類相從)이고, 경향이 같은 사람들끼리 모인다는 설명입니다. 배우지 못해 몰라서 오계에 어긋난 삶을 살고 있다면, 배워 앎으로써 그들과의 그룹에서 빠져 나와 오계를 지닌 사람들의 그룹에 끼워달라고 해야 합니다. 이때, 그 그룹 사람들이 받아들여 주는 것이 사섭법(四攝法)의 동사(同事)입니다.

(Ⅲ-2) 오계를 포함하는 교리의 확장

오계가 다른 교리와 묶여서 나타나는 용례는

- 삼귀의와 오계
- 오계와 예류의 4요소
- 오계와 예류의 4요소 그리고 연기의 여리한 사고[중(中)에 의해 설해진 법(法)]
- 삼귀의와 오계와 예류의 4요소 그리고 사성제
- 삼귀의와 오계 그리고 보시
- 법들의 전개 등 다른 주제에 속한 용례

가 있습니다.

1. 삼귀의(三歸依)와 오계(五戒)

(AN 8.39-쌓음 경)은 '공덕을 쌓고, 유익을 쌓고, 행복의 자량이 되고, 하늘로 연결되고, 보가 행복이고, 하늘로 이끄는 여덟 가지는 원하고 좋아하고 마음에 드는 이익과 행복으로 이끈다.'라고 하면서 삼귀의와 오계를 제시하는데, 특히, 오계를 다섯 가지 보시라고 설명합니다.

(AN 5.32-쭌디 경)은 삼귀의와 오계를 지닌 사람은 몸이 무너져 죽은 뒤 좋은 곳에 태어나고 나쁜 곳에 태어나지 않는다는 말씀에 대한 좀 더 분명함을 묻는데, 예류의 4요소로 답합니다. 어떤 스승-법-상가에 대한 분명함을 가지고, 어떤 계들을 온전히 행해야 하는지 묻고, 예류의 4요소라는 으뜸에 대한 분명함이 있는 자들에게 으뜸가는 보가 있다고 답합니다.

또한, (AN 8.25-마하나마 경)/(AN 8.26-지와까 경)은 삼귀의로써 불교 신자가 되면 오계를 갖춰야 한다는 점을 알려줍니다.

2. 오계(五戒)와 예류(預流)의 4요소

(AN 5.179-재가자 경)은 오계 위에 예류의 4요소를 갖출 때 스스로 예류자를 선언할 수 있다고 하는데, 이것이 재가자의 신행(信行)의 정형입니다.

(AN 9.27-원망 경1)/(AN 9.28-원망 경2)는 오계를 다섯 가지 두려움과 원망의 가라앉음이라고 말하는데, 오계의 중심 주제로서 이해할 수 있습니다.

※ 예류의 4요소 — 불(佛)과 법(法)과 승(僧)에 대한 확실한 믿음과 '깨지지 않고 … 삼매로 이끄는' 성자들이 지니는 계들을 갖춤

3. 오계(五戒)와 예류(預流)의 4요소 그리고 연기(緣起)의 여리(如理)한 사고[중(中)에 의해 설해진 법(法)]

(SN 12.41-다섯 가지 원망과 두려움 경)/(SN 12.42-다섯 가지 원망과 두려움 경2)/(SN 55.28-두려움과 원망의 가라앉음 경1)/(SN 55.29-두려움과 원망의 가라앉음 경2)/(AN 10.92-두려움 경)은 연기의 여리한 사고를 더한 예류자의 선언을 말하는데, 연기의 여리한 사고는 (SN 12.15-깟짜나곳따 경) 등이 말하는 중(中)에 의해 설해진 법입니다.

4. 삼귀의(三歸依)와 오계(五戒)와 예류(預流)의 4요소 그리고 사성제(四聖諦) — (MN 142-보시 분석 경)

부처님에게 이모, 계모, 유모, 수유자로서 많은 도움을 준 마하빠자빠띠 고따미에게 부처님이 주신 많은 도움을 설명하는 내용입니다.

5. 삼귀의(三歸依)와 오계(五戒) 그리고 보시(布施)

(AN 8.46-아누룻다 경)/(AN 8.47-위사카 경2)/(AN 8.48-나꿀라마따 경)은 모범적인 불교 신자의 상을 일반가정사에 능숙/충실하면서 삼귀의와 오계 그리고 보시의 신행(信行)에 투철할 것을 말합니다.

6. 법들의 전개 등 다른 주제에 속한 용례

믿음-오계-보시-지혜, 삼귀의-오계-믿음-보시-지혜, 다섯 가지 재산(믿음-계-배움-보시-지혜), 일곱 가지 재산(믿음-계-히리-옷땁빠-배움-보시-지혜)

제2장

수행

(修行-bhāvanā)

불교의 분기점 – takka(딱까)를 해석한 불교 & 해석 못한 불교

「takka = 애(愛)의 형성 과정」 → 애(愛) = 고집성제(苦集聖諦)

부처님의 깨달음의 소회를 드러내는 (SN 6.1-범천의 요청 경) 등은 부처님이 성취한 법의 중심을 atakkāvacaro(아딱까-와짜로-)라고 제시합니다. 전통적 해석은 takka에 대한 해석의 문제로 '사유의 영역을 넘어선/사유가 미치지 않는' 정도로 구체적 의미를 담지 않은 해석을 하고 있지만, 근본경전연구회는 'takka[애(愛)의 형성 과정]의 영역을 넘어선'이라고 구체적 의미를 담아서 해석하고 있습니다.

그런데 takka를 해석한 경우와 해석하지 못한 경우의 불교는 차이가 큽니다. 부처님의 깨달음이 구체적 상황을 지시하는지 아닌지의 차이이기 때문입니다. takka가 해석되지 않은 경우의 불교는 삶의 모습과 깨달음의 경지 그리고 깨달음의 과정을 명확하게 설파하지 못하고, 후대의 사람들은 제각각의 이해로써 그 자리를 설명합니다. 그래서 불교라는 하나의 종교 안에서 삶의 모습과 깨달음의 경지 그리고 깨달음의 과정이 다양하게 제시됩니다.

그러나 takka가 해석된 경우의 불교는 삶의 모습과 깨달음의 경지 그리고 깨달음의 과정을 명확하게 설파하고, 후대의 사람들은 가르침에 일치하는 법을 배워 알고 실천합니다. 그래서 불교라는 하나의 종교 안에서 삶의 모습과 깨달음의 경지 그리고 깨달음의 과정이 단일해야 함을 주장합니다.

; **takka** – 마음이 몸을 떠날 수는 없지만 작용의 측면에서 몸의 참여 없이 마음 혼자 작용(인식-행위)하는 내적 영역인데, 이런 작용의 결과로 애(愛)가 생겨남

여태까지는 takka가 해석되지 못해서 구분의 필요가 없었지만, 근본경전연구회 해피법당이 takka를 해석하였기 때문에 앞으로의 불교는 takka를 해석한 불교와 해석 못한 불교로 구분될 것입니다.

; 「맛지마 니까야 관통 법회(마무리 수업) — 1. 불교의 분기점(takka)[딱까를 해석한 불교 & 해석하지 못한 불교](근본경전연구회 해피스님 240717)」 참조 ⇒ nikaya.kr에서 '240717' 검색

Ⅰ. 개념

–「수행의 중심 개념」

다섯가지 장애와 일곱 가지 깨달음의 요소의 힘겨루기

주목! takka의 안팎

「사념처(takka의 밖-몸의 참여)

→ 사마타-위빳사나(takka의 안-몸의 참여 없음)」

1. 세 가지 공덕행의 토대가 있는데, 보시와 계 그리고 수행입니다.

보시와 계는 올라가는 삶을 이끄는 공덕의 중심 주제인데 반해 수행은 올라가는 삶과 벗어나는 삶의 양면을 포괄합니다.

2. 사성제에서 고멸로 이끄는 실천인 고멸도성제는 중도(中道) 즉 팔정도(八正道)의 실천입니다. 고집성제인 애(愛)의 해소를 통해 고멸을 이끄는 방법(길과 실천)입니다.

팔정도는 정견(正見-바른 견해)-정사유(正思惟-바른 사유)-정어(正語-바른말)-정업(正業-바른 행위)-정명(正命-바른 생활)-정정진(正精進-바른 노력)-정념(正念-바른 사띠)-정정(正定-바른 삼매)의 여덟 요소로 구성된 성스러운 길입니다.

그런데 중도는 사실 정정(正定-바른 삼매)를 의미한다고 보아야 합니다. (MN 117-커다란 마흔의 경)과 (SN 45.28-삼매 경)은 기반과 필수품을 갖춘 성스러운 바른 삼매를 말하는데, 기반과 필수품으로 정견(正見-바른 견해) ~ 정념(正念-바른 사띠)의 일곱 가지를 제시합니다. 그래서 바른 삼매가 성스러운 것이어서 바르게 깨달음으로 이끄는데, 필수품 7가지가 함께하기 때문에 팔정도가 구성된다고 이해해야 합니다.

"katamo ca, bhikkhave, ariyo sammāsamādhi saupaniso saparikkhāro? seyyathidaṃ — sammādiṭṭhi, sammāsaṅkappo, sammāvācā, sammākammanto, sammāājīvo, sammāvāyāmo, sammāsati; yā kho, bhikkhave, imehi sattahaṅgehi cittassa ekaggatā parikkhatā — ayaṃ vuccati, bhikkhave, ariyo sammāsamādhi saupaniso itipi, saparikkhāro itipi.

"그러면 무엇이 기반을 가지고 필수품을 갖춘 성스러운 바른 삼매[정정(正定)]인가? 정견(正見-바른 견해), 정사유(正思惟-바른 사유), 정어(正語-바른말), 정업(正業-바른 행위), 정명(正命-바른 생활), 정정진(正精進-바른 노력), 정념(正念-바른 사띠)의 일곱 가지 요소를 갖춘 심일경성(心一境性) — 비구들이여, 이것이 기반을 가졌다고도 필수품을 갖추었다고도 하는 성스러운 바른 삼매이다.

3. 삼매는 심일경성(心一境性-cittassa ekaggatā) 즉 '심(心)이 하나에 집중됨'

입니다. 그러면 기반과 필수품을 갖추어 성스러운 것으로의 바른 삼매는 무엇입니까?

마음이 하나에 집중된다고해서 모두 깨달음을 성취할 수 있는 것은 아닙니다. 마음의 집중은 소유의 삶을 넘어 존재의 삶에 오르게 하는 올라가는 수행입니다. 그러나 깨달음은 존재의 삶에 머무는 것이 아닙니다. 존재의 삶에서 존재에 수반된 문제를 해소하고 벗어나는 것입니다.

그래서 삼매 가운데 마음의 집중 즉 존재의 삶을 토대로 벗어남을 실현하는 것이 바른 삼매입니다. 그리고 이런 과정을 삼매를 닦음 즉 삼매수행(三昧修行-samādhibhāvanā)이라고 부르는데, (AN 4.41-삼매수행 경)은 4가지 삼매수행을 제시합니다.

catasso imā, bhikkhave, samādhibhāvanā. katamā catasso? atthi, bhikkhave, samādhibhāvanā bhāvitā bahulīkatā diṭṭhadhamma-sukhavihārāya saṃvattati; atthi, bhikkhave, samādhibhāvanā bhāvitā bahulīkatā ñāṇadassanap-paṭilābhāya saṃvattati; atthi, bhikkhave, samādhibhāvanā bhāvitā bahulīkatā satisampajaññāya saṃvattati; atthi, bhikkhave, samādhibhāvanā bhāvitā bahulīkatā āsavānaṃ khayāya saṃvattati.

비구들이여, 이런 네 가지 삼매수행(三昧修行)이 있다. 어떤 넷인가? 비구들이여, 닦고 많이 행하면 ①지금여기의 행복한 머묾으로 이끄는 삼매수행이 있다. 비구들이여, 닦고 많이 행하면 ②지(知)와 견(見)의 얻음으로 이끄는 삼매수행이 있다. 닦고 많이 행하면 ③염(念)-정지(正知)로 이끄는 삼매수행이 있다. 닦고 많이 행하면 ④번뇌들의 부서짐으로 이끄는 삼매수행이 있다.

필수품을 갖추어 올라가는 수행으로 성취하는 삼매의 토대(초선 ~ 비상비비상처) 위에서 벗어나는 수행의 과정에 의해 깨달음을 성취하는 것이 바른 삼매이고, 4가지 삼매수행으로 펼쳐서 설명하는 것입니다.

특히, ①지금여기의 행복한 머묾으로 이끄는 삼매수행으로 초선 ~ 비상비비상처의 토대를 만든 뒤 각각의 토대를 단계적으로 올라가며 ②지(知)와 견(見)의 얻음으로 이끄는 삼매수행으로 법을 드러나게 하고, ③염(念)-정지(正知)로 이끄는 삼매수행으로 드러나는 법의 무상(無常)을 보아 여실지견(如實知見)한 뒤 ④번뇌들의 부서짐으로 이끄는 삼매수행으로 해탈지견(解脫知見)함으로써 완성되는 깨달음의 길은 수행지도(修行地圖)로 그려집니다.

이때, 법을 드러나게 하는 ②지(知)와 견(見)의 얻음으로 이끄는 삼매수행의 과정은 내적인 심(心)의 사마타(ajjhattaṃ cetosamatha)이고, 법의 무상을 관찰하는 ③염(念)-정지(正知)로 이끄는 삼매수행은 법의 위빳사나(dhammavipassanā)입니다. 그래서 삼매의 토대 위에서 내적인 심(心)의 사마타와 법의 위빳사나의 과정으로 여실지견에 이릅니다. 그리고 해탈지견으로 이끄는 ④번뇌들의 부서짐으로 이끄는 삼매수행의 과정이 사마타와 위빳사나입니다.

이렇게 삼매수행은 필수품을 갖춘 삼매의 과정으로 ①삼매의 토대(초삼분)를 만든뒤 내적인 심의 사마타와 법의 위빳사나의 과정으로 ②여실지견(중삼분)하고, 사마타와 위빳사나의 과정으로 ③해탈지견(후삼분)에 이릅니다.

; 수행의 삼분(三分) – 「[불교의 요점 시리즈 - 아침독송(240508)] - (AN 4 92~94-삼매 경1~3)[수행의 삼분(삼매-여실지견-해탈지견) & 집중-관찰-느낌](근본경전연구회 해피스님)」 참조 ⇒ nikaya.kr에서 '240508' 검색

※ takka의 안팎 – ①과 ②는 takka의 밖 즉 몸의 참여 가운데 진행되는 과정이고, ③은 takka의 안 즉 몸의 참여 없는 마음(心-識)만의 작용으로 진행되는 과정입니다.

여기서 여실지견은 삼매의 제약 위에 있는 깨달음인데 예류자의 경지이고, 해탈지견은 번뇌의 부서짐에 의해 삼매의 제약이 해소된 일상의 깨달음인데, 이것이 깨달음의 완성이어서 아라한의 경지입니다.

※ 삼매수행을 삼매의 토대 위에서 진행되는 수행이라고 설명하였는데, 이런 해석은 (SN 47.40-분석 경)에서는 염처와 염처수행(확립된 사띠의 토대 위에서 진행되는 수행)으로, (MN 118-입출식념 경에서는 '칠각지를 이렇게 닦고 이렇게 많이 행할 때 명과 해탈을 성취한다.'라고 하여 칠각지(일곱 가지 깨달음의 요소)의 토대 위에서 진행되는 수행을 나타낼 때도 적용됩니다. 또한, 다음 쪽에서 소개하는 「수행의 중심 개념」도 칠각지를 있는 그대로 닦아서 명과 해탈을 성취한다고 설명합니다.

그래서 삼매수행에 대한 이런 해석은 타당합니다.

4. 삼매수행은 특히 대상에도 주목해야 하는데, ①1차 인식의 자리에서 호흡(들숨-날숨) 등을 대상(nimitta-相)으로 삼매에 들고, ②2차 인식의 자리에서 느낌(受)(cittassa nimitta-心相)을 대상으로 내적인 心의 사마타를 진행해 법이 드러나게 되면 ③드러나는 법을 대상으로 법의 위빳사나를 진행하여 여실지견에 이릅니다. 그리고 다시 takka(愛의 형성 과정) 안에서 느낌(受)을 대상으로 진행하는 사마타-위빳사나에 의해 해탈지견하여 완성됩니다. – '대상에 대한 이해 – 컵의 비유'

; 「맛지마 니까야 관통 법회 — 119.신념처 경[삼매수행에서 대상의 전개(컵의 비유) & 현실과 사실의 영역(마라) & 삼매수행의 구성(집중-관찰-느낌)](근본경전연구회 해피스님 231220)」 참조 ⇒ nikaya.kr에서 '231220' 검색

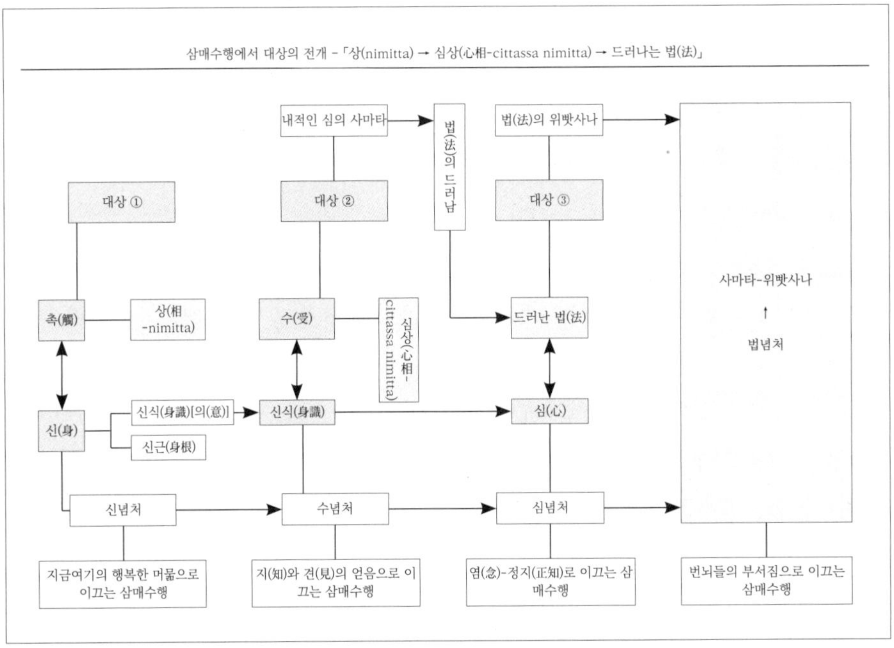

5. 불교 수행의 특징은 지금여기의 행복한 머묾이라고 설명되는 느낌(受)입니다. 괴로움의 과정으로 행복을 완성할 수 있다는 인도의 선입된 관념과 달리 부처님의 깨달음은 행복 가운데 더 큰 행복을 성취하는 과정으로 완성됩니다. 불교가 고(苦)와 고멸(苦滅)을 최상위 개념으로 하는 것과도 들어맞는 관점인데, 삼매수행의 과정에서 생겨나

는 개발된 느낌들(nirāmisā vedanā)입니다.

그래서 삼매수행은 세 가지 요소로 구성되는데, 집중과 관찰과 느낌입니다.

● 수행의 삼분(三分)

	초삼분(初三分)	중삼분(中三分)	후삼분(後三分)
성취	삼매	여실지견(如實知見)	해탈지견(解脫知見)
집중	사념처(이어봄)	내적인 심(心)의 사마타	사마타
관찰	사념처(장애 없음)	법(法)의 위빳사나	위빳사나
위치	takka의 밖		takka의 안
느낌	개발된 느낌들 : 환희 ~ 해탈락(解脫樂)/열반락(涅槃樂)		

6. 무엇보다도 수행의 정형된 설명은 ①심(心)에서 지혜를 무력화시키는 오염원인 다섯 가지 장애를 버리고, 장애가 밀려난 자리에 충만하는 일곱 가지 깨달음의 요소 즉 ②칠각지를 있는 그대로 닦아 명(明)과 해탈(解脫)을 성취하는 것입니다.

이때, 다섯 가지 장애를 버리는 수행은 사념처인데, 사념처에 잘 확립된 심(心)을 가진 자는 여실지견의 예류자입니다. 그리고 일곱 가지 깨달음의 요소를 있는 그대로 닦는 수행은 사마타-위빳사나여서 해탈지견의 아라한입니다.

이 설명을 「수행의 중심 개념」으로 정리하였는데, '주제의 확장 — (46)「수행의 중심 개념」'을 참고하시기 바랍니다. ☞ nikaya.kr 에서 '수행의 중심 개념 (검색용)' 검색

이렇게 「수행의 중심 개념」은 다섯 가지 장애와 일곱 가지 깨달음의 요소의 대응을 중심에 두는데, (SN 46.51-자량 경)은 다섯 가지 장애와 일곱 가지 깨달음의 요소의 자량과 자량 아닌 것의 설명을 통해 대응 관계를 잘 나타내 줍니다.

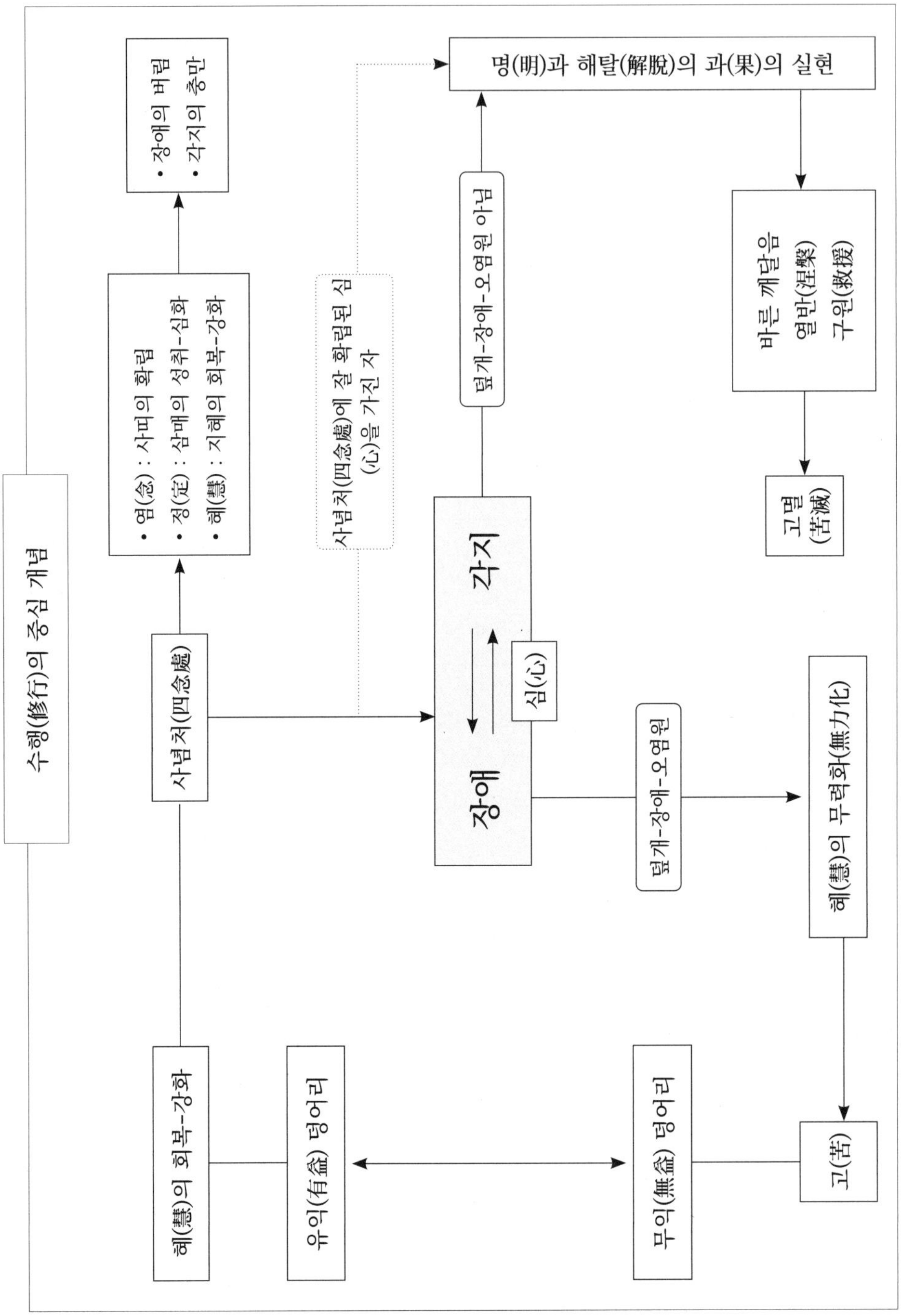
수행(修行)의 중심 개념
사념처(四念處)
• 염(念) : 사띠의 확립
• 정(定) : 삼매의 성취-심화
• 혜(慧) : 지혜의 회복-강화
• 장애의 버림
• 각지의 충만
사념처(四念處)에 잘 확립된 심(心)을 가진 자
명(明)과 해탈(解脫)의 과(果)의 실현
덮개-장애-오염원 아님
장애
각지
심(心)
덮개-장애-오염원
혜(慧)의 무력화(無力化)
바른 깨달음
열반(涅槃)
구원(救援)
고멸(苦滅)
혜(慧)의 회복-강화
유익(有益) 덩어리
무익(無益) 덩어리
고(苦)

다섯 가지 장애와 칠각지의 자량과 자량 아닌 것 — āhārasuttaṃ (SN 46.51-자량 경)

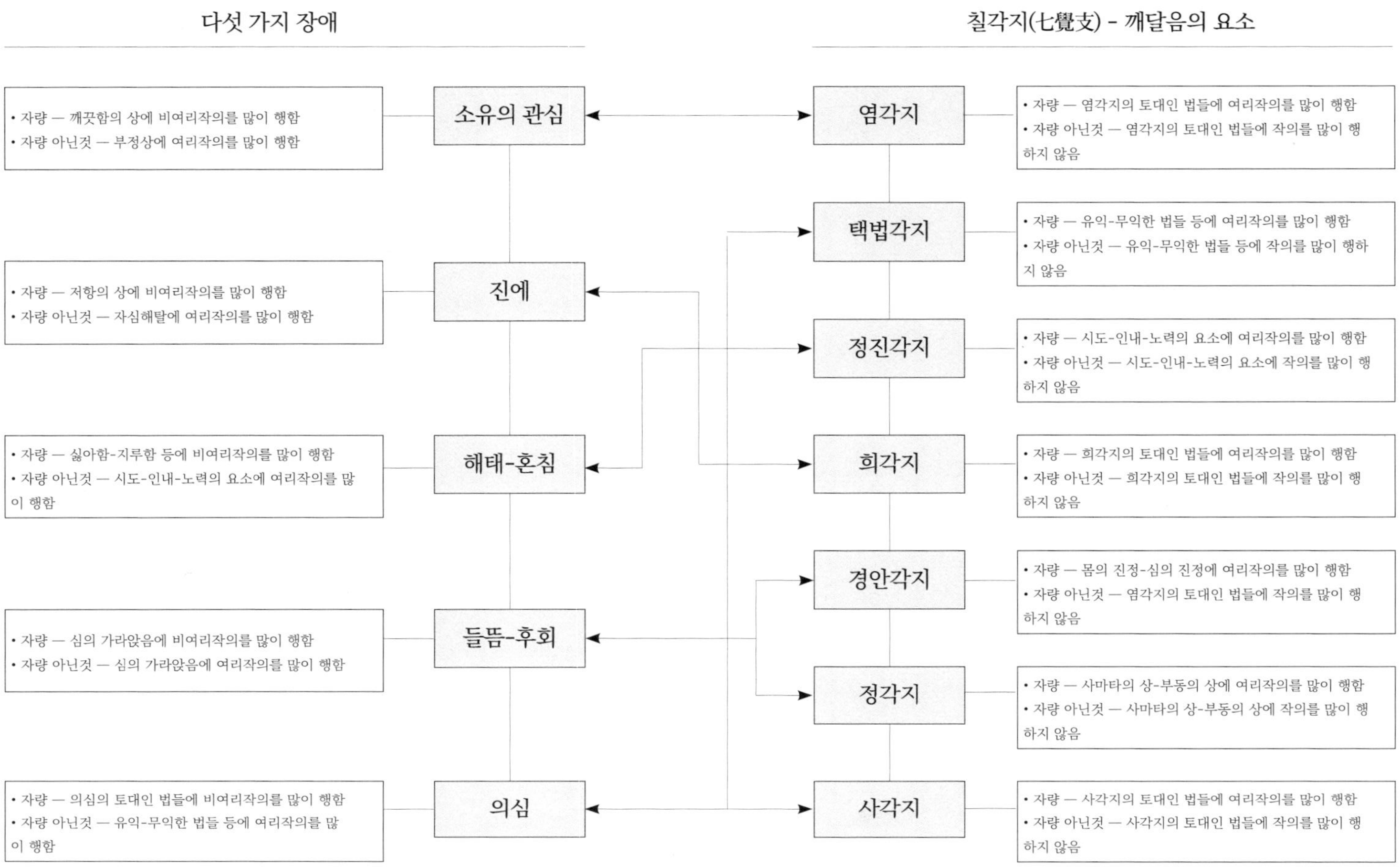
다섯 가지 장애
칠각지(七覺支) - 깨달음의 요소
• 자량 — 깨끗함의 상에 비여리작의를 많이 행함
• 자량 아닌것 — 부정상에 여리작의를 많이 행함
소유의 관심
염각지
• 자량 — 염각지의 토대인 법들에 여리작의를 많이 행함
• 자량 아닌것 — 염각지의 토대인 법들에 작의를 많이 행하지 않음
택법각지
• 자량 — 유익-무익한 법들 등에 여리작의를 많이 행함
• 자량 아닌것 — 유익-무익한 법들 등에 작의를 많이 행하지 않음
• 자량 — 저항의 상에 비여리작의를 많이 행함
• 자량 아닌것 — 자심해탈에 여리작의를 많이 행함
진에
정진각지
• 자량 — 시도-인내-노력의 요소에 여리작의를 많이 행함
• 자량 아닌것 — 시도-인내-노력의 요소에 작의를 많이 행하지 않음
• 자량 — 싫어함-지루함 등에 비여리작의를 많이 행함
• 자량 아닌것 — 시도-인내-노력의 요소에 여리작의를 많이 행함
해태-혼침
희각지
• 자량 — 희각지의 토대인 법들에 여리작의를 많이 행함
• 자량 아닌것 — 희각지의 토대인 법들에 작의를 많이 행하지 않음
경안각지
• 자량 — 몸의 진정-심의 진정에 여리작의를 많이 행함
• 자량 아닌것 — 염각지의 토대인 법들에 작의를 많이 행하지 않음
• 자량 — 심의 가라앉음에 비여리작의를 많이 행함
• 자량 아닌것 — 심의 가라앉음에 여리작의를 많이 행함
들뜸-후회
정각지
• 자량 — 사마타의 상-부동의 상에 여리작의를 많이 행함
• 자량 아닌것 — 사마타의 상-부동의 상에 작의를 많이 행하지 않음
• 자량 — 의심의 토대인 법들에 비여리작의를 많이 행함
• 자량 아닌것 — 유익-무익한 법들 등에 여리작의를 많이 행함
의심
사각지
• 자량 — 사각지의 토대인 법들에 여리작의를 많이 행함
• 자량 아닌것 — 사각지의 토대인 법들에 작의를 많이 행하지 않음

Ⅱ. 대표적인 수행 경전

- mahāsatipaṭṭhānasuttaṃ (DN 22/MN 10-대념처경(大念處經))
- kāyagatāsatisuttaṃ (MN 119-몸에 속한 사띠경/신념처경(身念處經))
- ānāpānassatisuttaṃ (MN 118-입출식념경(入出息念經))

& (SN 34-선(禪-jhāna) 상윳따)

삶의 문제를 해결하는 구체적 테크닉

[1] 많은 경이 수행을 다양한 관점에서 설명하는데, 모든 설명은 3개의 대표적 수행경전의 해석으로 모아집니다.

- mahāsatipaṭṭhānasuttaṃ (DN 22/MN 10-대념처경(大念處經))
- kāyagatāsatisuttaṃ (MN 119-몸에 속한 사띠경/신념처경(身念處經))
- ānāpānassatisuttaṃ (MN 118-입출식념경(入出息念經))

1. (DN 22/MN 10-대념처경)은 사념처 수행을 설명하는데, 신(身)-수(受)-심(心)-법(法)을 대상으로 하는 4가지 염처입니다. 이때, 각각을 대상으로 염처(念處) 즉 사띠를 확립하는 방법은 정형된 구문으로 제시되는데, 특히, ātāpī sampajāno satimā와 vineyya에 대한 해석이 중심입니다.

"ekāyano ayaṃ, bhikkhave, maggo sattānaṃ visuddhiyā sokaparidevānaṃ samatikkamāya dukkhadomanassānaṃ atthaṅgamāya ñāyassa adhigamāya nibbānassa sacchikiriyāya, yadidaṃ — cattāro satipaṭṭhānā. katame cattāro? idha, bhikkhave, bhikkhu kāye kāyānupassī viharati ātāpī sampajāno satimā, vineyya loke abhijjhādomanassaṃ; vedanāsu vedanānupassī viharati ātāpī sampajāno satimā, vineyya loke abhijjhādomanassaṃ; citte cittānupassī viharati ātāpī sampajāno satimā, vineyya loke abhijjhādomanassaṃ; dhammesu dhammānupassī viharati ātāpī sampajāno satimā, vineyya loke abhijjhādomanassaṃ.

"비구들이여, 사념처(四念處)라는 이 길은 중생들의 청정을 위한, 슬픔[수(愁)]과 비탄[비(悲)]을 건너기 위한, 고통[고(苦)]과 고뇌[우(憂)]의 줄어듦을 위한, 방법을 얻기 위한, 열반을 실현하기 위한 유일한 경로이다.

어떤 네 가지인가? 여기, 비구들이여, 비구는 몸(身)에서 몸을 이어 보면서 머문다. 알아차리고, 옳고 그름을 판단하고, 옳음의 유지-향상을 위해 노력하는 자는 세상에서 간탐과 고뇌를 제거한다. 느낌(受)들에서 느낌을 이어 보면서 머문다. 알아차리고, 옳고 그름을 판단하고, 옳음의 유지-향상을 위해 노력하는 자는 세상에서 간탐과 고뇌를 제거한다. 마음(心)에서 마음을 이어 보면서 머문다. 알아차리고, 옳고 그름을 판단하고, 옳음의 유지-향상을 위해 노력하는 자는 세상에서 간탐과 고뇌를 제거한다. 현상(法)들에서 현상을 이어 보면서 머문다. 알아차리고, 옳고 그름을 판단하고, 옳음의 유지-향상을 위해 노력하는 자는 세상에서 간탐과 고뇌를 제거한다.

신(身)은 호흡(들숨-날숨) 등 9개의 소분류 대상, 법(法)은 5개의 소분류 대상으로 구성되고, 수(受)와 법(法)은 복수로 나타납니다.

이런 소분류의 구분은 후렴의 반복에 의한 것인데, 대념처경에는 모두 16번의 후렴이 반복되면서 깨달음의 전체 과정을 설명합니다.

iti ajjhattaṃ vā kāye kāyānupassī viharati, bahiddhā vā kāye kāyānupassī viharati, ajjhattabahiddhā vā kāye kāyānupassī viharati; samudayadhammānupassī vā kāyasmiṃ viharati, vayadhammānupassī vā kāyasmiṃ viharati, samudayavaya-dhammānupassī vā kāyasmiṃ viharati. 'atthi kāyo'ti vā panassa sati paccupaṭṭhitā hoti. yāvadeva ñāṇamattāya paṭissatimattāya anissito ca viharati, na ca kiñci loke upādiyati.

이렇게 몸에서 몸을 이어보면서 안에 머물거나, 몸에서 몸을 이어보면서 밖에 머물거나, 몸에서 몸을 이어보면서 안팎에 머문다. 또는 자라나는 법을 이어보면서 몸에 머물거나, 무너지는 법을 이어보면서 몸에 머물거나, 자라나고 무너지는 법을 이어보면서 몸에 머문다. 또는 오직 앎[지(知)]만이 있고 밀착된 사띠만이 있을 때까지, '몸이 있다!'라고 사띠를 확고히 한다. 과정을 넘어서서 머물고, 세상에서 아무것도 붙잡지 않는다.

단수-복수도 주목해야 하는데, 원판에 비유하면, 신념처는 9개의 작은 원판으로 구성되고, 법념처는 5개의 작은 원판으로 구성됩니다. 또한, 수념처는 3개의 조각으로 구성된 하나의 원판이고, 법념처는 각각 5-5-6-7-4개의 조각으로 구성된 5개의 작은 원판입니다.

그래서 원판의 수로 계산하면 대상은 16개의 원판을 대상으로 하지만, 상세한 수행의 기법으로는 조각의 숫자인 40개의 대상이라고 해야 합니다.

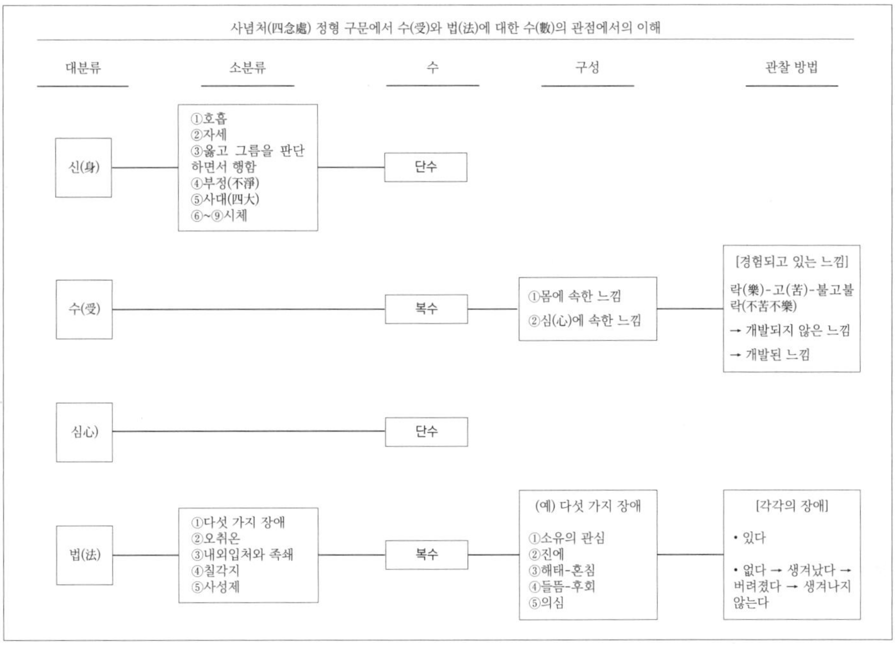

2. (MN 119-몸에 속한 사띠 경/신념처경)은 사념처(四念處)의 신념처(身念處)에 속한 9가지 소분류 대상에 대한 염처(念處)를 설명합니다. 이때, 대념처경(大念處經)과는 다른 형태의 후렴을 소분류 대상들과 사선(四禪)에 적용하는데, 세간의 삶과 연결된 기억과 사유들의 버려짐에 이어지는 내적인 심(心)의 사마타를 닦는 것으로 몸에 속한 사띠의 의미를 서술합니다. 이어서 명(明)으로 연결되는 선법(善法)과 사띠토대의 서술을 통해 깨달음의 전체 과정을 설명합니다.

tassa evaṃ appamattassa ātāpino pahitattassa viharato ye gehasitā sarasaṅkappā te pahīyanti. tesaṃ pahānā ajjhattameva cittaṃ santiṭṭhati sannisīdati ekodi hoti samādhiyati

이렇게 방일하지 않고 노력하고 확고한 의지로써 머무는 그에게 재가의 삶과 연결된 기억과 사유들이 버려진다. 그것들이 버려질 때 심(心)은 안으로 진정되고 가라앉고 집중되고 삼매에 들어진다.

; 내적인 심(心)의 사마타여서 현상의 영역에 속한 수행임

이렇게 몸에 속한 사띠를 닦고 많이 행하면 명(明)으로 연결되는 선법들을 포함하게 되고, 마라의 지배력이 미치지 못하는 영역에 든 것이라고 말하는데, 법이 드러날 때 현상의 영역에서 벗어나 사실(무상-고-무아)의 영역에 들어서게 되고, 거기에서 깨달음을 성취할 수 있기 때문에 무명(無明)에서 벗어나고 명(明)과 연결되는 선법들을 포함하게 된다고 말하는 것입니다.

3. (MN 118-입출식념경(들숨-날숨에 대한 사띠 경))은 신념처에 속한 소분류 중 호흡(들숨-날숨)을 대상으로 깨달음의 성취까지 전 과정을 설명하는데, 「수행의 중심 개념」과 일치하는 구조를 보여줍니다.

이때, 호흡 즉 들숨-날숨을 대상으로 여실지견에 이르는 과정을 16단계로 설명합니다. 이어서 4단계씩 나누어 신념처-수념처-심념처-법념처의 완성 과정으로 소개하는데, 이렇게 사념처를 완성하는 것이 심에서 장애를 밀어내고 칠각지를 충만케하는 과정입니다.
–「사념처(四念處)를 이렇게 닦고 이렇게 많이 행할 때 칠각지(七覺支)를 충만하게 함」

다시 이렇게 충만한 칠각지를 어떻게 닦고 어떻게 많이 행할 때 명(明)과 해탈(解脫)을 성취하는지를 설명하는데, 떨침[무관심]의 과정이고, 이탐의 과정이고, 소멸의 과정이고, 쉼으로 귀결되는 염각지(念覺支)를 닦음 … 택법각지(擇法覺支) … 정진각지(精進覺支) … 희각지(喜覺支) … 경안각지(輕安覺支) … 정각지(定覺支) … 사각지(捨覺支)를 닦음입니다.

ānāpānassatisuttaṃ (MN 118-입출식념경 = 들숨-날숨에 대한 사띠 경)의 호흡수행 16단계

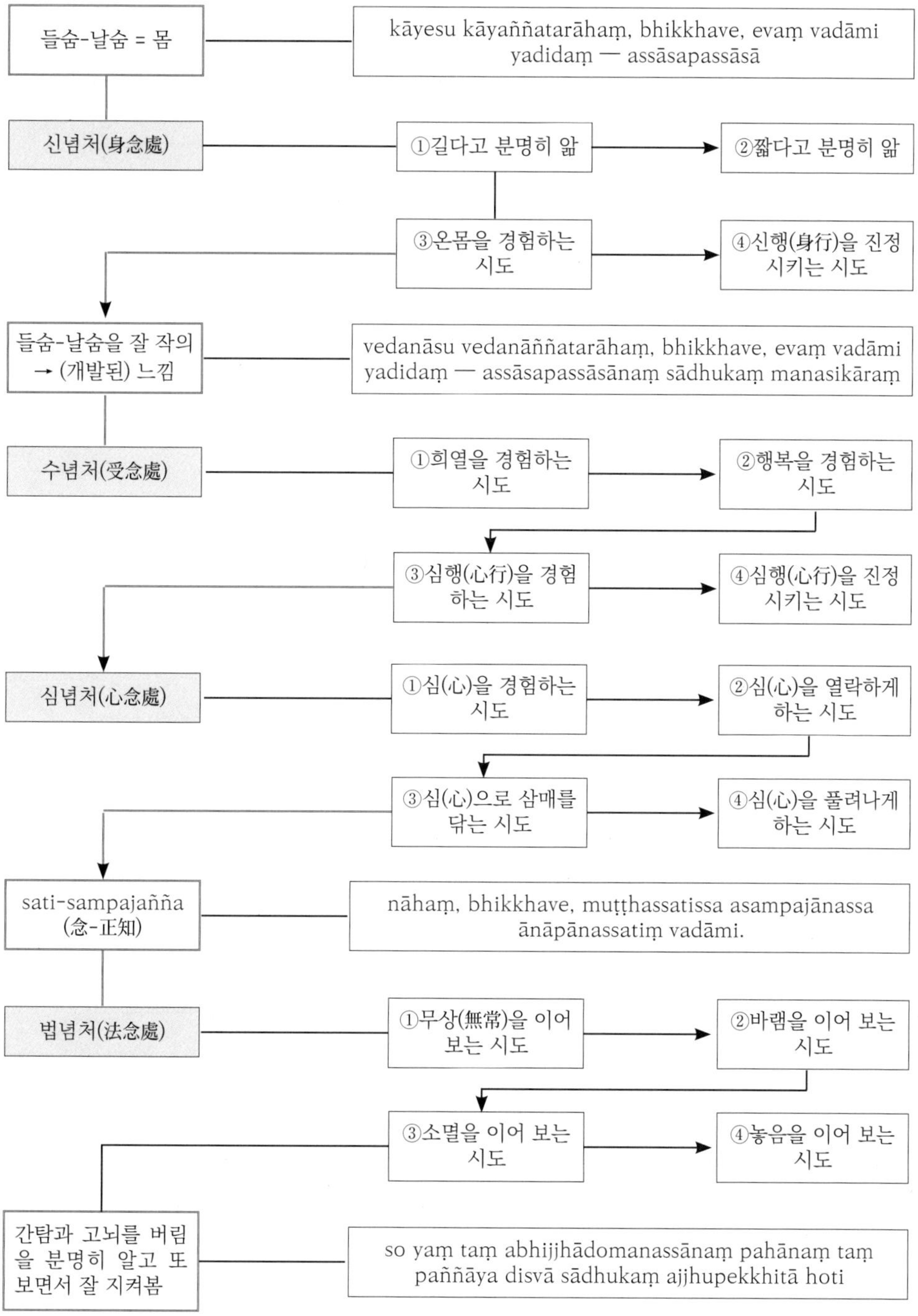
들숨-날숨 = 몸
kāyesu kāyaññatarāhaṃ, bhikkhave, evaṃ vadāmi yadidaṃ — assāsapassāsā
신념처(身念處)
①길다고 분명히 앎
②짧다고 분명히 앎
③온몸을 경험하는 시도
④신행(身行)을 진정시키는 시도
들숨-날숨을 잘 작의 → (개발된) 느낌
vedanāsu vedanāññatarāhaṃ, bhikkhave, evaṃ vadāmi yadidaṃ — assāsapassāsānaṃ sādhukaṃ manasikāraṃ
수념처(受念處)
①희열을 경험하는 시도
②행복을 경험하는 시도
③심행(心行)을 경험하는 시도
④심행(心行)을 진정시키는 시도
심념처(心念處)
①심(心)을 경험하는 시도
②심(心)을 열락하게 하는 시도
③심(心)으로 삼매를 닦는 시도
④심(心)을 풀려나게 하는 시도
sati-sampajañña (念-正知)
nāhaṃ, bhikkhave, muṭṭhassatissa asampajānassa ānāpānassatiṃ vadāmi.
법념처(法念處)
①무상(無常)을 이어 보는 시도
②바램을 이어 보는 시도
③소멸을 이어 보는 시도
④놓음을 이어 보는 시도
간탐과 고뇌를 버림을 분명히 알고 또 보면서 잘 지켜봄
so yaṃ taṃ abhijjhādomanassānaṃ pahānaṃ taṃ paññāya disvā sādhukaṃ ajjhupekkhitā hoti

(MN 118-입출식념경)의 호흡수행 16단계에서 염처 간 전개의 연결

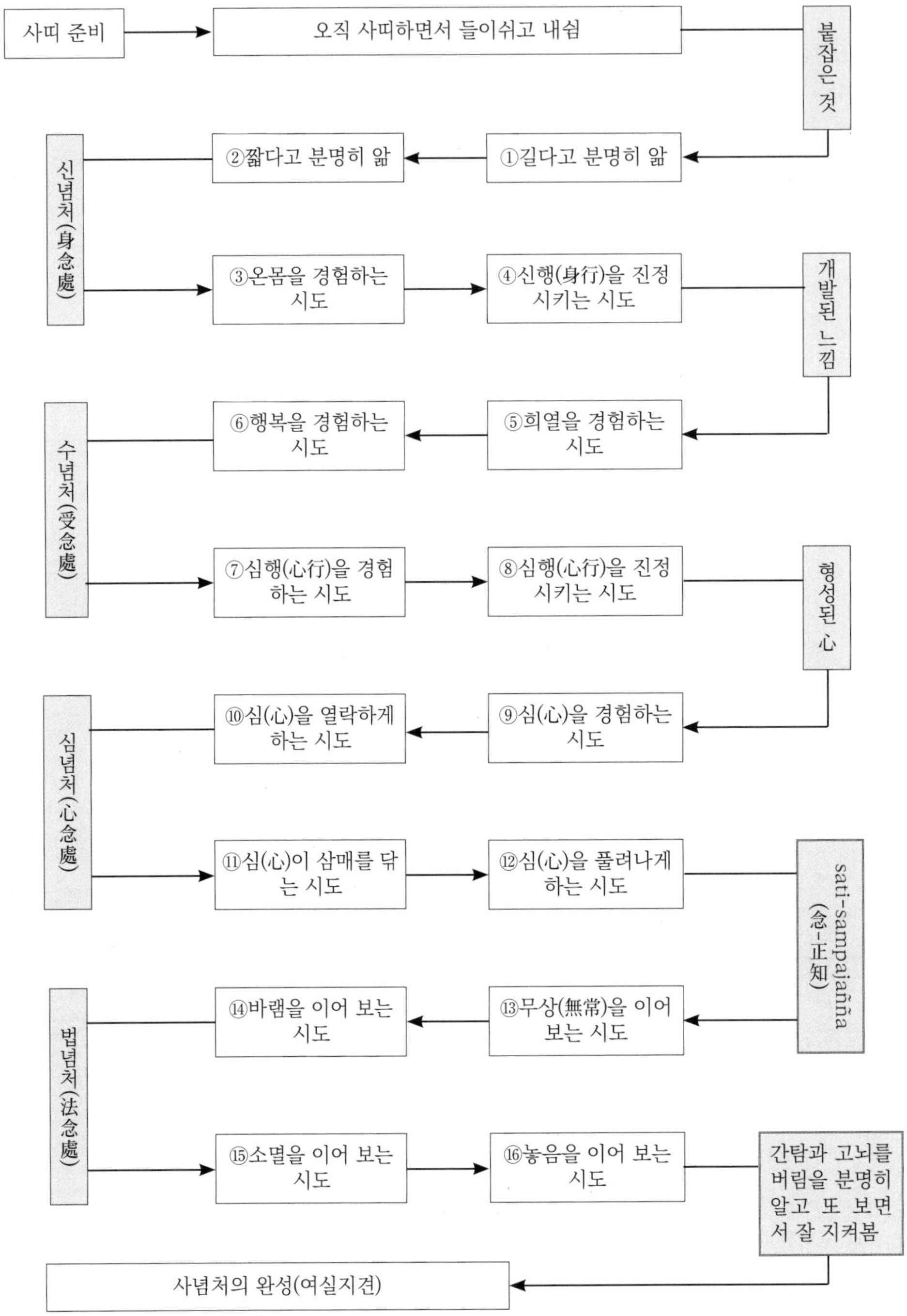
사띠 준비
오직 사띠하면서 들이쉬고 내쉼
붙잡은 것
①길다고 분명히 앎
②짧다고 분명히 앎
신념처(身念處)
③온몸을 경험하는 시도
④신행(身行)을 진정 시키는 시도
개발된 느낌
⑤희열을 경험하는 시도
⑥행복을 경험하는 시도
수념처(受念處)
⑦심행(心行)을 경험 하는 시도
⑧심행(心行)을 진정 시키는 시도
형성된 心
⑨심(心)을 경험하는 시도
⑩심(心)을 열락하게 하는 시도
심념처(心念處)
⑪심(心)이 삼매를 닦 는 시도
⑫심(心)을 풀려나게 하는 시도
sati-sampajañña (念-正知)
⑬무상(無常)을 이어 보는 시도
⑭바램을 이어 보는 시도
법념처(法念處)
⑮소멸을 이어 보는 시도
⑯놓음을 이어 보는 시도
간탐과 고뇌를 버림을 분명히 알고 또 보면서 잘 지켜봄
사념처의 완성(여실지견)

(MN 118-입출식념 경)의 들숨-날숨에 대한 사띠 16단계 분석

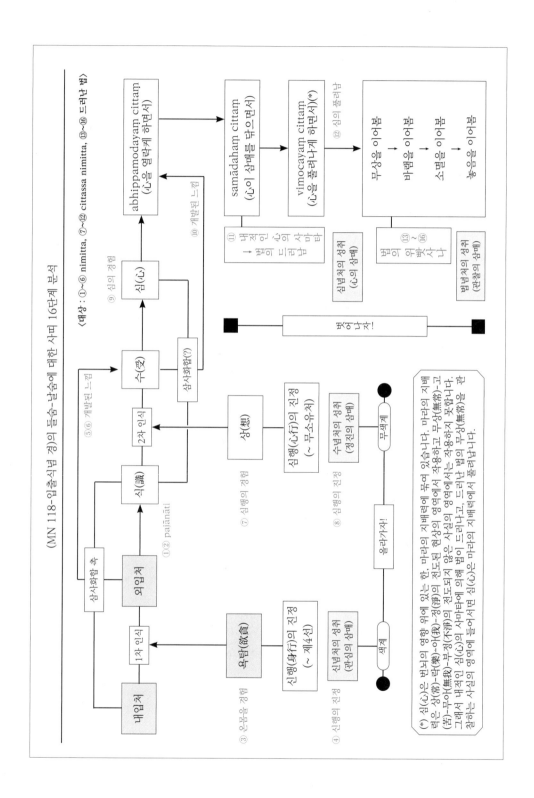

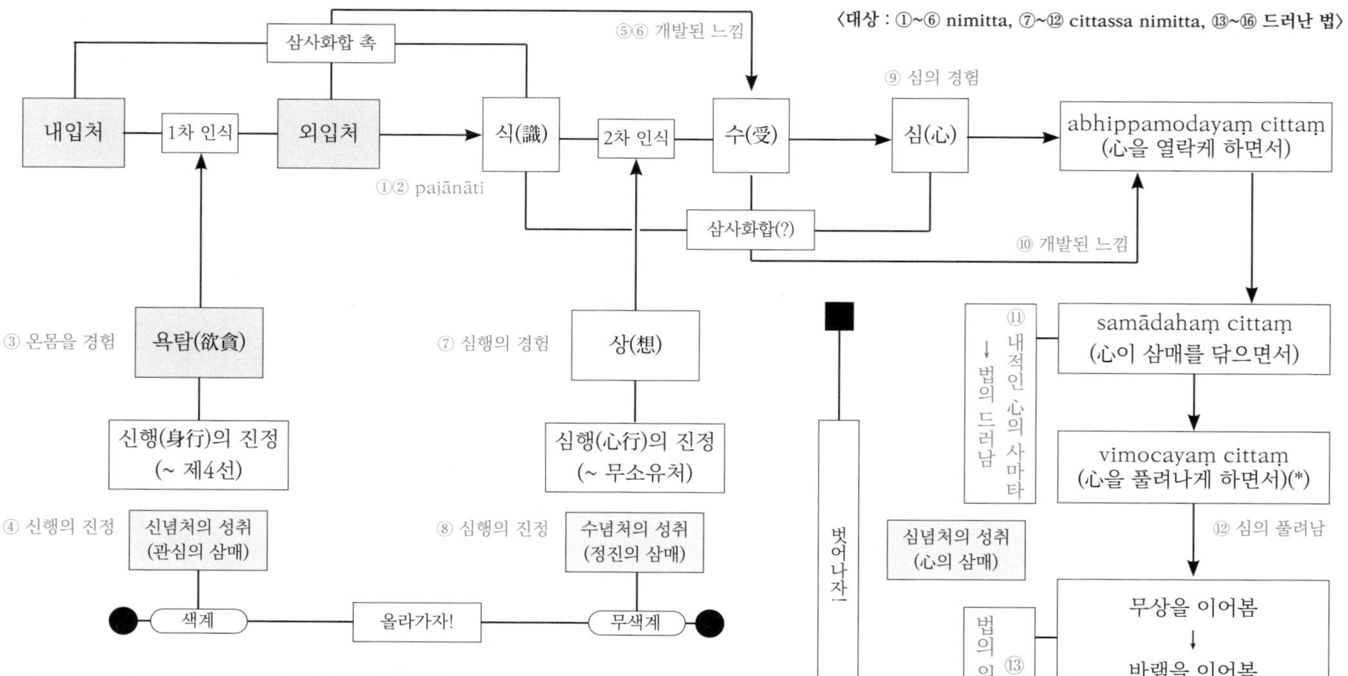

(*) 심(心)은 번뇌의 영향 위에 있는 한, 마라의 지배력에 묶여 있습니다. 마라의 지배력은 상(常)-락(樂)-아(我)-정(淨)의 전도된 현상의 영역에서 작용하고 무상(無常)-고(苦)-무아(無我)-부정(不淨)의 전도되지 않은 사실의 영역에서는 작용하지 못합니다. 그래서 내적인 심(心)의 사마타에 의해 법이 드러나고, 드러난 법의 무상(無常)을 관찰하는 사실의 영역에 들어서면 심(心)은 마라의 지배력에서 풀려납니다.

[2] (SN 34-선 상윳따)

수행을 설명하려면 선(禪)이라는 용어를 말해야 하는데, 삼매 위에서 이어지는 악한 불선법을 버리기 위한 닦음의 과정입니다. 상윳따 니까야는 두 개의 선 상윳따를 포함하는데 (SN 34-선 상윳따)/(SN 53-선 상윳따)입니다. (SN 53)은 보리분법과 유사한 형태를 가지는데, 팔정도의 정정이 네 가지 선으로 정의되기 때문입니다. (SN 34)는 삼매를 성취하여 머무는 과정의 구성을 설명하는데, 11개의 요소를 단계적으로 대응시킨 55개의 경으로 구성되어 단계적 향상의 모습을 보여줍니다(표 참조). 이때, 11개의 요소는 능숙해야 하는 8가지와 행해야 하는 3가지로 구성되는데, 팔정도의 이중적 구조를 능숙해야 하는 것과 행해야 하는 것에 적용한 형태를 보여줍니다.

- 선(禪-jhāna) — 삼매 위에서 이어지는 악한 불선법을 버리기 위한 닦음의 과정 = 삼매수행(三昧修行)

삼매(samādhi)는 심일경성(心一境性-cittassa ekaggatā)이라고 정의되고, 삼매수행(samādhibhāvanā)은 삼매를 닦는 것 즉 삼매 위에서 이어지는 수행의 과정을 말합니다. 그러면 선(禪)은 무엇입니까?

(DN 27.12-처음에 대한 앎 경, 바라문 계급)은 악한 불선법을 제거하는(버리는) 사람을 바라문 그리고 바라문이 하는 일을 선(禪)이라고 설명합니다. 그래서 선(禪)은 악한 불선법을 버리는 일이라는 것을 알 수 있습니다.

물론, 악한 불선법을 버리고 삶을 완성하는 일은 삼매 위에서 가능합니다. 그래서 삼매수행 즉 삼매 위에서 이어지는 악한 불선법을 버리기 위한 닦음의 과정을 그대로 선(禪)이라고 이해할 수 있습니다. 그래서 팔정도의 정정이 초선-제2선-제3선-제4선을 성취하여 머묾이라고 정의되는 것입니다. —「정정(正定) = 사선(四禪)」

;「(특강)(SN 34-선 상윳따)의 이중적 전개[선(禪-jhāna)과 삼매(定-samādhi)](근본경전연구회 해피스님 240208)」 참조 ⇒ nikaya.kr에서 '240208' 검색

(SN 34-선(禪) 상윳따) — 삼매수행의 11단계

	삼매	증득	안정	일어남	유쾌함	대상	영역	기울임	신중함	끈기
증득	1									
안정	2	11								
일어남	3	12	20							
유쾌함	4	13	21	28						
대상	5	14	22	29	35					
영역	6	15	23	30	36	41				
기울임	7	16	24	31	37	42	46			
신중함	8	17	25	32	38	43	47	50		
끈기	9	18	26	33	39	44	48	51	53	
유익함	10	19	27	34	40	45	49	52	54	55

Ⅲ. 수행지도 (修行地圖)

이런 방법으로 수행은 깨달음에 닿는 길을 정형된 길로 보여줍니다. 이 길은 지도(地圖-map)로 그려집니다.

수행지도는 수행에 대한 포괄적 이해와 많은 설명을 필요로 하는데, 별도의 책으로 준비 중입니다. 여기서는 몇 장의 지도를 통해 골격만 소개하니, 수행에 대한 자세한 공부는 nikaya.kr을 참고하시기 바랍니다.

다만, 딱까의 안과 밖의 영역에 대해서는 주목해야 합니다.

팔정도(八正道)는 많은 경에서 10가지 법(法)으로 펼쳐져 소개됩니다. 깨달음으로 이끌리는 특별한 삼매인 정정(正定-바른 삼매)을 3단계로 펼쳐서 깨달음의 큰 길을 안내하는 것인데, 「정정(正定-sammāsamādhi-바른 삼매) → 정지(正知-sammāñāṇa-바른 앎) → 정해탈(正解脫-sammā vimutti-바른 해탈)」입니다.

이때, 정정(正定)은 올라가는 수행으로의 토대이고, 정지(正知)는 여실지견(如實知見)이며, 정해탈(正解脫)은 해탈지견(解脫知見)입니다.

수행지도(修行地圖)는 이 열 가지 법의 체계 위에서 그려집니다.

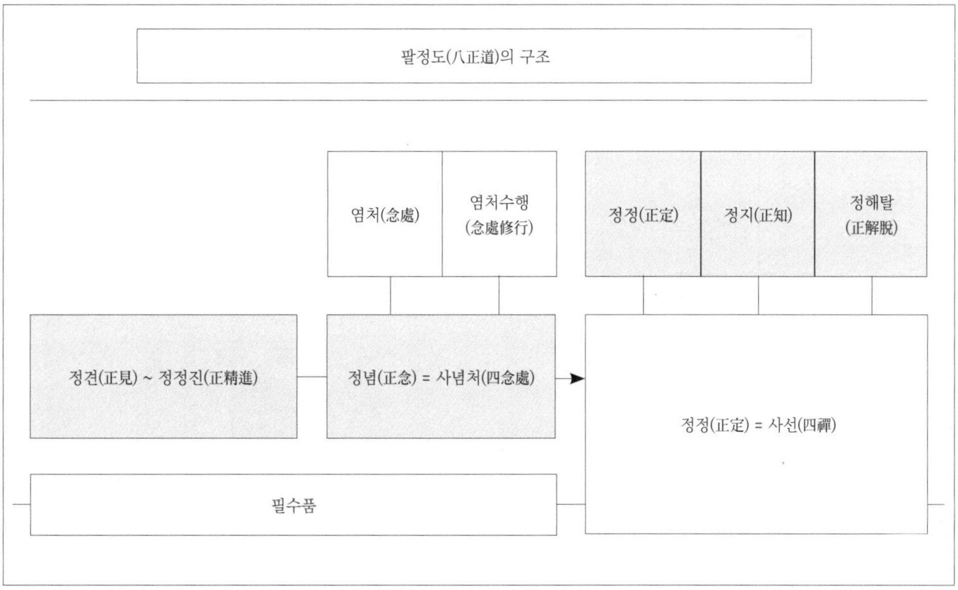

팔정도(八正道)의 구조

온(蘊)	계(戒)	정(定)	혜(慧)
도(道)	정어 -정업 -정명	정정진 -정념 -정정	정견 -정사유

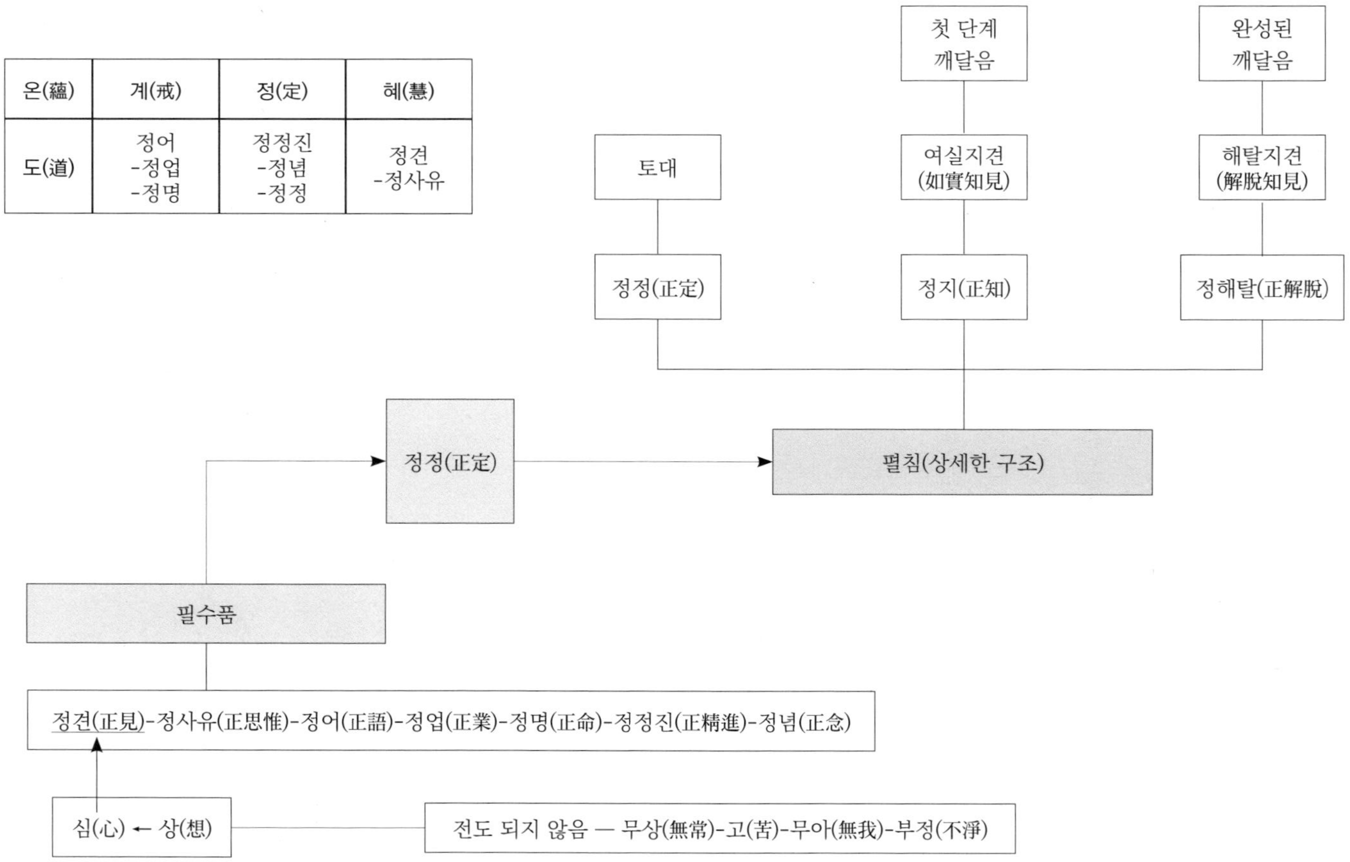

● 수행의 이해 – 정정(正定-바른 삼매)-정지(正知-바른 앎)-정해탈(正解脫-바른 해탈)

이렇게 열 가지 법의 체계 위에서 수행은 다양한 관점으로 접근할 수 있는데, 기본은 「정정(正定-sammāsamādhi) → 정지(正知-sammāñāṇa-바른 앎) → 정해탈(正解脫-sammā vimutti-바른 해탈)」에 대한 이해입니다.

바른 앎은 말 그대로 행(行)들을 무상(無常)-고(苦)-무아(無我)라고 사실에 들어맞게 아는 것인데, 이런 앎의 성취는 (필수품을 갖춘 바른) 삼매 위에서 가능합니다. 삼매라는 제약은 있어도 사실에 들어맞는 삶은 그대로 지(知-앎)와 견(見-봄)을 갖춘 깨달음인데, 사실에 들어맞는 앎과 봄이란 의미로 여실지견(如實知見-yathābhūtañāṇadassana)이라고 부릅니다. 이 경지를 성취한 수행자를 '사념처에 잘 확립된 심(心)을 가진 자'라고 하는데, 완성된 사띠의 토대 위에서 진행되는 '번뇌의 부서짐[누진(漏盡)]에 의해 삼매라는 제약이 해소된 일상의 깨달음을 위한 과정'만이 남아 있습니다.

바른 해탈은 바른 앎에 이어지는 것인데, 이런 맥락에서 이해하면, 번뇌의 부서짐에 의해 삼매의 제약이 해소되어 바르게 일상이 깨달음인 경지입니다. 해탈된 지(知-앎)와 견(見-봄)을 갖춘 깨달음의 완성이어서 해탈지견(解脫知見-vimuttiñāṇadassana)이라고 부릅니다.

그래서 수행은 ①토대로서의 삼매를 성취하는 과정(초삼분), ②삼매 위에서 깨달음을 성취하는 과정(중삼분), ③일상의 깨달음(후삼분)으로 나누어 말할 수있는데, 「수행의 중심개념」에 의하면 ②까지는 사념처의 영역(takka의 밖)이고, ③은 사마타-위빳사나의 영역(takka의 안)입니다. 그리고 ②까지 온 수행자는 예류자이고, ③에 와서 완성되면 아라한입니다.

특히, **②의 과정**은 내적인 심(心)의 사마타와 법(法)의 위빳사나라는 쌍을 이루는 과정인데, 내적인 심의 사마타로 법을 드러나게 한 뒤 법의 위빳사나로 무상(無常)을 관찰하여 여실지견에 닿는 과정입니다. 이후에 번뇌를 부수기 위한 수행을 한다고 하는데, 사마타-위빳사나에 의해 해탈지견에 닿는 과정입니다.

;「내적인 심의 사마타도 얻었고 높은 혜(慧)의 법의 위빳사나도 얻은 사람은 그 유익한

법들에서 확고히 선 후 더 나아가 번뇌들의 부서짐을 위해 수행해야 한다」(AN 4.93-삼매 경2)/(AN 4.94-삼매 경3)

;「비구들이여, 두 가지 법은 명(明)과 연결된다. 무엇이 둘인가? 사마타와 위빳사나이다. 비구들이여, 사마타를 닦을 때 어떤 이익을 경험하는가? 심(心)이 닦아진다. 심(心)을 닦을 때 어떤 이익을 경험하는가? 탐(貪)이 버려진다. 비구들이여, 위빳사나를 닦을 때 어떤 이익을 경험하는가? 지혜가 닦아진다. 지혜를 닦을 때 어떤 이익을 경험하는가? 무명(無明)이 버려진다. 비구들이여, 탐(貪)에 오염된 심(心)은 해탈하지 못한다. 또는 무명(無明)에 오염된 지혜는 닦아진다[닦아지지 못한다(PTS)]. 이렇게, 비구들이여, 탐(貪)의 바램으로부터 심해탈(心解脫)이 있고, 무명(無明)의 바램으로부터 혜해탈(慧解脫)이 있다.」(AN 2.22-32 – 어리석은 자 품)

이런 수행의 과정은 지도(地圖)로 그려집니다. 수행지도는 삶의 메커니즘(106쪽)과 쌍을 이루어 고집(苦集)과 고멸도(苦滅道)를 설명하는 도구인데, 다음 책의 주제입니다. 여기서는 몇 장의 지도를 통해 이런 설명의 다양한 측면을 소개하였습니다.

- 수행지도(修行地圖) 개념
- takka(딱까)를 중심에 둔 수행지도(修行地圖)
- 수행지도(修行地圖) — 단계적 치유[구차제주(九次第住)]
- 수행(修行) — 3층 집 짓기
- 수행지도의 틀[십정도 – 정정(토대) → 정지(사념처 - 여실지견) → 정해탈(사마타-위빳사나 - 해탈지견)]
- 수행지도의 골격 - (AN 4.41-삼매수행 경)
- 염오-이탐-소멸 ↔ 떨침-이탐-소멸-쉼
- 여실지견(如實知見)에 대한 양방향의 접근 — 수행자와 완성자

수행지도(修行地圖) 개념

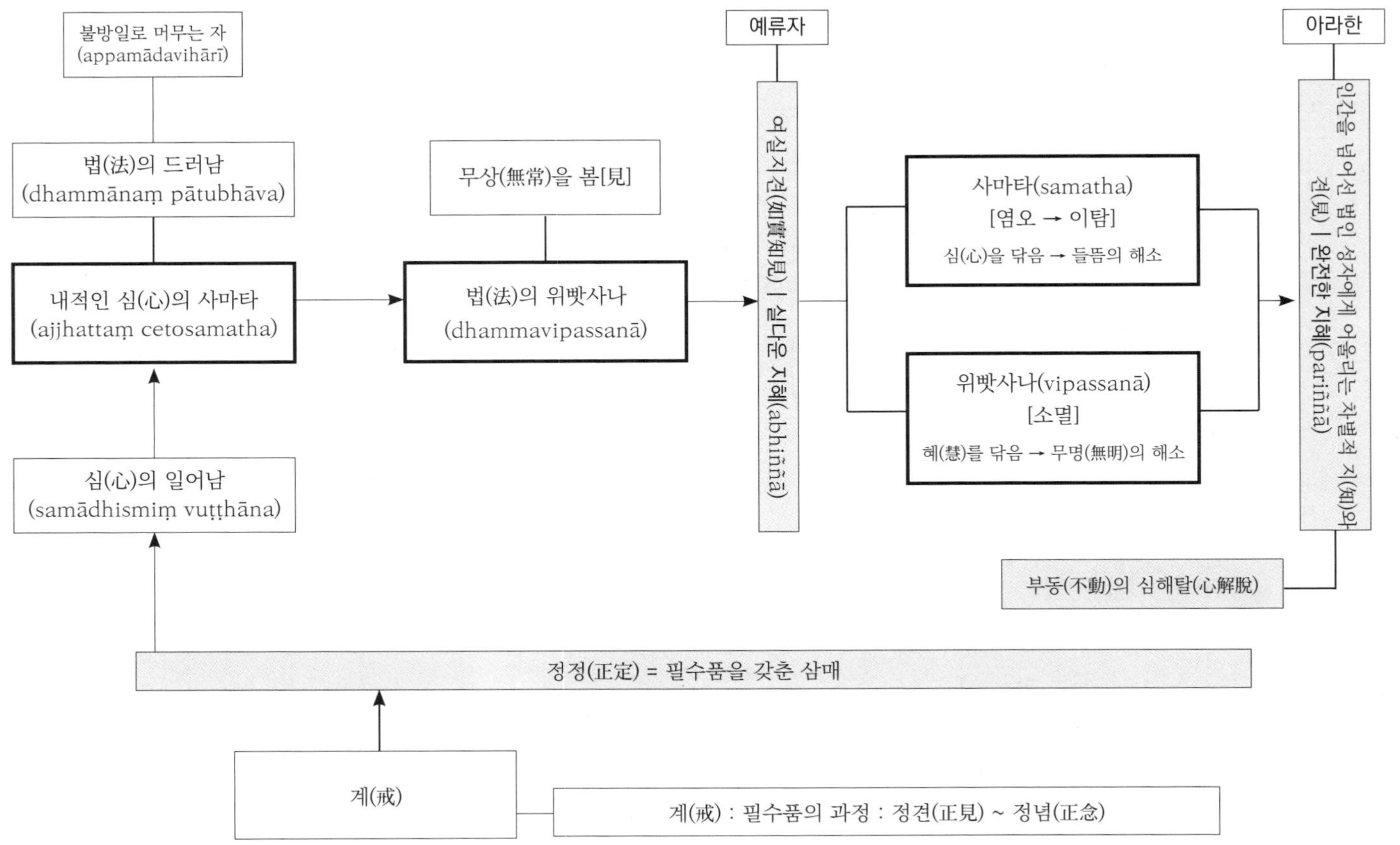
불방일로 머무는 자
(appamādavihārī)
법(法)의 드러남
(dhammānaṃ pātubhāva)
내적인 심(心)의 사마타
(ajjhattaṃ cetosamatha)
심(心)의 일어남
(samādhismiṃ vuṭṭhāna)
무상(無常)을 봄[見]
법(法)의 위빳사나
(dhammavipassanā)
예류자
여실지견(如實知見) | 실다운 지혜(abhiññā)
사마타(samatha)
[염오 → 이탐]
심(心)을 닦음 → 들뜸의 해소
위빳사나(vipassanā)
[소멸]
혜(慧)를 닦음 → 무명(無明)의 해소
아라한
인간을 넘어선 법인 성자에게 어울리는 차별적 지(知)와 견(見) | 완전한 지혜(pariññā)
부동(不動)의 심해탈(心解脫)
정정(正定) = 필수품을 갖춘 삼매
계(戒)
계(戒) : 필수품의 과정 : 정견(正見) ~ 정념(正念)

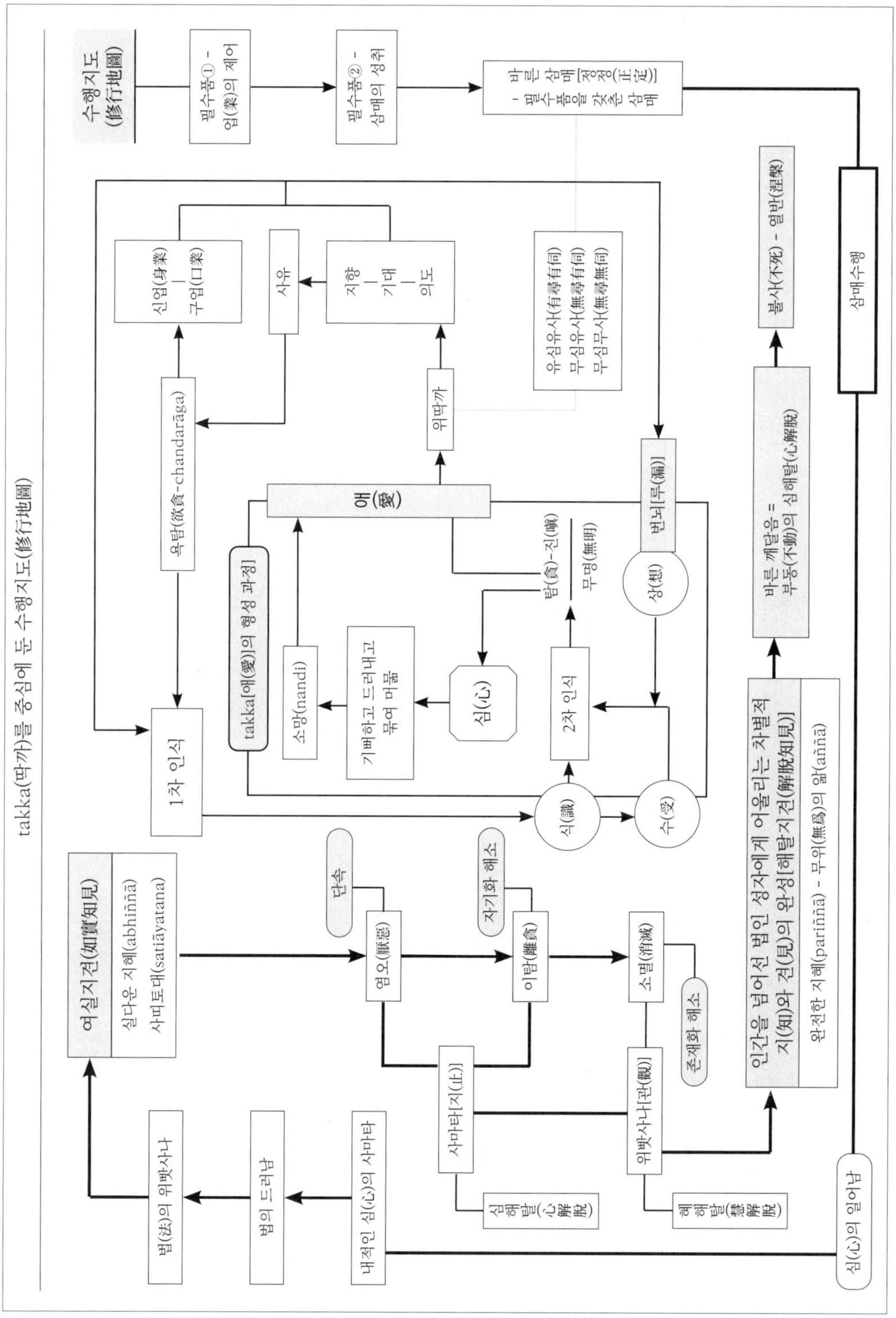
takka(딱까)를 중심에 둔 수행지도(修行地圖)
수행지도
(修行地圖)
필수품① -
업(業)의 제어
필수품② -
삼매의 성취
바른 삼매[정정(正定)]
- 필수품을 갖춘 삼매
신업(身業)
|
구업(口業)
사유
지향
|
기대
|
의도
유심유사(有尋有伺)
무심유사(無尋有伺)
무심무사(無尋無伺)
불사(不死) - 열반(涅槃)
삼매수행
욕탐(欲貪-chandarāga)
위딱까
애(愛)
번뇌[무(漏)]
바른 깨달음 =
부동(不動)의 심해탈(心解脫)
탐(貪)-진(嗔)
무명(無明)
상(想)
takka[애(愛)]의 형성 과정
소망(nandi)
기뻐하고 드러내고
묶여 머묾
심(心)
2차 인식
1차 인식
식(識)
수(受)
여실지견(如實知見)
실다운 지혜(abhiññā)
사띠토대(satiāyatana)
단속
염오(厭惡)
자기화 해소
이탐(離貪)
소멸(消滅)
존재화 해소
인간을 넘어선 법인 성자에게 어울리는 차별적
지(知)와 견(見)의 완성[해탈지견(解脫知見)]
완전한 지혜(pariññā) - 무위(無爲)의 앎(aññā)
사마타[지(止)]
위빳사나[관(觀)]
심해탈(心解脫)
혜해탈(慧解脫)
법(法)의 위빳사나
법의 드러남
내적인 심(心)의 사마타
심(心)의 일어남

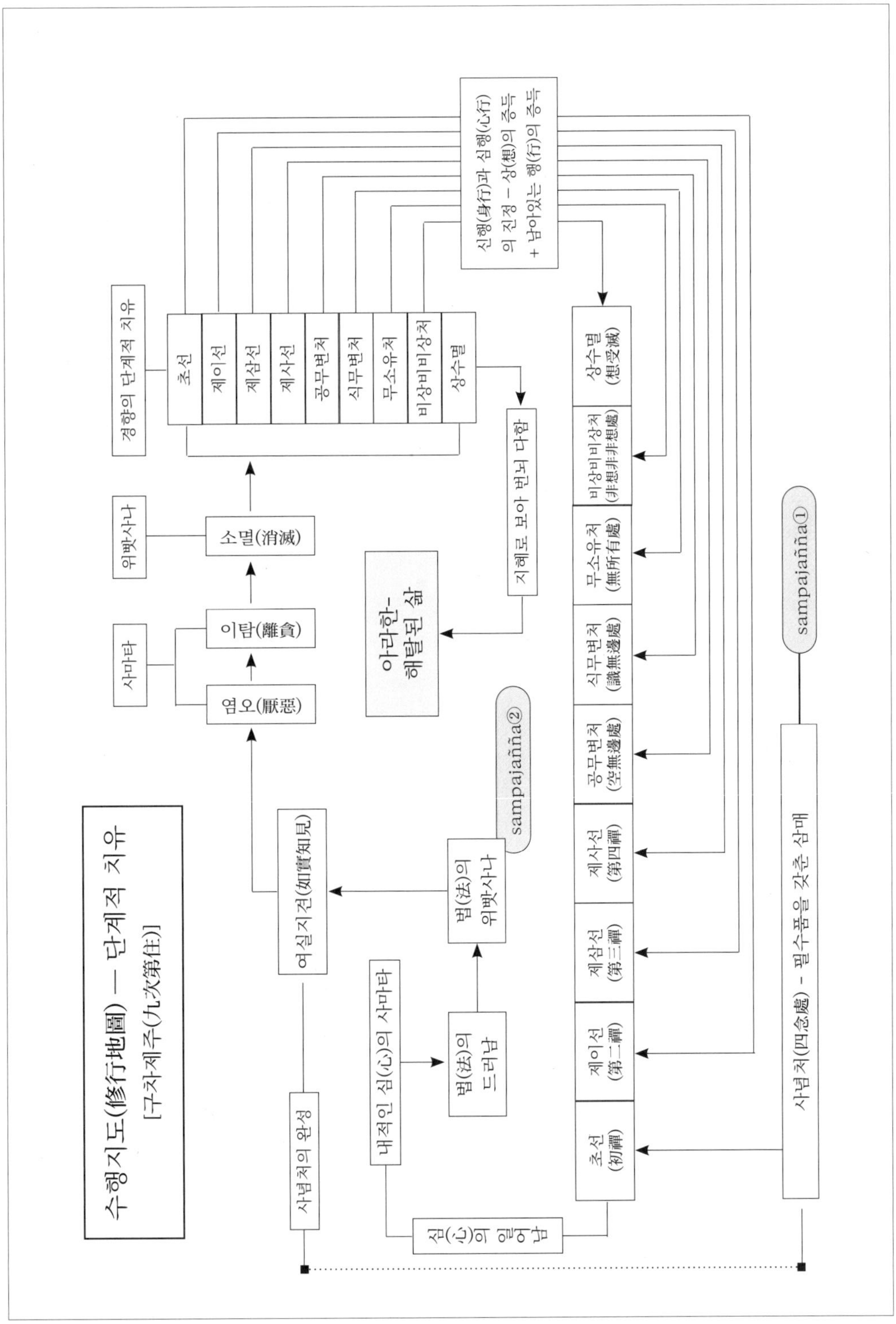

수행지도(修行地圖) — 단계적 치유
[구차제주(九次第住)]
경향의 단계적 치유
초선
제이선
제삼선
제사선
공무변처
식무변처
무소유처
비상비비상처
상수멸
위빳사나
소멸(消滅)
사마타
이탐(離貪)
염오(厭惡)
지혜로 보아 번뇌 다함
아라한-
해탈된 삶
신행(身行)과 심행(心行)
의 진정 − 상(想)의 증득
+ 남아있는 행(行)의 증득
상수멸
(想受滅)
비상비비상처
(非想非非想處)
무소유처
(無所有處)
식무변처
(識無邊處)
공무변처
(空無邊處)
제사선
(第四禪)
제삼선
(第三禪)
제이선
(第二禪)
초선
(初禪)
sampajañña①
sampajañña②
여실지견(如實知見)
법(法)의
위빳사나
법(法)의
드러남
내적인 심(心)의 사마타
사념처의 완성
심(心)의 일어남
사념처(四念處) - 필수품을 갖춘 삼매

수행(修行) — 3층 집 짓기

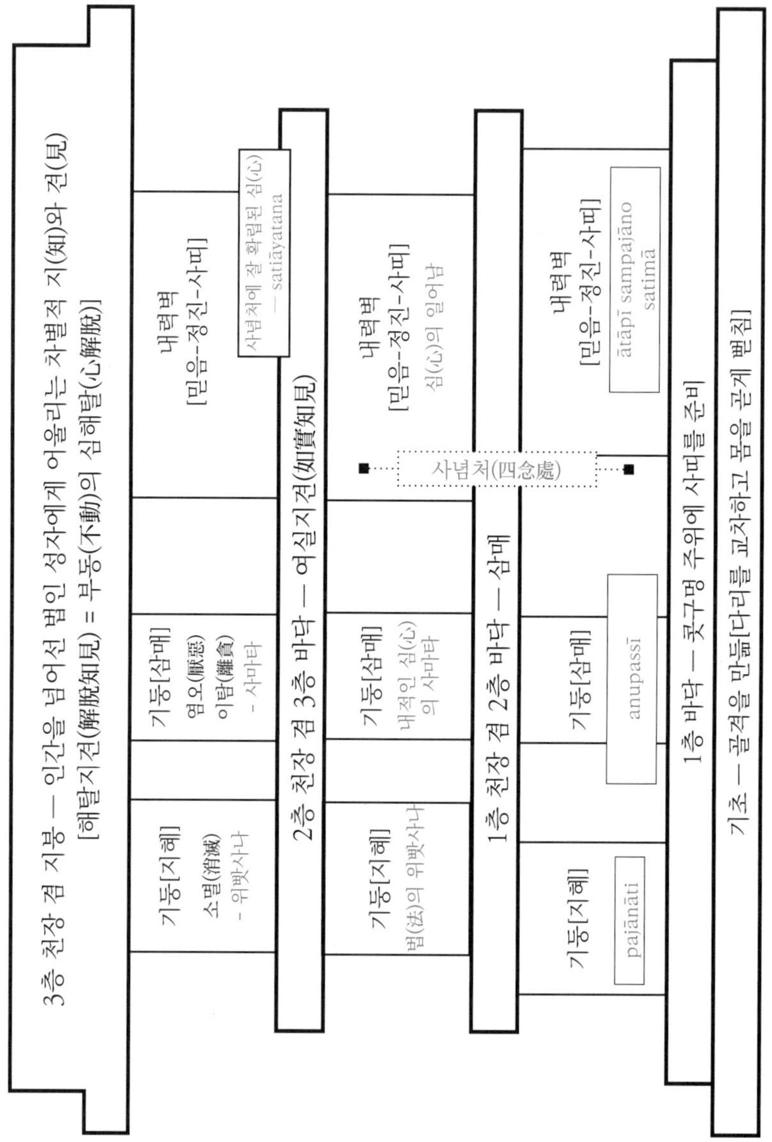
3층 천장 겸 지붕 — 인간을 넘어선 법인 성자에게 어울리는 차별적 지(知)와 견(見)
[해탈지견(解脫知見) = 부동(不動)의 심해탈(心解脫)]
기둥[지혜]
소멸(消滅)
- 위빳사나
기둥[삼매]
염오(厭惡)
이탐(離貪)
- 사마타
내력벽
[믿음-정진-사띠]
사념처에 잘 확립된 심(心)
— satiāyatana
2층 천장 겸 3층 바닥 — 여실지견(如實知見)
기둥[지혜]
법(法)의 위빳사나
기둥[삼매]
내적인 심(心)의 사마타
내력벽
[믿음-정진-사띠]
심(心)의 일어남
사념처(四念處)
1층 천장 겸 2층 바닥 — 삼매
기둥[지혜]
pajānāti
기둥[삼매]
anupassī
내력벽
[믿음-정진-사띠]
ātāpī sampajāno satimā
1층 바닥 — 콧구멍 주위에 사띠를 준비
기초 — 골격을 만듦[다리를 교차하고 몸을 곧게 펀침]

수행지도의 틀[십정도 – 정정(토대) → 정지(사념처 - 여실지견) → 정해탈(사마타-위빳사나 - 해탈지견)]

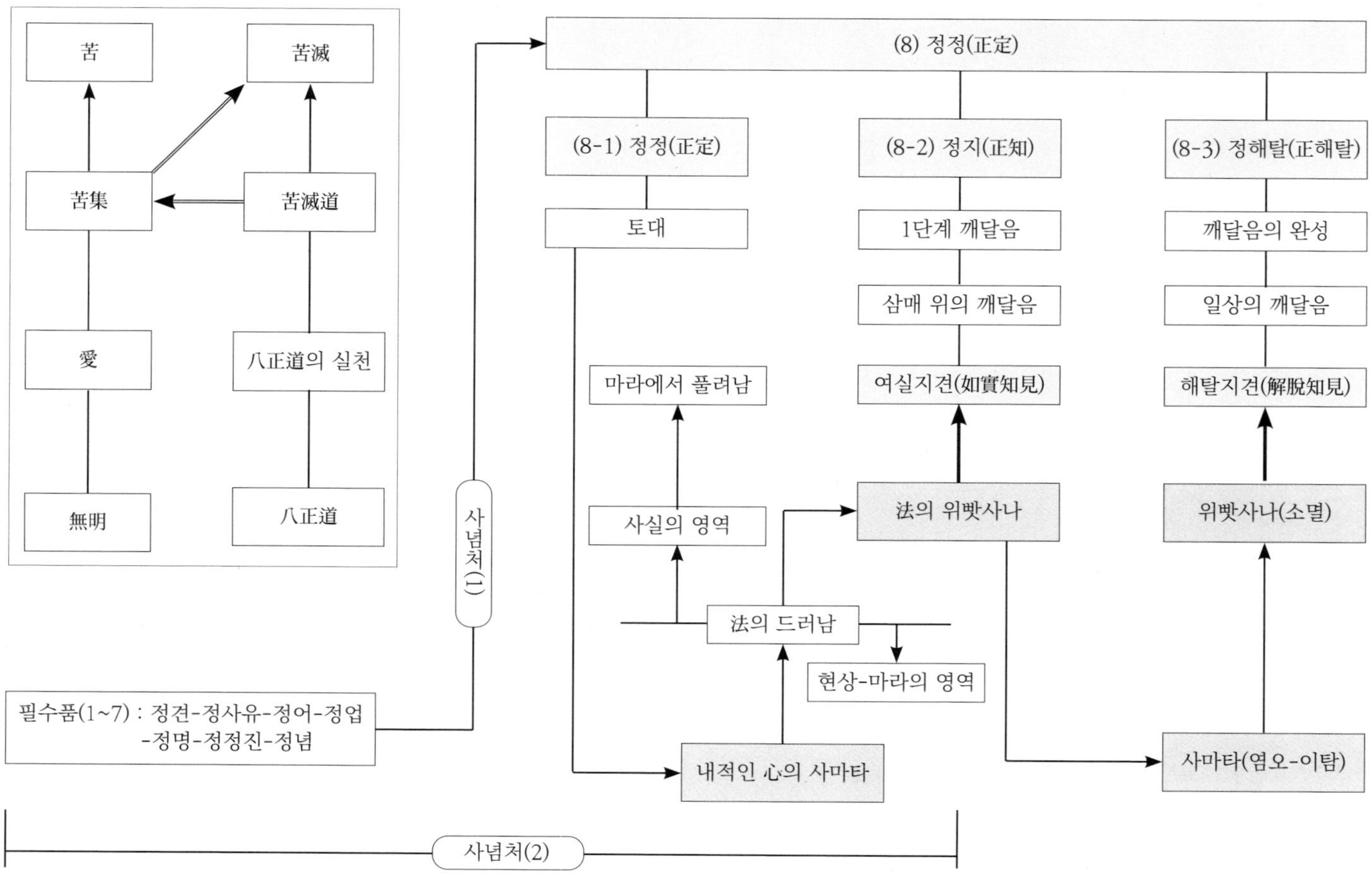

수행지도의 골격 - (AN 4.41-삼매수행 경)

MN 118	신념처의 성취	수념처의 성취	심념처의 성취	법념처의 성취	번뇌의 부서짐
사여의 족	관심의 삼매	정진의 삼매	심(心)의 삼매	관찰의 삼매	
삼매수행	삼매수행①				삼매수행④
		삼매수행②			
			삼매수행③		

● 삼매수행의 3요소 – ①집중, ②관찰, ③느낌

집중과 관찰의 과정을 느낌이 수반한다고 말하기보다는 고(苦)와 고멸(苦滅)을 최상위 개념으로 하는 불교에서 느낌은 수행의 본질이라고 해야 합니다. 고(苦)가 소멸한 느낌을 완성해 가는 것이 수행이라는 의미입니다.

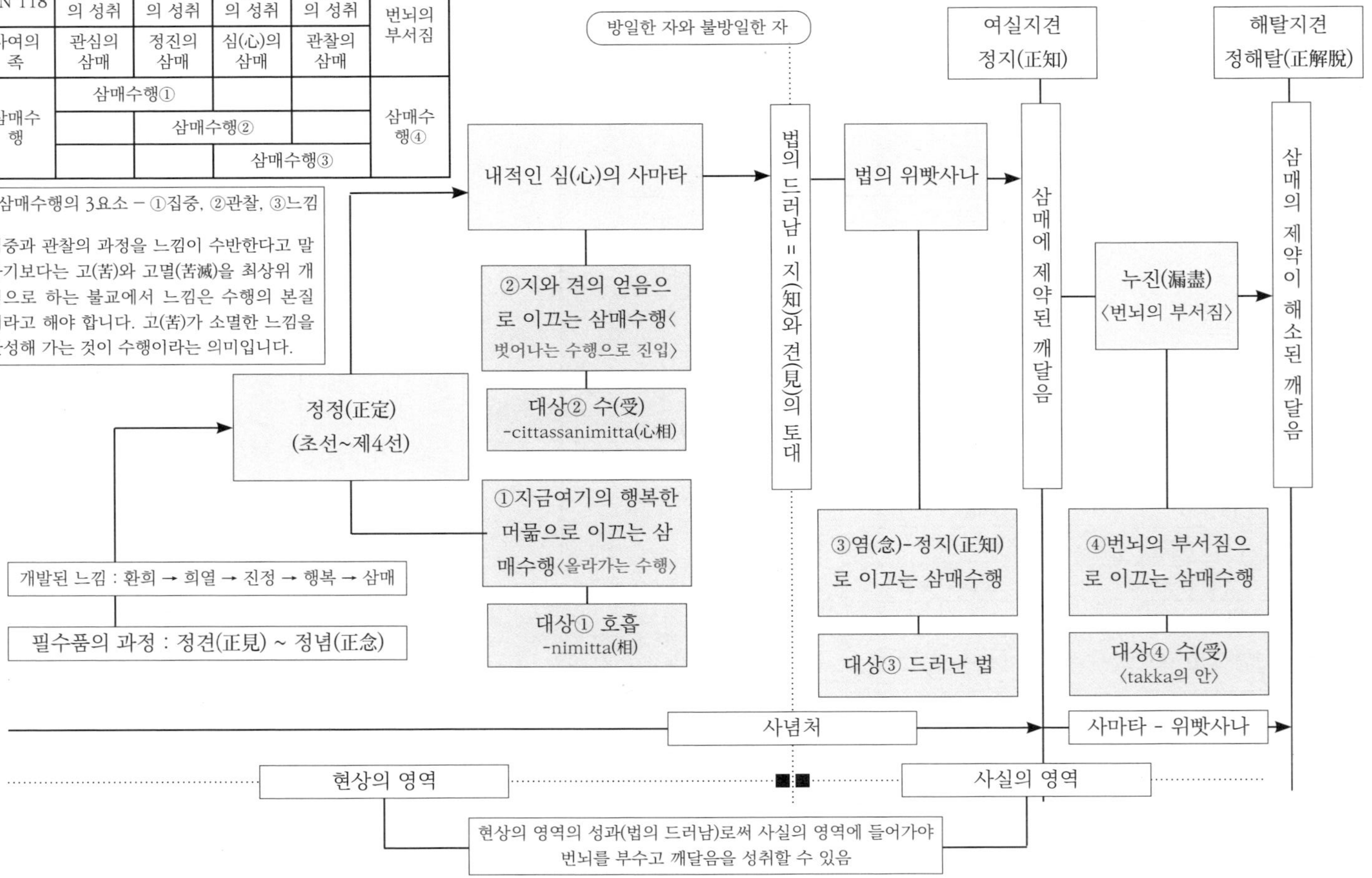

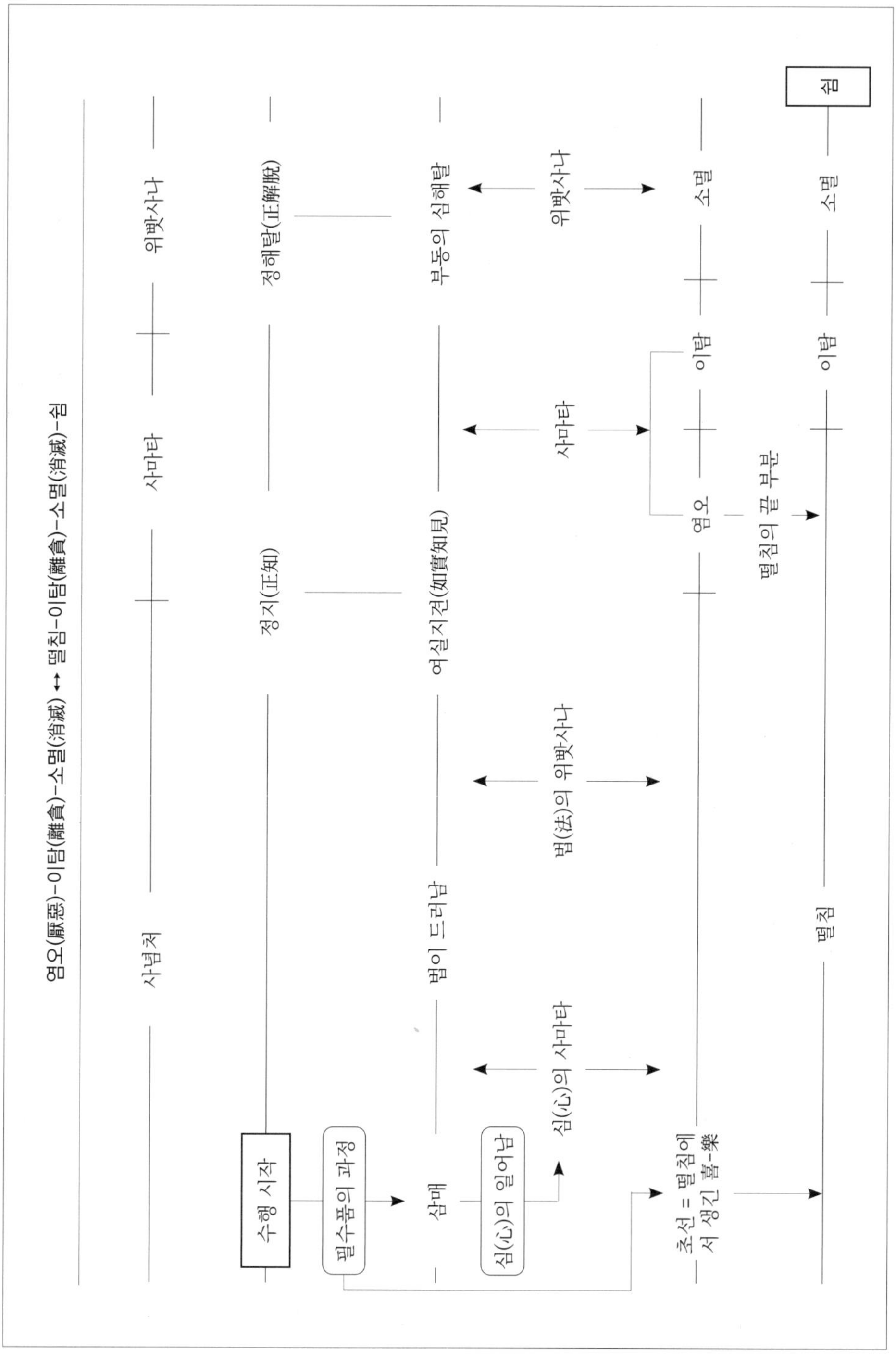
염오(厭惡)-이탐(離貪)-소멸(消滅) ↔ 멸진-이탐(離貪)-소멸(消滅)-십
사념처
사마타
위빳사나
수행 시작
정지(正知)
정해탈(正解脫)
필수품의 과정
삼매
법이 드러남
여실지견(如實知見)
부동의 심해탈
심(心)의 일어남
심(心)의 사마타
법(法)의 위빳사나
사마타
위빳사나
초선 = 멸진에서 생긴 喜-樂
염오
이탐
소멸
멸진의 끝 부분
멸진
이탐
소멸
십

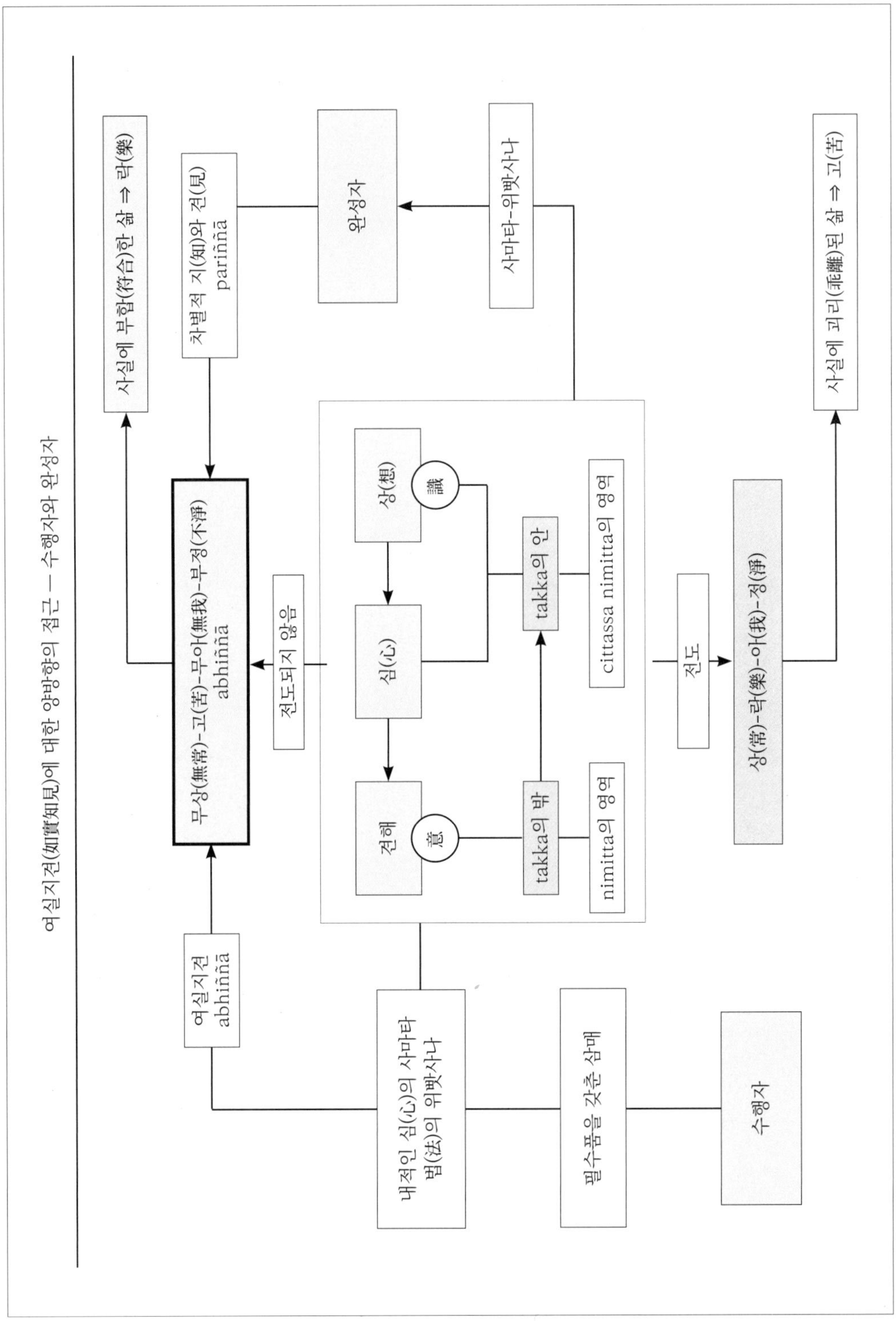
여실지견(如實知見)에 대한 양방향의 접근 — 수행자와 완성자
사실에 부합(符合)한 삶 ⇒ 락(樂)
차별적 지(知)와 견(見)
pariññā
완성자
사마타-위빳사나
사실에 괴리(乖離)된 삶 ⇒ 고(苦)
무상(無常)-고(苦)-무아(無我)-부정(不淨)
abhiññā
전도되지 않음
상(想)
識
심(心)
견해
意
takka의 안
takka의 밖
cittassa nimitta의 영역
nimitta의 영역
전도
상(常)-락(樂)-아(我)-정(淨)
여실지견
abhiññā
내적인 심(心)의 사마타
법(法)의 위빳사나
필수품을 갖춘 삼매
수행자

제5부

윤회 문답

– 다양한 관심

제1장

기본적인 문답

부처님 때는 직접 여쭤볼 수 있었습니다. 그러나 지금은 부처님을 대신해 경에서 답을 찾아야 합니다. 다행히, 경은 필요한 모든 주제에 답을 줍니다. – 「내가 그대들에게 가르치고 선언한 법과 율이 내가 가고난 후에는 그대들의 스승이 될 것이다.」(DN 16.36-대반열반경, 여래의 마지막 말씀)

(문답 1) 윤회합니까?

네, 윤회합니다. 인간의 평범한 능력으로는 확인할 수 없는 문제이기 때문에 많은 사람이 윤회에 대한 의심 또는 부정적 시각을 가지고 있지만, 평범을 넘어선 비범을 갖춘 스승에 의해 확인된 가르침에 의하면, 죽은 뒤에 다시 태어납니다. 윤회하는 것입니다.

물론 세상에 스승은 많습니다. 그래서 죽으면 끝이라고 가르치기도 하고, 윤회하지만 참된 존재성의 아(我)에 의한 것이라고 가르치기도 하고, 윤회하는 그가 참된 존재성을 가지지 않는다[무아(無我)]고 가르치기도 합니다.

어떤 스승을 선택하여 어떤 답을 얻을 것인지는 온전히 자신의 몫입니다. 다만, 인류 역사에 최고의 스승이고, 삶에 대한 완전한 해석에 이어 삶의 문제를 완전히 해결한 스승인 부처님을 선택하면 후회할 일이 가장 적습니다. 그래서 불교가 인류의 미래를 이끌 으뜸 종교라고 평가되는 것입니다.

이런 부처님은 이 질문에 답을 줍니다. 참된 존재성을 가지지 않아서[무아(無我)] 삶을 누적하며 변화하는 마음 즉 연기(緣起)된 식(識)이 죽으면 새로운 몸으로 옮겨가서 새로운 몸과 함께 새로운 이름으로 나의 삶을 이어간다고 알려줍니다.

(문답 2) 눈앞에 있는 내 자식들이 나의 DNA를 물려받아 나의 존재를 이어가니 이것이 나의 윤회 아닌가요?

그렇네요. 나의 몸을 구성하는 DNA를 절반 이어서 나의 아이들이 태어나니 그렇게 윤회를 말할 수도 있겠습니다. 그런데 나의 아이들의 생각은 어떤가요? 아이들도 나처럼 자기가 엄마-아빠의 삶을 이어서 살고 있다고 생각하나요?

아닐 겁니다. 부모님에 귀속된 삶으로 자기를 이해하기 보다는 자기대로의 독립된 삶을 살고 있다고 생각할 것입니다. 왜 그럴까요? 아이들에게서도 생각은 몸이 하지 않고 마음이 하기 때문일 겁니다.

DNA로 이어지는 가족으로의 동질성에 의한 윤회는 문제가 있습니다. 대를 이어갈수록 동질성의 비율이 감소하는 거지요. 한 대를 내려갈 때마다 50%씩 줄어들어 백년, 이백 년, 천 년, 이천 년을 내려가면 그에게서 발견되는 나의 동질성은 미미해지고 맙니다. 그때도 그럼에도 불구하고 극히 일부라도 나의 DNA가 연장되어 있으니 그 사람이 나의 윤회라고 말할 수 있을까요?

윤회는 몸이 아니라 마음이 하는 겁니다. 마음으로 사랑하기 때문에 내 아이들이 귀하고 사랑스러운 것입니다. 자식이라 해도 마음이 사랑하지 않게되면 나와의 동질성을 운운하지 않게됩니다.

마음은 한평생 남이 되지 못합니다. 심지어 몸이 무너져 죽은 뒤에도 마음은 새로운 몸과 만나서 새로운 존재를 구성하고 그때의 마음도 여전히 그를 나라고 부르며 살아갑니다.

윤회는 이런 것입니다.

(문답 3) 뇌과학에서는 마음이 뇌에서 생긴다고 하는데요, 몸이 죽어 뇌가 멈춘 뒤에 어떻게 마음이 존재하여 윤회를 할까요?

어떤 뇌과학자들은 의도[사(思)]의 작용 이전에 측정되는 뇌의 신호를 근거로 마음이 뇌에서 생긴다고 말합니다. 그런데 (AN 3.61-상가라와 경)은 뇌 즉 몸 이전의 삶의 과정인 takka로부터 생각이 떠오를 때(vitakka) 발산되는 소리를 언급합니다. 그렇다면 니까야의 관점에서는, 뇌과학자들이 측정해 낸 것은 마음이 생겨나는 신호가 아니라 (몸의 참여없이 마음 혼자 작용하는 영역인) takka 안에서 생긴 심(心)의 작용이 takka의 영역을 벗어남 즉 몸과 함께 작용하는 영역으로 올라와 (몸인) 뇌와 만나는 과정의 신호라고 해석해야 할 것입니다.

결국, 마음은 뇌에서 생기지 않습니다! 물질의 영역뿐만 아니라 삶의 모든 영역에 대한 완전한 앎이 담보된 부처님에 의해서만 알려진 마음 이야기입니다.

바라문이여, 그러면 무엇이 신탁(神託)의 비범(非凡)입니까? 바라문이여, 여기 어떤 사람은 인상(印象)에 의해서 말합니다. — '그대의 의(意)는 이렇다. 그대의 의(意)는 이러하다. 그대의 심(心)은 이러하다.'라고. 만약 그가 많은 사람들에게 말하더라도 그것은 사실이 됩니다. 그렇지 않은 것이 없습니다.

또한, 바라문이여, 여기 어떤 사람은 인상에 의해서 말하지 않고, 사람이나 비인간(非人間)이나 신의 소리를 듣고서 말합니다. — '그대의 의(意)는 이렇다. 그대의 의(意)는 이러하다. 그대의 심(心)은 이러하다.'라고. 만약 그가 많은 사람들에게 말하더라도 그것은 사실이 됩니다. 그렇지 않은 것이 없습니다.

"idha pana, brāhmaṇa, ekacco na heva kho nimittena ādisati napi manussānaṃ vā amanussānaṃ vā devatānaṃ vā saddaṃ sutvā ādisati, api ca kho vitakkayato vicārayato vitakkavipphārasaddaṃ sutvā ādisati — 'evampi te mano, itthampi te mano, itipi te cittan'ti. so bahuṃ cepi ādisati tatheva taṃ hoti, no aññathā.

또한, 바라문이여, 여기 어떤 사람은 인상에 의해서 말하지 않고, 사람이나 비인간이나 신의 소리를 듣고서 말하지도 않습니다. 단지 위딱까로부터 위짜라로부터 위딱까가 발산하는 소리를 듣고서 말합니다. — '그대의 의(意)는 이렇다. 그대의 의(意)는 이러하다. 그대의 심(心)은 이러하다.'라고. 만약 그가 많은 사람들에게 말하더라도 그것은 사실이 됩니다. 그렇지 않은 것이 없습니다.

또한, 바라문이여, 여기 어떤 사람은 인상에 의해서 말하지 않고, 사람이나 비인간이나 신의 소리를 듣고서 말하지도 않고, 위딱까로부터 위짜라로부터 위딱까가 발산하는 소리를 듣고서 말하지도 않습니다. 단지 무심무사(無尋無伺)의 삼매에 든 자의 심(心)으로부터 심(心)의 차이를 분명히 압니다. — '이런 그대의 의행(意行)의 지향들처럼 이 심(心)의 이어짐들은 이러이러한 위딱까를 일으킬 것이다.'라고. 만약 그가 많은 사람들에게 말하더라도 그것은 사실이 됩니다. 그렇지 않은 것이 없습니다. 바라문이여, 이것이 신탁(神託)의 비범(非凡)이라고 불립니다.

⇒ vitakkayato vicārayato vitakkavipphārasaddaṃ 위딱까로부터 위짜라로부터 위딱까가 발산하는 소리 — 뇌 즉 몸과 만나기 이전의 과정을 거쳐 발생하는 신호 있음 → 의도(=자유의지) 이전에 발생하는 신호의 측정에 따라 마음이 뇌에서 생긴다는 주장의 허구.

(문답 4) 십분 양보해서 마음이 윤회한다고 해도, 사람과 짐승 즉 우리 눈에 보이는 범위에서 윤회한다고 해야 하지 않나요?

예를 들면, 빛은 파장의 범위가 넓습니다. 그런데 사람은 가시 광선 즉 빨-주-노-초-파-남-보의 범위 밖에 보지 못합니다. 그러면 빨강의 바깥과 보라의 바깥에는 파장이 없는 것입니까?

아닙니다. 빨강의 바깥에는 적외선이 있고, 보라의 바깥에는 자외선이 있습니다. 다만, 인간의 인식 능력 밖에 있기 때문에 보지 못할 뿐이지요. 그래서 가시 광선 밖의 빛의 파장을 인식하는 짐승들도 일부 있는 것입니다. 그리고 사람도 가시 광선 밖의 파장을 봅니다. 과학의 발전에 따른 기계의 도움을 받는 거지요.

존재의 경우도 마찬가지입니다. 가시의 영역에는 인간과 축생이 있지만, 가시의 바깥 영역에도 존재가 있습니다. 중생의 존재 상태는 란생-태생-습생-화생의 4가지[사생(四生)]가 있는데, 인간과 축생은 란생-태생-습생에 속합니다.

그러면 화생은 무엇입니까? (MN 12-사자후 큰 경)은 「사리뿟따여, 무엇이 화생인가? 사리뿟따여, 천인(天人)들이나 지옥에 태어난 자들이나 어떤 인간들이나 죽은 뒤에 벌을 받아야 하는 어떤 존재들, 사리뿟따여, 이것이 화생이라고 불린다.」라고 하면서 뒤이어 「사리뿟따여, 이런 다섯 가지의 갈 곳이 있다. 어떤 다섯 가지인가? 지옥, 축생, 아귀, 인간, 천상이다.」라고 말하는데, 윤회의 과정에서 지옥과 아귀와 천인이 화생에 속한다는 것을 알 수 있습니다.

(DN 23-빠야시 경) 등에서 부처님은 '화생하는 중생은 있다.'라고 선언합니다. 가시 광선 밖의 파장을 기계의 도움을 받아서 볼 수 있듯이 수행을 통한 인식 능력의 향상은 화생하는 중생을 볼 수 있게 합니다. 과학에 대한 믿음이 있으면 가시 광선 밖의 파장에 대해 의심하지 않듯이 부처님에 대한 믿음이 있으면 화생하는 중생들의 존재를 의심하지 않습니다. 그래서 윤회의 범위는 지옥-축생-아귀-인간-천상의 다섯 갈래로 구성된 중생 세상입니다.

(문답 5) 이렇게 마음이 윤회한다면 부모님에게 감사할 것이 있나요? 불교는 효(孝)에 대해 어떤 입장인가요?

마음이 윤회한다고 해도 마음만으로 살아가는 것은 아닙니다. 마음이 몸에 구속된 상태가 중생이라고 불리는 나인만큼 중생인한 몸없는 나는 상상할 수 없습니다. 이런 몸과 마음의 관계를 감안할 때 '무명에 덮이고 애에 묶여서 옮겨가고 윤회하는 중생'이라는 윤회의 선언을 이해할 수 있습니다.

부모님은 전생에서 찾아온 마음에게 이 몸과 함께하는 나의 삶을 이끕니다. 그리고 이런 이끎의 고마움이 매우 커서 그 은혜에 보답하기는 매우 어렵다고 하는데, 바로 '효(孝)'에 대한 불교의 시각입니다.

1. 인간들의 삶에서 효(孝)는 중요한 덕목입니다. 그렇다면 불교에서 효(孝)는 중시되고 있습니까?

불교는 개인의 삶의 완성을 지향하지만, 삶의 완성이 관계의 완성을 포괄한다는 이해의 측면(내적인 성숙과 관계의 성숙)에서 최근접의 관계인 가족 관계의 완성은 중요합니다. 그래서 불교에서 효(孝)는 큰 비중을 가지는 덕목입니다.

먼저 'pecca sagge pamodati(죽은 뒤에는 하늘에서 기뻐한다)'는 용례 가운데 효(孝)와 관련된 경은 4개가 있는데, 부모님을 봉양하는 것은 공덕을 쌓는 행위이기 때문에 살아서는 현자들이 그를 칭찬하고, 죽은 뒤에는 하늘에서 기뻐한다고 말합니다. 특히, 부모님은 범천이고, 이전의 스승이고, 이전의 신들이며 공양받을만한 분이어서 어머니-아버지에 대한 바른 실천은 부처님과 부처님의 제자에 대한 바른 실천만큼이나 삶을 보호하고 공덕을 쌓는다고 알려줍니다.

- (SN 7.19-어머니 봉양 경)
- (AN 3.31-범천과 함께함 경)
- (AN 4.4-파 없음 경2)
- (AN 4.63-범천 경)

2. (AN 2.33-42-평등한 심(心) 품)은 부모님의 은혜를 갚기가 쉽지 않은 이유를 어머니와 아버지는 자식들을 돌보고, 양육하고, 이 세상을 가르쳐주는 등 많은 일을 하기 때문이라고 말합니다. 특히, 부모가 하는 많은 일 가운데 낳아주었다는 말이 없다는 것은 주목해야 합니다. DNA를 잇는 관계보다는 돌보고, 양육하고, 이 세상을 가르쳐주는 등의 역할을 말하는 것인데, 입양에 대한 불교의 입장을 알려주기도합니다.

이때, 은혜를 갚는 방법은 부모님이 자신의 삶을 향상으로 이끌도록 안내하는 것인데, 믿음-계-보시-지혜를 갖추도록 부추기는 일입니다.

3. (AN 3.45-현명한 자 경)은 현명한 사람-고결한 사람에 의해 선언된 세 가지로 ①보시, ②출가, ③부모를 섬기는 것을 말하는데, 공덕행의 출발로서의 보시와 범행의 실천을 위한 출가의 비중과 대등하게 부모를 섬김 즉 효(孝)를 제시한다는 점에서 불교는 효(孝)를 매우 강조한다는 것을 알 수 있습니다.

▣ 주제의 확장(AN-7) – 「불교(佛教)의 효(孝)」 참조 ⇒ nikaya.kr에서 'AN-7' 검색

(문답 6) 윤회한다면, 그래서 마음이 전생을 이어 지금을 살아간다면 왜 나는 전생을 기억하지 못 할까요?

몸과 마음의 서로 조건 됨에 의한 '나'의 구성 때문이라고 해야 할 것입니다. 마음이 몸에 구속된 상태는 안근-이근-비근-설근-신근의 다섯 가지 기능을 통해 받아들이는 색-성-향-미-촉 즉 색(色-물질)의 정보 또는 의근을 통해 받아들이는 법(수-상-행)의 정보에 대한 인식 과정(識 → 意) 또는 신업-구업-의업으로 진행되는 행위 과정(心 → 意)으로 나타납니다. 식(識-인식하는 마음)도 심(心-행위하는 마음)도 모두 몸과 함께할 때 의(意)라고 불리는데, 몸에 구속된 삶입니다. 이 내용은 매우 어려운 주제이니 「삶의 메커니즘」(106쪽)을 참고하시기 바랍니다.

어쨌든 이렇게 몸에 구속된 삶을 살다가 몸이 무너지면 명색(몸과 파생된 것)은 버려지고, 삶의 과정에 대한 기억과 속성을 가진 것으로의 (연기된) 식만 다음 생으로 가게 됩니다. 그러면 식은 새로운 몸과 함께 인식과 행위의 과정을 진행하게 되는데, 역시 지금 몸에 구속된 인식과 행위의 과정입니다.

당연히 지금 몸(色蘊)은 지난 몸의 과정(名)을 담고 있지 않습니다. 그래서 지금 몸에 구속된 마음은 몸에 담겨있지 않은 지난 몸으로의 과정 즉 전생을 기억할 수 없습니다. 그러나 지난 몸의 과정이 완전히 없어진 것은 아닙니다. 마음(연기된 식)이 지난 몸들의 과정을 담고 있기 때문입니다. 그래서 보통의 사람들은 전생을 기억하지 못하지만 수행을 통해 식에 담긴 과정을 볼 수 있는 특별한 능력을 개발한 사람은 전생을 보게 됩니다. 이런 능력을 숙명통(宿命通) 또는 숙주명(宿住明)이라고 하는데, 사띠(sati-念)로써 실현해야 하는 법들입니다.

이런 과거의 기억은 정형된 문구로 나타납니다. –

「so anekavihitaṃ pubbenivāsaṃ anussarati seyyathidaṃ — ekampi jātiṃ dvepi jātiyo tissopi jātiyo catassopi jātiyo pañcapi jātiyo dasapi jātiyo vīsampi jātiyo tiṃsampi jātiyo cattālīsampi jātiyo paññāsampi jātiyo jātisatampi jātisahassampi jātisatasahassampi anekepi saṃvaṭṭakappe anekepi vivaṭṭakappe anekepi saṃvaṭṭavivaṭṭakappe— 'amutrāsiṃ evaṃnāmo evaṃgotto evaṃvaṇṇo evamāhāro evaṃsukhadukkhappaṭisaṃvedī evamāyupariyanto, so tato cuto amutra udapādiṃ, tatrāpāsiṃ evaṃnāmo evaṃgotto evaṃvaṇṇo evamāhāro evaṃsukhadukkhappaṭisaṃvedī evamāyupariyanto, so tato cuto idhūpapanno'ti. iti sākāraṃ sauddesaṃ anekavihitaṃ pubbenivāsaṃ anussarati.

그는 여러 이전의 존재 상태[전생]를 기억합니다. 즉 — 한 번의 생, 두 번의 생, 세 번의 생, 네 번의 생, 다섯 번의 생, 열 번의 생, 스무 번의 생, 서른 번의 생, 마흔 번의 생, 쉰 번의 생, 백 번의 생, 천 번의 생, 십만 번의 생, 세계가 자라나는[퇴보] 여러 겁, 세계가 줄어드는[진화] 여러 겁, 세계가 자라나고 줄어드는 여러 겁을 기억합니다. — '이러이러한 곳에서 나는 이런 이름이었고, 이런 종족이었고, 이런 용모였고, 이런 음식을 먹었고, 행복과 괴로움을 이렇게 경험했고, 수명의 한계는 이러했다. 나는 거기에서 죽어 이러이러한 곳에 태어났다. 그곳에서 나는 이런 이름이었고, 이런 종족이었고, 이런 용모였고, 이런 음식을 먹었고, 행복과 괴로움을 이렇게 경험했고, 수명의 한계는 이러했다. 나는 거기에서 죽어 여기에 태어났다.'라고. 이처럼 상태와 함께, 상세한 설명과 함께 여러 이전의 존재 상태를 기억합니다.」

(문답 7) 이렇게 전생이 확실하다면, 전생은 지금 나의 삶에 어떤 영향을 미칠까요?

전생은 기본적으로 몸의 차별일뿐 마음은 행위를 통한 변화의 과정 위에서 동일한 정체성을 이어오고 있습니다(연기된 식). 이런 마음의 측면에서 전생의 영향은 행위 즉 업의 관점에서 접근해야 합니다.

업(業)은 과(果)와 보(報)를 이끄는데, 과는 행위에서 생겨나는 직접적 결과이고, 보는 행위가 무상한 삶의 과정에서 경험되는 것인데, 과가 다른 조건들과 함께 '염어서 익은 값' 입니다.

불교는 과는 말할 것도 없지만, 보에 주목합니다. 생겨나 있는 값보다는 그것을 삶의 과정에서 어떻게 경험하는지(受)에 더 중심을 두는 것입니다. 불교의 최상위 개념을 고(苦)와 고멸(苦滅) 즉 괴로울 것인지 행복할 것인지에 두는 것과 같은 맥락입니다.

이렇게 업의 관점에서 전생이 미치는 영향은 몇 가지 관점을 살펴보아야 합니다.

1. (AN 6.63-꿰뚫음 경) – 「비구들이여, 무엇이 업들의 보(報)인가? 비구들이여, 지금 여기[금생(今生)]이거나 걸어서 닿는 곳[내생(來生)]이거나 그 후에 오는 생(生)의 세 겹의 업들의 보를 나는 말한다. 비구들이여, 이것이 업들의 보라고 불린다.」

; 이렇게 전생의 업들은 금생에서든 또는 다음 생들에서든 조건들과 함께 엮여서 익는 시점에 경험됩니다. 이런 방식으로 전생은 지금 나의 삶에 영향을 미칩니다.

2. 공덕은 ①행복을 가져오는 것이고, ②죽을 때 가져가는 것이고, ③저세상의 버팀목이 되는 것입니다. 전생에 얼마만큼의 공덕을 지었는지에 따라 지금 삶의 내가 어떤 버팀목 위에서 시작하는지가 결정된다는 것인데, 요즘 말로 치면, 금수저 물고 태어날지 흙수저 물고 태어날지의 결정입니다. 심지어 그보다도 더 큰 영향력으로 하늘에 태어날 수도 있고 지옥에 태어날 수도 있습니다.

전생은 이렇게 지금 나의 삶의 출발을 결정하기 때문에 그 영향은 매우 큽니다.

3. 그렇다고 해서 불교가 수저 논리에 매몰된 과거 중심의 가르침은 아닙니다.

(SN 36.21-시와까 경)은 '어떤 것이든 사람이 즐거운 느낌이나 괴로운 느낌이나 괴롭지도 즐겁지도 않은 느낌을 경험하는 것은 모두 전생의 행위에 기인한 것이다.'라는 어떤 사문-바라문들의 주장과 견해에 대한 부처님의 지적을 소개하는데, 느낌(受)이 생겨나는 조건을 8가지로 설명합니다. – 담즙/점액/바람/3가지의 겹침/기후의 변화(환경)/고르지 못한 주의 집중(마음)/갑작스러움(의외의 변수)/업보(業報-kammavipāka)

여기서 앞의 4가지는 몸에 속한 것이고, 이어서 환경과 마음과 관계성 그리고 업보입니다. 그런데 앞의 7가지는 모두 지금 몸으로 살아가는 과정 즉 현재에 속한 것들이고, 오직 업보만이 과거의 것입니다.

그래서 전생이 미치는 영향은 보 또는 버팀목의 형태로 지금 나의 삶에 영향을 미치지만, 그렇다고 현재의 조건들보다 더 강한 힘으로 작용하는 것은 아니라는 것을 알 수있습니다.

그래서 불교는 현재 진행형이고, 이런 가르침에 의해서 과거의 업의 장애 즉 업장(業障)은 소멸시킬 수 있습니다. → 업장소멸(業障消滅) – (AN 3.101-소금 종지 경) 참조

(문답 8) 부부는 전생의 원수 갚으러 만난다고 하던데요?

그건 아닌 것 같습니다. (SN 15.14-어머니 경) 등은 윤회하는 긴 세월 동안 어머니-아버지-형제-자매-아들-딸이 아니었던 사람을 만나는것은 쉽지 않다고 하여 전생의 인연이 이어져 지금 함께하는 관계를 말하는데, 부부 즉 아내거나 남편이었던 사람의 경우는 포함하지 않습니다(그렇게 말하는 경을 발견하지 못했다는 것).

지금 내 삶을 구성하는 관계가 꼭 전생의 관계의 연장으로만 구성되는 것은 아닐 것입니다. 다양한 조건들에 의한 무상(無常)한 삶의 과정에서 새로운 관계가 구성되어 관계는 점점 확장되어 간다고 보아야 할 것이고, 거기에 부부 관계를 통해 강한 인연의 확장이 있다고 말할 수 있을 것입니다.

부부를 주제로 하는 몇 개의경을 볼 수 있는데,

1) '옥야 경'이라고 한역된 (AN 7.63-아내 경)은 일곱 가지 아내를 말하는데, 망나니(사형 집행인) 같은 아내, 도둑 같은 아내, 주인 같은 아내, 어머니 같은 아내, 누이 같은 아내, 친구 같은 아내, 하녀 같은 아내입니다. 이 일곱 가지 아내 가운데 그대는 어떤 아내이냐고 부처님은 주인공인 수자따에게 묻습니다. 그리고 여기의 수자따는 아나타삔디까 장자의 며느리입니다.

2) (DN 31-싱갈라 경)은 화합을 통해 세상을 극복하기 위해 부부 간 서로 해야 할 바를 제시합니다.

> 장자의 아들이여, 남편은 다섯 가지 조건에 의해 서쪽인 아내를 섬겨야 한다. – 존경하고, 모욕하지 않고, 바람피우지 않고, 권한을 넘겨주고, 장신구를 준다. 장자의 아들이여, 이런 다섯 가지 조건으로 남편에 의해 섬겨진 서쪽인 아내는 다섯 가지 조건으로 남편을 연민한다. – 맡은 일을 잘 처리하고, 사람들이 잘 따르게 하고, 바람피우지 않고, 모아 놓은 것을 잘 지키고, 모든 할 일에 대해 숙련되고 게으르지 않다. 장자의 아들이여, 이런 다섯 가지 조건으로 남편에 의해 섬겨진 서쪽인 아내는 이런 다섯 가지 조건으로 남편을 연민한다. 이렇게 그 서쪽은 보호되고, 안온하게 되고, 두려움이 없게 된다.

3) (AN 4.55-동등한 삶 경1)은 금생에도 서로서로 보기를 원하고, 내생에도 서로서로 보기를 원하는 부부 즉 한평생 사랑하며 함께 살다가 죽어서도 다시 부부가 되어 그런 행복한 삶을 이어갈 수있는 방법을 묻는 나꿀라삐따-나꿀라마따 부부를 위한 대답입니다. 세상에서 모범적인 부부 관계를 이끄는 가르침인데, 믿음-계-보시-지혜를 동등하게 갖추라는 것입니다.

"장자들이여, 만약 부부가 양쪽 모두 금생에도 서로서로 보기를 원하고, 내생에도 서로서로 보기를 원한다면, 양쪽 모두가 동등한 믿음, 동등한 계, 동등한 보시, 동등한 지혜가 있어야 한다. 그들은 금생에도 서로서로 보고, 내생에도 서로서로 본다.

둘 다 믿음이 있고, 관대하고, 자제하고, 법답게 산다.
그들 아내와 남편은 서로서로 사랑스럽게 말한다

그들에게 많은 이익이 쌓이고, 편안함이 생겨난다.
동등한 성품을 가진 둘 모두에게 적들은 슬퍼한다.

계와 관행에서 동등한 두 사람 모두 여기서는 법을 행한 뒤에
소망이 있고, 소유를 갈망하는 사람들은 신들의 세상에서 기뻐한다.

그렇다면 부부가 전생의 원수라는 말은 사실이 아닙니다. 부부 가운데는 원수처럼 미워하고 싸우며 살아가는 사람들도 있지만 이렇게 없으면 못 살 것 같은 소중한 관계를 맺은 부부도 있으니까요.

지금 어떤 부부가 되어 함께 살던 그것은 지금 삶에서의 서로의 업이 만드는 결과이지 전생 때문이라고 핑계 대지 않아야 할 것입니다. 모든 인간 관계가 그렇듯이 부부 관계도 똑같은 관계 맺음일 뿐입니다. 내 책임, 우리의 책임입니다!

(문답 9) 그래도 사람들은 윤회는 인도 이야기이고, 불교가 인도에서 생겨났기 때문에 인도 이야기가 자연스럽게 불교에 들어온 것에 불과하다고 말하잖아요? 한국불교에 산신이나 칠성이 스며들었듯이요.

이 책의 중심 주제의 하나가 몸으로 가는 자에 대한 설명입니다. 인도 이야기는 몸으로 가는 자를 참된 존재인 아(我-attan/atman)라고 전제합니다. 창조주 하나님 브라흐마의 분신이어서 브라흐마의 성질이라고 설정된 상(常)-락(樂)-아(我)-정(淨)의 특성을 가진 존재라는 것입니다. 그런 존재의 윤회를 말하기 때문에 인도의 윤회 이야기는 상견(常見)입니다.

그런데 부처님의 깨달음에 의하면(AN 4.49-전도(顚倒) 경), 상(常)-락(樂)-아(我)-정(淨)은 전도 즉 거꾸로 된 관점입니다. 내면의 영역에서 상(想)-심(心)-견해가 전도되어 고(苦)로 이끌리는 방향입니다.

거기에 비해 불교는 무상(無常)-고(苦)-무아(無我)-부정(不淨)의 전도되지 않은 즉 바른 관점을 말합니다. 내면의 영역에서 상(想)-심(心)-견해가 전도되지 않아 고멸(苦滅=樂)로 이끌리는 방향입니다.

이렇게 인도 이야기로의 윤회의 주장은 아(我)의 윤회이고, 불교의 깨달음으로의 윤회는 무아(無我)의 윤회입니다. 삶의 과정을 누적하며 변화하기 때문에 아(我)일 수 없는, 무아(無我)인 연기(緣起)된 식(識)의 윤회입니다.

인도 이야기에서의 윤회는 사실이 아니고, 불교의 윤회는 사실입니다. 그런데도 인도 이야기가 불교에 들어온 것이라고 윤회를 말하는 사람이 있다면, 그는 불교의 출발인 삼법인(三法印)도 모르는 사람입니다. 따라 배우지 않아야 합니다!

(문답 10) 그렇게 설명해줘도 무아인데 어떻게 윤회하는지의 궁금증은 해소되지 않습니다.

그 문제는 무아(無我)에 대한 오해 때문일 거에요. atta(산스끄리뜨 atman)을 아(我)로 한역한 상태에서 그 부정형인 anatta(산스끄리뜨 anatman)을 무아(無我)라고 한역한 오랜 역사의 문제라고 해야 할 것입니다. '我(나 아)'로 번역되었지만 여기서 atta는 나(i)를 의미하지 않습니다. 단지, 창조주 하나님 브라흐마의 본질성을 지시하는 용어입니다. 그래서 anatta는 '그런 본질성 없음' 또는 '그런 본질성을 가진 존재 아님'인데, 중국을 거쳐 한국에 와서는 '나 없음'으로 이해되고 있는 것입니다.

(AN 3.137-출현 경)은 부처님이 깨닫고 실현한 법으로 삼법인을 소개하는데, ①유위에서 형성된 것들은 모두 무상(無常)하다[제행무상(諸行無常)], ②유위에서 형성된 것들은 모두 고(苦)다[제행개고(諸行皆苦)], ③있는 것들은 모두 무아(無我)다[제법무아(諸法無我)]입니다. 그리고 여기에 대해 「여래들의 출현이나 출현하지 않음을 원인으로 움직이지 않는 안정되고 확실한 원리이다. 여래는 이것을 깨닫고 실현하였다.」라고 선언합니다.

이때, 제법무아(諸法無我)는 유위에서 형성된 것(行)과 거기에서 벗어나 실현되는 열반을 포함하여 있는 것 모두에 대해서 무아(無我) 즉 '창조주 하나님 브라흐마의 본질성 없음' 또는 '그런 본질성을 가진 존재 아님'이라고 선언하는 것인데, 이것이 부처님 깨달음의 본질이고, 그래서 불교의 정체성인 것입니다.

불교 신자라면 그 근본의 자리, 불교의 정체성인 무아(無我)를 바르게 알아야 합니다. 그러면 무아(無我)의 정체성 위에서 연기(緣起)된 식(識)이 윤회하는 현상은 아무런 부딪침이 없다는 것을 알 수 있습니다.

그런데도 무아인데 어떻게 윤회하느냐고 말하는 사람이 있다면, 그는 불교의 출발인 삼법인(三法印)도 모르는 사람입니다. 따라 배우지 않아야 합니다!

제2장

대답 – 해피 스님

니까야 공부와 신행 상담의 과정에서 다양한 질문에 답하였는데, nikaya.kr의 (불교상담) 메뉴에 소개하였습니다. 한편, 이 문답 가운데 선별하여 「대답 - 해피스님」으로 강의하였는데, 140개 정도입니다.

이 강의 가운데 이 책의 주제와 관련된 것들을 다시 선별하였더니 30개입니다. 책의 서술에서는 '~ 설명하였습니다' 등 수업 보고(강의 요약)의 형식을 그대로 소개하였고, 때때로 문답의 내용을 보충하기도 하였습니다.

이 문답의 원문과 강의 영상은 nikaya.kr에서 '210506' 등 제목의 날짜로 검색하면 볼 수 있습니다.

(문답 11) 대답 - 해피스님(210506) – 왜 태어났을까?

태어남의 이유를 묻는 질문에 대해 창조주 하나님의 의도하신 바 목적의 실현을 위한 사명으로 태어나지 않았다는 점을 지적하고, (SN 12.19-우현(愚賢) 경)의 몸으로 가는 자와 몸으로 가지 않는 자의 설명을 통해 무명(無明)과 애(愛)에 의해 강제된 태어남을 설명하였습니다. 또한, 원하는 곳에 태어나는 방법을 설명하는 여러 경을 소개하였는데, 보시(布施)와 오계(五戒) 그리고 십선업(十善業)의 실천을 말하는 경들입니다. 그래서 무명(無明)과 애(愛)에 강제된 태어남의 과정에서라도 원하는 곳, 행복한 하늘에 태어날 수 있게 살아야 하고, 그 완성의 자리에서 깨달아 윤회에서 벗어나야 함을 설명하였습니다.

; 하늘을 겨냥한 자와 깨달음을 겨냥한 자(MN 22-뱀의 비유 경)

(문답 12) 대답 - 해피스님(210412) – 귀신, 누구인가?

귀신이 있는지, 있다면 무엇/누구인지 묻는 질문에 비인간(非人間)의 침입이라는 주제에서 설명하였습니다. 특히, 불교의 최상위 개념이 고(苦)와 락(樂)이듯이, 이 주제에서도 비인간이 무엇인지 찾는 존재의 구명 측면보다는 비인간의 침입에 따르는 고(苦)의 문제에 어떻게 대응하는지의 측면에서 경들은 답을 주고 있다는 점을 분명히 하였습니다.

비인간의 침입에 대한 대응방법은 신(神)들의 도움을 받는 방법과 직접 대응하는 두 가지로 나타납니다.

1. 신(神)들의 도움을 받는 방법 — 아따나띠야 보호 구문 : (DN 32-아따나띠야 경)

2. 직접 대응하는 방법 — 자심해탈(慈心解脫)

   1) 비인간들이 좋아하게 만드는 방법 – (AN 8.1-자애 경)/(AN 11.15-자애 경)

   2) 비인간보다 힘이 세어지는 방법 – (SN 20.3-가문 경)/(SN 20.5-칼 경)

◐ 답변 내용 – 빙의라는 이름으로 실제로 경험되는 사회 현상인 귀신을 어떻게 이해해야 하는지...

아직 잘 해석되지 않은 내용이어서 정보로만 한 가지를 알려드리겠습니다. 불교에는 비인간(非人間)이란 존재가 거론되는데, 대표적으로는 신(神)이라기에는 좀 낮고, 인간은 아닌 존재 정도로 이해할 수 있습니다. 그 외에도 잘 알려지지 않은 어떤 존재 상태를 지칭합니다. 이때, 신이라기에는 좀 낮고, 인간은 아닌 존재로는 하늘 세상 가운데 가장 낮은 하늘인 사왕천(四王天)의 존재들에 적용되어 나타나고 있습니다. 불교 경전 중 (DN 32-아따나띠야 경)은 약카-간답바-꿈반다-나가라고 불리는 사왕천의 비인간들 가운데 거친 심(心)을 가진 자가 사람들에게 갈 때 따라가고, 설 때 곁에 서고, 앉을 때 곁에 앉고, 누울 때 곁에 눕는 경우를 묘사하는데 빙의(憑依)[영혼이 옮겨붙음 = 귀신들림] 현상이라고 이해할 수 있습니다. (DN 32-아따나띠야 경)은 사왕천의 힘센 신들의 도움을 받아 거친 심을 가진 비인간들에게서 벗어나는 방법을 알려줍니다.

또한, 몇 개의 다른 경들은 비인간의 공격-침입의 경우를 서술하는데, 주목할 점은, 비인간의 공격-침입에 대한 대응책을 알려준다는 것입니다. 이때, 비인간의 공격-침입에 대한 대응책은 자애 수행[자심해탈(慈心解脫)]입니다. 자애 수행은 ①비인간이 나를 좋아하게 함으로써 대응하는 방법(AN 8.1-자애 경)/(AN 11.15-자애 경)이면서 동시에 ②비인간보다 힘이 세어짐으로써 방어하는 방법(SN 20.3-가문 경)/(SN 20.5-칼 경)이기도 합니다.

귀신들림[빙의(憑依)] 현상은 우리 사회에서 실제로 경험되는 현상이기 때문에, 저는 경에 근거한 교리적 설명을 시도하고 있는데, 추후 자세한 연구가 필요한 상황입니다. 그래서 정보로만 알려드렸으니 참고하시기 바랍니다.

- 이런 정보 위에서 관심 주제별로 답변해 보겠습니다.

1. 비인간들은 몸의 구조가 우리와 달라서 보통의 사람들 눈에는 보이지 않습니다. 그러니 지금 우리 주변에 돌아다니고 있는데 우리가 보지 못할 뿐이라고 보아야 할 것입니다.

2. 비인간도 형체가 있다고 해야 합니다. 몸이 있기 때문이지요. 다만, 몸의 구조가 우리와 달라서, 위에서 서술하였듯이, 갈 때 따라가고, 설 때 곁에 서고, 앉을 때 곁에 앉고, 누울 때 곁에 눕는 빙의 현상을 가져올 수 있다고 해야 합니다. 변장이란 개념과는 다르지만 빙의 현상을 그렇게 표현할 수도 있을 것 같습니다.

3. 비인간은 죽은 사람의 영혼이 아니라 죽은 뒤 비인간의 몸으로 태어난 존재입니다. 다만, 몸의 구조가 우리와 달라서 우리 눈에 보이지 않기 때문에 그렇게 표현하는 것 같은데, 그러나 분명한 것은 중생의 마음은 몸 없이 홀로 존재할 수는 없습니다. 그래서 죽은 사람의 영혼이라는 표현은 맞지 않고 오히려 말씀하신 미지의 어떤 존재라는 설명이 타당할 것입니다.

(문답 13) 대답 - 해피스님(210402) – 죽음을 생각하자! - 죽음에 대한 사띠

태어난 자에게 죽음은 피할 수 없는 것입니다. 또한, 번뇌의 영향 위에 있는 존재[유(有-bhava)]는 태어남을 피할 수 없습니다. 그래서 죽어야 한다는 사실에 늘 눈뜨고 있어야 한다고 부처님은 말하는데, 죽음에 대한 사띠[사념(死念)-maraṇassati]입니다. 칼이 닿은 것처럼, 옷에 불이 붙은 것처럼, 머리에 불이 붙은 것처럼 긴박하고 절박한 상황으로 삶을 인식하여 칼을 피하고 불을 끄기 위한 간절한 마음을 유지해야 한다는 것입니다.

죽음이 찾아오는 시간의 측면에서 죽음에 대한 사띠를 닦아야 한다고 말하는 두 개의 경(방일하고 느리게 닦는 자와 불방일하고 빠르게 닦는 자)과 다양하게 닥쳐오는 방법의 측면에서 죽음에 대한 사띠를 닦아야 한다고 말하는 두 개의 경(내가 죽을 때, 장애가 되는 버려지지 않은 악한 불선법(不善法)들이 나에게 있는가?)을 소개하였습니다. 그리고 재가자도 보시-오계-히리(자책의 두려움)-옷땁빠(타책의 두려움)로써 죽음 이후를 대비해야 한다는 점도 함께 설명하였습니다.

1) 시간의 측면에서 말하는 경 – (AN 6.19-죽음에 대한 사띠 경1)/(AN 8.73-죽음에 대한 사띠 경1)

2) 방법의 측면에서 말하는 경 – (AN 6.20-죽음에 대한 사띠 경2)/(AN 8.74-죽음에 대한 사띠 경2)

※ (SN 1.21-칼 경)

칼이 닿아진 것처럼, 머리에 불이 타고 있는 것처럼
욕탐(慾貪)을 버리기 위해서 사띠 하는 비구는 수행해야 한다.

칼이 닿아진 것처럼, 머리에 불이 타고 있는 것처럼
유신견(有身見)을 버리기 위해서 사띠 하는 비구는 수행해야 한다.

(문답 14) 대답 - 해피스님(210331) – 부처님에 의해 선언된 것 – 분별설자

부처님은 분별설자(分別說者)이고, 선언된 가르침이 있습니다. 「이것은 유익(有益-kusala)이고, 이것은 무익(無益-akusala)이라는 선언 위에서 잘 분별하여 말하는 분」이라는 의미입니다.

이때, 유익(有益)은 선(善)이어서 락(樂-행복-즐거움)의 과(果)-보(報)를 가져오는 업(業-행위)이고, 무익(無益)은 불선(不善)-악(惡)이어서 고(苦-괴로움)의 과(果)-보(報)를 가져오는 업(業)입니다. 부처님은 이것을 선언했는데, 행위의 기준(옳고 그름의 법칙성)을 제시하는 것입니다.

분별설자는 삶의 과정에서 어떤 상황을 마주하더라도 이런 기준 위에서 잘 분별하여 말하는 분이라는 의미입니다. 그리고 잘 분별한다는 것은 번뇌의 영향 없이 사실[무상(無常)-고(苦)-무아(無我)]에 입각한 분별입니다.

부처님은 이렇게 완전한 깨달음, 삶에 대한 완전한 앎에 의해 기준을 선언하고, 기준에 입각해 잘 분별해서 말하는 스승입니다. 마치, 병에 따라 최선의 약을 처방하는 의사와도 같은데, 응병여약(應病與藥)의 의미입니다[대의왕(大醫王)].

「불교입문(1-소유 210330) — 부처님에 의해 선언된 것 - 분별설자」에서 자세히 설명하였습니다. ⇒ nikaya.kr에서 '210330' 검색

(문답 15) 대답 - 해피스님(210330) – 불교는 현재 중심적 종교인가?

유교는 현세 중심적 사상이라고 알려져 있습니다. 마찬가지로 현생의 업보가 내생을 좌우한다고 하는 불교 또한 현세를 강조하는 현재 중심적 종교이지 않느냐는 질문에 '현생의 업보가 내생의 중심 조건이 아니라는 점'(*)만 확실히 하면 타당하다고 대답하였습니다. 대등하게 서로 조건 되는 몸과 마음이 함께하여 구성되었지만, 생존 기간의 불균형 때문에 죽고 태어남의 반복 즉 윤회해야 하는 나에 대한 이해 위에서 지금의 삶이 누적되어 내일의 나를 창조한다는 점을 설명하였습니다. 그래서 불교는 현재진행형이고, 현재를 강조하고, 현재에 중심을 둔 삶이라고 말하는 것입니다.

그래서 삶은 이렇게 말해야 합니다. 어쨌든 삶은 누적되는 것, 현재를 쌓아 미래를 만드는 것이기 때문입니다.

①「과거는 작은 것입니다. 현재는 큰 것입니다. 과거는 작은 것이고 현재는 큰 것입니다!」

②「행위의 중심은 현재에 두어야 합니다. 그러나 눈은 미래를 놓치지 않아야 합니다.」

(*) '공덕은 저세상의 버팀목이 된다.'라고 하듯이 현생의 업보가 다음 생에 조건으로 참여하는 것은 분명합니다. 그러나 (SN 36.21-시와까 경)은 현재의 고(苦)와 락(樂)의 경험에 참여하는 8가지 조건을 말하는데, 업보도 그중의 하나로 제시합니다. 그래서 현생의 업보가 내생의 고락의 조건인 것은 맞지만, 내생을 좌우하는 중심 조건이라고 보지는 않아야 합니다.

(문답 16) 대답 - 해피스님(210329) – 현생의 업보가 내생을 좌우하는가?

현생(現生)의 업보(業報)가 내생을 좌우한다고 전제한 질문에 대해 내생의 고(苦)와 락(樂)을 위한 다양한 조건의 하나이지 가장 강한 힘을 가진 중심 조건이어서 내생을 좌우하지는 않는다(SN 36.21-시와까 경)고 답하였습니다. 다만, 내생의 버팀목이라는 좋은 조건을 마련하기 위한 현생의 공덕행(功德行)/선업(善業)의 중요성은 놓치지 않아야 한다고 하였습니다.

특히, 현생의 업보가 내생을 좌우한다는 주장-견해는 삼종외도(三種外道)에 속하는 외도의 주장-견해라는 점을 분명히 하였습니다. — (AN 3.62-근본 교리 등 경)

또한, 불교는 태어나지 않음에 의한 죽지 않음[불사(不死)]에 의해 윤회에서의 벗어남을 말하기 때문에 부처님은 다시 태어남으로 이끄는 것들을 제거하는 가르침을 설한다는 점도 강조하였습니다.

그리고 생로병사(生老病死)의 고통과 윤회의 고통의 다른 점에 대해 살면서 경험하는 다양한 괴로움을 경에 의해 소개하고, 생로병사의 괴로움은 그 근본의 자리에 있다고 설명하였습니다.

; (SN 12.1-연기(緣起) 경) – 「비구들이여, 무엇이 연기(緣起)인가? 비구들이여, 무명(無明)을 조건으로 행(行)들이, 행(行)들을 조건으로 식(識)이, 식(識)을 조건으로 명색(名色)이, 명색(名色)을 조건으로 육입(六入)이, 육입(六入)을 조건으로 촉(觸)이, 촉(觸)을 조건으로 수(受)가, 수(受)를 조건으로 애(愛)가, 애(愛)를 조건으로 취(取)가, 취(取)를 조건으로 유(有)가, 유(有)를 조건으로 생(生)이, 생(生)을 조건으로 노사(老死)와 수비고우뇌(愁悲苦憂惱)가 생긴다. 이렇게 이 모든 괴로움 무더기가 자라난다[고집(苦集)]. 비구들이여, 이것이 연기(緣起)라고 불린다.」

; 생(生-태어남)-노사(老死-늙음-죽음)와 수비고우뇌(愁悲苦憂惱-슬픔-비탄-고통-고뇌-절망) 그리고 모든 괴로움 무더기

; 생(生)-노사(老死) – 윤회하는 중생의 근본 괴로움
; 수비고우뇌(愁悲苦憂惱) 등 – 삶의 과정에서 경험하는 구체적 아픔

(문답 17) 대답 - 해피스님(210317) – 스승에 대한 믿음의 영역에 속하는 것들

저세상이 있다는 것은 보통의 사람에게는 확인되지 않습니다. 어떤 사람은 '해피스님은 죽어봤는지, 그래서 죽은 뒤에 저세상이 있어서 윤회한다는 것을 직접 확인하였는지?' 묻기도 합니다. 물론 해피스님은 이 몸으로의 삶에서 죽어보지 못했고, 저세상이 있다고 직접 확인하지 못했습니다. 하지만 역으로 '그대는 죽어봤는지, 죽은 뒤에 저세상이 없어서 단멸(斷滅) 한다는 것을 직접 확인하였는지?' 되물으면 그 또한 확인하지 못했음을 알게 됩니다. 우리 눈으로 직접 확인할 수 없지만 반드시 알아야 하는 주제들은, 말하자면, 스승에 대한 믿음의 영역에 있는 것들이라고 해야 합니다.

그런데 모르면서 모르는 채 살아가면 삶이 퇴보합니다. 그리고 이런 퇴보하는 사람은 친구로 하지 않아야 옳습니다. 바른 앎을 얻어서 삶을 향상하는 사람과 친구가 되는 것이 옳습니다.

그리고 이런 주제들에 대한 스승의 가르침을 공감과 동의 그리고 신뢰로써 뒤따르는 사람을 신자(信者)라고 하고, 이런 방법으로 부처님의 가르침을 뒤따르는 사람들이 불교 신자입니다.

이때, 스승에 대한 믿음의 영역에 속하는 것들의 출발점에는 죽음 이후에 대한 주제가 있는데, (DN 23-빠야시 경)은 ①저세상 있음, ②화생(化生)하는 중생 있음, ③업(業)에는 과(果)와 보(報)가 따름이라는 세 가지로 답을 줍니다.

(문답 18) 대답 - 해피스님(210310) – 초기불교는 천신의 존재를 인정하는가?

천신(天神)이 있는지 묻는 질문에 스승의 영역에 속한 것은 스승에게서 답을 찾아야 한다고 설명하였습니다. 세 개의 경에서 부처님은 신(神-devā)이 있다고 직접 설명하는데, 높은 신을 의미하는 adhideva(아디데-와)로도 나타납니다. 특히, (AN 8.64-가야시사 경)은 부처님의 깨달음의 과정에서의 신과 관련한 주제를 8단계로 설명합니다. 신은 이렇게 상상이나 설정에 의한 허구가 아니라 삶의 향상 정도에 따라 직접 만날 수 있는 세상의 구성원 중 한 부류입니다. —「비구들이여, 나중에 방일하지 않고 노력하고 단호한 의지를 가지고 머문 나는 ①빛의 상(想)을 상(想)하기도 하고, ②색들을 보기도 하고, ③그 신들과 함께 머물고, 대화하고, 토론하고, ④그 신들을 '이 신들은 이런저런 신들의 무리에 속한다.'라고 알고, ⑤그 신들을 '이 신들은 이런 업의 보에 의해 여기에서 죽어서 거기에 태어났다.'라고 알고, ⑥그 신들을 '이 신들은 이런 업의 보에 의해 이런 음식을 먹고, 이런 즐거움과 괴로움을 경험한다.'라고 알고, ⑦그 신들을 '이 신들은 이런 긴 수명을 가지고, 이렇게 오래 머문다.'라고 알고, ⑧그 신들을 '내가 이 신들과 예전에 함께 살았었는지, 예전에 함께 살지 않았었는지'라고 알았다.」

• 이외에 신이 있느냐는 직접적인 문답을 포함하는 경들 - (MN 100-상가라와 경)/(MN 90-깐나깟탈라 경)

; "참으로, 고따마 존자시여, 신(神)은 있습니까?" "바라드와자여, 나는 원인과 함께 높은 신을 안다. ~ 여기서 현명한 사람은 '신은 있다.'라는 확실한 결론을 얻는다."

; "그런데 대덕이시여, 신은 있습니까?" "대왕이여, 왜 그대는 '그런데 대덕이시여, 신은 있습니까?'라고 말합니까?" "대덕이시여, 그 신들이 여기(인간 세상)로 오는 것인지요, 아니면 오지 않는 것인지요?" "대왕이여, 거슬림이 있는 신들은 여기로 오고, 거슬림이 없는 신들은 여기로 오지 않습니다."

"그런데 대덕이시여, 범천(梵天)은 있습니까?" "대왕이여, 왜 그대는 '그런데 대덕이시여, 범천은 있습니까?'라고 말합니까?" "대덕이시여, 그 범천이 여기로 오는 것인지요, 아니면 오지 않는 것인지요?" "대왕이여, 거슬림이 있는 범천은 여기로 오고, 거슬림이 없는 범천은 여기로 오지 않습니다."

(문답 19) 대답 - 해피스님(210302) – 태어남도 원인(因)과 조건(緣)을 말할 수 있을까?

다양한 조건[연(緣)] 가운데 중심 조건을 인(因)이라고 이해하였는데, 상황에 따라 인(因)일 수도 있고 연(緣)일 수도 있다고 말하였습니다.

몇 가지 우연이 겹쳐서 두 사람이 만난 것을 태어남의 인(因)이라고 한다면, 무엇이 연(緣)이 되어 내가 태어났을지의 질문에 만남의 과정이 사랑으로 이끌린 때문이라고 답하였습니다. 만남은 많지만 결혼을 하고 아이를 낳는 것은 1:1의 특별한 관계이기 때문입니다. 그래서 불교는 특별한 관계를 만드는 행위[업(業)]를 중심 조건 즉 인(因)으로 한다는 점을 설명하였습니다.

또한, 불교가 설명하는 가르침으로는 부모님의 결합으로 만들어지는 몸에 전생으로부터 마음[식(識)]이 찾아와 함께했기 때문에 태어납니다. 그래서 태어남에는 부모님과 아이의 각각의 역할이 있다는 점을 주목해야 합니다. 그래서 각각의 역할에서 책임을 묻고, 서로에게는 덕분을 돌리자고 말하였습니다.

◐ 부산불교방송 주말 특집「해피 스님의 마음 이야기」 중에서

[부모 ↔ 자식] 그러나 함께 책임을 가지는 것도 있습니다. ①몸을 만든 부모와 ②마음으로 와서 만난 자식이 함께하여 ③부모-자식 관계가 생겨난 것입니다. 부모와 전생의 마음을 조건으로 자식이 태어나면, 그 순간 부모-자식의 관계도 함께 생겨나는 것입니다.

부모든 자식이든 자기의 행복은 자기의 몫이고 자기의 책임입니다. 그러나 부모-자식 관계의 행복은 둘 모두의 몫이고 둘 모두의 책임입니다. 부모도 자식도 이 관계를 생겨나게 하는 조건 즉 당사자이기 때문입니다.

'내 배 아파 낳았는데 어째 저 모양이야!'라고 말하지 마십시오. 몸만 만든 그대에게 마음으로 찾아와준 고마움만으로 족한 것입니다. 내 배 아파 낳은 자식과 하나 되지 못한 그대를 반성해야 합니다.

'낳았으면 책임져!'라고 말하지 마십시오. 마음만으로 찾아온 그대에게 몸을 주고 그대로서 살아가게 해주신 고마움만으로 족한 것입니다. 몸을 주신 부모님과 하나 되지 못한 그대를 반성해야 합니다.

부모가 자식과 다투고, 자식이 부모와 다투면, 부모-자식 관계는 약해집니다. 세상살이 부딪혀 갈 힘이 부족해지고, 부모-자식으로의 삶은 힘들게 됩니다. 부모가 자식을 위해 반성하고, 자식이 부모를 위해 반성하면, 부모-자식 관계는 강해집니다. 세상살이 부딪혀 갈 힘이 세어지고, 부모-자식으로의 삶은 편안해집니다.

지금 삶이 아무리 힘들어도 부모-자식 관계 안에서 보상받으려 하지 마십시오. 힘들수록 더 반성하여 세상으로부터 부모-자식 관계를 보상받아야 합니다.

부모-자식 관계는 생겨난 것입니다. 생겨난 것의 특성은 무상(無常)-고(苦)-무아(無我)입니다. 조건들의 결합으로 생겨나고, 조건들의 다양성 때문에 내 마음대로 제어되지 않습니다. 그런 것은 본질적인 '나'라고 할 수 없는 것입니다.

뿌리를 달리하는 몸과 마음이 만나서 자식이 태어나고, 그 순간 부모-자식의 관계도 함께 생겨났습니다. 이제, 부모-자식이 행복한 관계로 살 것인지 괴로운 관계로서 살 것인지의 문제만 남아있습니다.

어떤 조건으로 사느냐에 따라 결정될 것입니다. 그러니 원망하는 마음을 조건으로 하지 말고, 반성하는 마음을 조건으로 살아야 합니다. 원망하는 마음을 조건으로 살아가면, 부모-자식 관계가 약해지고, 그 안에서 부모도 자식도 괴롭게 되는 것입니다. 그러나 반성하는 마음을 조건으로 살아가면, 부모-자식 관계가 강해지고, 그 안에서 부모도 자식도 행복하게 되는 것입니다.

(문답 20) 대답 - 해피스님(210223) – 강아지를 위한 49재의 타당성과 방법

강아지를 위한 49재를 묻는 질문에 ①강아지가 반려 즉 함께하는 가족이 된 사회의 변화를 수용해야 한다는 측면에서의 타당성과 ②방법의 측면에서 중유(中有)-중음신(中陰身)에 대한 초기불교의 입장과 조상제사(祖上祭祀)의 방법을 설명하였습니다.

◐ 답변 내용

사람이든 짐승이든 사랑하는 존재의 죽음을 맞아 그의 사후를 위해 무언가 하려 하는 것은 참으로 귀한 마음입니다. 그러나 그 귀함이 반드시 현명한 것은 아닐 수도 있다는 점을 먼저 말씀드립니다.

초기불교의 가르침에는 중유(中有) 또는 중음신(中陰身)이라는 개념이 없습니다. 부처님의 깨달음에 의하면, 몸과 마음은 서로 조건 되기 때문에 마음은 몸 없이 한순간도 있을 수 없고, 그래서 죽는 순간 태어나기 때문입니다. 그래서 초기불교권에서는 49재라는 관행이 없습니다. 이미 태어나 다음 생을 살고 있는 존재에게 다시 좋은 태어남을 이끈다는 것은 옳지 않기 때문입니다.

하지만 죽은 존재를 위해 도움을 주는 방법은 있습니다. (AN 10.177-자눗소니 경)에서 부처님이 설명하는 내용인데, 보시를 통해 공덕을 지은 뒤 돌아가신 분을 위해 보내드리는 방법입니다. 다만, 죽은 이가 아귀 세상에 태어났을 경우에만 전달이 됩니다.

짐승이라해도 함께 살며 사랑한 그 마음으로 어떤 형태든 그의 다음 생을 위해 도움을 주고 싶다면, 주변에서 보시할 곳을 찾아보시기 바랍니다. 어려운 이웃에게 보시하면 공덕이 생기고, 그 공덕을 죽은 그 생명에게 보내줄 수 있습니다. 그것이 그를 위해 실질적 도움을 주는 방법입니다.

공덕을 보내주는 방법은 이렇습니다. 읽기 어려우면, 우리 말로만 읽으셔도 됩니다.

「'idaṃ dānaṃ petānaṃ ñātisālohitānaṃ upakappatu, idaṃ dānaṃ petā ñātisālohitā paribhuñjantū'ti

'이당 다-낭 뻬-따-낭 냐-띠살-로-히따-낭 우빠깝빠뚜, 이당 다-낭 뻬-따- 냐-띠살-로-히따- 빠리분잔뚜-' 띠

이 보시가 돌아가신 친지와 혈육들에게 도달하기를! 이 보시를 돌아가신 친지와 혈육들이 사용하기를!」

이때, 돌아가신 친지와 혈육들이란 부분을 죽은 강아지의 이름으로 대체하시면 됩니다.

(문답 21) 대답 - 해피스님(210210) – 사주와 불교

지난 삶의 어려움을 벗어나 불교 신자가 되고, 불교 안에서 직업도 선택하고, 심지어 출가하는 것도 좋겠는데 사주가 불교와 잘 맞는지 보아달라는 질문에 대해 불교에는 사주라는 개념이 없어서 사주가 불교랑 잘 맞는지는 적절한 질문이 아니라고 답했습니다.

질문자가 원하는 답변을 주는 것은 중요하지만, 거짓이 전제된 질문일 경우에는 지적해 주어야 합니다. 불교는 태어남이 아니라 행위가 삶을 만든다는 입장이기 때문에 사주 즉 태어남의 조건을 전제한 질문은 참이 아니어서 타당하지 않다는 점을 지적하였습니다.

또한, 세상에는 사주, 과학 등 다양한 관점이 있는데, 관점마다 영역이 다르다는 점을 설명하였습니다. 과학은 물질을 영역으로 하고, 불교는 고(苦)와 락(樂)을 영역으로 하기 때문에 과학의 발전이 불교에 부정적이지 않습니다. 오히려 과학이 물질 영역에서 가져오는 성과[즐거움과 만족 = 매력(魅力)]에 수반되는 부작용 즉 위험(危險)으로부터의 해방(解放)을 위한 방법을 제공하는 불교는 과학의 발전에 비례하여 더 큰 쓰임새를 가진다는 점을 설명하였습니다.

한편, 삶에 대해서도 다양한 접근 방법이 있는데, 사주 등 태어남에 중심을 둔 삶에 대한 해석에 대해서는 사실 아님을 지적해야 한다고 하였습니다. (AN 3.62-근본 교리 등 경)은 교차하여 질문하고, 이유를 묻고, 함께 대화하고, 더 나아가면 결실 없음으로 정착되는 세 가지 외도의 근본 교리를 소개하는데, ①전생의 행위가 원인, ②창조주의 창조가 원인, ③무인무연(無因無緣)입니다.

이렇게 삶은 태어남에 의해 결정되지 않고 행위에 의해 결정된다는 것은 불교 교리의 중심입니다. 명절을 맞아 어른들은 자식들에게 바로 이 점을 알려주는 것이 좋은 선물이 된다고 말하면서, 「며느리를 위하여 - 작은 것을 쌓아 큰 것을 만들자 & 찬스를 보는 지혜로움(해피스님이야기 191225)」를 소개하였습니다. ⇒ nikaya.kr에서 '191225' 검색

(문답 22) 대답 - 해피스님(210202) – 중유(中有) 또는 중음신(中陰身) 그리고 오종불환(五種不還)

중유(中有) 또는 중음신(中陰身)은 antarābhava(안따라-바와) 즉 중간-사이의 존재라는 의미인데, 부처님은 사용하지 않은 용어입니다. 삶의 실상을 설명하는 부처님으로서는 존재하지 않는 것을 설명할 필요가 없었기 때문입니다. 그래서 중유(中有)는 부처님 이후 변화의 과정에서 생겨난 개념이라고 알아야 합니다.

중유(中有)의 개념을 전제하면, 중유가 있다는 근거로 삼을 수 있는 경설(經說)도 발견됩니다. 그러나 그런 전제 없이 그 경설을 보면, 경이 알려주는 본래의 의미가 드러납니다.

특히, 불환자(不還者)에 대한 다섯 가지 분류[오종불환(五種不還)]에서 antarāparinibbāyī(중간에 완전히 열반하는 자)와 upahaccaparinibbāyī(닿은 뒤 완전히 열반하는 자)에 대해 죽고 태어남의 시간을 기준으로 중간과 닿음을 해석하여 중유 있음의 근거로 삼기도 하는데, 중유의 개념을 전제한 시각이라고 해야 합니다.

하지만, (AN 7.16-무상(無常)을 이어 보는 자 경) 등은 오종불환(五種不還) 외에 두 가지로 분류된 아라한을 포함하는 일곱 가지 사람을 '공양받을만한 분들, 환영받을만한 분들, 보시받을만한 분들, 합장 받을만한 분들이며, 이 세상의 위없는 복전(福田)'이라고 설명하는데, 아라한의 두 가지 분류는 ①이 몸으로의 살아 있는 동안에 깨달은 아라한과 ②죽는 시점에 깨닫는 아라한으로 구분합니다. 즉 태어남과 죽음의 사건을 기준으로 하는 중간과 닿음입니다.

그렇다면 불환자의 분류에서 죽고 태어남의 시간을 기준으로 중간과 닿음을 해석하여 중유 있음의 근거로 삼기보다는 아라한과 같은 기준 즉 태어남과 죽음의 사건 기준으로 중간과 닿음을 적용하는 것이 불환자를 이해하는 옳은 방법이라고 하겠습니다. 그 때, 죽어서 정거천에 태어난 불환자의 삶에서 ①그 몸으로의 살아 있는 동안에 깨달아 아라한이 되는 불환자와 ②그 몸으로의 죽는 시점에 깨달아 아라한이 되는 불환자로 구분할 수 있습니다.

부처님이 설하지 않은 중유(中有)의 개념 위에서 경을 해석하는 것은 옳은 방법이 아닙니다. 그러나 부처님이 설한 아라한의 분류와 같은 방법으로 불환자를 이해하는 것은 경을 해석하는 옳은 방법입니다.

한편, 한역(漢譯)된 아함이 원전(原典)이 확보되지 않는다는 점과 논서를 통해 일부 발견되는 원전이 산스끄리뜨어의 전승을 보여준다는 점도 설명하였는데, 빠알리어로 전승된 니까야와의 신뢰성의 차별입니다.

(문답 23) 대답 - 해피스님(210127) – 죽음은 자연의 과정일까?

유교와 도가는 죽음을 자연의 과정으로 보는데, 윤회설을 말하는 불교는 죽음을 자연의 과정으로 보지 않지 않느냐는 질문에 불교는 죽음을 자연의 과정으로 보지 않는다고 답하였습니다.

철학의 영역에서 자연은 '의식이나 경험의 대상인 현상의 전체〈표준국어대사전〉'라고 정의됩니다. 반면에, 중생은 자연에 의도-의지를 가하는 주관으로서의 존재라고 말해야 합니다. 이런 주관인 중생의 삶에 대한 설명[몸과 마음의 ①서로 조건 됨, ②생존 기간의 불균형]을 통해 불교는 윤회를 말하기 때문에 죽음을 자연의 과정으로 보지 않습니다.

(참고)

- 도가(노자의 도덕경)의 무위(無爲) – 인간의 의도-의지가 가해지지 않은 자연 그대로의 현상

- 불교의 무위(無爲) – 탐-진-치가 함께하지 않은 의도로의 인간의 삶의 과정 = 해탈된 삶

; "비구들이여, 무엇이 무위(無爲-asaṅkhata)인가? 비구들이여, 탐(貪)이 부서지고, 진(嗔)이 부서지고, 치(癡)가 부서진 것 – 이것이, 비구들이여, 무위(無爲)라고 불린다."(SN 43-무위 상윳따)의 경들

(문답 24-1) 대답 - 해피스님(210122) – 기독교의 성경이 말하는 천국과 지옥이 사실이라면…

유일신(唯一神)-창조주(創造主) 신앙을 가진 사람들의 접근에서 두려움을 느끼게 되는 한국 사회, 특히, 불교 신자들의 현실에 대해 언급하였습니다(신자 수의 변화와 삶에서의 종교의 비중). 그리고 각각의 종교에서 교주 이전의 것으로 제시되는 사실에 대해 설명하였는데, 삶의 심오함의 영역에서 그 끝에 닿은 부처님의 사실 그대로의 가르침과 끝에 닿지 못한 스승들이 신(神)의 개념을 세워 인격화한 차이입니다. 그래서 사실에 대한 완성된 가르침을 바르게 배워 알고 실천하면 다른 종교를 가진 사람들의 접근 즉 사실 아닌 것에서 두려움을 느끼지 않게 됩니다.

;「부산불교의사회 (230508) - 부처님이 깨닫고 실현한 법3)[부처 이전의 것](근본경전연구회 해피스님)」⇒ nikaya.kr에서 '230508' 검색

(문답 24-2) 대답 - 해피스님(210125) – 기독교의 성경이 말하는 천국과 지옥이 사실이라면… – 2) 두려움

탐-진-치와 유사하게 관심-진-치-두려움의 형태(*)로 설하는 경들을 소개하였는데, (DN 31-싱갈라 경)은 관심-진-치-두려움 때문에 방향 아닌 곳으로 가는 사람은 악한 업을 짓지만, 성스러운 제자는 관심-진-치-두려움 때문에 방향 아닌 곳으로 가지 않아서 악한 업을 짓지 않는다고 말합니다.

(*) 탐은 경험하고 있는 즐거운 느낌에 대해 좋은 것이라는 왜곡된 앎이어서 관심(chanda)을 일으키고, 잃을까에 대한 두려움을 가지게 된다고 설명할 수 있습니다. 그러면 관심-진-치-두려움은 탐-진-치에 대한 해체된 표현이라고 말할 수 있습니다.

그래서 두려움이 관심-진-치만큼이나 삶에서 큰 비중을 가진 요소인 것을 알 수 있는데, 용기로써 극복해야 합니다. 물론, 만용(蠻勇-분별없이 함부로 날뛰는 용맹)으로 이어지지 않기 위해서는 배워 알고 실천하는 공부를 통해 잘 분별-절제된 용기라야 합니다.

한편, 이 주제가 불교의 인사 관리 기준으로 나타나는 경들을 소개하였는데, 이 네 가지 외에 한 가지씩의 업무능력을 포함한 인사 관리 기준입니다. 그래서 인사 관리에 대해 인간 됨됨이 즉 소양의 갖춤 80%, 특정 분야의 업무능력 20%의 기준이 제시된다고 설명하였습니다.

(문답 24-3) 대답 - 해피스님(210126) – 기독교의 성경이 말하는 천국과 지옥이 사실이라면... – 3) 추가문답

추가 질문을 세 가지로 분석하였는데, ①경을 어떻게 공부해서 어떻게 되어야 다다르는지, ②누가 인정하는 것인지, ③극락 가는 길을 알려주는 경입니다.

질문① — 되도록 부처님 살아서 직접 설한 가르침들을 공부해야 하고, 배워 알고 실천하는 일을 통해 부처님이 안내하는 삶으로 나를 바꿔야 한다는 점,

질문② — 배워 알고 실천한 만큼 원하는 상태가 실현된 나의 삶이 나 또는 남들에 의해 확인될 뿐이지, 인정 또는 인가의 문제가 아니라는 점,

질문③ — 극락이라는 전제보다는 부처님이 어떤 곳으로 나를 이끄셨는지 공부하는 것이 먼저인데, 부처님은 「①살아있는 동안 행복해지는 방법 → ②죽은 뒤에 하늘에 태어나는 방법 → ③죽은 뒤에 다시 태어나지 않는 방법」을 가르쳤다는 점을 설명하였습니다.

(문답 25-1) 대답 - 해피스님(210111) – 윤회의 메커니즘을 구명한 부처님(믿음이 아니라 확인)

석가모니는 윤회를 믿었다고 말하기보다는 윤회의 메커니즘을 구명(究明)(*)해서 대중에게 가르쳤다고 하는 것이 맞습니다. 부처님은 삶에 대한 정확한 해석을 통해, 몸이 무너져 죽으면 다시 태어난다고 윤회를 말합니다[단견(斷見)-단멸론(斷滅論)의 부정]. 그리고 윤회의 방식에 있어 브라만교가 주장하듯이 아(我)가 윤회하는 것이 아니라[상견(常見)-상주론(常住論)의 부정], 삶의 과정을 누적하며 변화하는 마음 즉 연기(緣起)된 식(識)의 윤회입니다.

특히, 윤회는 불교의 중심입니다. 윤회하는 중생의 고(苦)를 밝히고, 그 고(苦)의 소멸을 지향합니다[고멸(苦滅)]. 십이연기(十二緣起)로써 윤회하는 고(苦)의 발생 과정을 설명하고[고집(苦集)], 팔정도(八正道)로써 윤회에서 벗어나 해탈합니다[고멸도(苦滅道)]. 이렇게 사성제(四聖諦)가 윤회를 중심으로 구성되기 때문입니다.

(*) 근본경전연구회는 부처님 살아서 직접 설한 가르침의 공부를 통해 '삶의 메커니즘'(106쪽)을 그려냈는데, 부처님이 설명하는 '윤회의 메커니즘'에 가장 가까이 접근한 해석입니다.

(문답 25-2) 대답 - 해피스님(210112) – 윤회의 메커니즘을 구명한 부처님(믿음이 아니라 확인) – 2)

어제 주제에서 윤회가 없다는 답변에 연결된 2014년도 제작 법륜스님의 동영상에 대한 비판적 시각을 설명하였습니다.

부처님은 '무명(無明)에 덮이고 애(愛)에 묶여서 옮겨가고 윤회하는 중생'의 이야기로 법을 설하는데, 단견(斷見)과 상견(常見)을 모두 부정하고 연기(緣起)된 식(識)의 윤회를 말합니다. 즉 단(斷)과 상(常)을 모두 극복한 연기(緣起)의 법문입니다.

그런데 이 동영상에서 '죽음에 대한 두려움을 어떻게 극복할까?'의 질문에 대해 법륜스님은 ①종교화된 불교와 ②부처님이 가르친 불교로 구분하여 답합니다. 하지만 그 내용을 분석하면, ①종교화된 불교의 측면에서는 윤회 없음 즉 단견(斷見)을 말하고, ②부처님이 가르친 불교의 측면에서는 불생불멸(不生不滅)의 존재 자체의 변화를 말하는데, 우파니샤드 철학의 전변설(轉變說)이어서 상견(常見)입니다. 특히, 이 과정에서 무상(無常)을 말하는데, 무상(無常)은 이런 전변(轉變)을 의미하지 않습니다. 조건들의 결합과 해소로 인해 생겨났다가 변하여 다른 존재가 됨(vipariṇāmadhamma-vipariṇāmaññathābhāva)이기 때문에 존재성의 유지 가운데 변화한 현상을 나타내는 것이 아니라 아예 다른 존재가 되는 것을 의미합니다. 그래서 이 동영상에 의하는 한, 법륜스님은 '단(斷)과 상(常)을 모두 극복한 연기(緣起)'로서의 부처님 가르침에 정면으로 배치된 설명을 하였다고 지적하였습니다.

내일은 이 주제에 대한 경(經)[니까야]의 답을 소개하기로 하였습니다.

(문답 25-3) 대답 - 해피스님(210113) – 윤회의 메커니즘을 구명한 부처님(믿음이 아니라 확인) – 3)

윤회가 종교화된 불교의 주장이어서 부처님 가르침이 아니라는 법륜스님의 주장의 오류를 경에서 확인하였습니다. 경은 가르침의 토대로서 ①업(業), ②결실 있음, ③노력을 말하고, 그 연장선에서 원초적인 바른 견해를 제시하는데, '①저세상은 있다, ②화생(化生)하는 중생은 있다, ③업(業)에는 과(果)와 보(報)가 따른다.'입니다. (DN 23-빠야시경)에 직접 나타나는 이 내용은 십업(十業)을 설하는 많은 경들 가운데 십선업(十善業)의 정견(正見)에 포함되기 때문에 매우 많은 경들이, 특히, '저세상은 있다.'라고 윤회를 선언한다고 해야 합니다. 그래서 부처님은 윤회를 설하지 않았다는 주장은 경에 대한 무지(無知)의 소산이라고 분명히 알아야 할 것입니다.

(문답 25-4) 대답 - 해피스님(210114) – 윤회의 메커니즘을 구명한 부처님(믿음이 아니라 확인) – 4)

윤회가 종교화된 불교의 주장이어서 부처님 가르침이 아니라는 데에 이어, 존재 자체는 찰랑대는 물결 아래 흔들리지 않는 바다처럼 불생불멸(不生不滅)(*)이라는 법륜스님의 주장을 존재의 개별성에 대한 설명으로 반박하였습니다. 또한, 단(斷)과 상(常)을 극복한 연기(緣起)라는 불교의 근본에 견줄 때, 단견도 인정하고 상견도 인정하는 것으로 이해되는 법륜스님은 단-상-연기 가운데 구체적으로 어떤 견해를 가졌는지 궁금하다고 지적하였습니다.

1. 삼법인(三法印)은 제행무상(諸行無常)-제행개고(諸行皆苦)-제법무아(諸法無我)를 사실로 제시하므로 제법 즉 존재하는 모든 것은 무아입니다. 이때, 법은 「(세존에 의해 잘 설해진) 법은 스스로 보이는 것이고, 시간을 넘어선 것이고, 와서 보라는 것이며, 향상으로 이끌고, 지혜로운 이들에게 개별적으로 알려지는 것이다.」라고 설명되는데, 법은 가르침(삼보의 법)이기도 하고, 존재하는 것(삼법인의 법)이기도 합니다(AN 6.47-스스로 보이는 것 경). 그래서 법은 파도의 비유에서 말하는 바다처럼 포괄적이고 총체적인 단일한 존재가 아니라 개별의 존재라는 것을 알 수 있습니다.

• 파도의 비유에 대한 불교의 입장 → 존재의 설명을 위한 적절한 비유 아님. 이 비유대로 말하자면, 바다의 존재[아(我)]를 부정하는 것이 무아(無我).

2. 사성제(四聖諦)는 고(苦)-고집(苦集)-고멸(苦滅)-고멸도(苦滅道)인데. 고가 완전하게 알려질 때 닦아야 할 것(고멸도)을 닦고 버려야 할 것(고집)을 버림으로써 고멸이 실현된다는 진리입니다. 이때, 고는 한마디로 말하면 오취온고인데, 오온에 대한 집착을 통해 생멸하는 오취온 즉 나의 삶에 수반되는 일체의 괴로움입니다[제행무상 → 제행개고].

이때, 오온은 색-수-상-행-식 각각의 무더기여서 색온-수온-상온-행온-식온입니다. 온(蘊)은 누적 즉 무언가가 쌓여있는 무더기라는 의미인데, 구체적으로는 지난 삶의 과정의 누적입니다. 경은 오취온(五取蘊)이 나라고 알려주는데, 이때의 온 즉 누적은 세상의 모든 역사를 포괄하는 총체적인 쌓임이 아니라 나의 지난 삶이라는 개별적 역사의 누적입니다. 불교는 이렇게 나의 과거의 누적에 의한 개별적-주체적 존재인 나 자신의 삶에서 고멸을 실현하는 가르침입니다. 그래서 찰랑대는 파도 아래 불생불멸(不生不滅)의 바다와 같은 단일적 존재로 파악하는 삶은 불교의 관점에 어긋납니다. 부처님 가르침에 위배되는 것입니다.

3. 한편, 법륜스님은 자동차에 비유하여, 해체하면 오직 부품들만 있을 뿐, 자동차는 존재하지 않는다고 말합니다. 파도의 비유에서 찰랑이는 물결에 비유하였듯이, 개별적 존재성의 부정을 위한 것입니다.

하지만 불교는 자동차의 존재성을 부정하지 않습니다. 다만, 자동차의 고장이나 성능의 불만족 등 자동차와 관련한 문제를 해소하기 위해 해체하고, 그 부품들을 대상으로 문제 해결의 실마리를 찾아 해결하는 것입니다. 무아(無我)가 나 자신의 존재성을 부정하는 것이 아니라 불생불멸의 성질을 가지지 않는다는 점을 말하는 것이고, 그래서 조건들의 결합에 의해 생겨난 무상(無常)한 존재이기에 조건의 문제를 해소함으로써 나 자신의 문제를 해소하는 가르침이라는 측면입니다. 불교가 '눈앞에 실제하는 것들을 존재하지 않는다고 보는 엉뚱한 시각을 요구하지 않는다'는 점은 분명히 알아야 합니다.

(*) 불생불멸(不生不滅)은 아(我)의 특성입니다. 그러나 사실은 모든 것에게서 생멸(生滅)이 알려지기 때문에 불생불멸인 것은 없습니다. 그래서 제법무아(諸法無我)입니다. 그런데도 불생불멸의 존재를 말하는 사람이 있다면, 그는 불교의 출발인 삼법인(三法印)도 모르는 사람입니다. 따라 배우지 않아야 합니다!

;「맛지마 니까야 관통 법회 — 148. 육육 경[경이 설명하는 무아의 의미 & 유신의 집-멸로 이끄는 실천 - 느낌과 잠재 - 두 번째 화살](근본경전연구회 해피스님 240619)」⇒ sutta.kr에서 '240619' 검색

(문답 26) 대답 – 해피스님(201211) – 죽고 싶을 때!

'죽고 싶어서 죽으면 어떤 일이 생길까?'라는 주제로 공부를 해 보자고 하였는데, '주제1-죽으면 어떤 일이 생길까?'의 측면과 '주제2-죽고 싶어서 죽는 것과 죽어야 해서 죽는 것의 차이'라는 두 가지 측면으로 나누어 설명하였습니다.

이때, 주제-1)에 대해서는 죽으면 몸으로 간다는 (SN 12.19-우현 경)과 원초적인 바른 견해(①저세상은 있다, ②화생(化生)하는 중생은 있다, ③업(業)에는 과(果)와 보(報)가 따른다)로써 설명하였고,

주제-2)에 대해서는 죽어야 해서 죽는 경우는 중생의 현실이어서 준비할 수 있지만, 죽고 싶어서 죽는 것 즉 자살은 생명에 대해 연민하지 않는 살생(殺生)의 업(業)이어서 악처(惡處)로 이끈다고 설명하였습니다.

◐ 답변 내용

공부를 해 보세요. '죽고 싶어서 죽으면 어떤 일이 생길까?'라는 주제로 공부를 해 보시면 죽지 않아야 한다고 알게 될 거에요. 오히려 죽고 싶은 지금의 형편/문제에 어떻게 대응하면 살고 싶어지는지 알 수 있을 겁니다.

공부를 통해서 지금 죽고 싶게 만드는 문제를 해결하는 사람이 힘 있고, 멋진 사람입니다. 그러나 죽고 싶다고 죽어버리는 사람은 약하고, 못난 사람입니다. 현명히 판단하시기를 바랍니다.

(문답 27) 대답 – 해피스님(201210) – 기독교의 기도는 번뇌를 부수는가?

기도를 통해 번뇌를 부수고 깨달을 수 있는지의 질문에 대해 번뇌가 부서지는 방법은 따로 있다고 대답하였습니다. → 「사념처(四念處) → 사마타-위빳사나」의 체계를 가지는 불교 수행

불교에서 번뇌[루(漏)]는 욕루(慾漏-소유의 번뇌)-유루(有漏-존재의 번뇌)-무명루(無明漏-무명의 번뇌)의 세 가지로 설명됩니다. 이때, 번뇌가 부서져 번뇌 없는 심해탈(心解脫)-혜해탈(慧解脫)을 성취하는 과정을 누진통(漏盡通)이라고 합니다. ☞ (DN 2.31-사문과경, 번뇌의 부서짐의 앎)

> 그는 이렇게 심(心)이 삼매를 닦고, 청정하고 아주 깨끗하고 침착하고 오염원이 없고 유연하고 준비되고 안정되고 흔들림 없음에 도달했을 때, 번뇌들의 부서짐의 앎으로 심(心)을 향하게 하고 기울게 합니다. 그는 '이것이 고(苦)다.'라고 있는 그대로 꿰뚫어 알고, '이것이 고집(苦集)이다.'라고 있는 그대로 꿰뚫어 알고, '이것이 고멸(苦滅)이다.'라고 있는 그대로 꿰뚫어 알고, '이것이 고멸(苦滅)로 이끄는 실천이다.'라고 있는 그대로 꿰뚫어 압니다. '이것들이 번뇌[루(漏)]들이다.'라고 있는 그대로 꿰뚫어 알고, '이것이 번뇌의 집(集)이다.'라고 있는 그대로 꿰뚫어 알고, '이것이 번뇌의 멸(滅)이다.'라고 있는 그대로 꿰뚫어 알고, '이것이 번뇌의 멸(滅)로 이끄는 실천이다.'라고 있는 그대로 꿰뚫어 압니다. 그가 이렇게 알고 이렇게 볼 때 소유의 번뇌[욕루(慾漏)]에서도 심(心)이 해탈하고, 존재의 번뇌[유루(有漏)]에서도 심(心)이 해탈하고, 무명(無明)의 번뇌[무명루(無明漏)]에서도 심(心)이 해탈합니다. 해탈했을 때 '나는 해탈했다'라는 앎이 있습니다. '태어남은 다했다. 범행은 완성되었다. 해야 할 일을 했다. 다음에는 현재 상태[유(有)]가 되지 않는다.'라고 분명히 압니다.

기독교의 기도로는 누진통(漏盡通)이 의미하는 번뇌를 부수지 못합니다. 유일신인 하나님에 의한 창조라는 견해는 삶(나와 세상)에 대한 바른 견해가 아니어서 이런 견해 즉 사견(邪見)으로는 팔정도(八正道)의 실천을 이끌 수 없기 때문입니다. 물론, 기독교의 기도도 삶을 향상으로 이끄는 방법이라고 해야 합니다. 그러나 그 향상의 끝이 어디인지에 대해 주목하면 누진(漏盡)으로 성취되는 깨달음에 의해 윤회에서 벗어나는 불교 수행과는 궤를 달리한다는 것을 알 수 있습니다.

(문답 28) 대답 - 해피스님(201118) – 불교의 공(空) = 비어있음(無)

불교는 공사상이니 단멸론이냐는 시청자의 질문에 답하였습니다. 불교는 기본적으로 단멸론이 아닙니다. 단견(斷見)과 상견(常見)을 모두 넘어선 연기(緣起)된 식(識)의 윤회여서 무아(無我)이면서 윤회하는 삶의 현상을 잘 설명하고 있습니다(SN 12.15-깟짜나곳따 경) 참조. 이때, 공(空)과 단멸(斷滅)을 연결 지은 질문의 의도에 맞춰 초기불교의 공(空)의 의미를 설명하였습니다.

• 공(空)에 연결된 가르침 ☞ (SN 20.7-쐐기 경)/(SN 55.53-담마딘나 경) – 공(空)은 초기불교에서부터 부처님의 가르침을 대표하는 개념의 하나임

; ye te suttantā tathāgatabhāsitā gambhīrā gambhīratthā lokuttarā suññata-(p)paṭisaṃyuttā

여래에 의해 말해진, 심오하고, 심오한 의미를 가진, 세상을 넘어선, 공(空)에 연결된 가르침들

• 공(空)의 의미 ☞ (MN 121-공(空)에 대한 작은 경)

; 그는 이렇게 분명히 안다. — '마을의 상을 연한 불안들은 여기에 없다. 사람의 상을 연한 불안들은 여기에 없다. 그러나 숲의 상을 연한 하나의 불안만은 있다. 그는 '마을의 상에 속한 상은 비어있다.'라고 분명히 알고, '사람의 상에 속한 상은 비어있다.'라고 분명히 안다. 이렇게 그는 거기에 없는 것에 의해 그것의 공(空-비어있음)을 관찰하고, '그러나 숲의 상을 연한 하나만은 비어있지 않다.'라고 거기에 남아있는 것을 '존재하는 이것은 있다.'라고 분명히 안다. 아난다여, 이렇게도 사실에 따르고 전도되지 않았고 청정한 공(空-텅 빔)에 들어감이 있다. …

(문답 29) 대답 - 해피스님(201115) – 윤회는 공평하게 적용되는가?

업(業)의 차별에 따라 윤회도 개별적인 차이를 보인다는 점과 윤회의 수레바퀴에서 벗어난 사람이 있어서 그를 뒤따르면 나도 벗어날 수 있다는 점을 설명하였습니다.

; 윤회가 공평하게 적용된다는 주장은 (DN 2-사문과경)에 의하면, '윤회를 통한 청정(예를 들면, 감긴 실타래를 던지면 실이 다 풀릴 때까지 굴러갑니다. 이와 마찬가지로 어리석은 자도 현명한 자도 옮겨가고 윤회한 뒤에 괴로움을 끝냅니다.)'을 주장하는 막칼리 고살라의 교설에 가깝습니다. 그러나 다른 경에서는 뿌라나 깟사빠의 교설로 나오기도 합니다.

◐ 답변 내용

공평하게 윤회의 수레바퀴에 갇혀 있다는 것은 좀 애매합니다. 윤회하는 중생들이 어떤 삶 즉 어떤 업을 짓는지에 따라 태어남이 달라지기 때문입니다. 그리고 그 업이 윤회의 영역을 넘어서게 되면 윤회에서 벗어날 수 있기 때문에 '공평'이란 단어는 적절하지 않아 보입니다. 물론 그런 업의 조건을 갖추지 못하면 누구나 윤회한다는 측면의 공평을 말할 수 있기는 합니다마는 불교적으로는 업의 차별에 의한 삶의 차별을 말해야 하므로 공평이란 용어는 어쨌든 적절해 보이지 않습니다.

; 비구들이여, 무엇이 업들의 차별인가? 비구들이여, 지옥이 경험될 업이 있고, 축생의 모태가 경험될 업이 있고, 아귀의 영역이 경험될 업이 있고, 인간 세상이 경험될 업이 있고, 하늘 세상이 경험될 업이 있다. 비구들이여, 이것이 업들의 차별이라고 불린다.(AN 6.63-꿰뚫음 경)

그리고 6개의 세계를 돈다고 하셨는데 초기불교의 교리로는 지옥-축생-아귀-인간-천상의 오도윤회(五道輪廻)가 설해집니다. 참고로 부처님을 지칭하는 여러 명칭 중에는 '윤회의 장막을 벗긴 자'도 있는데, 번뇌가 완전히 부서져서 윤회에서 벗어난 자를 말하는 아라한 가운데 최초의 아라한이라는 의미를 가집니다.

'우리는 모두 윤회의 수레바퀴에 갇혀 있나요?'라고 물으셨는데, 인류의 역사를 포괄하는 우리라면 분명히 윤회의 수레바퀴를 벗어난 분들도 있습니다.

(문답 30) 대답 - 해피스님(201112) – 부처님의 사후

부처님은 죽어서 천국에 갔느냐는 질문에 대해 해탈된 삶 즉 열반을 실현한 부처님은 죽은 뒤에 욕계-색계-무색계 또는 소유의 삶-존재의 삶 또는 지옥-축생-아귀-인간-천상으로 구성되는 중생들의 세상에 태어나지 않는다고 설명하였습니다. 태어나지 않게 된 상태는 어떤 상태인지에 대해서는 십사무기(十事無記)의 교리로 접근해야 하는데, 무명과 애에 제약된 인간들의 사유-인식 능력이 미치지 못하는 경지라는 점도 함께 설명하였습니다.

◐ 답변 내용 – 아닙니다. 천국에 가지 않았습니다.

사람들의 내면에는 번뇌라는 것이 있는데, 번뇌 때문에 생겨나는 무명과 갈애가 제거되지 않으면 중생이라고 불립니다. 그리고 중생의 마음은 죽은 뒤에 다시 새로운 몸을 만나 태어나게 되는데, 지옥-축생-아귀-인간-천상의 다섯 갈래 세상입니다. 그러나 번뇌가 제거되면 무명과 갈애도 제거되는데, 그때는 중생의 영역에서 벗어나고[해탈(解脫)-열반(涅槃)], 죽은 뒤에 몸으로 가지 않아 태어나지 않게 됩니다. 그리고 태어나지 않을 때 비로소 죽지 않게 되는데[불사(不死)의 실현], 윤회에서의 벗어남입니다.

석가모니는 바로 이렇게 번뇌를 제거한 사람입니다. 번뇌를 제거한 사람을 아라한이라고 하는데, 특히, 스승 없이 번뇌를 제거한 최초의 아라한을 부처라고 부릅니다. 석가모니는 바로 이런 의미의 부처입니다. 그래서 지옥-축생-아귀-인간-천상의 다섯 갈래로 구성된 중생의 영역에서 벗어나 해탈하신 분입니다. 그러니 천국 즉 천상이 인간보다는 훨씬 좋은 세상이지만 중생의 영역에서 벗어나 열반을 실현하고 윤회에서 벗어나는 것과는 견줄 수 없는 낮은 성과라는 점에서 이 질문의 답은 찾아져야 할 것입니다.

태어나지 않음에 대해서 궁금하실 수 있겠지만 어려운 주제이니 나중에 공부하셔도 좋을 것입니다. 다만, 몸을 만나지 않아서 태어나지 않게 된 그 상태에 대해 불교는 최고 즉 완전한 행복이라고 설명합니다[열반은 락(樂)이다!]. 몸이라는 제약으로부터 벗어났기 때문에 몸 때문에 겪어야 하는 모든 괴로움 심지어는 생-노-병-사의 문제까지도 해소된 상태이기 때문입니다.

(문답 31) 대답 - 해피스님(201110) – 오도윤회 아니면 육도윤회

초기불교는 육도윤회(六道輪廻)가 아니라 오도윤회(五道輪廻)를 말하는데, 오도윤회를 직접 설명하는 (MN 12-사자후 큰 경)을 소개하였습니다.

◐ 답변 내용

초기불교에는 육도윤회가 아니라 오도윤회가 나타납니다. 육도윤회에 속한 아수라는 경에 그 존재는 나타나지만 한 갈래의 길을 부여받지는 못하기 때문에 지옥--축생-아귀-인간-천상의 오도윤회로 설해집니다. 많은 곳에서 나타나는데, 특히, 자세한 설명은 (MN 12-사자후의 큰 경)에서 '이렇게 알고 이렇게 보는 자'로의 부처님을 특징짓는 한 가지 주제로 나타납니다.

(문답 32) 대답 - 해피스님(201104) – 어린 아이의 전생기억에 대한 불교의 입장

신족통(神足通)-천이통(天耳通)-타심통(他心通)-숙명통(宿命通)-천안통(天眼通)-누진통(漏盡通)의 육신통(六神通) 가운데 불교만의 고유의 능력은 누진통(漏盡通)으로 번뇌를 부수고 아라한 되는 과정입니다. 앞의 다섯 가지 능력은 불교 아닌 다른 방법으로도 얻을 수 있다는 점을 중심으로 설명하였습니다.

◐ 답변 내용

그런데 육신통 가운데 오직 불교 수행에 의해서만 성취할 수 있는 경지는 누진통뿐입니다. 경들은 여러 곳에서 불교 수행 아닌 다른 방법으로 특별한 능력을 얻는 경우를 말하는데 천안통[죽고 태어남의 과정을 직접 보는 능력]까지입니다. 그리고 육신통의 마지막인 누진통은 번뇌의 부서짐에 의해 깨달아 윤회에서 벗어나는 능력인데 이것은 무아(無我)의 관점에서 삶을 보는 불교만의 특별함입니다. 그래서 깨달음을 통해 윤회에서 벗어나는 일, 완전한 행복의 실현은 불교 수행으로만 가능하다고 말하는 것입니다.

불교수행에 대한 이런 이해 위에서 질문에 답은 분명해집니다. 불교와 접점이 없는 사람들이 전생을 기억하는 것은 전생 기억을 위한 다른 방법들이 있기 때문입니다. 더욱이 어린 사람들의 전생 기억이라는 현상은 불교 수행의 범위에서 이해하려 하면 답을 찾기 어렵습니다. 어떤 방법인지는 불교가 설명할 문제는 아닐 것입니다. 다만, 불교의 방법이 아닌 다른 방법이 있다는 점을 상기하는 것으로 족하다고 하겠습니다.

(문답 33) 대답 - 해피스님(201103) – 연명치료에 대한 불교의 입장

윤회의 영역에 있는 중생들은 몸이 무너지면 「연기(緣起)된 식(識)의 윤회(輪廻)」라는 방식으로 다시 태어나 다음 생을 살아가게 됩니다. 이때, 늙은 뒤에 중요한 것은 무엇입니까? 목숨의 연장일까요 아니면 어떤 몸으로 갈 것인지의 방향성일까요? 더 나아가 몸이 무너진 뒤에 중요한 것은 무엇입니까? 목숨의 연장일까요 아니면 어떤 몸으로 갈 것인지의 방향성일까요?

◐ 연명치료에 대한 소고(小考) ◑

앞선 주제인 자살과 낙태에서도 언급했지만 견해는 중요합니다. 특히, 죽음 이후에 대한 견해는 살아있는 동안의 행위에 대한 타당성의 측면에서 기준이 됩니다.

부처님은 윤회에 대해서 「연기(緣起)된 식(識)의 윤회(輪廻)」라는 확정적 답을 줍니다.

(SN 12.19-우현(愚賢) 경)은 무명이 버려지지 않고 갈애가 부서지지 않은 어리석은 자는 몸이 무너진 뒤 몸으로 가고, 무명이 버려지고 갈애가 부서진 현명한 자는 몸이 무너진 뒤 몸으로 가지 않는다고 합니다. 그리고 (MN 38-애(愛) 부서짐의 큰 경) 등은 몸으로 가는 것인 식(識)이 연기(緣起)된 것이라고 설명합니다. 그래서 윤회의 영역에 있는 중생들은 몸이 무너지면 「연기(緣起)된 식(識)의 윤회(輪廻)」라는 방식으로 다시 태어나 다음 생을 살아가게 됩니다.

이렇게 몸이 무너짐 즉 죽은 뒤에 몸으로 가는 이 삶이 늙으면, 늙은 뒤에 중요한 것은 무엇인지 생각해 보아야 합니다. 목숨의 연장일까요 아니면 어떤 몸으로 갈 것인지의 방향성일까요?

경은 '몸이 무너져 죽은 뒤'와 관련하여 많은 용례를 보여줍니다.

그러면 몸이 무너진다는 것은 무엇입니까? 몸은 마음과 함께 나를 구성하는 요소인데, 마음이 안으로 인식과 행위를 결정한다면 몸은 세상을 만나는 접점-수단이라고 할 수 있습니다. 이때, 어떤 형편에 의해서든 몸이 세상을 만나는 접점-수단으로의 역할을 상실한다면 그것이 몸의 무너짐이라고 말할 수 있을 것입니다.

특히, 연명치료의 관점에서 서술하자면, 이미 자신의 힘으로 몸을 움직이지 못하고 말하지 못하는 행위 역할의 상실과 함께 보고-듣고-냄새 맡고-맛보고-닿음을 느끼는 다섯 가지 기능[안근(眼根)-이근(耳根)-비근(鼻根)-설근(舌根)-신근(身根)]이 인식 역할을 상실하면 몸이 무너졌다고 이해할 수 있을 것입니다.

(MN 43-교리문답의 큰 경)은 이런 다섯 가지 기능 즉 몸이 생명력과 체열을 조건으로 유지된다고 하면서 더 나아가 "도반이여, 생명력과 체열과 식(識)의 세 개의 법들이 이 몸을 떠날 때 이 몸은 무감각한 나무토막처럼 던져지고 팽개쳐져 누워있습니다."라고 하여, 몸이 무너지면 목숨이 다하고 체열이 식고 식(識)이 떠난다는 것을 알려줍니다.

또한, (MN 44-교리문답의 작은 경) 등은 신행(身行) 즉 몸의 형성작용을 들숨-날숨이라고 정의하는데, 숨을 쉬면 살아있는 것이어서 몸이라 하지만, 숨을 쉬지 않으면 죽은 것이어서 더 이상 몸이 아니라 무감각한 나무토막처럼 된다고 알려줍니다.

몸이 무너진 때 즉 더 이상 인식과 행위의 측면에서 세상을 만나는 접점-수단으로의 역할을 수행하지 못하게 된 때에 호흡을 강제하여 목숨을 유지 시키는 의료 행위를 연명치료라고 할 수 있을 것입니다.

그런데 이런 연명치료는 생명력과 체열을 유지하여 식(識)을 떠나지 못하게 합니다. 몸의 무너짐에 의해 이미 세상을 만나는 접점-수단을 잃은 식(識)에게 새로운 접점-수단을 만나 새롭게 살아갈 수 있는 기회를 박탈하고, 자신의 의지대로 행위 하지 못하고 또한 보지 못하고-듣지 못하고-냄새 맡지 못하고-맛보지 못하고-닿음을 느끼지 못하는 어두운 상태에 묶여 있게 합니다.

늙은 뒤에 중요한 것은 무엇입니까? 목숨의 연장일까요 아니면 어떤 몸으로 갈 것인지의 방향성일까요?

더 나아가 몸이 무너진 뒤에 중요한 것은 무엇입니까? 목숨의 연장일까요 아니면 어떤 몸으로 갈 것인지의 방향성일까요?

윤회(輪廻)하지 않는다는 견해 즉 단견(斷見)-단멸론(斷滅論)을 가졌다면 죽음으로 끝나는 이 생명을 위해 조금이라도 더 삶을 유지 시켜 주는 것이 타당하다고 할 수도 있을 것입니다. 그러나 윤회한다는 견해를 가지고 있다면 연명치료는 부당합니다. 식(識)이 떠날 때가 되면 다음 삶을 새롭고 힘차게 시작할 수 있도록 보내주는 것이 몸이 무너진 그분을 위한 바른 선택입니다. 남아있는 사람들의 아쉬움에 묶여 몸이 무너져서 더 이상 자신의 의지대로 행위 하지 못하고 또한 보지 못하고-듣지 못하고-냄새 맡지 못하고-맛보지 못하고-닿음을 느끼지 못하는 어두운 상태에 묶여 있는 그분을 해방시켜 주지 않는 이기심이라고 해야 할 것입니다. (이 상태에서 짓는 업(業)의 문제 추후 보충)

부처님은 연기(緣起)된 식(識)의 윤회(輪廻)를 확정적으로 선언합니다. 이런 가르침을 기준으로 살아가는 불교 신자라면, 몸이 무너진 그분에 대한 아쉬움을 접고 그분의 다음 생을 위해 결연히 보내드리는 것이 옳습니다. 이것이 사실에 부합한 삶입니다.

또한, 우리 사회가 겪는 부작용의 측면도 고려해야 합니다. 가야 하는 그분을 법의 제약 때문에 강제로 붙잡고 있는 연명치료가 남겨진 가족들의 삶에 미치는 타격입니다. 우리 사회는 어디가 몸이 무너진 때인지에 대한 공감을 형성하고, 그때가 되면 편안한 마음으로 보내드려야 한다는 공감 위에서 연명치료의 중단을 위한 법을 제정해야 할 것입니다.

(문답 34) 대답 - 해피스님(201102) – 낙태에 대한 불교의 입장

낙태(落胎)에 대한 불교의 관심은 어머니의 태 안에 있는 존재 상태를 사람이라고 할 수 있는지와 사람이어서 살생(殺生)의 업(業)이 된다면 그 업(業)에는 어떻게 대응해야 하는지의 두 가지라고 하겠습니다. 이 두 가지 주제에 대해 「낙태(落胎)에 대한 소고(小考)」를 작성하여 읽으며 설명하였습니다.

◐ 낙태(落胎)에 대한 소고(小考) ◑

낙태(落胎)에 대한 불교의 관심은 어머니의 태 안에 있는 존재 상태를 사람이라고 할 수 있는지와 사람이어서 살생(殺生)의 업(業)이 된다면 그 업(業)에는 어떻게 대응해야 하는지의 두 가지라고 하겠습니다.

[1] 어머니의 태 안에 있는 존재 상태는 사람인가?

사람의 태어남과 관련하여 '언제부터를 사람이라고 말하는지?'를 알려주는 경을 찾아서 어머니의 태 안에 머무는 시기를 사람이라고 지시하는지를 확인하면 살생(殺生)의 여부를 판단할 수 있게 됩니다.

이런 입장에서 불교는 식(識)이 모태(母胎)에 드는 시점부터를 사람이라고 지시합니다. 그래서 낙태(落胎)는 사람을 죽이는 일입니다.

1. 식(識)이 몸을 찾아오는 경우를 설명하는 경 — (DN 15.1-대인연경(大因緣經) 연기(緣起))/(AN 3.62-근본 교리 등 경)/(MN 38-애(愛) 부서짐의 큰 경)

몸을 몸이게끔 하기 위해서는 다른 조건들과 더불어 식(識)이 함께해야 합니다. 몸으로 살아있는 상태에서 식(識)이 떠나면 죽는 것이지만, 역으로 식(識)이 찾아오면 태어나게 됩니다.

식(識)이 몸을 찾아오는 경우는 세 개의 경에서 설명됩니다. ①(DN 15.1-대인연경(大因緣經) 연기(緣起))는 「식(識)이 모태(母胎)에 들어오지 않는데도 명색(名色)이 모태(母胎)에서 공고해지겠는가?」라고 하여 모태를 찾아 들어오는 것으로의 식(識)을 설명합니다. 다시, ②(AN 3.62-근본 교리 등 경)은 「육계(六界)의 붙잡음을 원인으로 모태에 듦이 있다. 듦이 있을 때 명색(名色)이 있다.」라고 하여 식(識)이 육계(六界) 즉 물질요소와 함께한 상태로 들어오는 것을 알려줍니다. 그리고 ③(MN 38-애(愛) 부서짐의 큰 경)은 「어머니와 아버지의 결합이 있고, 어머니가 월경하고, 간답바가 나타날 때, 이렇게 세 가지의 집합으로부터 태(胎)에 듦이 있다.」라고 하는데, 육계(六界)로서 태에 드는 식(識)을 간답바라고 부른다는 것을 알 수 있습니다.

2. 태어남의 시점을 말해주는 경 — 율장(律藏)의 세 번째 빠라지까/마하왁가(입태로부터 20세에 비구계의 허용)

그런데 식(識)이 모태에 들고 명색(名色)을 만나 함께하는 것 즉 식(識)과 명색(名色)으로의 나를 구성하는 것은 태어남[생(生)]입니다. ④율장(律藏)의 세 번째 빠라지까는 몸 즉 인체에 대해 「어머니의 자궁에서 첫 번째로 생긴 심(心)과 첫 번째로 생긴 식(識)으로부터 여기서 죽을 때까지 그사이에 대해서 인체라는 이름을 가진다.」라고 하고, ⑤마하왁가는 다시 「비구들이여, 어머니의 자궁에서 첫 번째로 생긴 심(心)과 첫 번째로 생긴 식(識)에서 시작하여 그에게 생(生)이 있다. 비구들이여, 입태(入胎)로부터 20세에 비구계를 주는 것을 허용한다.」라고 합니다.

이렇게 다섯 개의 경은 입태(入胎)가 바로 태어남이라고 말해줍니다. 어머니의 뱃속에서 자라는 열 달 안팎의 과정도 이미 태어나 있는 것이고, 세상을 직접 만날 준비가 아직 부족해서 어머니의 태중(胎中)에 머물면서 보호받고 준비하는 기간이라는 것입니다.

그래서 불교(佛教)에서 낙태(落胎)는 허용되지 않습니다. 세상을 직접 만날 준비를 위해 어머니의 태중(胎中)에서 보호받고 있을 뿐 이미 태어난 생명이기 때문입니다.

3. 태중의 존재 상태를 직접 사람이라고 부르는 경 — (SN 10.1-인다까 경)/(DN 33.7-합송경, 넷으로 구성된 법들)

1) 태내오위(胎內五位) — 「kalala → abbuda → pesi → ghana → pasākhā」 — (SN 10.1-인다까 경)

이렇게 태에 들어 태어난 생명은 어머니의 태 안에서 어머니에 의해 유지됩니다. (SN

10.1-인다까 경)은 그 과정을 설명합니다. -「처음에 깔랄라[진흙 같은 상태]가 있다. 깔랄라로부터 압부다[종기 같은 상태, 임신 후 2주째의 태아(胎兒)]가 된다. 압부다로부터 뻬시[덩어리의 상태, 태아(胎兒)의 세 번째 단계]가 생긴다. 뻬시는 가나가 된다. 가나로부터 빠사카[팔 다리 등 가지 부분]과 머리카락, 털, 손발톱들이 생긴다.」라고 하는데, 태중(太中)에서의 다섯 단계 즉 태내오위(胎內五位)입니다. — 「kalala → abbuda → pesi → ghana → pasākhā」

한편, 경은 이어서 「어머니가 먹는 밥과 마실 것과 음식에 의해 어머니의 태에 들어간 사람, 그는 거기서 유지된다.」라고 하는데, 어머니의 태중에 있는 존재를 사람(nara)이라고 직접 지칭하는 것도 확인됩니다.

2) 네 가지 입태(入胎) - (DN 33.7-합송경, 넷으로 구성된 법들)

네 가지 입태(入胎) — 여기, 도반들이여, 어떤 사람은 알지 못하면서 어머니의 자궁에 들어오고, 알지 못하면서 어머니의 자궁에 머물고, 알지 못하면서 어머니의 자궁에서 나옵니다. 이것이 첫 번째 입태입니다. 다시, 도반들이여, 여기 어떤 사람은 알면서 어머니의 자궁에 들어오고, 알지 못하면서 어머니의 자궁에 머물고, 알지 못하면서 어머니의 자궁에서 나옵니다. 이것이 두 번째 입태입니다. 다시, 도반들이여, 여기 어떤 사람은 알면서 어머니의 자궁에 들어오고, 알면서 어머니의 자궁에 머물고, 알지 못하면서 어머니의 자궁에서 나옵니다. 이것이 세 번째 입태입니다. 다시, 도반들이여, 여기 어떤 사람은 알면서 어머니의 자궁에 들어오고, 알면서 어머니의 자궁에 머물고, 알면서 어머니의 자궁에서 나옵니다. 이것이 네 번째 입태입니다.

[2] 낙태(落胎)를 한 사람은 어떻게 그 업(業)에 대응해야 하는가?

업(業)에는 과(果)와 보(報)가 따릅니다. 업(業)이 가지는 특성으로의 결과가 초래되는데, 과(果)입니다. 낙태(落胎)는 살생(殺生)이기 때문에 살생(殺生)의 업(業)이 가지는 특성으로 괴로움이 결과되고, 나쁜 태어남으로 이끄는 힘이 됩니다.

하지만, 다행스럽게도, 이렇게 생겨난 과(果)가 삶에서 생겨난 그대로 직접 경험되는 것은 아닙니다. 사람들은 살면서 악업(惡業)을 짓기도 하고 선업(善業)을 짓기도 하기 때문이고, 인간으로의 삶에 영향을 미치는 많은 요소가 함께 작용하기 때문입니다. 그래서 업

(業)의 과(果)가 생겨난 그대로 경험되지 않고 경험되는 시점의 다른 요소들, 특히, 몸의 상태-환경-주의집중-의외의 변수-업보(業報) 등과 어울려 그 크기가 조정되어 경험되는 것을 보(報)라고 합니다. 말하자면, 고(苦)의 과(果)를 더 크게 겪을 수도 더 작게 겪을 수도 있고, 락(樂)의 과(果)를 더 작게 누릴 수도 더 크게 누릴 수도 있다는 것인데, 생겨난 것이 우리의 고(苦)-락(樂)을 직접 결정하는 것이 아니라 경험 시점의 여러 요소가 어우러진 것(엮여서 익은 값)으로의 보(報)가 고(苦)-락(樂)으로 경험된다는 것입니다.

이렇게 과(果)가 아니라 보(報)가 삶의 고(苦)-락(樂)을 결정한다는 사실은 불교적인 업장소멸(業障消滅)의 방법을 알려줍니다. 이전의 업보(業報)에 지금의 삶이 어떻게 더해지느냐에 따라서 고(苦)-락(樂)이 결정되기 때문에, 지나가 버린 것인 지난 삶의 결과는 바꿀 수 없지만 그것으로 인한 영향은 지금 삶을 통해 바꿔서 경험할 수 있기 때문입니다.

경은 특히 십선업(十善業)과 십정도(十正道)의 실천 그리고 화(kodha)-원한(upanāha)/위선(makkha)-악의(paḷāsa)/질투(issā)-인색(macchera)/사기(māyā)-교활(sāṭheyya)/히리 없음-옷땁빠 없음을 극복한 삶이 과(果)도 보(報)도 락(樂)이라고 알려줍니다. 지난 삶에 묶이지 않고 지금 삶을 이렇게 실천하는 것이 지난 삶의 악업(惡業)이 만든 고(苦)의 과(果)의 영향에서 벗어나 락(樂)을 실현하는 방법이고, 이것이 바로 불교적인 업장소멸(業障消滅)입니다.

낙태(落胎)에 대해서도 이런 방법은 동일하게 적용됩니다. 모를 때는 스스로의 위로를 위해 정당화시킬 수도 있겠지만, 알게 된 뒤에는 낙태를 하지 않아야 합니다. 원하지 않는 임신이 되지 않도록 피임에 더 주의해야 하고, 임신이 되었다면 생명에 대한 책임, 어머니의 의무를 감당해야 합니다. 그리고 이전에 한 낙태에 대해서는 그 과(果)를 극복하기 위해 지금 삶에서 십선업(十善業) 등의 방법으로 노력해야 합니다. 더 큰 성업(成業)을 통해 낙태(落胎)의 업보(業報)를 극복해야 하는 것입니다. 그러면 됩니다.

(문답 35) 대답 - 해피스님(201030) – 자살은 권리인가?

표준국어대사전에 의하면, 권리(權利)는 '어떤 일을 행하거나 타인에 대하여 당연히 요구할 수 있는 힘이나 자격'이고, 자살(自殺)은 '스스로 자기의 목숨을 끊음'입니다. 그러므로 자살할 권리는 '스스로 자기의 목숨을 끊을 수 있는 자격'이라고 나타낼 수 있습니다. 그런데 이런 자격이 자기에게 주어져 있다고 설명할 수 있으면 그것이, 질문하신바, 적절한 근거라고 하겠습니다.

하지만, 불교는 이 논제에 대해 적절한 근거를 제시하지 않습니다. 오히려 반대되는 논제 즉 '자살은 자신의 권리가 아니다.'에 대한 적절한 근거를 제시한다고 말할 수 있습니다.

불교는 존재에 대해 몸과 마음이 함께해서 구성된다고 설명합니다[교리 용어로는 식(識)과 명색(名色)의 서로 조건 됨에 의한 존재의 구성]. 몸도 마음도 나를 구성하는 제각각의 요소이고, 둘이 반드시 함께해야만 비로소 '나'라는 존재를 선언하게 된다는 것입니다. 그래서 몸만으로도 나라고 할 수 없고, 마음만으로도 나라고 할 수 없습니다.

자살은 몸과 마음으로 구성된 나의 죽음이 타인에 의하지 않고 자신의 선택에 의해 발생하는 현상입니다. 그런데 자신의 선택이라는 점을 자세히 들여다보면, 몸은 의도를 가지고 죽음을 결정하지 않습니다. 다만, 마음 혼자서 의도를 가지고 죽음을 결정한 뒤에 몸을 움직여 죽음을 실행합니다.

그런데 이런 죽음 이후에는 의도와는 다른 결과가 나타납니다. 몸은 죽음에 의해 버려지지만, 마음은 죽음 이후에도 삶의 누적에 의한 변화의 연장선 위에서 새로운 몸을 만나 삶을 이어가게 되는데, 윤회(輪廻)라고 부르는 현상입니다.

만약에 몸을 마음에 부수되는 부속품으로 간주한다면, ①마음이 의도하고 결정하여 죽은 뒤에 ②몸은 버려지고 ③마음은 새로운 몸을 만나 다음 생을 이어가게 하는 행위 즉 자살은 타당할 것입니다. 그리고 이런 경우에 자살은 자신의 권리라고 말할 수 있을 것인데, 마치 옷이 낡으면 벗어버리고 새 옷으로 갈아입는 경우로 비유하여 말할 수 있습니다.

그러나 불교 교리에 의하면, 몸과 마음은 서로 조건 됨의 관계여서 나를 구성하는 대등한 두 가지 요소라고 해야 합니다. 그래서 몸은 마음의 부속품이 아니고, 몸과 마음이 함께하여 구성되는 나도 마음 자체가 아닙니다. 그래서 마음이 혼자 의도하고 결정하여 결국 몸만 죽이는 결과 또는 나를 죽이는 결과를 초래하는 자살이란 행위는 타당하지 않습니다. 마음에게 몸이라는 타자(他者)의 생사를 결정할 수 있는 권리가 주어져 있지 않고, 일부 구성원의 결정으로 전체를 파괴하는 권리 또한 주어져 있지 않다는 의미라고 하겠습니다.

한편, 불교는 적극적인 행위의 기준을 제시하는데, 십악업(十惡業)을 행하지 말고 십선업(十善業)을 행하는 것 또는 오계(五戒)를 지니는 것입니다. 이때, 둘 모두의 첫 번째 항목은 「생명을 해치는 행위를 삼가는 계를 지니고 살겠습니다. - 불살생(不殺生)」인데, 다른 생명이 아니라 나를 포함하여 포괄적으로 생명을 해치지 않는 삶을 말합니다. 그리고 십악업(十惡業)은 과(果)도 보(報)도 괴로움이고, 십선업(十善業)은 과(果)도 보(報)도 행복이라고 안내되는데, 삶의 누적에 의한 변화의 연장선 위에 있기 때문(*)이라고 이해할 수 있습니다.

(*) 삶의 어려움을 자살이라는 방법으로 모면하면, 이런 방법 즉 어려우면 죽어버리는 속성이 마음에 남게 됩니다. 다음 생에서도 자살을 반복하게 될 가능성이 커지고, 세세생생 삶은 더욱 퇴보할 것입니다.

이런 교리에 의하면, 불교에서 자살 즉 자기를 죽이는 행위는 ①행위의 측면에서는 마음이 혼자 의도하고 결정하여 몸 즉 타자(他者)를 죽이는 결과를 초래한다는 점 그리고 ②결과의 측면에서는 과(果)도 보(報)도 괴로움이라는 점 등 양면에서 타당성을 확보하지 못합니다.

그래서 불교적으로 '자살은 자신의 권리이다.'라는 논제는 적절한 근거를 제시하지 못합니다. 오히려 반대되는 '자살은 자신의 권리가 아니다.'라는 논제는 이런 방법으로 적절한 근거를 제시할 수 있다고 말하겠습니다.

※ 깨달아 삶을 완성한 아라한의 경우는 이런 논제에서 배제됩니다. → (MN 144-찬나를 위한 가르침 경) 참조

(문답 36) 대답 - 해피스님(201019) – 태어남이 아니라 행위가 삶을 결정함

전생에 쌓은 복이 현생에 작용한다면 가난한 집에 태어난 사람이 대통령이 되는 등 성공하는 것은 어떤 경우냐는 질문에 답하였습니다.

그렇습니다. (SN 1.32-인색 경) 등은 금생(今生)의 공덕행(功德行)이 내생(來生)의 버팀목이 된다고 말합니다(공덕은 저세상에서 존재들을 위한 버팀목이 된다). 이렇게 전생(前生)에 쌓은 공덕(功德) 즉 복(福)이 금생(今生)의 버팀목이 되어주니 금생(今生)에 잘살게 되는 것입니다. 그러나 부처님은 오직 태어남이 삶을 결정하지는 않는다고 합니다. 오히려 행위가 삶을 결정한다고 하는 것이지요(MN 98-와셋타 경).

전생에 쌓은 복이 있으면 금생을 살기가 쉽습니다. 버팀목이 나의 삶을 흔들리지 않게 받쳐주기 때문입니다. 그러나 금생의 행위가 나쁘면 전생에 만든 버팀목도 흔들리게 됩니다. 그래서, 말하자면, 부잣집에서 태어났지만 어렵게 사는 사람들이 있는 것입니다. 역으로 금생의 행위가 좋으면 전생에 버팀목을 만들지 못한 어려움을 극복할 수 있습니다. 그래서, 말하자면, 가난한 집안에서 태어났지만 훌륭하게 사는 사람들이 있는 것이고, 그 가운데 대통령도 나올 수 있는 것입니다.

주목하셔야 합니다! 금생의 행위에 특별함이 없이는 대통령이 되지 못합니다. 우리 사회가 요구하는 다양한 조건들을 지금, 자신의 노력으로 갖출 수 있어야 대통령도 되고 스승도 되고 부자도 되는 것입니다. 그러니 태어남에 대한 아쉬움보다는 지금 행위에 의한 발전을 도모하는 자세가 내 삶의 향상을 위해 필요하다고 알아야 합니다.

(문답 37) 대답 - 해피스님(201013) – 깨달음을 얻은 석가모니도 사람인가?

그렇습니다. 석가모니 즉 부처님은 깨닫지 못한 사람으로 태어나서 깨달음을 성취하고 깨달은 사람으로 죽었습니다.

그런데 깨닫지 못한 사람은 죽은 뒤에 몸으로 가서 다시 태어나 사람으로 살다가 다시 죽어야 하는데[죽음 → 몸으로 감 → 태어남 → 죽음 : 윤회(輪廻)], 깨달은 사람은 죽은 뒤에 몸으로 가지 않아서 태어나지 않게 되어 죽지 않게 됩니다[죽음 → 몸으로 가지 않음 → 태어나지 않음 → 죽지 않음 : 윤회에서 벗어남 = 불사(不死)의 실현].

이렇게 윤회에서 벗어나 불사(不死)를 실현한 부처님을 사람들은 보통의 사람들과 차별하여 부르는데, 아홉 가지의 덕성[여래구덕(如來九德)]입니다.

–「이렇게 그분 세존(世尊)께서는 모든 번뇌 떠나신 분, 스스로 완전한 깨달음을 이루신 분, 밝음과 실천을 갖추신 분, 진리의 길 보이신 분, 세상일을 모두 훤히 아시는 분, 어리석은 이도 잘 이끄시는 위없는 분, 모든 천상과 인간의 스승, 깨달으신 분, 존귀하신 분이시다..

이렇게 그분 세존(世尊)께서는 아라한(阿羅漢), 정등각(正等覺), 명행족(明行足), 선서(善逝), 세간해(世間解), 무상조어장부(無上調御丈夫), 천인사(天人師), 불(佛), 세존(世尊)이시다.」

그리고 부처님의 제자들도 깨달으면 같은 과정으로 윤회에서 벗어나 불사(不死)를 실현하게 되는데, 제자로서 깨달은 분들은 부처님과 차별하여 단순히 아라한(阿羅漢)이라고 부릅니다.

(문답 38) 대답 - 해피스님 (201012) – 오온과 윤회의 연계성

질문 1) 수-상-행과 식의 차이 또는 관계 – 수-상-행은 찰라 생멸하고, 식은 윤회의 조건을 만드는가?

찰라 생멸이란 설명은 정확해 보이지 않습니다만, 식(識)[식온(識蘊)]이 윤회한다는 점은 타당합니다. 경들은 식(識)과 명색(名色)의 서로 조건 됨에 의한 나를 설명합니다. 이때, 명색은 색 즉 몸에 묶인 것이어서 백 년 안팎 살면 무너지고, 몸이 무너져 죽은 뒤에 식 즉 마음이 명색과의 서로 조건 됨에 의해 새로운 명색 즉 몸을 만나 다음 생을 이어서 살아가야 하는 중생의 현실을 윤회라고 하기 때문입니다. 다만, 식은 아(我)가 아니고, 삶의 과정을 누적하면서 변화하는 것이기 때문에, 이렇게 설명되는 윤회는 「연기(緣起)된 식(識)의 윤회(輪回)」라고 불러야 합니다. 그리고 이것이 부처님이 설명하는 중생들의 삶의 모습입니다.

한편, 명색에서 명(名)은 수-상-사-촉-작의라고 정의됩니다. 그리고 오온의 행은 색사(色思)~법사(法思)로 정의되기 때문에 사(思)는 행(行)입니다. 그래서 수-상-사는 색 그리고 식과 함께 오온이 되고, 촉과 작의는 지금 활성화된 삶의 전개를 설명한다는 점에 주목해야 합니다.

질문 2) 죽으면 색과 수-상-행-식이 모두 사라지고, 존재는 단멸하는지?

몸이 유지되지 않으면 식이 몸을 떠나게 되고 그러면 죽음이라고 부릅니다. 그러나 색수상행식이 모두 사라진다는 생각은 부처님 가르침에는 부합하지 않습니다. 질문자께서는 몸 즉 색과 수-상-행-식으로 구분하셨는데, 불교 교리에서는 식(識)과 명색(名色)으로 구분합니다. 이때, 명은 수-상-사-촉-작의인데, 사는 행이고, 촉과 작의는 지금 삶을 전개하는 작용성입니다.

부처님은 ①식과 명색은 서로 조건 되는 것이어서 [오온+작용성]으로의 나를 구성하고, 색 즉 몸이 무너지면 ②색에 묶인 명색은 버려지고, ③식은 새로운 명색을 만나 새로운 나를 구성해서 다음 생을 살아간다고 설명하는데, 윤회입니다.

그래서 색수상행식이 모두 사라진다는 생각은 부처님 가르침에는 부합하지 않습니다.

오온(五蘊) 가운데 색(色)-수(受)-상(想)-행(行)은 몸이 무너져 죽으면 사라지지만 식(識)은 윤회에서 벗어날 때까지 새로운 명색(名色)을 만나 새로운 존재를 구성하여 삶을 이어가기 때문입니다.

(문답 39) 대답 – 해피스님(201009) – 불교도 저승사자를 인정하는지…

아닙니다. 불교에는 심판자의 개념이 없습니다. 그러니 당연히 그의 대리자라 할 저승사자의 개념도 없습니다.

심판자는 심판 대상에 대한 권한을 가져야 하는데 그러기 위해서는 창조주여야 하는 필요성이 있습니다. 그런데 불교는 존재하는 것들이 창조된 것이 아니라 조건들의 결합에 의해 생겨나 있는 것[무상(無常)-무아(無我)]이라고 설명합니다.

그러니 심판자에 의해 어떤 상태로 나아가는 것이 아니라 조건들이 가지는 힘에 의해 결합된 상태가 생겨나는 것이지요. 특히, 죽음 이후에 대해서는 업(業)이라는 조건이 가진 힘이 크기 때문에 살아서 어떤 업을 지었는지에 따라 태어날 곳이 결정된다는 설명입니다[업보(業報) 또는 업인과보(業因果報)].

그래서 유일신(唯一神)을 믿는 종교가 심판자로서의 창조주의 뜻에 따라 살기를 요구한다면 불교는 행복으로 이끄는 힘을 지닌 업(業)을 지을 것을 요구한다고 이해할 수 있습니다.

※ (참고) 맛지마니까야 130번 경은 devadūtasuttaṃ(데-와두-따숫땅)인데, 저승사자 경(초기불전연구원) 또는 천사의 경(한국빠알리성전협회)으로 번역되었는데, 근본경전연구회는 (MN 130-신의 전령 경)으로 번역하였습니다. 저승사자라 하든 천사라 하든 신의 전령이라 하든 이 경은 생-노-병-사와 형벌 받음의 현상을 신의 전령이라고 의인화한 비유를 말합니다. 또한, (AN 3.36-신의 전령 경)도 늙은 사람-병든 사람-시체의 세 가지를 신의 전령으로 의인화한 비유를 서술합니다.

이렇게 경에서 유사한 용어가 발견되기는 하지만 의인화를 통한 비유일뿐 불교에는 저승사자라거나 천사라거나 신의 전령이라는 개념이 없습니다.

(문답 40) 대답 - 해피스님 (201005) – 삶 = 내가 세상을 만나는이야기

삶은 내가 세상을 만나는 이야기, 마음이 몸과 함께 세상을 만나는 이야기입니다.

만약, 삶이 괴롭다면 이 이야기의 어디에 어떤 문제가 있어서 괴로움이 생기는지 살펴보아야 하고, 만약, 삶이 행복하다면 이 이야기의 과정에 어떻게 대응해서 행복을 가져왔는지 살펴보아야 합니다.

사실 삶에 대한 이런 이해는 불교(佛教)입니다. 불교는 고(苦)와 고멸(苦滅)[락(樂)] 또는 고(苦)-고집(苦集)-고멸(苦滅)-고멸도(苦滅道)의 사성제(四聖諦)라는 교리 체계를 가지는데, 삶에 대한 이런 입장을 극명하게 나타낸다고 할 수 있습니다.

고는 괴로움이고, 고멸은 행복입니다. 그리고 괴로움의 원인을 고집이라고 하고, 괴로움의 소멸을 위한 방법과 실천을 고멸도라고 합니다. 이때, 마음이 몸과 함께 세상을 만나는 이야기의 어디에 어떤 문제가 있어서 괴로움이 생기는지를 설명하는 것이 고집인데 갈애 또는 십이연기라는 교리로 설명하고, 그 문제의 자리에 어떻게 대응하면 문제가 해소되어 괴로움이 소멸하는지를 설명하면 고멸도인데 팔정도 또는 중도(中道-팔정도의 실천)라는 교리로 설명합니다. 이렇게 고와 고멸 그리고 고집으로의 십이연기와 고멸도인 중도가 불교 교리의 중심에 있습니다.

그래서 불교는 내가 세상을 만나는 이야기, 마음이 몸과 함께 세상을 만나는 이야기입니다. 그리고 이것이 바로 삶, 인생입니다.

【별첨】

원전(原典)의 윤회(輪廻)
(saṃsāra/vaṭṭa)

※ 근본경전연구회의 공부 기준

1) 율장 – 마하 위방가(비구 227계), 비구니 위방가(비구니 311계)
2) 경장 – ①dīgha nikāya(디가 니까야), ②majjhima nikāya(맛지마 니까야), ③saṃyutta nikāya(상윳따 니까야), ④aṅguttara nikāya(앙굿따라 니까야), ⑤khuddaka nikāya(쿳다까 니까야)의 법구경(KN 2)/숫따니빠따(KN 5)

;「원주 새출발법회(교리)(7) – 니까야는 무엇-경전구성-공부기준-수행경전안내(해피스님 200225)」 참조 ⇒ 'nikaya.kr'에서 (200225)로 검색.

윤회를 부정하는 사람 가운데는 초기경전에는 윤회라는 용어가 나타나지 않는다거나, 인도의 윤회 이야기가 인도에서 생겨난 불교에 들어와 있을뿐 부처님이 법은 아니라고 말하기도 합니다. 그러나 공부의 힘은 모든 거짓을 이깁니다. 니까야에는 윤회라는 용어가 많이 나타납니다.

윤회(輪廻)로 번역되는 빠알리 단어는 두 가지인데, ①saṃsāra(상사-라)와 ②vaṭṭa(왓따)입니다. vaṭṭa는 특정한 용례를 위주로 나타나지만, saṃsāra는 윤회를 지시하는 일반적 용어입니다. 여기서는 근본경전연구회의 공부기준 안에서 saṃsāra와 관련한 모든 용례와 vaṭṭa의 특정한 용례를 정리하였습니다.

; saṃsāra — wandering on; moving on continuously; transmigration; passing from one state of existence to another; stream of existence; cyclic existence; lit. flowing together [saṃ + √sar + *a]

; vaṭṭa — circular; round. (nt.), a circle; the cycle of rebirth; an expenditure or provision for alms. (adj.)

특히, 이 용례의 중심은 '무명에 덮이고 애에 묶여서 옮겨가고 윤회하는 중생'인데, '윤회하는 중생'에서 단견(斷見)을 극복하고, '무명에 덮이고 애에 묶여서'에 의해 인도의 윤회 즉 상견(常見 - 我의 윤회)도 극복한 부처님이 완전한 깨달음에 의해 가르치는 윤회를 드러내줍니다.

제1장

saṃsāra(상사-라)

그런데 윤회는 중생(satta)에게 적용되는 현상입니다. 그래서 원전은 「무명(無明)에 덮이고 애(愛)에 묶여서 옮겨가고 윤회하는 중생」이라는 구문을 중심으로 윤회에 접근합니다. 그리고 이 구문은 2개의 경에서 주격(~중생들은)으로 나타나고 나머지 모든 용례는 여격(~중생에게)으로 나타납니다.

Ⅰ. 중생(satta)을 정의하는 특정 용례 — ①무명(無明)에 덮이고 애(愛)에 묶여서 옮겨가고 윤회하는 중생 또는 ②무명(無明)에 덮이고 애(愛)에 묶인 중생(*)

(*) ②는 윤회라는 용어를 직접 포함하고 있지 않지만, 무명과 애로써 윤회하는 중생을 지시하기 때문에 이 자리에서 함께 소개하였습니다.

[1] 주격 용례 : (SN 15.9-막대기 경)/(SN 56.33-막대기 경) — 「avijjā-nīvaraṇā sattā taṇhāsaṃyojanā sandhāvantā saṃsarantā 무명(無明)에 덮이고 애(愛)에 묶여 옮겨가고 윤회하는 중생」

공중으로 던져진 막대기는 아랫부분으로 떨어지기도 하고, 중간 부분으로 떨어지기도 하고, 끝부분으로 떨어지기도 하듯이, 무명에 덮이고 애에 묶여서 옮겨가고 윤회하는 중생들은 이 세상에서 저세상으로 가기도 하고, 저세상에서 이 세상으로 오기도 한다고 말하는 2개의 경.

; 원인 ① (SN 15.9-막대기 경) — 윤회는 시작이 알려지지 않는 것

그것의 원인은 무엇인가? 비구들이여, 윤회는 시작이 알려지지 않는 것이다. 무명에 덮이고 애에 묶여서 옮겨가고 윤회하는 중생들에게 처음 시작점은 알려지지 않는다. 이렇게 오랫동안, 비구들이여, 그대들은 괴로움을 경험하고, 격렬함을 경험하고, 불행을 경험하고, 무덤을 증가시켰다. 그러므로 비구들이여, 모든 행(行)에 대해 염오하는 것이 마땅하고, 이탐 하는 것이 마땅하고, 해탈하는 것이 마땅하다.

; 원인 ② (SN 56.33-막대기 경) — 사성제(四聖諦)를 보지 못함

그 원인은 무엇인가? 비구들이여, 네 가지 성스러운 진리(四聖諦)를 보지 못함이다. 어떤 넷인가? 괴로움의 성스러운 진리(苦聖諦)를 보지 못함, 괴로움의 자라남의 성스러운 진리(苦集聖諦)를 보지 못함, 괴로움의 소멸의 성스러운 진리(苦滅聖諦)를 보지 못함, 괴로움의 소멸로 이끄는 성스러운 진리(苦滅道聖諦)를 보지 못함이다. 그러므로 비구들이여, '이것이 고(苦)이다.'라고 수행해야 한다. '이것이 고집(苦集)이다.'라고 수행해야 한다. '이것이 고멸(苦滅)이다.'라고 수행해야 한다. '이것이 고멸도(苦滅道)다.'라고 수행해야 한다."

[2] 여격 용례① — 「avijjānīvaraṇānaṃ sattānaṃ taṇhāsaṃyojanānaṃ sandhāvataṃ saṃsarataṃ 무명에 덮이고 애에 묶여서 옮겨가고 윤회하는 중생들에게」 — 「윤회는 시작이 알려지지 않는 것(anamataggoyaṃ/anamataggo)」

1. (SN 15-시작이 알려지지 않음 상윳따-anamataggasaṃyuttaṃ)의 경 20개 — 「anamataggoyaṃ, bhikkhave, saṃsāro. pubbā koṭi na paññāyati avijjānīvaraṇānaṃ sattānaṃ taṇhāsaṃyojanānaṃ sandhāvataṃ saṃsarataṃ 비구들이여, 윤회는 시작이 알려지지 않는 것이다. 무명에 덮이고 애에 묶여서 옮겨가고 윤회하는 중생들에게 처음 시작점은 알려지지 않는다.」

니까야 가운데 윤회를 직접 주제로 하는 대표적인 상윳따인데, 2개의 품으로 구성된 20개의 경이 모두 이 구문을 포함하고 있습니다.

1) 오랜 세월 윤회하였음 — (SN 15.1-풀과 나무토막 경)/(SN 15.2-땅 경)/(SN 15.3-눈물 경)/(SN 15.4-젖 경)

; 어떤 방법으로 셈을 해도 윤회의 시작점에 닿지 못함
; 그 과정에 흘린 눈물 또는 마신 어머니의 젖의 양이 사대양의 물보다 많음
; 그 과정에 머리가 잘려 흘리고 뿜은 피의 양이 사대양의 물보다 많음

• (SN 15.1-풀과 나무토막 경)

evaṃ me sutaṃ — ekaṃ samayaṃ bhagavā sāvatthiyaṃ viharati jetavane anāthapiṇḍikassa ārāme. tatra kho bhagavā bhikkhū āmantesi — "bhikkhavo"ti. "bhadante"ti te bhikkhū bhagavato paccassosuṃ. bhagavā etadavoca —

이렇게 나는 들었다. — 한때 세존은 사왓티에서 제따와나의 아나타삔디까 사원에 머물렀다. 거기서 세존은 "비구들이여."라고 비구들을 불렀다. "대덕이시여."라고 그 비구들은 세존에게 대답했다. 세존은 이렇게 말했다. —

"anamataggoyaṃ bhikkhave, saṃsāro. pubbā koṭi na paññāyati avijjānīvaraṇānaṃ sattānaṃ taṇhāsaṃyojanānaṃ sandhāvataṃ saṃsarataṃ.

"비구들이여, 윤회는 시작이 알려지지 않는 것이다. 무명(無明)에 덮이고 애(愛)에 묶여서 옮겨가고 윤회하는 중생들에게 처음 시작점은 알려지지 않는다.

seyyathāpi, bhikkhave, puriso yaṃ imasmiṃ jambudīpe tiṇakaṭṭhasākhāpalāsaṃ taṃ chetvā ekajjhaṃ saṃharitvā caturaṅgulaṃ caturaṅgulaṃ ghaṭikaṃ katvā nikkhipeyya — 'ayaṃ me mātā, tassā me mātu ayaṃ mātā'ti, apariyādinnāva bhikkhave, tassa purisassa mātumātaro assu, atha imasmiṃ jambudīpe tiṇakaṭṭhasākhāpalāsaṃ parikkhayaṃ pariyādānaṃ gaccheyya.

예를 들면, 비구들이여, 어떤 사람이 이 잠부디빠에 있는 풀과 나무토막과 가지와 잎들을 잘라서 함께 모은 뒤에 손가락 네 개에 해당하는 만큼씩을 작은 그릇에 담아서 '이것은 나의 어머니의 것, 이것은 그 어머니의 자식이었던 나의 어머니의 것'이라며 놓는다고 하면, 비구들이여, 이 잠부디빠에 있는 풀과 나무토막과 가지와 잎들을 모두 쓰고 모두 소진되어도, 어머니의 자식이었던 그 사람의 어머니들(*)은 끝나지 않을 것이다.

(*) 그 사람의 전생의 어머니들 → 어머니들의 계보 즉 인류의 역사가 아니라 그 사람의 전생들의 어머니들 → 윤회하는 그 사람의 역사

taṃ kissa hetu? anamataggoyaṃ, bhikkhave, saṃsāro. pubbā koṭi na paññāyati avijjānīvaraṇānaṃ sattānaṃ taṇhāsaṃyojanānaṃ sandhāvataṃ saṃsarataṃ. evaṃ dīgharattaṃ vo, bhikkhave, dukkhaṃ paccanubhūtaṃ tibbaṃ paccanubhūtaṃ byasanaṃ paccanubhūtaṃ, kaṭasī vaḍḍhitā. yāvañcidaṃ, bhikkhave, alameva sabbasaṅkhāresu nibbindituṃ alaṃ virajjituṃ alaṃ vimuccitun"ti. paṭhamaṃ.

그것의 원인은 무엇인가? 비구들이여, 윤회는 시작이 알려지지 않는 것이다. 무명에 덮이고 애에 묶여서 옮겨가고 윤회하는 중생들에게 처음 시작점은 알려지지 않는다. 이렇게 오랫동안, 비구들이여, 그대들은 괴로움을 경험하고, 격렬함을 경험하고, 불행을 경험하고, 무덤을 증가시켰다. 그러므로 비구들이여, 모든 행(行)에 대해 염오 하는 것

이 마땅하고, 이탐 하는 것이 마땅하고, 해탈하는 것이 마땅하다."

• (SN 15.2-땅 경) — 예를 들면, 비구들이여, 어떤 사람이 이 큰 대지를 대추나무씨만큼 거듭 떼어서 '이것은 나의 아버지의 것, 이것은 그 아버지의 자식이었던 나의 아버지의 것'이라며 놓는다고 하면, 비구들이여, 이 큰 대지를 모두 쓰고 모두 소진되어도, 아버지의 자식이었던 그 사람의 아버지들은 끝나지 않을 것이다.

• (SN 15.3-눈물 경) — 비구들이여, 이를 어떻게 생각하는가? 그대들이 오랜 세월 옮겨가고 윤회하는 동안 마음에 들지 않는 사람과 만나고 마음에 드는 사람과 헤어지면서 비탄에 빠지고 울부짖으며 흘린 눈물과 사대양에 있는 물 가운데 어느 쪽이 더 많겠는가?"

"대덕이시여, 저희가 세존께서 설하신 법을 바르게 이해하기로는 오랜 세월 옮겨가고 윤회하는 동안 마음에 들지 않는 사람과 만나고 마음에 드는 사람과 헤어지면서 비탄에 빠지고 울부짖으며 흘린 눈물이 더 많습니다. 사대양에 있는 물이 더 많은 것이 아닙니다."

"훌륭하고 훌륭하다, 비구들이여. 그대들이 내가 설한 법을 이와 같이 바르게 이해하니 참으로 훌륭하다. 비구들이여, 이처럼 그대들이 오랜 세월 옮겨가고 윤회하는 동안 마음에 들지 않는 사람과 만나고 마음에 드는 사람과 헤어지면서 비탄에 빠지고 울부짖으며 흘린 눈물이 더 많다. 사대양에 있는 물이 더 많은 것이 아니다."

… 어머니의 죽음을 겪었다 … 아버지의 죽음을 겪었다. … 형제의 죽음을 겪었다. … 누이의 죽음을 겪었다. … 아들의 죽음을 겪었다. … 딸의 죽음을 겪었다. … 친척과 관련한 실패를 겪었다. … 재물과 관련한 실패를 겪었다. … 병과 관련한 실패를 겪었다. 그대들이 오랜 세월 옮겨가고 윤회하는 동안 병과 관련된 실패를 겪으면서 마음에 들지 않는 사람과 만나고 마음에 드는 사람과 헤어지면서 비탄에 빠지고 울부짖으며 흘린 눈물이 더 많다. 사대양에 있는 물이 더 많은 것이 아니다. 그것의 원인은 무엇인가? 비구들이여, 윤회는 시작이 알려지지 않는 것이다. 무명에 덮이고 애에 묶여서 옮겨가고 윤회하는 중생들에게 처음 시작점은 알려지지 않는다. 이렇게 오랫동안, 비구들이여, 그대들은 괴로움을 경험하고, 격렬함을 경험하고, 불행을 경험하고, 무덤을 증가시켰다. 그러므로 비구들이여, 모든 행에 대해 염오하는 것이 마땅하고, 이탐 하는 것이 마땅하고, 해탈하는 것이 마땅하다."

• (SN 15.4-젖 경) — 그대들이 오랜 세월 옮겨가고 윤회하는 동안 마신 어머니의 젖과 사대양에 있는 물 가운데 어느 쪽이 더 많겠는가?

2) 겁(劫)에 견주어 윤회를 설명 — (SN 15.5-산 경)/(SN 15.6-겨자씨 경)/(SN 15.7-제자 경)/(SN 15.8-강가 경)

겁(劫)은 여러 방법으로 설명됩니다. ①가로-세로-높이가 대략 10km 정도 되는 바위산을 백년에 한 번씩 비단으로 스쳐서 완전히 닳아 없어질 때까지 걸리는 시간(SN 15.5-산 경), ②같은 부피를 가진 성채에 가득 찬 겨자씨를 백년에 한 개씩 들어내어 다 없어질 때까지 걸리는 시간(SN 15.6-겨자씨 경)입니다. 심지어는 ③한 겁 동안의 윤회 과정에서 죽음 이후의 뼈의 양이 웨뿔라 산만큼 큰 무더기가 될 것(SN 15.10-사람 경)입니다.

겁(劫)에 대한 이런 설명은 중생들이 얼마나 오래 윤회하였는지를 비유적으로 설명하기 위해 나타납니다. 그래서 얼마나 많은 겁이 지나가고 그동안 윤회하였는지의 주제에 대해 ①백년을 사는 네 명의 제자가 각자 매일 십만 겁씩을 기억한다고 해도 그들이 다 죽은 이후에도 헤아리지 못한 겁이 남아있고(SN 15.7-제자 경), ②갠지스강 변의 모래 숫자보다 더 많은 겁이 지나갔지만(SN 15.8-강가 경), 중생들이 윤회한 기간은 그보다 더 길다는 설명입니다.

• (SN 15.5-산 경)

atha kho aññataro bhikkhu yena bhagavā tenupasaṅkami; upasaṅkamitvā bhagavantaṃ abhivādetvā ekamantaṃ nisīdi. ekamantaṃ nisinno kho so bhikkhu bhagavantaṃ etadavoca — "kīvadīgho nu kho, bhante, kappo"ti? "dīgho kho, bhikkhu, kappo. so na sukaro saṅkhātuṃ ettakāni vassāni iti vā, ettakāni vassasatāni iti vā, ettakāni vassasahassāni iti vā, ettakāni vassasatasahassāni iti vā"ti.

그때 어떤 비구가 세존에게 왔다. 와서는 세존에게 절한 뒤 한 곁에 앉았다. 한 곁에 앉은 그 비구는 세존에게 이렇게 말했다. — "대덕이시여, 겁(劫)은 얼마나 깁니까?" "비구여, 겁은 길다. 몇 년이라거나, 몇백 년이라거나, 몇천 년이라거나, 몇십만 년이라고 설명하는 것은 쉽지 않다."

"sakkā pana, bhante, upamaṃ kātun"ti? "sakkā, bhikkhū"ti bhagavā avoca. "seyyathāpi, bhikkhu, mahāselo pabbato yojanaṃ āyāmena yojanaṃ vitthārena yojanaṃ ubbedhena acchinno asusiro ekagghano. tamenaṃ puriso vassasatassa vassasatassa accayena kāsikena vatthena sakiṃ sakiṃ parimajjeyya. khippataraṃ kho so, bhikkhu, mahāselo pabbato iminā upakkamena parikkhayaṃ pariyādānaṃ gaccheyya, na tveva kappo. evaṃ dīgho, bhikkhu, kappo. evaṃ dīghānaṃ kho, bhikkhu, kappānaṃ neko kappo saṃsito, nekaṃ kappasataṃ saṃsitaṃ, nekaṃ kappasahassaṃ saṃsitaṃ, nekaṃ kappasatasahassaṃ saṃsitaṃ.

"그러면 대덕이시여, 비유로 설명할 수 있습니까?" "할 수 있다, 비구여."라고 세존은 말했다. "예를 들면, 비구여, 길이와 폭과 높이가 1요자나이면서 갈라지지 않고 파이지 않은 큰 바위산이 있다. 그것이 닳아 없어지도록 어떤 사람이 100년에 한 번씩 까시의 천으로 스칠 것이다. 비구여, 그 큰 바위산이 이런 방법으로 닳고 소진되는 것이 더 빠를 것이다. 겁이 아니다. 비구여, 겁은 이렇게 길다. 참으로 비구여, 이렇게 긴 겁이 있을 때, 수 겁을 윤회했고, 수백 겁을 윤회했고, 수천 겁을 윤회했고, 수십만 겁을 윤회했다.

taṃ kissa hetu? anamataggoyaṃ, bhikkhu, saṃsāro. pubbā koṭi ... pe ... yāvañcidaṃ, bhikkhu, alameva sabbasaṅkhāresu nibbindituṃ, alaṃ virajjituṃ, alaṃ vimuccitun"ti. pañcamaṃ.

그것의 원인은 무엇인가? 비구들이여, 윤회는 시작이 알려지지 않는 것이다. 무명에 덮이고 애에 묶여서 옮겨가고 윤회하는 중생들에게 처음 시작점은 알려지지 않는다. 비구들이여, 그대들은 이렇게 오랜 세월 괴로움을 겪었고 혹독함을 겪었고 재앙을 겪었고 무덤을 증가시켰다. 그러므로 비구들이여, 모든 행에 대해 염오하는 것이 마땅하고, 이탐 하는 것이 마땅하고, 해탈하는 것이 마땅하다."

• (SN 15.6-겨자씨 경)

“그러면 대덕이시여, 비유로 설명할 수 있습니까?” “할 수 있다, 비구여.”라고 세존은 말했다. “예를 들면, 비구여, 길이와 폭과 높이가 1요자나인 철로 지은 성이 있고, 겨자씨로 성의 경계를 가득 채우고 있다. 그것이 비워지도록 어떤 사람이 거기에서 100년에 한 개씩 겨자씨를 들어낼 것이다. 비구여, 그 큰 겨자씨 무더기가 이런 방법으로 비워지고 소진되는 것이 더 빠를 것이다. 겁이 아니다. 비구여, 겁은 이렇게 길다. 참으로 비구여, 이렇게 긴 겁이 있을 때, 수 겁을 윤회했고, 수백 겁을 윤회했고, 수천 겁을 윤회했고, 수십만 겁을 윤회했다.

• (SN 15.7-제자 경)

“그러면 대덕이시여, 비유로 설명할 수 있습니까?” “할 수 있다, 비구여.”라고 세존은 말했다. “여기 비구들이여, 백년의 수명을 가져 백년을 사는 4명의 제자가 있을 것이다. 그들이 날마다 날마다 수십만 겁을 기억할 것이다. 그러나 그들이 기억하지 못한 겁들이 있을 것이다. 그리고 그 백년의 수명을 가져 백년을 사는 4명의 제자가 수명이 다해 죽을 것이다. 비구들이여, 이렇게 많은 겁이 지나가고 흘러갔다. 몇 겁이라거나, 몇백 겁이라거나, 몇천 겁이라거나, 몇십만 겁이라고 설명하는 것은 쉽지 않다.

• (SN 15.8-강가 경)

“그러면 고따마 존자여, 비유로 설명할 수 있습니까?” “할 수 있습니다, 바라문이여.”라고 세존은 말했다. “예를 들면, 바라문이여, 이 강가 강은 흘러서 큰 바다에 들어갑니다. 그 사이에 있는 모래를 이만큼의 모래라거나, 이만큼의 백 배의 모래라거나, 이만큼의 천 배의 모래라거나, 이만큼의 수십만 배의 모래라고 설명하는 것은 쉽지 않습니다. 참으로 바라문이여, 그보다 더 많은 겁이 지나가고 흘러갔습니다. 몇 겁이라거나, 몇백 겁이라거나, 몇천 겁이라거나, 몇십만 겁이라고 설명하는 것은 쉽지 않습니다.

3) (SN 15.9-막대기 경) ― 이 세상에서 저세상으로 가기도 하고, 저세상에서 이 세상으로 오기도 함 ⇒ (1. 주격 용례) 참조

2-1) (SN 15.10-사람 경) ― 어떤 사람이 한 겁 동안 옮겨가고 윤회한다면, 만약 한데 모을 것이고 쌓은 것을 잃지 않는다면, 이 웨뿔라 산만큼 큰 뼈와 해골, 뼈의 더미, 뼈 무더기가 생길 것

4) 남들의 경험을 나에게 견줌 — (SN 15.11-비참한 존재 경)/(SN 15.12-행복 경)

• (SN 15.11-비참한 존재 경) — 비참한 존재, 불행한 존재를 보게 되면, 여기서 '우리도 이 긴 세월 동안 이런 상태를 겪었었다.'라고 생각해야 함

• (SN 15.12-행복 경) — 행복한 존재, 친밀한 존재를 보게 되면, 여기서 '우리도 이 긴 세월 동안 이런 상태를 겪었었다.'라고 생각해야 함

1-1) 오랜 세월 윤회하였음 — (SN 15.13-삼십 명 경) — "비구들이여, 윤회는 시작이 알려지지 않는 것이다. 무명에 덮이고 애에 묶여서 옮겨가고 윤회하는 중생들에게 처음 시작점은 알려지지 않는다.

그것을 어떻게 생각하는가, 비구들이여? 옮겨가고 윤회하는 이 긴 세월 동안 그대들에게 머리가 잘려서 흘리고 뿜은 피와 사대양의 물 가운데 어떤 것이 더 많은가?"라고.

"대덕이시여, 저희가 세존께서 설하신 법을 이해하기로는 오랜 세월 옮겨가고 윤회하는 이 긴 세월 동안 저희가 머리가 잘려서 흘리고 뿜은 피가 더 많습니다. 사대양에 있는 물이 더 많은 것이 아닙니다."

"훌륭하고 훌륭하다, 비구들이여. 비구들이여, 그대들이 내가 설한 법을 이렇게 이해하고 있다니 훌륭하다. 오랜 세월 옮겨가고 윤회하는 이 긴 세월 동안 그대들이 머리가 잘려서 흘리고 뿜은 피가 더 많다. 사대양에 있는 물이 더 많은 것이 아니다.

… 소가 되어 소로 태어나 … 물소가 되어 물소로 태어나 … 숫양이 되어 숫양으로 태어나 … 염소가 되어 염소로 태어나 … 닭이 되어 닭으로 태어나 … 돼지가 되어 돼지로 태어나 … 마을을 약탈하는 도둑으로 붙잡혀 … 노상강도인 도둑으로 붙잡혀 … 비구들이여, 긴 세월 동안 그대들이 간통범으로 붙잡혀 머리가 잘려서 흘리고 뿜은 피가 더 많다. 사대양에 있는 물이 더 많은 것이 아니다. 그것의 원인은 무엇인가? 비구들이여, 윤회는 시작이 알려지지 않는 것이다 …해탈하는 것이 마땅하다."

5) 이 긴 세월 동안 예전에 어머니-아버지-형제-자매-아들-딸이 아니었던 사람을 만

나는 것은 쉽지 않음 — (SN 15.14-어머니 경)/(SN 15.15-아버지 경)/(SN 15.16-형제 경)/(SN 15.17-자매 경)/(SN 15.18-아들 경)/(SN 15.19-딸 경)

• (SN 15.14-어머니 경)

"anamataggoyaṃ, bhikkhave, saṃsāro ... pe ... na so, bhikkhave, satto sulabharūpo yo namātābhūtapubbo iminā dīghena addhunā. taṃ kissa hetu? anamataggoyaṃ, bhikkhave, saṃsāro ... pe ... alaṃ vimuccitun"ti.

"비구들이여, 윤회는 시작이 알려지지 않는 것이다. 무명에 덮이고 애에 묶여서 옮겨가고 윤회하는 중생들에게 처음 시작점은 알려지지 않는다.

비구들이여, 그 중생이 이 긴 세월 동안 예전에 어머니가 아니었던 사람을 만나는 것은 쉽지 않다.

그것의 원인은 무엇인가? 비구들이여, 윤회는 시작이 알려지지 않는 것이다. 무명에 덮이고 애에 묶여서 옮겨가고 윤회하는 중생들에게 처음 시작점은 알려지지 않는다. 이렇게 오랫동안, 비구들이여, 그대들은 괴로움을 경험하고, 격렬함을 경험하고, 불행을 경험하고, 무덤을 증가시켰다. 그러므로 비구들이여, 모든 행에 대해 염오하는 것이 마땅하고, 이탐 하는 것이 마땅하고, 해탈하는 것이 마땅하다."

6) 무상(無常) — (SN 15.20-웨뿔라 산 경)

"비구들이여, 윤회는 시작이 알려지지 않는 것이다. 무명에 덮이고 애에 묶여서 옮겨가고 윤회하는 중생들에게 처음 시작점은 알려지지 않는다. 예전에 비구들이여, 이 웨뿔라 산에게 빠찌나왕사라는 이름이 생겼었다. 그리고 비구들이여, 그때의 사람들에게 '띠와라'라는 이름이 생겼었다. 비구들이여, 띠라와 사람들에게 수명의 기준은 4만 년이었다. 비구들이여, 띠와라 사람들은 빠찌나왕사 산을 4일 걸려서 올라갔고, 4일 걸려서 내려왔다. 그리고 비구들이여, 그때 까꾸산다 세존-아라한-정등각이 세상에 출현했다. 비구들이여, 까꾸산다 세존-아라한-정등각에게 위두라와 산지와라는 이름의 으뜸이고 최선인 한 쌍의 제자가 있었다. 보라, 비구들이여, 이런 산의 이름도 사라졌고, 그 사람들도 죽었고, 그분 세존께서도 완전히 꺼졌다. 비구들이여, 이렇게 행(行)들은 무상

(無常)하다. 비구들이여, 이렇게 행들은 안정되지않다. 비구들이여, 이렇게 행들은 영원하지 않다. 그러므로 비구들이여, 모든 행에 대해 염오하는 것이 마땅하고, 이탐 하는 것이 마땅하고, 해탈하는 것이 마땅하다.

… 왕까까 산-로히땃사 사람-수명의 기준 3만 년-3일 걸려 오르고 내림-꼬나가마나 세존-아라한-정등각의 출현-비요사와 웃따라라는 이름의 으뜸이고 최선인 한 쌍의 제자

… 수빳사 산… 숩삐야 사람-수명의 기준 2만 년-2일 걸려 오르고 내림-깟사빠 세존-아라한-정등각의 출현-비요사와 웃따라라는 이름의 으뜸이고 최선인 한 쌍의 제자

… 웨뿔라 산-마가다까 사람-수명의 기준은 작고 보잘 것 없고 빨라서 오래 사는 사람이 100년 안팎을 삶-고따마 세존-아라한-정등각의 출현-사리뿟따와 목갈라나라는 이름의 으뜸이고 최선인 한 쌍의 제자

"pācīnavaṃso tivarānaṃ, rohitassāna vaṅkako.
suppiyānaṃ supassoti, māgadhānañca vepullo.

띠와라들의 빠찌나왕사, 로히땃사들의 왕까까
숩삐야들의 수빳사, 마가다들의 웨뿔라

"aniccā vata saṅkhārā, uppādavayadhammino.
uppajjitvā nirujjhanti, tesaṃ vūpasamo sukho"ti. dasamaṃ.

유위(有爲)에서 형성된 것들은 참으로 무상(無常)하여 생겨나고 무너지는 성질을 가졌다. 생겨남을 원인으로 소멸한다. 그들의 가라앉음이 행복이다.

2. 기타 용례

1) (SN 22.99-가죽끈 경) — 윤회는 시작이 알려지지 않는 것이다. 무명에 덮이고 애에 묶여서 옮겨가고 윤회하는 중생들에게 처음 시작점은 알려지지 않는다. 비구들이여, 큰 바다가 증발하고 바짝 마르고 존재하지 않게 되는 때가 있다. 그러나 비구들이여, 무명에

덮이고 애에 묶여서 옮겨가고 윤회하는 중생들에게 괴로움은 끝나지 않는다고 나는 말한다. … 산의 왕 히말라야가 불타고 무너지고 존재하지 않게 되는 때 … 대지가 불타고 무너지고 존재하지 않게 되는 때 …

예를 들면, 비구들이여, 튼튼한 말뚝이나 기둥에 묶여 있는 가죽끈에 묶인 개는 오직 그 말뚝이나 기둥의 주위를 달리고, 맴돈다. 이처럼, 비구들이여, 성스러운 사람을 만나지 못하고, … 고결한 사람의 법에서 훈련되지 못한 배우지 못한 범부는 아(我)로부터 색(色)을 관찰한다. … 아(我)로부터 수(受)를 관찰한다. … 아(我)로부터 상(想)을 관찰한다. … 아(我)로부터 행(行)들을 관찰한다. … 아(我)로부터 식(識)을 관찰한다. 식(識)을 가진 자로서의 아(我)를 관찰하거나, 아(我)에서 식(識)을 관찰하거나, 식(識)에서 아(我)를 관찰한다. 그는 색(色)의 주위를 달리고 맴돈다. 수(受)의 … 상(想)의 … 행(行)들의 … 식(識)의 주위를 달리고, 맴돈다. 색(色)의 주위를 달리고 맴도는 그는 … 수(受)의 … 상(想)의 … 행(行)들의 … 식(識)의 주위를 달리고 맴도는 그는 색(色)에서 벗어나지 못하고, 수(受)에서 벗어나지 못하고, 상(想)에서 벗어나지 못하고, 행(行)들에서 벗어나지 못하고, 식(識)에서 벗어나지 못한다. 태어남과 늙음-죽음과 슬픔과 비탄과 고통과 고뇌와 절망에서 벗어나지 못한다. '괴로움의 영역에서 벗어나지 못한다.'라고 나는 말한다.

비구들이여, 성스러운 사람을 만나고, 성스러운 법에 대해 능숙하고, 성스러운 법에서 훈련되고, 고결한 사람을 만나고, 고결한 사람의 법에 대해 능숙하고, 고결한 사람의 법에서 훈련된 잘 배운 성스러운 제자는 아(我)로부터 색(色)을 관찰하지 않는다. … 수(受)를 … 상(想)을 … 행(行)들을 … 아(我)로부터 식(識)을 관찰하지 않는다. 식(識)을 가진 자로서의 아(我)를 관찰하거나, 아(我)에서 식(識)을 관찰하거나, 식(識)에서 아(我)를 관찰하지 않는다. 그는 색(色)의 주위를 달리지 않고 맴돌지 않는다. 수(受)의 … 상(想)의 … 행(行)들의 … 식(識)의 주위를 달리지 않고 맴돌지 않는다. 색(色)의 주위를 달리지 않고 맴돌지 않는 그는 … 수(受)의 … 상(想)의 … 행(行)들의 … 식(識)의 주위를 달리지 않고 맴돌지 않는 그는 색(色)에서 벗어나고, 수(受)에서 벗어나고, 상(想)에서 벗어나고, 행(行)들에서 벗어나고, 식(識)에서 벗어난다. 태어남과 늙음-죽음과 슬픔과 비탄과 고통과 고뇌와 절망에서 벗어난다. '괴로움의 영역에서 벗어난다.'라고 나는 말한다.

2) (SN 22.100-가죽끈 경2) — "윤회는 시작점이 알려지지 않는 것이다. 무명(無明)에 덮

이고 갈애에 묶여 달려가고 윤회하는 중생들에게 시작점은 선언되지 않는다. 예를 들면, 비구들이여, 가죽끈에 묶인 개가 튼튼한 말뚝이나 기둥에 묶여 있다. 그는 간다고 해도 그 말뚝이나 기둥에게 가까이 가고, 선다고 해도 그 말뚝이나 기둥 가까이 서고, 앉는다 해도 그 말뚝이나 기둥 가까이 앉고, 눕는다 해도 그 말뚝이나 기둥 가까이 눕는다.

이처럼, 비구들이여, 배우지 못한 범부는 색(色)을 '이것은 나의 것이고, 이것은 나고, 이것은 나의 아(我)다.'라고 관찰한다. 수(受)를 … 상(想)을 … 행(行)들을 … 식(識)을 '이것은 나의 것이고, 이것은 나고, 이것은 나의 아(我)다.'라고 관찰한다. 그는 간다고 해도 이 오취온(五取蘊) 가까이 가고, 선다고 해도 이 오취온 가까이 서고, 앉는다고 해도 이 오취온 가까이 앉고, 눕는다고 해도 이 오취온 가까이 눕는다. 그러므로 비구들이여, 언제나 자신의 심(心)을 회상해야 한다. — '이 심(心)은 오랜 세월 탐(貪)과 진(瞋)과 치(癡)에 의해서 오염되었다.'라고. 심(心)의 오염으로부터 중생들은 오염되고, 심(心)의 청정으로부터 중생들은 청정해진다.

3) 변형된 형태 : (SN 56.35-백 자루의 창 경) — 「anamataggoyaṃ, bhikkhave, saṃsāro; pubbā koṭi nappaññāyati sattippahārānaṃ asippahārānaṃ usuppahārānaṃ pharasuppahārānaṃ 시작점이 알려지지 않는 윤회는 창으로 찌르고, 검으로 베고, 화살로 꿰뚫는 것에 의해 시작점이 선언되지 않는다.」

예를 들면, 비구들이여, 백년의 수명을 가져서 백년을 사는 사람이 있다. 그런 그에게 이렇게 말할 것이다. — '오시오, 이 사람아. 그대를 오전에 백 자루의 창으로 찌를 것이고, 낮에 백 자루의 창으로 찌를 것이고, 저녁에 백 자루의 창으로 찌를 것이네. 이 사람아, 백년의 수명을 가져서 백년을 사는 그대는 매일매일 그 백 자루의 창으로 찔리면서 백년이 지난 뒤에 관통하지 못한 사성제(四聖諦)를 관통할 것이네.'라고.

비구들이여, 이익을 바라는 좋은 가문의 아들은 들어갈 만하다. 그 원인은 무엇인가? 비구들이여, 시작점이 알려지지 않는 윤회는 창으로 찌르고, 검으로 베고, 화살로 꿰뚫는 것에 의해 시작점이 선언되지 않는다. 그러나 비구들이여, 이렇게 이것이 가능하다 하더라도, 비구들이여, 고통이 함께함에 의한, 고뇌가 함께함에 의한 사성제(四聖諦)의 관통을 나는 말하지 않는다. 그보다는, 비구들이여, 오직 즐거움과 함께한, 오직 기쁨과 함께한 사성제의 관통을 나는 말한다. 어떤 네 가지의 관통인가? 괴로움이 성스러운 진리의 … 괴로움의 소멸로 이끄는 실천의 성스러운 진리의 관통이다.

"tasmātiha, bhikkhave, 'idaṃ dukkhan'ti yogo karaṇīyo, 'ayaṃ dukkha-samudayo'ti yogo karaṇīyo, 'ayaṃ dukkhanirodho'ti yogo karaṇīyo, 'ayaṃ dukkhanirodhagāminī paṭipadā'ti yogo karaṇīyo"ti.

그러므로 비구들이여, '이것이 고(苦)이다.'라고 수행해야 한다. '이것이 고집(苦集)이다.'라고 수행해야 한다. '이것이 고멸(苦滅)이다.'라고 수행해야 한다. '이것이 고멸도(苦滅道)다.'라고 수행해야 한다.

3. 윤회는 시작이 알려지지 않는 것(anamataggo kho saṃsāro) — 지혜의 기능 : (SN 48.50-아빠나 경)

「"saddhassa hi, sāriputta, ariyasāvakassa āraddhavīriyassa upaṭṭhitassatino samāhitacittassa etaṃ pāṭikaṅkhaṃ yaṃ evaṃ pajānissati — anamataggo kho saṃsāro. pubbā koṭi na paññāyati avijjānīvaraṇānaṃ sattānaṃ taṇhāsaṃyojanānaṃ sandhāvataṃ saṃsarataṃ. avijjāya tveva tamokāyassa asesavirāganirodho santametaṃ padaṃ paṇītametaṃ padaṃ, yadidaṃ — sabbasaṅkhārasamatho sabbūpadhipaṭinissaggo taṇhākkhayo virāgo nirodho nibbānaṃ. yā hissa, sāriputta, paññā tadassa paññindriyaṃ.

사리뿟따여, 참으로 믿음이 있고, 열심히 정진하고, 사띠를 확립하고, 삼매를 닦는 심(心)을 가진 성스러운 제자에게 이런 것이 예상된다. — '윤회는 시작점이 알려지지 않는 것이다. 무명에 덮이고 애에 묶여 옮겨가고 윤회하는 중생에게 시작점은 선언되지 않는다. 그러나 어둠의 무더기인 무명이 남김없이 바랜 소멸은 평화로운 경지이고 뛰어난 경지이다. 즉 모든 행의 그침, 모든 재생의 조건을 놓음, 애의 부서짐, 이탐, 소멸인 열반이다.'라고. 사리뿟따여, 참으로 이런 지혜가 지혜의 기능이다.」

[3] 여격 용례② — 「avijjānīvaraṇānaṃ sattānaṃ taṇhāsaṃyojanānaṃ 무명에 덮이고 애에 묶인 중생들에게」 — 유(有-존재-bhava)

; 연기(緣起)의 연기된 법들의 10번째 지분 — 「취(取-upādāna)를 조건으로 유(有-bhava)가 있고, 유(有)를 조건으로 생(生-jāti)이 있다.」

1. (MN 43-교리문답의 큰 경)

"kati panāvuso, bhavā"ti?

"도반이여, 몇 가지 유(有-존재)가 있습니까?"

"tayome, āvuso, bhavā — kāmabhavo, rūpabhavo, arūpabhavo"ti.

"도반이여, 이런 세 가지 유(有)가 있습니다. — 욕유(慾有-욕계의 존재), 색유(色有-색계의 존재), 무색유(無色有-무색계의 존재)

"kathaṃ panāvuso, āyatiṃ punabbhavābhinibbatti hotī"ti?

"도반이여, 어떻게 미래에 다음의 존재로 태어남이 있습니까?"

; 유(有-존재-bhava) = 태어나는 자 = 나 = 중생

"avijjānīvaraṇānaṃ kho, āvuso, sattānaṃ taṇhāsaṃyojanānaṃ tatratatrābhinandanā — evaṃ āyatiṃ punabbhavābhinibbatti hotī"ti.

"도반이여, 무명(無明)에 덮이고 애(愛)에 묶인 중생들이 여기저기서 기뻐하기 때문에 이렇게 미래에 다음의 존재로 태어남이 있습니다."

"kathaṃ panāvuso, āyatiṃ punabbhavābhinibbatti na hotī"ti?

"도반이여, 어떻게 미래에 다음의 존재로 태어남이 없습니까?"

"avijjāvirāgā kho, āvuso, vijjuppādā taṇhānirodhā — evaṃ āyatiṃ punabbhavābhinibbatti na hotī"ti.

"도반이여, 무명이 바래고 명이 생겨나서 애가 소멸하기 때문에 이렇게 미래에 다음의 존재로 태어남이 없습니다."

2. (AN 3.77-존재 경1) — 식(識)의 머묾 → 「식의 몸통 = 삶의 과정에 대한 기억」

• (SN 12.64-탐 있음 경) — 「자량에 대한 탐이 있고 소망이 있고 애가 있으면 거기서 식이 머물고 늘어난다. 식이 머물고 늘어날 때 명색이 참여한다. 명색이 참여할 때 행들이 성장한다. 행들이 성장할 때 미래에 다시 존재가 되어 태어남이 있다. 미래에 다시 존재가 되어 태어남이 있을 때 미래의 생과 노사가 있다. 미래의 생과 노사가 있을 때, 비구들이여, 슬픔과 함께하고 고뇌와 함께하고 절망과 함께하는 그가 있다고 나는 말한다.」

; 식이 머물고 늘어남 = 연기(緣起)된 식(識) → 명색(名色)의 참여 = [식(識)-명색(名色)] = 활성 존재(bhūta) = 존재(有-bhava) + 활성 요소(촉-작의)

atha kho āyasmā ānando yena bhagavā tenupasaṅkami; upasaṅkamitvā bhagavantaṃ abhivādetvā ekamantaṃ nisīdi. ekamantaṃ nisinno kho āyasmā ānando bhagavantaṃ etadavoca — "bhavo, bhavoti, bhante, vuccati. kittāvatā nu kho, bhante, bhavo hotī"ti?

아난다 존자가 세존에게 왔다. 와서는 세존께 절한 뒤 한 곁에 앉았다. 한 곁에 앉은 아난다 존자는 세존에게 이렇게 말했다. — "대덕이시여, '존재, 존재'라고 불립니다. 참으로, 대덕이시여, 얼마만큼의 존재가 있습니까?"

"kāmadhātuvepakkañca, ānanda, kammaṃ nābhavissa, api nu kho kāmabhavo paññāyethā"ti? "no hetaṃ, bhante". "iti kho, ānanda, kammaṃ khettaṃ, viññāṇaṃ bījaṃ, taṇhā sneho. avijjānīvaraṇānaṃ sattānaṃ taṇhāsaṃyojanānaṃ hīnāya dhātuyā viññāṇaṃ patiṭṭhitaṃ evaṃ āyatiṃ punabbhavābhinibbatti hoti.

"아난다여, 욕계(慾界)로 이끄는 업(業)이 없다면 그래도 욕유(慾有-욕계 존재)가 나타나겠는가?" "아닙니다, 대덕이시여." "아난다여, 이렇게 업(業)은 밭이고 식(識)은 씨앗이고 애(愛)는 양분이다. 무명(無明)에 덮이고 애(愛)에 묶인 중생들의 식(識)은 낮은 계(界)에 머문다. 이렇게 미래에 다시 존재로 태어난다."

"rūpadhātuvepakkañca, ānanda, kammaṃ nābhavissa, api nu kho rūpabhavo paññāyethā"ti? "no hetaṃ, bhante". "iti kho ānanda, kammaṃ khettaṃ, viññāṇaṃ bījaṃ, taṇhā sneho. avijjānīvaraṇānaṃ sattānaṃ taṇhāsaṃyojanānaṃ majjhimāya dhātuyā viññāṇaṃ patiṭṭhitaṃ evaṃ āyatiṃ punabbhavābhinibbatti hoti.

"아난다여, 색계(色界)로 이끄는 업이 없다면 그래도 색유(色有-색계 존재)가 나타나겠는가?" "아닙니다, 대덕이시여." "아난다여, 이렇게 업은 밭이고 식은 씨앗이고 애는 양분이다. 무명에 덮이고 애에 묶인 중생들에게 식은 중간의 계에 머문다. 이렇게 미래에 다시 존재로 태어난다."

"arūpadhātuvepakkañca, ānanda, kammaṃ nābhavissa, api nu kho arūpabhavo paññāyethā"ti? "no hetaṃ, bhante". "iti kho, ānanda, kammaṃ khettaṃ, viññāṇaṃ bījaṃ, taṇhā sneho. avijjānīvaraṇānaṃ sattānaṃ taṇhāsaṃyojanānaṃ paṇītāya dhātuyā viññāṇaṃ patiṭṭhitaṃ evaṃ āyatiṃ punabbhavābhinibbatti hoti. evaṃ kho, ānanda, bhavo hotī"ti.

"아난다여, 무색계(無色界)로 이끄는 업이 없다면 그래도 무색유(無色有-무색계 존재)가 나타나겠는가?" "아닙니다, 대덕이시여." "아난다여, 이렇게 업은 밭이고 식은 씨앗이고 애는 양분이다. 무명에 덮이고 애에 묶인 중생들에게 식은 높은 계에 머문다. 이렇게 미래에 다시 존재로 태어난다. 아난다여, 이렇게 존재가 있다."

3. (AN 3.78-존재 경2) — 의도와 기대의 머묾 → 「식의 속성 = 의도와 기대」

atha kho āyasmā ānando yena bhagavā tenupasaṅkami ... pe ... āyasmā ānando bhagavantaṃ etadavoca — "bhavo, bhavoti, bhante, vuccati. kittāvatā nu kho, bhante, bhavo hotī"ti?

아난다 존자가 세존에게 왔다. 와서는 세존께 절한 뒤 한 곁에 앉았다. 한 곁에 앉은 아난다 존자는 세존에게 이렇게 말했다. — "대덕이시여, 존재, 존재라고 불립니다. 참으로, 대덕이시여, 얼마만큼의 존재가 있습니까?"

"kāmadhātuvepakkañca, ānanda, kammaṃ nābhavissa, api nu kho kāmabhavo paññāyethā"ti? "no hetaṃ bhante". "iti kho, ānanda, kammaṃ khettaṃ, viññāṇaṃ bījaṃ, taṇhā sneho. avijjānīvaraṇānaṃ sattānaṃ taṇhāsaṃyojanānaṃ hīnāya dhātuyā cetanā patiṭṭhitā patthanā patiṭṭhitā evaṃ āyatiṃ punabbhavābhinibbatti hoti".

"아난다여, 욕계로 이끄는 업이 없다면 그래도 욕유(慾有-욕계 존재)가 나타나겠는가?" "아닙니다, 대덕이시여." "아난다여, 이렇게 업은 밭이고 식은 씨앗이고 애는 양분이다. 무명에 덮이고 애에 묶인 중생들의 의도와 기대는 낮은 계에 머문다. 이렇게 미래에 다시 존재로 태어난다."

"rūpadhātuvepakkañca, ānanda, kammaṃ nābhavissa, api nu kho rūpabhavo paññāyethā"ti? "no hetaṃ, bhante". "iti kho, ānanda, kammaṃ khettaṃ, viññāṇaṃ bījaṃ, taṇhā sneho. avijjānīvaraṇānaṃ sattānaṃ taṇhāsaṃyojanānaṃ majjhimāya dhātuyā cetanā patiṭṭhitā patthanā patiṭṭhitā evaṃ āyatiṃ punabbhavābhinibbatti hoti".

"아난다여, 색계로 이끄는 업이 없다면 그래도 색유(色有-색계 존재)가 나타나겠는가?" "아닙니다, 대덕이시여." "아난다여, 이렇게 업은 밭이고 식은 씨앗이고 애는 양분이다. 무명에 덮이고 애에 묶인 중생들에게 의도와 기대는 중간의 계에 머문다. 이렇게 미래에 다시 존재로 태어난다."

"arūpadhātuvepakkañca, ānanda, kammaṃ nābhavissa, api nu kho arūpabhavo paññāyethā"ti? "no hetaṃ, bhante". "iti kho, ānanda, kammaṃ khettaṃ, viññāṇaṃ bījaṃ, taṇhā sneho. avijjānīvaraṇānaṃ sattānaṃ taṇhāsaṃyojanānaṃ paṇītāya dhātuyā cetanā patiṭṭhitā patthanā patiṭṭhitā evaṃ āyatiṃ punabbhavābhinibbatti hoti. evaṃ kho, ānanda, bhavo hotī”ti.

“아난다여, 무색계로 이끄는 업이 없다면 그래도 무색유(無色有-무색계 존재)가 나타나겠는가?” “아닙니다, 대덕이시여.” “아난다여, 이렇게 업은 밭이고 식은 씨앗이고 애는 양분이다. 무명에 덮이고 애에 묶인 중생들에게 의도와 기대는 높은 계에 머문다. 이렇게 미래에 다시 존재로 태어난다. 아난다여, 이렇게 존재가 있다.”

II. 일반 용례 ① — saṃsār~

1. saṃsāro

1) (MN 12-사자후 큰 경)

"santi kho pana, sāriputta, eke samaṇabrāhmaṇā evaṃvādino evaṃdiṭṭhino — 'saṃsārena suddhī'ti. na kho pana so, sāriputta, saṃsāro sulabharūpo yo mayā asaṃsaritapubbo iminā dīghena addhunā, aññatra suddhāvāsehi devehi. suddhāvāse cāhaṃ, sāriputta, deve saṃsareyyaṃ, nayimaṃ lokaṃ punarāgaccheyyaṃ.

사리뿟따여, '윤회에 의해 청정해진다.'라는 이런 주장, 이런 견해를 가진 어떤 사문-바라문들이 있다. 이 오랜 세월 동안, 정거천(淨居天)을 제외하고서, 내가 이전에 윤회하지 않았던 윤회의 자리는 찾기 어렵다. 그러나 사리뿟따여, 내가 정거천에 윤회했다면 이 세상에 다시 오지 못했을 것이다.

2) (SN 15-시작이 알려지지 않음 상윳따-anamataggasaṃyuttaṃ)의 경 20개 ⇒ [2] 여격 용례①

3) (KN 2.5-bālavaggo)

dīghā jāgarato ratti, dīghaṃ santassa yojanaṃ.
dīgho bālānaṃ saṃsāro, saddhammaṃ avijānataṃ.

깨어있는 자에게 밤은 길고, 피곤한 자에게 요자나는 길다(길은 멀다).
정법(正法)을 모르는 어리석은 자에게 윤회는 길다.

2. saṃsāraṃ

1) (DN 15.1-대인연경, 연기)/(SN 12.60-인연 경)

evaṃ me sutaṃ — ekaṃ samayaṃ bhagavā kurūsu viharati kammāsadhammaṃ nāma kurūnaṃ nigamo. atha kho āyasmā ānando yena bhagavā tenupasaṅkami, upasaṅkamitvā bhagavantaṃ abhivādetvā ekamantaṃ nisīdi. ekamantaṃ nisinno kho āyasmā ānando bhagavantaṃ etadavoca — "acchariyaṃ, bhante, abbhutaṃ, bhante! yāva gambhīro cāyaṃ, bhante, paṭiccasamuppādo gambhīrāvabhāso ca, atha ca pana me uttānakuttānako viya khāyatī"ti. "mā hevaṃ, ānanda, avaca, mā hevaṃ, ānanda, avaca. gambhīro cāyaṃ, ānanda, paṭiccasamuppādo gambhīrāvabhāso ca. etassa, ānanda, dhammassa ananubodhā appaṭivedhā evamayaṃ pajā tantākulakajātā kulagaṇṭhikajātā muñjapabbajabhūtā apāyaṃ duggatiṃ vinipātaṃ saṃsāraṃ nātivattati.

이렇게 나는 들었다. — 한때 세존은 꾸루에서 깜마사담마라는 이름의 꾸루의 마을에 머물렀다. 그때 아난다 존자가 세존에게 갔다. 가서는 세존에게 절한 뒤 한 곁에 앉았다. 한 곁에 앉은 아난다 존자는 세존에게 이렇게 말했다. — "대덕이시여, 참으로 놀랍습니다. 대덕이시여, 참으로 신기합니다. 대덕이시여, 이 연기(緣起)는 최고로 심오하고 심오하게 드러납니다. 그런데도 저에게 분명하고 분명하게 드러납니다."라고.

"아난다여, 그렇게 말하지 말라. 아난다여, 그렇게 말하지 말라. 아난다여, 이 연기는 심오하고 심오하게 드러난다. 아난다여, 이 법을 이해하지 못하고 꿰뚫지 못하기 때문에 이렇게 실타래처럼 얽혀있고, 가문으로 매듭지어졌고, 문자 풀 같은 존재인 사람들은 상실과 비탄의 상태, 비참한 존재, 벌 받는 상태, 윤회를 넘어서지 못한다.

2) (MN 98-와셋타 경)/(KN 2.26-brāhmaṇavaggo)/(KN 5.35-와셋타 경)

"yo imaṃ palipathaṃ duggaṃ, saṃsāraṃ mohamaccagā.
tiṇṇo pāraṅgato jhāyī, anejo akathaṃkathī.
anupādāya nibbuto, tamahaṃ brūmi brāhmaṇaṃ.

이 위험한 길과 위험한 곳, 윤회와 치(癡)를 건넌 사람
건너서 저편에 닿은 선(禪)을 닦는 사람, 갈망 없고 의심 없는 사람

집착하지 않아서 꺼진 사람, 그를 나는 바라문이라 부른다.

3) (SN 35.229-바다 경2)

"samuddo, samuddo'ti, bhikkhave, assutavā puthujjano bhāsati. neso, bhikkhave, ariyassa vinaye samuddo. mahā eso, bhikkhave, udakarāsi mahāudakaṇṇavo. santi, bhikkhave, cakkhuviññeyyā rūpā iṭṭhā kantā manāpā piyarūpā kāmūpasaṃhitā rajanīyā. ayaṃ vuccati, bhikkhave, ariyassa vinaye samuddo. etthāyaṃ sadevako loko samārako sabrahmako sassamaṇabrāhmaṇī pajā sadevamanussā yebhuyyena samunnā tantākulakajātā kulagaṇṭhikajātā muñjapabbajabhūtā, apāyaṃ duggatiṃ vinipātaṃ saṃsāraṃ nātivattati ... pe ....

비구들이여, '바다, 바다'라고 배우지 못한 범부들은 말한다. 비구들이여, 성스러운 율(律)에서 그것은 바다가 아니다. 비구들이여, 그것은 물의 큰 무더기이고, 물의 큰 흐름이다. 비구들이여, 원하고 좋아하고 마음에 들고 사랑스럽고 소유의 사유를 수반하며 좋아하기 마련인 안(眼)으로 인식되는 색(色)들이 있다. 비구들이여, 성스러운 율에서는 이것이 바다라고 불린다. 신과 함께하고 마라와 함께하고 범천과 함께하는 이 세상과 실타래처럼 엉키고, 가문에 덮여 엉키고, 문자 풀 같은 존재인 사문-바라문들과 함께하고 신과 사람과 함께하는 존재들은 대부분 여기에 잠겨서 상실과 비탄의 상태, 비참한 존재, 벌 받는 상태, 윤회를 벗어나지 못한다. … (여섯에 반복)

4) (AN 4.9-애(愛)의 생김 경)

"cattārome, bhikkhave, taṇhuppādā yattha bhikkhuno taṇhā uppajjamānā uppajjati. katame cattāro? cīvarahetu vā, bhikkhave, bhikkhuno taṇhā uppajjamānā uppajjati; piṇḍapātahetu vā, bhikkhave, bhikkhuno taṇhā uppajjamānā uppajjati; senāsanahetu vā, bhikkhave, bhikkhuno taṇhā uppajjamānā uppajjati; itibhavābhavahetu vā, bhikkhave, bhikkhuno taṇhā uppajjamānā uppajjati. ime kho, bhikkhave, cattāro taṇhuppādā yattha bhikkhuno taṇhā uppajjamānā uppajjatī"ti.

비구들이여, 비구에게 애(愛)가 생길 때 어디에서 생기는지에 따라 이런 네 가지 애의 생겨남이 있다. 어떤 네 가지인가? 비구들이여, 비구에게 애가 생길 때 옷을 원인으로 생긴다. 비구들이여, 비구에게 애가 생길 때 탁발 음식을 원인으로 생긴다. 비구들이여, 비구에게 애가 생길 때 거처를 원인으로 생긴다. 비구들이여, 비구에게 애가 생길 때 이렇게 존재와 비존재(이 세상과 저세상)을 원인으로 생긴다. 비구들이여, 비구에게 애(愛)가 생길 때 어디에서 생기는지에 따라 이런 네 가지 애의 생겨남이 있다.

• bhava → vibhava → abhava

"taṇhā dutiyo puriso, dīghamaddhāna saṃsaraṃ.
itthabhāvaññathābhāvaṃ, saṃsāraṃ nātivattati. / (KN 5.38-두 가지 관찰 경)

애(愛)를 동반하는 사람은 오랫동안 윤회한다.
이 세상의 존재거나 다른 종류로 전개되는 윤회를 건너지 못한다.

"evamādīnavaṃ ñatvā, taṇhaṃ dukkhassa sambhavaṃ.
vītataṇho anādāno, sato bhikkhu paribbaje"ti.

이렇게 애(愛)가 고(苦)의 원인이라고 위험을 알아서
비구는 애가 없는 자, 붙잡지 않는 자, 사띠를 가진 자로서 유행해야 한다.

5) (AN 4.10-속박 경)

; 소유의 속박, 존재의 속박, 견해의 속박, 무명의 속박

"kāmayogena saṃyuttā, bhavayogena cūbhayaṃ.
diṭṭhiyogena saṃyuttā, avijjāya purakkhatā.
"sattā gacchanti saṃsāraṃ, jātimaraṇagāmino.
ye ca kāme pariññāya, bhavayogañca sabbaso.
"diṭṭhiyogaṃ samūhacca, avijjañca virājayaṃ.
sabbayogavisaṃyuttā, te ve yogātigā munī"ti.

소유의 속박에 의해 묶이고, 존재의 속박에 의해 양쪽으로 묶이고,
견해의 속박에 묶이고, 무명을 따르는
중생들은 윤회로 나아가니, 생(生)과 사(死)로 이끌리는 자들이다.
소유의 삶과 존재의 속박을 모든 면에서 완전히 알고
견해의 속박을 뿌리 뽑은 뒤에 무명을 바래게 한
모든 속박이 끊어진 그들이 참으로 속박을 극복한 성자이다.

6) (AN 4.49-전도(顚倒) 경)

; 네 가지 상(想)의 전도(轉倒), 심(心)의 전도, 견해의 전도
; 네 가지 상(想)의 전도되지 않음, 심(心)의 전도되지 않음, 견해의 전도되지 않음

"anicce niccasaññino, dukkhe ca sukhasaññino.
anattani ca attāti, asubhe subhasaññino.
micchādiṭṭhihatā sattā, khittacittā visaññino.
"te yogayuttā mārassa, ayogakkhemino janā.
sattā gacchanti saṃsāraṃ, jātimaraṇagāmino.

"무상(無常)에 대해 상(常)이라는 상(想)을 가진, 고(苦)에 대해 락(樂)이라는 상(想)을 가진, 무아(無我)에 대해 아(我)라는, 부정(不淨)에 대해 정(淨)이라는 상(想)을 가진 중생들은 전도된 상(想)을 가진 것이어서 심(心)이 뒤집히고, 삿된 견해 때문에 상처받는다. 마라의 족쇄에 묶여서 유가안온을 얻지 못하는 그 사람들, 생(生)과 사(死)로 이끌리는 중생들은 윤회한다.

7) (AN 4.199-애(愛) 경)

bhagavā etadavoca — "taṇhaṃ vo, bhikkhave, desessāmi jāliniṃ saritaṃ visaṭaṃ visattikaṃ, yāya ayaṃ loko uddhasto pariyonaddho tantākulakajāto gulāguṇṭhikajāto muñjapabbajabhūto apāyaṃ duggatiṃ vinipātaṃ saṃsāraṃ nātivattati. taṃ suṇātha, sādhukaṃ manasi karotha; bhāsissāmī"ti. "evaṃ, bhante"ti kho te bhikkhū bhagavato paccassosuṃ. bhagavā etadavoca —

세존은 이렇게 말했다. — "비구들이여, 그대들에게 흐르고, 퍼지고, 달라붙는 갈망인 애(愛)를 설하겠다. 공격당하고, 덮이고, 실타래처럼 엉키고, 가문에 덮여 엉키고, 문자풀 같은 존재인 사람들은 이 애로 인해 상실과 비탄의 상태, 비참한 존재, 벌 받는 상태, 윤회를 벗어나지 못한다. 그것을 듣고 잘 사고하라. 나는 말하겠다."라고. "알겠습니다, 대덕이시여."라고 그 비구들은 세존에게 대답했다. 세존은 이렇게 말했다. —

"katamā ca sā, bhikkhave, taṇhā jālinī saritā visaṭā visattikā, yāya ayaṃ loko uddhasto pariyonaddho tantākulakajāto gulāguṇṭhikajāto muñjapabbajabhūto apāyaṃ duggatiṃ vinipātaṃ saṃsāraṃ nātivattati? aṭṭhārasa kho panimāni, bhikkhave, taṇhāvicaritāni ajjhattikassa upādāya, aṭṭhārasa taṇhāvicaritāni bāhirassa upādāya.

"비구들이여, 무엇이 공격당하고, 덮이고, 실타래처럼 엉키고, 가문에 덮여 엉키고, 문자 풀 같은 존재인 사람들이 상실과 비탄의 상태, 비참한 존재, 벌 받는 상태, 윤회를 벗어나지 못하게 하는 흐르고, 퍼지고, 달라붙는 갈망인 애인가? 비구들이여, 이런 안의 붙잡음을 원인으로 생기는 열여덟 가지 애의 행보와 밖의 붙잡음을 원인으로 생기는 열여덟 가지 애의 행보가 있다.

"katamāni aṭṭhārasa taṇhāvicaritāni ajjhattikassa upādāya? asmīti, bhikkhave, sati itthasmīti hoti, evaṃsmīti hoti, aññathāsmīti hoti, asasmīti hoti, satasmīti hoti, santi hoti, itthaṃ santi hoti, evaṃ santi hoti, aññathā santi hoti, apihaṃ santi hoti, apihaṃ itthaṃ santi hoti, apihaṃ evaṃ santi hoti, apihaṃ aññathā santi hoti, bhavissanti hoti, itthaṃ bhavissanti hoti, evaṃ bhavissanti hoti, aññathā bhavissanti hoti. imāni aṭṭhārasa taṇhāvicaritāni ajjhattikassa upādāya.

무엇이 안의 붙잡음을 원인으로 생기는 열여덟 가지 애의 행보인가? 비구들이여, '나는 있다.'가 있을 때 '나는 여기에 있다.'가 있고, '나는 이러하다.'가 있고, '나는 다르다.'가 있고, '나는 유(有-sat)가 아니다.'가 있고, '나는 유(有)이다.'가 있고, '나는 있었으면!'이 있고, '나는 여기에 있었으면!'이 있고, '나는 이렇게 있었으면!'이 있고, '나는 다르게 있었으면!'이 있고, '나는 참으로 있기를!'이 있고, '나는 참으로 여기에 있기를!'이 있고, '나는 참으로 이렇게 있기를!'이 있고, '나는 참으로 다르게 있기를!'이 있고, '나는 있게 되었으면!'이 있고, '나는 여기에 있게 되었으면!'이 있고, '나는 이렇게 있게 되었으면!'이 있고, '나는 다르게 있게 되었으면!'이 있다. 안의 붙잡음을 원인으로 생기는 이런 열여덟 가지 애의 행보가 있다.

"katamāni aṭṭhārasa taṇhāvicaritāni bāhirassa upādāya? imināsmīti, bhikkhave, sati iminā itthasmīti hoti, iminā evaṃsmīti hoti, iminā aññathāsmīti hoti, iminā asasmīti hoti, iminā satasmīti hoti, iminā santi hoti, iminā itthaṃ santi hoti, iminā evaṃ santi hoti, iminā aññathā santi hoti, iminā apihaṃ santi hoti, iminā apihaṃ itthaṃ santi hoti, iminā apihaṃ evaṃ santi hoti, iminā apihaṃ aññathā santi hoti, iminā bhavissanti hoti, iminā itthaṃ bhavissanti hoti, iminā evaṃ bhavissanti hoti, iminā aññathā bhavissanti hoti. imāni aṭṭhārasa taṇhāvicaritāni bāhirassa upādāya.

무엇이 밖의 붙잡음을 원인으로 생기는 열여덟 가지 애의 행보인가? 비구들이여, '이것으로 인해 내가 있다.'가 있을 때 '이것으로 인해 나는 여기에 있다.'가 있고, '이것으로 인해 나는 이러하다.'가 있고, '이것으로 인해 나는 다르다.'가 있고, '이것으로 인해 나는 유(有)가 아니다.'가 있고, '이것으로 인해 나는 유(有)이다.'가 있고, '이것으로 인해 나는 있었으면!'이 있고, '이것으로 인해 나는 여기에 있었으면!'이 있고, '이것으로 인해 나는 이렇게 있었으면!'이 있고, '이것으로 인해 나는 다르게 있었으면!'이 있고, '이것으로 인해 나는 참으로 있기를!'이 있고, '이것으로 인해 나는 참으로 여기에 있기를!'이 있고, '이것으로 인해 나는 참으로 이렇게 있기를!'이 있고, '이것으로 인해 나는 참으로 다르게 있기를!'이 있고, '이것으로 인해 나는 있게 되었으면!'이 있고, '이것으로 인해 나는 여기에 있게 되었으면!'이 있고, '이것으로 인해 나는 이렇게 있게 되었으면!'이 있고, '이것으로 인해 나는 다르게 있게 되었으면!'이 있다. 밖의 붙잡음을 원인으로 생기는 이런 열여덟 가지 애의 행보가 있다.

"iti aṭṭhārasa taṇhāvicaritāni ajjhattikassa upādāya, aṭṭhārasa taṇhāvicaritāni bāhirassa upādāya. imāni vuccanti, bhikkhave, chattiṃsa taṇhāvicaritāni. iti evarūpāni atītāni chattiṃsa taṇhāvicaritāni, anāgatāni chattiṃsa taṇhāvicaritāni, paccuppannāni chattiṃsa taṇhāvicaritāni. evaṃ aṭṭhasataṃ taṇhāvicaritaṃ honti.

이렇게 안의 붙잡음을 원인으로 생기는 열여덟 가지 애의 행보가 있고, 밖의 붙잡음을 원인으로 생기는 열여덟 가지 애의 행보가 있다. 비구들이여, 이런 서른여섯 가지 애의 행보가 있다. 이런 식으로 과거의 서른여섯 가지 애(愛)의 행보가 있고, 미래의 서른여섯 가지 애의 행보가 있고, 현재의 서른여섯 가지 애의 행보가 있다. 이렇게 백여덟 가지 애의 행보가 있다.

8) (KN 5.32-사비야 경)

"kappāni viceyya kevalāni, saṃsāraṃ dubhayaṃ cutūpapātaṃ.
vigatarajamanaṅgaṇaṃ visuddhaṃ, pattaṃ jātikhayaṃ tamāhu buddhan"ti.

완전하게 나누어진 것들을 판별했기 때문에 티끌이 없고 오염이 없는 청정으로 죽음과 다시 태어남의 양면으로 구성된 윤회에서 태어남의 부서짐을 성취한 사람. 사람들은 그를 부처라고 말한다.

9) (KN 5.38-두 가지 관찰 경)

"anissito na calati, nissito ca upādiyaṃ.
itthabhāvaññathābhāvaṃ, saṃsāraṃ nātivattati.

의지하지 않는 자는 떨지 않고, 의지하는 자는 집착한다(붙잡는다).
이 세상의 존재거나 다른 종류로 전개되는 윤회를 건너지 못한다.

3. saṃsāramāpādi — (SN 1.55-사람 경1)/(SN 1.56-사람 경2)/(SN 1.57-사람 경3)

"taṇhā janeti purisaṃ, cittamassa vidhāvati. satto saṃsāramāpādi, dukkhamassa mahabbhayan"ti.

애(愛)가 사람을 태어나게 하고, 심(心)이 배회한다. 중생이 윤회를 겪고, 고(苦)가 큰 두려움이다.

"taṇhā janeti purisaṃ, cittamassa vidhāvati. satto saṃsāramāpādi, dukkhā na parimuccatī"ti.

애(愛)가 사람을 태어나게 하고, 심(心)이 배회한다. 중생이 윤회를 겪고, 고(苦)로부터 벗어나지 못한다.

"taṇhā janeti purisaṃ, cittamassa vidhāvati. satto saṃsāramāpādi, kammaṃ tassa parāyanan"ti.

애(愛)가 사람을 태어나게 하고, 심(心)이 배회한다. 중생이 윤회를 겪고, 업이 그를 부양한다.

4. jātisaṃsāro

1) (MN 22-뱀의 비유 경)/(AN 5.71-심해탈의 결실 경1)/(AN 5.72-심해탈의 결실 경2)

"kathañca, bhikkhave, bhikkhu saṃkiṇṇaparikho hoti? idha, bhikkhave, bhikkhuno ponobhaviko jātisaṃsāro pahīno hoti ucchinnamūlo tālāvatthukato anabhāvaṃkato āyatiṃ anuppādadhammo. evaṃ kho, bhikkhave, bhikkhu saṃkiṇṇaparikho hoti.

어떻게, 비구들이여, 비구는 해자(垓字)를 메운 자인가? 여기, 비구들이여, 비구에게 다시 존재가 됨과 태어남의 윤회는 버려지고 뿌리 뽑히고 윗부분이 잘린 야자수처럼 되고 존재하지 않게 되고 미래에 생겨나지 않는 상태가 된다. 이렇게, 비구들이여, 비구는 해자를 메운 자이다.

2) (SN 9.6-아누룯다 경)

"natthi dāni punāvāso, devakāyasmi jālini.
vikkhīṇo jātisaṃsāro, natthi dāni punabbhavo"ti.

신의 몸에 대한 갈망 위에서 이제 다시 머물지 않는다.
태어남의 윤회는 완전히 끝났다. 그는 다시 존재가 되지 않는다.

3) (KN 5.38-두 가지 관찰 경)

"ucchinnabhavataṇhassa, santacittassa bhikkhuno.
vikkhīṇo jātisaṃsāro, natthi tassa punabbhavo"ti.

유애(有愛)가 끊어진, 심(心)이 평화로운 비구에게
태어남의 윤회는 완전히 파괴되었다. 그는 다시 존재가 되지 않는다.

5. jātisaṃsāraṃ

1) (DN 16.21-대반열반경, 아난다의 간청)/(SN 6.14-아루나와띠 경)

"yo imasmiṃ dhammavinaye, appamatto vihassati.
pahāya jātisaṃsāraṃ, dukkhassantaṃ karissatī"ti.

이 법과 율에서 불방일하며 머무는 자는
태어남의 윤회를 버리고 괴로움의 끝을 만들 것이다."

2) (KN 2.11-jarāvaggo) — 부처님의 오도송(悟道頌)

anekajātisaṃsāraṃ, sandhāvissaṃ anibbisaṃ.
gahakāraṃ gavesanto, dukkhā jāti punappunaṃ.

옮겨가고 윤회하는 오랜 태어남의 과정에서 찾지 못한
집을 짓는 자를 찾는 자가 있다. 거듭되는 태어남은 괴로움이다.

gahakāraka diṭṭhosi, puna gehaṃ na kāhasi.
sabbā te phāsukā bhaggā, gahakūṭaṃ visaṅkhataṃ.
visaṅkhāragataṃ cittaṃ, taṇhānaṃ khayamajjhagā.

집을 짓는 자여, 그대는 발견되었다. 그대는 다시는 집을 짓지 못한다.

그대에게 서까래는 모두 부서졌고 대들보는 유위(有爲)에서 벗어났다.
심(心)은 행(行-형성작용)에서 벗어났고, 애(愛)들의 부서짐을 얻었다.

6. jātimaraṇasaṃsāraṃ

1) (AN 8.29-기회 아님 경)

"avijjānivuto poso, saddhammaṃ aparādhiko.
jātimaraṇasaṃsāraṃ, ciraṃ paccanubhossati.

무명에 덮여서 정법(正法)에 들어서지 못한 사람
오랫동안 생사(生死)의 윤회를 겪을 것이다.

2) (KN 5.38-두 가지 관찰 경)

"jātimaraṇasaṃsāraṃ, ye vajanti punappunaṃ.
itthabhāvaññathābhāvaṃ, avijjāyeva sā gati.

거듭 생사(生死)의 윤회로 가는 사람들
그들은 단지 무명 때문에 이 세상의 존재거나 다른 종류로 간다.

7. saṃsāramāpajja — (MN 82-랏타빨라 경)

"tasmā hi paññāva dhanena seyyo, yāya vosānamidhādhigacchati.
abyositattā hi bhavābhavesu, pāpāni kammāni karonti mohā.

그러므로 여기서 성취를 얻기 위해서는 참으로 지혜가 재물보다 더 뛰어나다. 해결하지 못했기 때문에 참으로 금생과 내생에서 치(癡) 때문에 그들은 악업(惡業)을 짓는다.

"upeti gabbhañca parañca lokaṃ, saṃsāramāpajja paramparāya.
tassappapañño abhisaddahanto, upeti gabbhañca parañca lokaṃ.

다음 세상의 모태를 얻는다. 거듭거듭 윤회를 겪는다.
그것에게 믿음을 가진 지혜가 부족한 사람은 다음 세상의 모태를 얻는다.

8. saṃsārasuddhiṃ 윤회를 통한 청정 — (DN 2.5-사문과경, 막칼리 고살라의 말)

"itthaṃ kho me, bhante, makkhali gosālo sandiṭṭhikaṃ sāmaññaphalaṃ puṭṭho samāno saṃsārasuddhiṃ byākāsi. seyyathāpi, bhante, ambaṃ vā puṭṭho labujaṃ byākareyya, labujaṃ vā puṭṭho ambaṃ byākareyya; evameva kho me, bhante, makkhali gosālo sandiṭṭhikaṃ sāmaññaphalaṃ puṭṭho samāno saṃsārasuddhiṃ byākāsi.

대덕이시여, 이렇게 지금여기에서 눈에 보이는 사문의 결실을 질문받은 막칼리 고살라는 저에게 윤회를 통한 청정을 설명했습니다. 예를 들면, 대덕이시여, 망고나무를 질문받은 자가 빵과일 나무를 설명할 것이고, 빵과일 나무를 질문받은 자가 망고나무를 설명할 것입니다. 대덕이시여, 참으로 지금여기에서 눈에 보이는 사문의 결실을 저에게서 질문받은 막칼리 고살라는 윤회를 통한 청정을 설명했습니다.

9. saṃsārasmiṃ — (AN 5.55-어머니와 아들 경)

"tesaṃ kāmoghavūḷhānaṃ, kāme aparijānataṃ.
kālaṃ gati bhavābhavaṃ, saṃsārasmiṃ purakkhatā.

소유의 삶을 완전히 알지 못하여 소유의 폭류에 떠도는 그들에게
이런저런 존재가 되는 시간과 갈 곳이 있다. 윤회에서 앞장선다.

"ye ca kāme pariññāya, caranti akutobhayā.
te ve pāraṅgatā loke, ye pattā āsavakkhayan"ti.

소유의 삶을 완전히 알아서 아무런 두려움 없이 행하는 사람들
번뇌들의 부서짐을 성취한 사람들은 참으로 세상에서 저편으로 건넜다.

10. saṃsārāni — (DN 18.3-자나와사바 경, 자나와사바 약카) — 빔비사라 왕의 다음 생

ito satta tato satta, saṃsārāni catuddasa.
nivāsamabhijānāmi, yattha me vusitaṃ pure.

여기서 일곱 번 저기서 일곱 번, 열네 번의 윤회
이전의 내가 거주한 곳에 대해 기억합니다.

11. saṃsārena suddhī — (MN 12-사자후 큰 경)

"santi kho pana, sāriputta, eke samaṇabrāhmaṇā evaṃvādino evaṃdiṭṭhino — 'saṃsārena suddhī'ti. na kho pana so, sāriputta, saṃsāro sulabharūpo yo mayā asaṃsaritapubbo iminā dīghena addhunā, aññatra suddhāvāsehi devehi. suddhāvāse cāhaṃ, sāriputta, deve saṃsareyyaṃ, nayimaṃ lokaṃ punarāgaccheyyaṃ.

사리뿟따여, '윤회에 의해 청정해진다.'라는 이런 주장, 이런 견해를 가진 어떤 사문-바라문들이 있다. 이 오랜 세월 동안, 정거천을 제외하고서, 내가 이전에 윤회하지 않았던 윤회의 자리는 찾기 어렵다. 그러나 사리뿟따여, 내가 정거천에 윤회했다면 이 세상에 다시 오지 못했을 것이다.

12. saṃsāre — (DN 2.5)/(MN 76.1)/(SN 24.8) ⇒ saṃsaritvā

13. saṃsārā — (KN 2.7-arahantavaggo)

pathavisamo no virujjhati, indakhilupamo tādi subbato.
rahadova apetakaddamo, saṃsārā na bhavanti tādino.

신들의 왕 인다의 깃발에 비유되는 좋은 행위를 하는 땅과 같은 그런 사람은 겨루지 않

는다. 진창을 제거한 호수 같은 그런 사람에게 윤회는 없다.

14. saṃsāramaticca — (KN 5.32)

"bāhitvā sabbapāpakāni, (sabhiyāti bhagavā)
vimalo sādhusamāhito ṭhitatto.
saṃsāramaticca kevalī so,
asito tādi pavuccate sa brahmā.

('사비야여'라고 세존이 말했다) 모든 악을 제거하고, 때 없이 삼매를 잘 닦아 스스로 제어하는 자. 윤회를 완전히 극복한 그. 그런 의지하지 않는 자를 바라문이라고 부른다.

Ⅲ. 일반 용례 ② — saṃsar~

1. asaṃsaritapubbo — (MN 12-사자후 큰 경) ⇒ 'saṃsārena suddhī'ti

2. saṃsaraṃ

1) (SN 4.2-코끼리 왕의 모습 경)/(SN 4.3-아름다움 경)

"saṃsaraṃ dīghamaddhānaṃ, vaṇṇaṃ katvā subhāsubhaṃ.
alaṃ te tena pāpima, nihato tvamasi antakā"ti.

오랜 세월 윤회하면서 아름답거나 아름답지 못한 모습을 만들었으니
빠삐만뜨여, 그대에게 그것으로 충분하다. 죽음의 신이여, 그대는 파괴되었다.

2) (AN 4.9-애(愛)의 생김 경)/(KN 5.38-두 가지 관찰 경)

"taṇhā dutiyo puriso, dīghamaddhāna saṃsaraṃ.
itthabhāvaññathābhāvaṃ, saṃsāraṃ nātivattati.

애(愛)를 동반하는 사람은 오랫동안 윤회한다.
이 세상의 존재거나 다른 종류로 전개되는 윤회를 건너지 못한다.

3. saṃsarantā — (SN 15.9)/(SN 56.33) ⇒ [1] 주격 용례 : (SN 15.9-막대기 경)/(SN 56.33-막대기 경)

4. saṃsaranti — (DN 1.6-범망경(梵網經), 영속론자)/(DN 28.13-믿음을 고양하는 경, 영속론(永屬論)에 대한 가르침)

"(yathā) sassato attā ca loko ca vañjho kūṭaṭṭho esikaṭṭhāyiṭṭhito; te ca sattā sandhāvanti saṃsaranti cavanti upapajjanti, atthitveva sassatisaman"ti

'영원한 아(我)와 세상은 낳지 못하고, 산봉우리처럼 서있고, 쇠기둥처럼 움직이지 않는다. 그 중생들은 옮겨가고, 윤회하고, 죽고, 태어난다. 그러나 영원히 존재한다.'라고.

5. saṃsaritaṃ

1) (DN 16.9-대반열반경, 성스러운 진리 이야기)/(SN 56.21-꼬띠가마 경1) — 사성제

tatra sudaṃ bhagavā koṭigāme viharati. tatra kho bhagavā bhikkhū āmantesi — "catunnaṃ, bhikkhave, ariyasaccānaṃ ananubodhā appaṭivedhā evamidaṃ dīghamaddhānaṃ sandhāvitaṃ saṃsaritaṃ mamañceva tumhākañca. katamesaṃ catunnaṃ? dukkhassa, bhikkhave, ariyasaccassa ananubodhā appaṭivedhā evamidaṃ dīghamaddhānaṃ sandhāvitaṃ saṃsaritaṃ mamañceva tumhākañca. dukkhasamudayassa, bhikkhave, ariyasaccassa ananubodhā appaṭivedhā evamidaṃ dīghamaddhānaṃ sandhāvitaṃ saṃsaritaṃ mamañceva tumhākañca. dukkhanirodhassa, bhikkhave, ariyasaccassa ananubodhā appaṭivedhā evamidaṃ dīghamaddhānaṃ sandhāvitaṃ saṃsaritaṃ mamañceva tumhākañca. dukkhanirodhagāminiyā paṭipadāya, bhikkhave, ariyasaccassa ananubodhā appaṭivedhā evamidaṃ dīghamaddhānaṃ sandhāvitaṃ saṃsaritaṃ mamañceva tumhākañca. tayidaṃ, bhikkhave, dukkhaṃ ariyasaccaṃ anubuddhaṃ paṭividdhaṃ, dukkhasamudayaṃ ariyasaccaṃ anubuddhaṃ paṭividdhaṃ, dukkhanirodhaṃ ariyasaccaṃ anubuddhaṃ paṭividdhaṃ, dukkhanirodhagāminī paṭipadā ariyasaccaṃ anubuddhaṃ paṭividdhaṃ, ucchinnā bhavataṇhā, khīṇā bhavanetti, natthidāni punabbhavo"ti. idamavoca bhagavā. idaṃ vatvāna sugato athāparaṃ etadavoca satthā —

"catunnaṃ ariyasaccānaṃ, yathābhūtaṃ adassanā.
saṃsitaṃ dīghamaddhānaṃ, tāsu tāsveva jātisu.
tāni etāni diṭṭhāni, bhavanetti samūhatā.
ucchinnaṃ mūlaṃ dukkhassa, natthi dāni punabbhavo"ti.

거기서 세존은 비구들에게 말했다. — "비구들이여, 네 가지 성스러운 진리를 깨닫지 못하고 꿰뚫지 못해서 나와 그대들은 이렇게 이 오랜 시간을 옮겨가고 윤회하였다. 어떤 네 가지인가? 비구들이여, 괴로움의 성스러운 진리(苦聖諦)를 깨닫지 못하고 꿰뚫지 못해서 나와 그대들은 이렇게 이 오랜 시간을 옮겨가고 윤회하였다. 비구들이여, 괴로움의 자라남의 성스러운 진리(苦集聖諦)를 깨닫지 못하고 꿰뚫지 못해서 나와 그대들은 이렇게 이 오랜 시간을 옮겨가고 윤회하였다. 비구들이여, 괴로움의 소멸의 성스러운 진리(苦滅聖諦)를 깨닫지 못하고 꿰뚫지 못해서 나와 그대들은 이렇게 이 오랜 시간을 옮겨가고 윤회하였다. 비구들이여, 괴로움의 소멸로 이끄는 실천의 성스러운 진리(苦滅道聖諦)를 깨닫지 못하고 꿰뚫지 못해서 나와 그대들은 이렇게 이 오랜 시간을 옮겨가고 윤회하였다. 비구들이여, 그런 나는 괴로움의 성스러운 진리를 깨닫고 꿰뚫었다. 괴로움의 자라남의 성스러운 진리를 깨닫고 꿰뚫었다. 괴로움의 소멸의 성스러운 진리를 깨닫고 꿰뚫었다. 괴로움의 소멸로 이끄는 실천의 성스러운 진리를 깨닫고 꿰뚫었다. 존재의 애[유애(有愛)]는 끊어졌고, 존재의 도관(導管)은 폐쇄되었다. 이제 다음의 존재는 없다."라고.

세존은 이렇게 말했다. 이렇게 말한 뒤 스승이신 선서는 다시 이렇게 말했다. —

"네 가지 성스러운 진리를 있는 그대로 보지 못했기 때문에
거듭 태어나면서 오랜 시간을 윤회하였다.

네 가지 성스러운 진리를 보아서 존재의 도관은 폐쇄되었다.
괴로움의 뿌리는 잘렸고, 이제 다음의 존재는 없다."라고.

2) (DN 16.22-대반열반경, 코끼리가 뒤를 돌아다보듯)/(AN 4.1-깨달음 경) — 계-정-혜-해탈

tatra kho bhagavā bhikkhū āmantesi — "catunnaṃ, bhikkhave, dhammānaṃ ananubodhā appaṭivedhā evamidaṃ dīghamaddhānaṃ sandhāvitaṃ saṃsaritaṃ mamañceva tumhākañca. katamesaṃ catunnaṃ? ariyassa, bhikkhave, sīlassa ananubodhā appaṭivedhā evamidaṃ dīghamaddhānaṃ sandhāvitaṃ saṃsaritaṃ mamaṃ ceva tumhākañca. ariyassa, bhikkhave, samādhissa ananubodhā appaṭivedhā evamidaṃ dīghamaddhānaṃ sandhāvitaṃ saṃsaritaṃ mamaṃ ceva tumhākañca. ariyāya, bhikkhave, paññāya ananubodhā appaṭivedhā evamidaṃ dīghamaddhānaṃ sandhāvitaṃ saṃsaritaṃ mamaṃ ceva tumhākañca. ariyāya, bhikkhave, vimuttiyā ananubodhā appaṭivedhā evamidaṃ dīghamaddhānaṃ sandhāvitaṃ saṃsaritaṃ mamaṃ ceva tumhākañca. tayidaṃ, bhikkhave, ariyaṃ sīlaṃ anubuddhaṃ paṭividdhaṃ, ariyo samādhi anubuddho paṭividdho, ariyā paññā anubuddhā paṭividdhā, ariyā vimutti anubuddhā paṭividdhā, ucchinnā bhavataṇhā, khīṇā bhavanetti, natthi dāni punabbhavo"ti. idamavoca bhagavā, idaṃ vatvāna sugato athāparaṃ etadavoca satthā —

"sīlaṃ samādhi paññā ca, vimutti ca anuttarā.
anubuddhā ime dhammā, gotamena yasassinā.
"iti buddho abhiññāya, dhammamakkhāsi bhikkhunaṃ.
dukkhassantakaro satthā, cakkhumā parinibbuto"ti.

거기서 세존은 비구들에게 말했다. — "비구들이여, 네 가지 법을 깨닫지 못하고 꿰뚫지 못해서 나와 그대들은 이렇게 이 오랜 시간을 옮겨가고 윤회하였다. 어떤 네 가지인가? 비구들이여, 성스러운 계(戒)를 깨닫지 못하고 꿰뚫지 못해서 나와 그대들은 이렇게 이 오랜 시간을 옮겨가고 윤회하였다. 비구들이여, 성스러운 삼매[정(定)]를 깨닫지 못하고 꿰뚫지 못해서 나와 그대들은 이렇게 이 오랜 시간을 옮겨가고 윤회하였다. 비구들이여, 성스러운 지혜[혜(慧)]를 깨닫지 못하고 꿰뚫지 못해서 나와 그대들은 이렇게 이 오랜 시간을 옮겨가고 윤회하였다. 비구들이여, 성스러운 해탈(解脫)을 깨닫지 못하고 꿰뚫지 못해서 나와 그대들은 이렇게 이 오랜 시간을 옮겨가고 윤회하였다. 비구들이여, 그런 나는 이 성스러운 계를 깨닫고 꿰뚫었다. 성스러운 삼매를 깨닫고 꿰뚫었다. 성스러운 지혜를 깨닫고 꿰뚫었다. 성스러운 해탈을 깨닫고 꿰뚫었다. 존재의 애[유애(有愛)]는 끊어졌고, 존재의 도관은 폐쇄되었다. 이제 다음의 존재는 없다."라고.

세존은 이렇게 말했다. 이렇게 말한 뒤 스승이신 선서는 다시 이렇게 말했다. —

"계(戒)-정(定)-혜(慧)와 위없는 해탈(解脫)
영광스러운 고따마는 이 법들을 깨달았다.
괴로움의 끝을 실현하고, 눈을 가졌고, 완전히 꺼진 스승인 부처는
이렇게 실답게 알고서 비구들을 위해 법을 가르쳤다."라고.

6. saṃsaritvā — 「sandhāvitvā saṃsaritvā 옮겨가고 윤회한 뒤에」

1) (DN 2.5-사문과경, 막칼리 고살라의 말)/(MN 76-산다까 경)

doṇamite sukhadukkhe pariyantakate saṃsāre, natthi hāyanavaḍḍhane, natthi ukkaṃsāvakaṃse. seyyathāpi nāma suttaguḷe khitte nibbeṭhiyamānameva paleti, evameva bāle ca paṇḍite ca sandhāvitvā saṃsaritvā dukkhassantaṃ karissantī'ti.

즐거움과 괴로움의 크기가 정해져 있는 제약이 있는 윤회에서는 줄이거나 늘일 수 없으며, 끌어올리거나 끌어내릴 수 없습니다. 예를 들면, 감긴 실타래를 던지면 실이 다 풀릴 때까지 굴러갑니다. 이와 마찬가지로 어리석은 자도 현명한 자도 옮겨가고 윤회한 뒤에 괴로움을 끝냅니다.'라고.

2) (SN 24.8-큰 견해 경)

doṇamite sukhadukkhe pariyantakate saṃsāre, natthi hāyanavaḍḍhane, natthi ukkaṃsāvakaṃse. seyyathāpi nāma suttaguḷe khitte nibbeṭhiyamānameva paleti; evameva bāle ca paṇḍite ca nibbeṭhiyamānā sukhadukkhaṃ palentī'"ti?

즐거움과 괴로움의 크기가 정해져 있는 제약이 있는 윤회에서는 줄이거나 늘일 수 없으며, 끌어올리거나 끌어내릴 수 없다. 예를 들면, 감긴 실타래를 던지면 실이 다 풀릴 때까지 굴러간다. 이처럼 어리석은 자도 현명한 자도 즐거움과 괴로움이 다 경험될 때까지 윤회한다.

3) (AN 3.88-공부 경2)

so tiṇṇaṃ saṃyojanānaṃ parikkhayā sattakkhattuparamo hoti. sattakkhattuparamaṃ deve ca manusse ca sandhāvitvā saṃsaritvā dukkhassantaṃ karoti. so tiṇṇaṃ saṃyojanānaṃ parikkhayā kolaṃkolo hoti, dve vā tīṇi vā kulāni sandhāvitvā saṃsaritvā dukkhassantaṃ karoti. so tiṇṇaṃ saṃyojanānaṃ parikkhayā ekabījī hoti, ekaṃyeva mānusakaṃ bhavaṃ nibbattetvā dukkhassantaṃ karoti. so tiṇṇaṃ saṃyojanānaṃ parikkhayā rāgadosamohānaṃ tanuttā sakadāgāmī hoti, sakideva imaṃ lokaṃ āgantvā dukkhassantaṃ karoti.

그는 세 가지 족쇄가 완전히 부서졌기 때문에, 최대 일곱 번의 생이 남아있는 자가 된다. 그는 신이나 인간 가운데 최대 일곱 번 옮겨가고 윤회한 뒤에 괴로움을 끝낸다. 그는 세 가지 족쇄가 완전히 부서졌기 때문에, 좋은 가문에서 좋은 가문으로 가는 자가 된다. 두 번 혹은 세 번 좋은 가문을 옮겨가고 윤회한 뒤에 괴로움을 끝낸다. 그는 세 가지 족쇄가 완전히 부서졌기 때문에, 한 번만 싹트는 자가 된다. 한 번만 인간의 상태로 태어난 뒤에 괴로움을 끝낸다. 그는 세 가지 족쇄가 완전히 부서지고 탐진치가 엷어졌기 때문에 한 번만 더 돌아올 자(一來者)이니, 한 번만 더 이 세상에 온 뒤에 괴로움을 끝낸다.

4) (AN 3.89-공부 경3)

taṃ vā pana anabhisambhavaṃ appaṭivijjhaṃ tiṇṇaṃ saṃyojanānaṃ parikkhayā, rāgadosamohānaṃ tanuttā sakadāgāmī hoti, sakideva imaṃ lokaṃ āgantvā dukkhassantaṃ karoti. taṃ vā pana anabhisambhavaṃ appaṭivijjhaṃ tiṇṇaṃ saṃyojanānaṃ parikkhayā ekabījī hoti, ekaṃyeva mānusakaṃ bhavaṃ nibbattetvā dukkhassantaṃ karoti. taṃ vā pana anabhisambhavaṃ appaṭivijjhaṃ tiṇṇaṃ saṃyojanānaṃ parikkhayā kolaṃkolo hoti, dve vā tīṇi vā kulāni sandhāvitvā saṃsaritvā dukkhassantaṃ karoti. taṃ vā pana anabhisambhavaṃ appaṭivijjhaṃ tiṇṇaṃ saṃyojanānaṃ parikkhayā sattakkhattuparamo hoti, sattakkhattuparamaṃ deve ca manusse ca sandhāvitvā saṃsaritvā dukkhassantaṃ karoti.

또는 이것을 얻지 못하고 꿰뚫지 못하면, 그는 세 가지 족쇄가 완전히 부서지고 탐진치가 엷어졌기 때문에 한 번만 더 돌아올 자이니, 한 번만 더 이 세상에 온 뒤에 괴로움을 끝낸다. 또는 이것을 얻지 못하고 꿰뚫지 못하면, 그는 세 가지 족쇄가 완전히 부서졌기 때문에, 한 번만 싹트는 자가 된다. 한 번만 인간의 상태로 태어난 뒤에 괴로움을 끝낸다. 또는 이것을 얻지 못하고 꿰뚫지 못하면, 그는 세 가지 족쇄가 완전히 부서졌기 때문에, 좋은 가문에서 좋은 가문으로 가는 자가 된다. 두 번 혹은 세 번 좋은 가문을 옮겨가고 윤회한 뒤에 괴로움을 끝낸다. 또는 이것을 얻지 못하고 꿰뚫지 못하면, 그는 세 가지 족쇄가 완전히 부서졌기 때문에, 최대 일곱 번의 생이 남아있는 자가 된다. 그는 신이나 인간 가운데 최대 일곱 번 옮겨가고 윤회한 뒤에 괴로움을 끝낸다.

5) (AN 9.12-남아있는 것이 있음 경)

“puna caparaṃ, sāriputta, idhekacco puggalo sīlesu paripūrakārī hoti, samādhismiṃ mattaso kārī, paññāya mattaso kārī. so tiṇṇaṃ saṃyojanānaṃ parikkhayā kolaṃkolo hoti, dve vā tīṇi vā kulāni sandhāvitvā saṃsaritvā dukkhassantaṃ karoti. ayaṃ, sāriputta, aṭṭhamo puggalo saupādiseso kālaṃ kurumāno parimutto nirayā … pe … parimutto apāyaduggativinipātā.

다시, 사리뿟따여, 여기 어떤 사람은 계(戒)를 완성하고, 삼매를 어느 만큼만 닦고, 지혜를 어느 만큼만 닦았다. 그는 세 가지 족쇄가 완전히 부서졌기 때문에, 좋은 가문에서 좋은 가문으로 가는 자가 된다. 두 번 혹은 세 번 좋은 가문을 옮겨가고 윤회한 뒤에 괴로움을 끝낸다. 이 사람이, 사리뿟따여, 남아있는 것이 있는 채로 죽지만 지옥에서 풀려나고, 축생계에서 풀려나고, 아귀계에서 풀려나고, 상실과 비탄의 상태, 비참한 존재, 벌 받는 상태에서 풀려난 여덟 번째 사람이다.

“puna caparaṃ, sāriputta, idhekacco puggalo sīlesu paripūrakārī hoti, samādhismiṃ mattaso kārī, paññāya mattaso kārī. so tiṇṇaṃ saṃyojanānaṃ parikkhayā sattakkhattuparamo hoti, sattakkhattuparamaṃ deve ca manusse ca sandhāvitvā saṃsaritvā dukkhassantaṃ karoti. ayaṃ, sāriputta, navamo puggalo saupādiseso kālaṃ kurumāno parimutto nirayā parimutto tiracchānayoniyā parimutto pettivisayā parimutto apāyaduggativinipātā.

다시, 사리뿟따여, 여기 어떤 사람은 계(戒)를 완성하고, 삼매를 어느 만큼만 닦고, 지혜를 어느 만큼만 닦았다. 그는 세 가지 족쇄가 완전히 부서졌기 때문에, 최대 일곱 번의 생이 남아있는 자가 된다. 그는 신이나 인간 가운데 최대 일곱 번 옮겨가고 윤회한 뒤에 괴로움을 끝낸다. 이 사람이, 사리뿟따여, 남아있는 것이 있는 채로 죽지만 지옥에서 풀려나고, 축생계에서 풀려나고, 아귀계에서 풀려나고, 상실과 비탄의 상태, 비참한 존재, 벌 받는 상태에서 풀려난 아홉 번째 사람이다.

7. saṃsareyyaṃ — (MN 12-사자후 큰 경) ⇒ 'saṃsārena suddhī'ti

8. saṃsarataṃ ⇒ [2] 여격 용례①

9. saṃsarati — (MN 38-애(愛)의 부서짐의 큰 경)

① 두 단계의 문답 — 식(識)의 윤회를 꾸짖지 않고 식이 아(我)라는 답변에서 꾸짖음 → 윤회하는 것인 식이 아(我)가 아님 → 「연기(緣起)된 식(識)[paṭiccasamuppannaṃ viññāṇaṃ]의 윤회(輪廻)」

② 식(識)은 육내입처(六內入處)와 육외입처(六外入處)를 연(緣)한 안식(眼識)-이식(耳識)-비식(鼻識)-설식(舌識)-신식(身識)-의식(意識)의 여섯 가지 이름으로만 있음

ekamantaṃ nisinnaṃ kho sātiṃ bhikkhuṃ kevaṭṭaputtaṃ bhagavā etadavoca — "saccaṃ kira, te, sāti, evarūpaṃ pāpakaṃ diṭṭhigataṃ uppannaṃ — 'tathāhaṃ bhagavatā dhammaṃ desitaṃ ājānāmi yathā tadevidaṃ viññāṇaṃ sandhāvati saṃsarati, anaññan'"ti? "evaṃ byā kho ahaṃ, bhante, bhagavatā dhammaṃ desitaṃ ājānāmi yathā tadevidaṃ viññāṇaṃ sandhāvati saṃsarati, anaññan"ti. "katamaṃ taṃ, sāti, viññāṇan"ti? "yvāyaṃ, bhante, vado vedeyyo tatra tatra kalyāṇapāpakānaṃ kammānaṃ vipākaṃ paṭisaṃvedetī"ti. "kassa nu kho nāma tvaṃ, moghapurisa, mayā evaṃ dhammaṃ desitaṃ ājānāsi? nanu mayā, moghapurisa, anekapariyāyena paṭiccasamuppannaṃ viññāṇaṃ vuttaṃ, aññatra paccayā natthi viññāṇassa sambhavoti? atha ca pana tvaṃ, moghapurisa, attanā duggahitena amhe ceva abbhācikkhasi, attānañca khaṇasi, bahuñca apuññaṃ pasavasi. tañhi te, moghapurisa, bhavissati dīgharattaṃ ahitāya dukkhāyā"ti.

한 곁에 앉은 어부의 아들 사띠 비구에게 세존은 이렇게 말했다. — "사띠여, 그대에게 「'그것, 오직 이 식(識)이 옮겨가고 윤회한다. 다른 것이 아니다.'라고 나는 세존으로부

터 설해진 가르침을 안다.」라는 이런 악하고 치우친 견해가 생긴 것이 사실인가?"

"대덕이시여, '그것, 오직 이 식(識)이 옮겨가고 윤회한다. 다른 것이 아니다.'라고 세존으로부터 설해진 가르침을 이렇게 저는 확실히 압니다."

"사띠여, 그 식은 어떤 것인가?"

"대덕이시여, 말하고 경험되어야 하는 이것이 여기저기서 선하고 악한 업(業)들의 보(報)를 경험합니다."

• sabbāsavasuttaṃ (MN 2-모든 번뇌 경)은 「atha vā panassa evaṃ diṭṭhi hoti — 'yo me ayaṃ attā vado vedeyyo tatra tatra kalyāṇapāpakānaṃ kammānaṃ vipākaṃ paṭisaṃvedeti so kho pana me ayaṃ attā nicco dhuvo sassato avipariṇāmadhammo sassatisamaṃ tatheva ṭhassatī'ti 그리고 이런 견해가 있다. — '말하는 것이고, 경험되는 것이고, 여기저기서 선악(善惡)의 업(業)들의 보(報)를 경험하는 나의 이 아(我)는 상(常)하고 지속하고, 영원하고, 변하지 않는 존재로서 언제까지나 그렇게 유지될 것이다.'」라고 하여 이 표현이 아(我)에 대한 설명이라는 것을 알려줍니다.

"어리석은 자여, 참으로 그대는 누구에게서 나에 의해 설해진 이런 가르침을 알았는가? 어리석은 자여, 나에 의해 여러 가지 방법으로 연기(緣起)된 식(識)이 말해지지 않았는가, '조건으로부터 다른 곳에 식의 생김은 없다[연기(緣起) 즉 조건에 의해 생겨나는 방식과 다른 방식에 의해서는 식이 생기지 않는다.].'라고? 그러나 어리석은 자여, 그대는 자신의 잘못된 이해로 우리를 비방하고 자신을 파괴하고 많은 악덕을 쌓는다. 어리석은 자여, 그것 때문에 그대에게 오랜 세월 불이익과 괴로움이 있을 것이다.

…

"yaṃ yadeva, bhikkhave, paccayaṃ paṭicca uppajjati viññāṇaṃ, tena teneva viññāṇaṃtveva saṅkhyaṃ gacchati. cakkhuñca paṭicca rūpe ca uppajjati viññāṇaṃ, cakkhuviññāṇaṃtveva saṅkhyaṃ gacchati; sotañca paṭicca sadde ca uppajjati viññāṇaṃ, sotaviññāṇaṃtveva saṅkhyaṃ gacchati; ghānañca paṭicca gandhe ca uppajjati viññāṇaṃ, ghānaviññāṇaṃtveva saṅkhyaṃ gacchati; jivhañca paṭicca rase ca uppajjati viññāṇaṃ, jivhāviññāṇaṃtveva saṅkhyaṃ gacchati; kāyañca paṭicca phoṭṭhabbe ca uppajjati viññāṇaṃ, kāyaviññāṇaṃtveva saṅkhyaṃ gacchati; manañca paṭicca dhamme ca uppajjati viññāṇaṃ, manoviññāṇaṃtveva saṅkhyaṃ gacchati.

비구들이여, '식(識)은 조건을 연(緣)하여 생긴다.'라는 그것 때문에 식은 이름을 얻는다. 안(眼)과 색들을 연하여 식이 생긴다. 그러면 단지 안식(眼識)이라는 이름을 얻는다. 이(耳)와 성(聲)들을 연하여 식이 생긴다. 그러면 단지 이식(耳識)이라는 이름을 얻는다. 비(鼻)와 향(香)들을 연하여 식이 생긴다. 그러면 단지 비식(鼻識)이라는 이름을 얻는다. 설(舌)과 미(味)들을 연하여 식이 생긴다. 그러면 단지 설식(舌識)이라는 이름을 얻는다. 신(身)과 촉(觸)들을 연하여 식이 생긴다. 그러면 단지 신식(身識)이라는 이름을 얻는다. 의(意)와 법(法)들을 연하여 식이 생긴다. 그러면 단지 의식(意識)이라는 이름을 얻는다.

10. saṃsarato ─ (SN 15.10-사람 경) ⇒ [2] 여격 용례①

제2장

vaṭṭa(왓따)

vaṭṭa는 '세상에서 윤회의 장막을 벗긴 자(loke vivaṭṭac-chado)'의 형태로 부처님을 지시하는 용례가 중심입니다.

I. vivaṭṭacchado
(윤회의 장막을 벗긴 자)

1. 'arahaṃ hoti sammāsambuddho loke vivaṭṭacchado(아라항 호-띠 삼마-삼붇도-로-께- 위왇땃차도-) 세상에서 윤회의 장막을 벗긴 아라한-정등각이 된다.'라는 문장이 있습니다. 모든 번뇌 떠난 아라한이고, 스스로 완전한 깨달음을 성취한 정등각인 여래 즉 부처님이 된다는 것이 윤회라는 장막을 벗기는 것이라는 표현입니다.

무명에 덮이고 애에 묶여서 옮겨가고 윤회하는 중생들의 세상은, 말하자면, 윤회하는 현상(몸으로 간다!)이라는 장막에 덮인 상태인데, 그 장막을 벗겨내어 윤회라는 현상을 타파하면, 그런 사람이 아라한-정등각이라는 의미입니다. 부처님의 깨달음을 '윤회에서의 벗어남'으로 정의하는 것인데, 특히, 자기만 장막 밖으로 빠져나간 것이 아니라 아예 세상을 덮고 있는 그 장막을 벗겨내었다는 것입니다. 그래서 누구든 눈 있는 자들은 뒤따라 세상 밖으로 나오도록, 그 현상에서 벗어날 수 있도록 하였다는 것입니다. 그래서 부처님을 따라 배우는 제자들도 윤회의 장막에서 벗어날 수 있게 되었는데, 이것이 배움의 완성 즉 깨달음의 재현이고, 아라한의 성취이며, 불사(不死)의 실현입니다.

이렇게 윤회는 죽음에서 벗어나지 못한 중생들의 삶을 덮고 있는 현상이고, 깨달음은 그 장막을 벗겨내고 윤회하는 현상에서 자유로워지는 것 즉 죽음으로부터의 해방을 말하는 것을 알 수 있습니다.

한편, 이 문장은 부처님의 32가지 신체적 특징 즉 삼십이상(三十二相)을 말할 때 정형적으로 나타납니다. 삼십이상을 갖추고 태어나는 대인(大人)에게는 두 가지 삶의 길이 있는데, ①집에 살면 전륜성왕(轉輪聖王)이 되고, ②출가하면 세상에서 윤회의 장막을 벗긴 아라한(阿羅漢)-정등각(正等覺)이 된다는 설명입니다.

대표적으로 (DN 30.1-삼십이상경, 대인의 삼십이상)에 여러 번 나타나는데, 삼십이상에 대한 자세한 설명의 과정에서 반복됩니다. 이외에 삼십이상을 갖춘 부처님을 언급하는 경들에서 정형된 문장으로 나타납니다. – (DN 3-암밧타 경)/(MN 91-브라흐마유 경)/(MN 92 & KN 5.33-셀라 경)

2. (DN 30.1-삼십이상경, 대인의 삼십이상)

이렇게 나는 들었다. – 한때 세존은 사왓티에서 제따와나의 아나타삔디까 사원에 머물렀다. 거기서 세존은 "비구들이여."라고 비구들을 불렀다. "대덕이시여."라고 그 비구

들은 세존에게 대답했다. 세존은 이렇게 말했다. –

“비구들이여, 대인에게는, 그것을 갖춘 대인에게 오직 두 가지 갈 곳만이 있고 다른 갈 곳은 없는, 서른두 가지 대인상(大人相)이 있다. 만약 집에 살면, 법을 가진 자, 법의 왕, 사방을 정복한 승리자, 국토의 안전을 달성한 자, 일곱 가지 보배를 갖춘 자인 전륜성왕이 된다. 그에게 윤보(輪寶), 상보(象寶), 마보(馬寶), 보배보(寶貝寶), 여인보(女人寶), 장자보(長者寶) 그리고 주장신보(主藏臣寶)를 일곱 번째로 하는 이런 일곱 가지 보배가 있다. 씩씩하고 용감함을 갖추고 다른 군대를 압도하는 천 명이 넘는 아들들이 있다. 그는 바다에서 끝나는 이 땅을 몽둥이에 의하지 않고 칼에 의하지 않고 법에 의해 정복하여 정착한다. 만약 집에서 집 없는 곳으로 출가하면, 세상에서 윤회의 장막을 벗긴 아라한-정등각이 된다.

비구들이여, 무엇이 그것을 갖춘 대인에게 「만약 집에 살면, 법을 가진 자, 법의 왕 … 법에 의해 정복하여 정착한다. 만약 집에서 집 없는 곳으로 출가하면, 세상에서 윤회의 장막을 벗긴 아라한-정등각이 된다.」라는 오직 두 가지 갈 곳만이 있고 다른 갈 곳은 없는, 서른두 가지 대인상인가?

여기, 비구들이여, 대인은 발바닥이 편평하다. 비구들이여, 대인은 발바닥이 편평하다는 것도, 비구들이여, 대인의 대인상이다.

다시, 비구들이여, 대인의 발바닥에는 천 개의 바큇살과 테두리와 바퀴통과 모든 것을 완전히 갖춘 바퀴들이 생겨있다. 비구들이여, 대인의 발바닥에 천 개의 바큇살과 테두리와 바퀴통과 모든 것을 완전히 갖춘 바퀴들이 생겨있는 것도, 비구들이여, 대인의 대인상이다.

다시, 비구들이여, 대인은 발꿈치가 길다. … 손가락이 길다. … 손과 발이 부드럽고 섬세하다. … 손과 발에 망(網)이 있다. … 발목이 발꿈치 위가 아니라 발바닥의 중간 위에 있다. … 장딴지가 사슴과 같다. … 구부리지 않고 선 채로 양 손바닥으로 무릎을 만지고 문지른다. … 성기가 덮여있지 않다[성기가 말처럼 감추어졌다]. … 피부가 금빛이다. … 외피가 부드럽다. 외피가 부드러워서 더러운 것들이 더럽히지 않는다. … 몸의 털이 하나씩이다. 털구멍에 각각의 털이 생긴다. … 몸의 털이 위로 향해 있다. 위로 향해 생긴 털이 푸른색이고 검은색이고 오른쪽으로 감겨 오른다. … 몸이 범천처럼 곧다.

… 일곱 군데가 풍만하다. … 절반의 몸은 사자의 앞과 같다. … 양 어깨 사이가 불룩하다. … 니그로다 나무처럼 둥글다. 몸이 두 팔을 펼친 너비와 같고, 두 팔을 펼친 너비가 몸과 같다. … 몸통이 고르고 둥글다. … 하늘의 으뜸가는 맛을 느낀다. … 턱이 사자와 같다. … 치아가 40개다. … 치아가 고르다. … 치아에 틈이 없다. … 치아가 아주 하얗다. … 혀가 넓다. … 범천의 소리를 가져서 맑고 듣기 좋은 목소리로 말한다. … 깊고 검은 눈을 가졌다. … 속눈썹이 어린 암소와 같다. … 눈썹 사이에 털이 생겨있는데, 희고 부드러운 솜을 닮았다. 비구들이여, 대인의 눈썹 사이에 털이 생겨있는데, 희고 부드러운 솜을 닮은 것도, 비구들이여, 대인의 대인상이다.

다시, 비구들이여, 대인은 머리에 터번이 있다[육계(肉髻)]. 비구들이여, 대인이 머리에 터번이 있는 것도, 비구들이여, 대인의 대인상이다.

이것이, 비구들이여, 그것을 갖춘 대인에게 「만약 집에 살면, 법을 가진 자, 법의 왕 … 법에 의해 정복하여 정착한다. 만약 집에서 집 없는 곳으로 출가하면, 세상에서 윤회의 장막을 벗긴 아라한-정등각이 된다.」라는 오직 두 가지 갈 곳만이 있고 다른 갈 곳은 없는, 그 서른두 가지 대인상이다.

비구들이여, 외도의 현자들도 이런 서른두 가지 대인의 대인상을 안다. 그러나 그들은 '이런 업(業)을 원인으로 이런 상(相)을 얻는다.'라고 알지 못한다.

3. 그런데 이 경이 설해진 의도는 단지 삼십이상을 소개하기 위한 것은 아닙니다. 바로 위에서 외도에도 알려진 것이지만 외도들은 알지 못하는 조건 관계의 구명 즉 '이런 업(業)을 원인으로 이런 상(相)을 얻는다.'라는 점을 설명함으로써 차별을 드러내기 때문입니다.

그래서 경은 32가지 대인상에 대해 전생에 어떤 업을 지어 금생에 이런 특징을 지니고 태어나는지의 설명에 중심을 두고 있습니다. 이 인과 관계를 표로 정리하였는데, 이어지는 「부처님의 전생 이야기」에 포함하였습니다.

4. vivaṭṭacchada(vi-vaṭṭa-c-chada 윤회의 장막을 벗긴 자)의 다른 용례

몇 개의 경에서는 이 단어가 독립된 형태로 게송에 포함되어 나타납니다.

1) (DN 30-삼십이상경)

“atha ce pabbajati bhavati vipāpo, samaṇo samitarajo vivaṭṭacchado. vigatadarathakilamatho, imamapi ca paramapi ca passati lokaṃ.

만약 출가하면 악행을 떠난 자, 사문, 때가 가라앉은 자, 윤회의 장막을 벗긴 자, 불안과 피곤을 제거한 자가 된다. 그는 이 세상도 저세상도 본다.

2) (AN 4.40-우다이 경)

“abhisaṅkhataṃ nirārambhaṃ, yaññaṃ kālena kappiyaṃ.
tādisaṃ upasaṃyanti, saññatā brahmacārayo.
“vivaṭacchadā ye loke, vītivattā kulaṃ gatiṃ.

적절한 때에 적합하게 지내는 격렬하지 않은 제사.
세상에서 윤회의 장막을 벗겼고, 가문과 갈 곳을 넘어선
범행을 닦는 제어된 자는 그런 제사에 참석한다.

3) (KN 5.25-바르게 유행해야 함 경)

“saṃsuddhajino vivaṭṭacchado, dhammesu vasī pāragū anejo.
saṅkhāranirodhañāṇakusalo, sammā so loke paribbajeyya.

완전한 승리자, 윤회의 장막을 벗긴 자, 법에 대해 통달한 자, 건넌 자, 오염 없는 자. 행들의 소멸의 앎에 능숙한 자, 그가 세상에서 바르게 유행할 것이다.

4) (KN 5.26-담미까 경)

“sabbaṃtuvaṃ ñāṇamavecca dhammaṃ, pakāsesi satte anukampamāno.
vivaṭṭacchadosi samantacakkhu, virocasi vimalo sabbaloke.

당신은 모든 법을 알고서 중생들을 연민하면서 법을 설합니다. 모든 것을 보는 눈을 가진 분께서는 윤회의 장막을 벗기셨습니다. 때 없는 분은 모든 세상에서 빛납니다.

5) (KN 5.55-피안 가는 길 품, 들어가는 시구)

"sace agāraṃ āvasati, vijeyya pathaviṃ imaṃ. adaṇḍena asatthena, dhammenamanusāsati.

만약 집에 살면, 이 땅을 정복할 것이다. 몽둥이에 의하지 않고 칼에 의하지 않고 법에 의해 가르친다.

"sace ca so pabbajati, agārāanagāriyaṃ. vivaṭṭacchado sambuddho, arahā bhavati anuttaro.

만약 그가 집에서 집 없는 곳으로 출가하면, 윤회의 장막을 벗긴 분, 정등각, 아라한, 위 없는 분이 된다.

6) (KN 5.73-피안 가는 길 품, 피안 가는 길의 반복 게송)

"esa bhiyyo pasīdāmi, sutvāna munino vaco.
vivaṭṭacchado sambuddho, akhilo paṭibhānavā.

윤회의 장막을 벗긴 분, 정등각, 방치하지 않는 분, 이해하신 분, 성자의 말씀을 듣고서 이것은 저에게 더욱 분명해졌습니다.

Ⅱ. vaṭṭa가 윤회로 쓰인 다른 용례들

1. 부처님 = 윤회를 끝낸 분 –(DN 14-대전기경), (MN 123-놀랍고 신기한 것 경), (SN 35.83-팍구나 질문 경)

; buddhe parinibbute chinnapapañce chinnavaṭume pariyādinna-vaṭṭe sabbadukkhavītivatte 완전히 멸(滅)하고, 희론(戱論)을 잘랐고, 행로를 잘랐고, 윤회를 끝냈고, 모든 괴로움을 건넌 부처님

2. 아라한 –윤회의 선언 없음

; sammadaññā vimuttā, vaṭṭaṃ tesaṃ natthi paññāpanāya 바른 구경의 앎으로 해탈한 비구들에게는 윤회의 선언은 없다. → (MN 22-뱀의 비유 경)

; ye kevalino vaṭṭaṃ tesaṃ natthi paññāpanāya 완전히 성취한 아라한들에게 윤회의 선언은 없다. → (SN 22.56-집착의 양상 경), (SN 22.57-일곱 가지 경우 경)

3. 식(識)과 명색(名色)의 서로 조건 됨에 의한 윤회 — (DN 15.1-대인연경, 연기)

; "'nāmarūpapaccayā viññāṇan'ti iti kho panetaṃ vuttaṃ, tadānanda, imināpetaṃ pariyāyena veditabbaṃ, yathā nāmarūpapaccayā viññāṇaṃ. viññāṇañca hi, ānanda, nāmarūpe patiṭṭhaṃ na labhissatha, api nu kho āyatiṃ jātijarāmaraṇaṃ dukkhasamudayasambhavo paññāyethā"ti? "no hetaṃ, bhante". "tasmātihānanda, eseva hetu etaṃ nidānaṃ esa samudayo esa paccayo viññāṇassa yadidaṃ nāmarūpaṃ. ettāvatā kho, ānanda, jāyetha vā jīyetha vā mīyetha vā cavetha vā upapajjetha vā. ettāvatā adhivacanapatho, ettāvatā niruttipatho, ettāvatā paññattipatho, ettāvatā paññāvacaraṃ, ettāvatā vaṭṭaṃ vattati itthattaṃ paññāpanāya yadidaṃ nāmarūpaṃ saha viññāṇena aññamaññapaccayatā pavattati.

"'명색(名色)을 조건으로 식(識)이 있다.'라고 말하였다. 아난다여, '명색을 조건으로 식이 있다.'라는 것은 이런 방법으로 알아야 한다. 아난다여, 식이 명색에 머묾을 얻지 못

했는데도 미래에 생(生)과 노사(老死)라는 고(苦)의 자라남을 위한 근본을 선언할 수 있겠는가?" "아닙니다, 대덕이시여." "그러므로, 아난다여, 오직 명색이 식의 원인이고, 명색이 식의 인연이고, 명색이 식의 자라남이고, 명색이 식의 조건이다. 아난다여, 명색의 식과 함께 서로 조건 됨이 지속되는 그 범위에서 태어나고, 늙고, 죽고, 옮겨가고, 다시 태어난다. 그 범위에서 이름이 적용되고, 그 범위에서 언어가 적용되고, 그 범위에서 개념이 적용되고, 그 범위가 지혜의 영역이고, 그 범위에서 금생(今生)을 선언함으로써 윤회를 지속한다.

【책을 마치고】

사람들은 다양한 방법으로 부처님이 아니라 자기의 이해를 부처님의 가르침인양 말합니다. 아쉽게도, 공부를 통해 바른 시각을 확보하지 못한 사람들은 이런 말에 이끌려서, 불교 신자이면서도, 부처님이 부정한 시각으로 삶을 보게 됩니다. 부처님에 의지해서 삶을 향상키 위해 불교 신자가 되었지만, 주변 또는 과정의 문제 때문에 바르게 부처님이 이끄는 방향으로 나아가지 못하게 되는 것입니다.

근본경전연구회 해피법당은 부처님 살아서 직접 설한 가르침에 어긋나지 않는 공부에 최선을 다하고자 합니다. 그래서 자기의 이해가 아닌 부처님의 말씀을 삶의 기준으로 삼아 바르게 부처님이 이끄는 방향으로 나아가고자 합니다.

이런 노력의 일환으로 완성한 맛지마 니까야 관통 법회(4부 니까야를 꿰어 맛지마 니까야를 관통하는 공부)는 바른 시각의 확보에 큰 힘이 되었습니다. 그래서 큰 어려움 없이 이 책을 출판할 수 있었습니다.

무엇보다도 '제2부 제3장 II. 스승이 이끄는 삶'에서 (MN 22-뱀의 비유 경)이 말하는 '하늘을 겨냥한 자'는 이 책이 출판돼야 하는 타당성을 확고히 해 주었습니다. 많은 사람들이 이번 생에서 끝내는 공부로서의 불교를 말하면서 '그러니 윤회라는 개념이 필요한가?' 라고 질문할 때, 깨달음의 종교를 자처하는 불교 신자로서는 아니라는 논리를 찾기 어렵습니다. 그러나 (MN 22-뱀의 비유 경)은 「비구들이여, 이렇게 분명하고 열려있고 설명되었고 구속을 자른 것인 나에 의해 잘 설해진 법에서 나를 믿고 나를 사랑하는 그들은 모두 하늘을 겨냥한 자다.」라고 하는데, 벗어나 해탈된 삶의 영역에 진입한 성자들을 제외한 모든 불교 신자가 대상입니다. 이렇게 부처님은 성자의 영역에 들어서지 못한, 특히 지금으로서는 더더욱이, 대부분의 불교 신자를 하늘로 이끌어줍니다. 이번 생에 끝내는 공부를 누가 아니라 말할까마는, 이번 생에 끝낼 수 있는 사람을 찾는 것은 하늘에 별 따기처럼 어려운 것이 현실입니다

그렇다면 현실을 무시하고 오직 지금 끝내자고 모든 대중을 이끄는 것은 바른 방법이 아니라고 해야 합니다. 그래서 부처님도 하늘을 겨냥한 자를 말했다고 해야 할 것입니다.

하늘을 겨냥하는 불교 신자에게는 윤회하는 삶에 대한 바른 시각이 필요합니다. 그래서 부처님이 설명하는 '연기된 식의 윤회'에 대한 바른 이해는 필수인데. 어쩌면 이만큼으로도 이 책은 출판의 의미를 확보했다고 할 것입니다.

그런 가운데 제3부 '제3장 몸으로 간다'와 '제4장 몸으로 가는 자(누가 윤회하는가?)'는 윤회의 과정 또는 구조를 정확하게 제시하고 있는데, 이 책의 중심이라고 해야 합니다. 불교 안에서 윤회 없음 즉 단견/단멸론을 주장하는 사람들을 '부처님이 윤회한다고 말씀하셨다'라는 것만으로는 설득할 수 없기 때문입니다. 오직, 경에 의해 구체적으로 부처님의 설명을 제시할 때 비로소 경에 근거하지 못한 주장을 포기하라고 설득할 수 있는 것입니다.

한편, 이렇게 윤회를 알게 되면, 윤회에 대응해야 합니다. 하늘을 겨냥한 자로의 삶에서도 바른 대응을 통해 향상해야 하고, 깨달음을 겨냥한 자로서의 대응 과정을 통해 벗어나야 합니다. '제4부 윤회에 어떻게 대응해야 하는가?'에서는 하늘을 겨냥한 자를 위한 공덕(올라가는 수행 포함)과 깨달음을 겨냥한 자를 위한 (벗어나는) 수행을 설명하였습니다. takka(愛의 형성 과정)에 대한 이해의 선행 위에서 수행의 중심 개념과 대표적 수행 경전 그리고 수행지도를 소개하였는데, 자세한 설명은 다음 책으로 미루었습니다.

'제5부 윤회 문답 – 다양한 관심'에서는 공부의 흐름에 따른 기본적인 문답을 제1장으로, 공부의 과정에서 만난 문답을 제2장으로 편집하여 다양한 질문에 선제적으로 답하였습니다.

이런 구조로 제작된 이 책의 가장 큰 특징은 많은 경의 소개라고 할 수 있습니다. '윤회'라는 용어에 대한 최선의 용례를 별첨으로 제시한 것을 중심으로 중요한 주제를 설명하는 각각의 자리에서 충분하게 원전의 용례를 제시하였는데, 경으로 공부에 접근하지 않는 불교 신자에게 경을 중심에 둔 공부 방법을 선보임으로써 바른 공부를 이끌고자 한 것입니다.

윤회라는 주제를 이렇게 정리하였습니다. 『죽으면 어떻게 될까?(부처님이 가르쳐준 윤회 이야기)』라는 제목 그대로 죽음과 태어남에 의한 윤회를 오직 경에 의지해서 정리하였는데, 근본경전연구회가 주도하는 「불교(佛敎)를 부처님에게로 되돌리는 불사(佛事)」의 또 한 획을 그은 것입니다.

sukhino hotha! (수키노- 호-타! 여러분 모두 행복하시기 바랍니다!)

2025년 1월 5일

한국붇다와다불교 해피법당 근본경전연구회 bhikkhu puññadīpa 해피 합장

붇다와다불교는 부처님에게로 돌아가는 운동입니다. 완전한 스승에 의해 완전하게 설해진, 더할 바 뺄 바 없는 가르침('passaṃ na passatī'ti - '보면서 보지 못함')에 대한 분명함으로, 부처님에 의해 확립된 불교(佛敎)의 정체성을 되살리는 시도입니다. 그래서 「불교(佛敎)를 부처님에게로 되돌리는 불사(佛事)」입니다. 한국붇다와다불교가 시작하였고, 세계불교의 되돌림을 이끌 것입니다.

붇다와다불교의 비교적 이해

금강승불교 티벳불교	금강승경전(金剛乘經典)의 가르침	
	대승경전(大乘經典)의 가르침	대승불교
테라와다불교	제자인 상좌(上座)들의 가르침	
	부처님[최초의 상좌(上座)]의 가르침	붇다와다불교

- buddha(붇다) — 부처님-불(佛), vāda(와-다) — 말씀-가르침
- buddhavāda(붇다와-다) — 부처님의 말씀
- 붇다와다불교 — 오직 부처님의 말씀만을 공부와 신행(信行)의 기준으로 삼는 불교

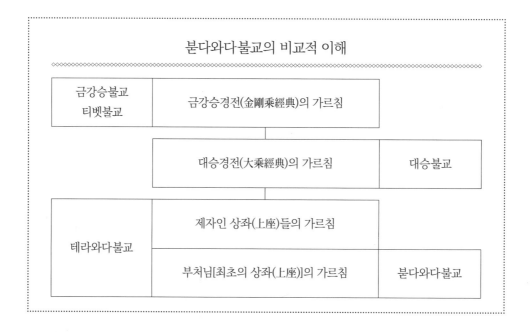

▣「부처님 살아서 직접 설한 가르침으로 불교(佛敎)를 부처님에게로 되돌리는 불사(佛事)」

이 불사(佛事)는 ①공부의 구심점 확보를 위한 근본경전연구회의 법인 설립과 ②수행도량으로의 선원 마련[경전대로 수행하기] 그리고 ③붇다와다불교대학의 건립으로 이어질 것입니다. 그때가 되면, 세계불교의 중심이 한국으로 옮겨오게 되고, 인류의 정신문명을 이끌 것입니다.

▣ 부처님 살아서 직접 설한 가르침을 공부의 중심에 두고자 하는 사람이라면, 이제 비로소 몸에 맞는 옷을 입게 되었다고 말할 것입니다.

▣ 이 불사(佛事)에 동참해 주십시오. 살아서 행할 수 있는 최선의 공덕행(功德行)이 되도록, 저희도 최선을 다하겠습니다.

• 불사(佛事) 안내 ☞ nikaya.kr [응원 및 참여] 참조

• (연구 및 출판 불사를 포함한) 불사 후원 계좌

신한은행 100-034-002467 한국붇다와다불교

책의 부족한 점을 보시면 nikaya.kr 에 지적하여 주시기 바랍니다.
잘 보완하여 더 필요한 책을 만들겠습니다.

지은이 : 해피스님[비구 뿐냐디빠(bhikkhu puññadīpa)]

1959년 강원도 원주에서 태어났고, 원주 초-중-고를 졸업했다. 부산대학교 화공과를 졸업하고
유공(SK)에 입사해 10년간 근무한 뒤 원주에서 개인사업을 하다가 출가했다.
원주 포교당(보문사) 어린이 법회에서 불교 신자가 된 이래 불심사 학생회(중-고),
부산대학교 불교학생회와 정진회를 거쳐 불교바라밀회를 창립했다.
서울불교청년회-원주불교청년회-원주법등자비회-원주불교신행단체연합회 등의 신행에 참여하다가
49세에 반냐라마에서 출가하여 뿐냐디빠(puññdīa)라는 법명을 받았다. 2008년 해피법당을 건립하였고,
한국테라와다불교를 거쳐 한국분다와다불교(2019)와 근본경전연구회(2020)를 창립했다.
현재 한국분다와다불교 해피법당(부산)에서 근본경전(니까야)의 연구와 교재 제작 및 강의에 주력하고 있다.

— 유튜브와 페이스북 : '해피스님'

— 홈페이지 : nikaya.kr & sutta.kr

부처님 살아서 직접 설한 가르침으로 「불교(佛教)를 부처님에게로 되돌리는 불사(佛事)」를 표방하고 있다.
▶ 저서 : 되돌림 불서(佛書) Ⅰ - ① 「불교입문(佛教入門)(Ⅰ) 소유하고자 하는 자를 위한 가르침」
되돌림 불서(佛書) Ⅱ - ① 「나는 불교를 믿는다 — 불(佛)-법(法)-승(僧) 바로 알기 —」
되돌림 불서(佛書) Ⅱ - ② 독송집(讀誦集) - 초기불교 경전 백선(百選)
되돌림 불서(佛書) Ⅱ - ③ 독송집(讀誦集) - 초기불교 경전 백선(百選) 별책 수행경전(修行經典)

죽으면 어떻게 될까?(부처님이 가르쳐준 윤회 이야기)

2025년 1월 10일 초판 1쇄 인쇄
2024년 12월 30일 초판 1쇄 발행

지은이 : 해피스님
펴낸이 : 해피스님
펴낸 곳 : 근본경전연구회
부산시 부산진구 연수로2(양정동) 3층
(전화) 051-864-4284
홈페이지 : http://nikaya.kr & http://sutta.kr
이메일 : happysangha@naver.com
등록번호 : 제2020-000008호
계좌번호 : 하나은행 316-910032-29105 근본경전연구회
디자인 : 박재형
제작처 : 공간

ISBN : 979-11-970477-4-9 (03220)

가격 : 26,000원